康熙传

下

白新良 主编

中华书局

第七章　利民

经过明末清初的社会动乱,清朝初年,社会经济凋敝,人民生活十分困苦。这样,在康熙皇帝亲政,尤其是平定三藩叛乱之后,在进一步巩固和加强政治统治的同时,还采取各种措施积极发展生产,恢复经济,关心民生,以致不长时间,耕地面积和人口都急剧增长,生产发展,百业兴旺,整个国家呈现出一片欣欣向荣的局面。

一、重农恤商

康熙皇帝在位期间,为了恢复残破已极的社会经济,首先实行了重农恤商的政策,奖励农耕,整顿赋役,扶持工商。经过他的不懈努力,农、工、商业都渡过了几十年来的低谷,进入一个全面恢复和迅速发展的新的历史时期。

明末清初,中国大地经历了长达几十年的战争,社会经济受到严重破坏。即以耕地面积而言,康熙皇帝即位时,全国耕地面积民田为五百四十九万三千五百七十六顷,加上官庄、屯田等,总面积也不过五百八十万顷,较之明万历年间的耕地总面积锐减一百五十万顷。其中山东、河南、山西等地十室九空;江南"田土尽成丘墟";辽河流域除奉天、辽阳、海城外,到处是荒城废堡,败瓦颓垣;黑龙江北部被沙俄洗劫后,很多居民一贫如洗,不少村落"空无人居"。清朝中央政府所在地的直隶,由于大量圈地,汉族人民整村整村"无田无家""疾苦颠连""困于饥寒"[1]。他们或被迫投充入旗,或背井离乡远奔关外,在荒野中结草为庐,甚至"相从为盗"。满族旗内贵族的压迫、剥削,也导致了庄丁的大量逃亡,直隶一带极目荒凉,"地土荒旷","连年田禾不收"。于是,恢复生产、发展经济便成为摆在康熙皇帝面前的当务之急。

康熙皇帝亲政后,比较系统地接受了儒家传统的治国思想。通过对历代王朝兴衰治乱历史经验和教训的总结,他认为,"前史之乱率起于饥"[2],"国家久安长治之谟,莫不以足民为首务,必使田野开辟,盖藏有余,而又取之不尽其力,然后民气和乐,聿成丰亨豫大之休"[3]。在他看来,经济发展、社会安定、统治巩固,样样都离不开农业。在这些认识的基础上,康熙皇帝形成自己的重农思想,并曾专作《农桑论》,以阐发自己的重农思想。文中说:

纵观历史,治理国家的关键在于农桑。古代的圣帝明主,如虞舜、大禹、周公等,都强调重视农桑,不可懈怠。为什么呢?农为人们提供粮食,桑(指纺织业)为人们提供衣服。人们常说:"农事伤则饥之本,女红废则寒之原。"老百姓如果缺吃少穿，怎能安下心来过日子？朕曾经亲行耕耤大礼，以为天下人从事农业带个头；颁行崇俭之令，督促官员们留意。目的是想使天下老百姓都能勤于耕作，加紧纺织，达到令人称颂的淳朴和乐的上古之治。假如百姓们都能知道粮食、布帛的重要性，勤恳劳作，力行俭朴，国家再以道德、精神教化他们，天下就能大治了。因此说，农桑是治理国家的关键。[4]

康熙皇帝的重农思想主张，在其《耕织图序》中有更详细的表述：

朕殚心竭虑，录求治理天下之途，方知民以食为天。朕曾阅读《诗经》的《豳风》、《尚书》的《无逸》等篇，发现古人对稼穑农桑说得清清楚楚，而且重视有加。西汉时的诏令最能表达出古人的这个意思，说："农事伤则饥之本也，女红废则寒之原也。"因此，"要使老者能得其天年，幼孤者能健康成长，除去农桑，还有什么呢？"朕常巡幸访问，对南北土疆之性、黍稷播种之宜、节候早晚之殊、蝗蝻捕治之法等了然于心。在京听政时，朕总要把这些告诉给大臣们。丰泽园的旁边，朕令人开垦出田地数畦，周围绕以溪水，沟垄井然在目，桔槔之声盈耳，每年收获好谷数十钟。在田垄边上，朕命人栽上桑树，盖上蚕室，浴茧缫丝，恍然如村野农居；农田旁边，朕又令筑起"知稼轩""秋云亭"，以便往瞻农田。古人说："衣帛当思织女之寒，食粟当念农夫之苦。"朕铭记此训，画《耕织图》各二十三幅，每幅作诗一首，以吟咏其勤苦，图诗配合，就把农桑的过程及其间的劳瘁描绘得纤悉备具，惟妙惟肖。朕命人刻板印刷，传诸后世，让子孙后代了解粒食维艰、授衣匪易的道理。朕临此图而生感触，且欲今天下之人都能敦崇本业（指农业），勤以谋之，俭以积之，衣食丰饶，一齐达到安和富寿的程度。这也就是朕嘉惠元元的最终目的。[5]

认识到农业的重要性，康熙皇帝在位期间采取各种措施奖励农耕，恢复和发展残破的社会经济。康熙皇帝奖励农耕的措施，大致有以下几个方面：

第一，废除藩产变价，无偿给予耕种农民。在明末农民大起义的狂飙中，封建地主土地所有制受到毁灭性的打击，各家藩王、戚畹、显贵、豪绅及平时凌虐、盘剥乡民的大大小小的地主，大多遭到农民起义军的镇压，或者逃死他乡，不少土地落到广大农民的手中。这些土地尤以明朝藩王土地为多，分布于直隶、山西、山东、河南、湖北、湖南、陕西、甘肃等八省，共约十七八万顷。清朝政权入主中原后，这些废藩田产的所有权转归国家，垦种者按藩产租额缴租，同时按民田额赋纳粮，负担沉重，积极性不高，垦种效果也不好。为此，早在四大臣辅政时期，清朝政府即陆续将部分地区废藩田产的"加增额赋"或"增租"蠲除。但因藩产名义犹存，一切蠲免只是临时性的，所以不仅未开垦的土地仍然无人问津，即便已经开垦者，也有被撂荒的。康熙七年（1668）十月，清朝政府被迫下令革除"废藩名色"，改变废藩田产所有权，归耕种者所有。然而清朝政府在推行这一规定时又留了一个大大的尾巴，下令农民必须用银钱购买那些已归农民所有的废藩田产。当时广大农民极其贫困，国家正项钱粮都难以缴纳，哪里有银钱购买田地？因此，藩产变价的措施受到人民的激烈反对。为了安定社会秩序、发展农业生产，康熙皇帝决定撤销藩产变价的命令，把土地无偿分给耕种之人。康熙八年（1669）三月初八日，他发布诏令说：

> 以前朕曾根据有关官员题请，派部院会同各地督抚，将直隶各省的废藩田产，按荒熟程度酌情变价出售。现在想到小民购买变价田产之后，还要向国家交纳钱粮，负担太重，因此朕决定不再推行变价之令，撤回派到各地的部员。除已经购买了变价藩产的以外，现在还没有变价的田地由督抚无偿给予原种之人，令其耕种，照常征收钱粮，以副朕爱养民生之意。[6]

这道诏谕彻底肯定了明末农民战争后广大农民夺得一部分土地所造成的土地占有关系的新现实。这种奉旨免其变价、改入民户的废藩田产，就是为后人称道的"更名田"。"更名田"的实行，鼓励了农民继续垦荒和耕种，也培养了一大批自耕农，对于当时生产的恢复和发展，无疑起到了重要的促进作用。

第二，采取各种措施，奖励荒地开垦。连年的战争，使得大量的土地撂荒，无人耕种。顺治年间朝廷虽也采取了一些奖励垦荒的措施，但短时间内效果并不显著。至康熙初年，全国的荒芜田地仍然十分广袤。如四川是李自成、张献忠余部李来亨、李定国等坚持抗清达二十年之久的重要战场。由于清军惨绝人寰的屠杀，一直到康熙十年（1671），还是"有可耕之田，而无可耕之民"，大量耕地撂荒。东南沿海一带人民抗清斗争最为激烈，清朝统治者进行了残酷的屠杀，以致康熙初年江南仍然一片萧条，"人稀者，地亦荒"。此外两湖、两广、云贵、浙闽、江西等地，情况也无不如此。显然，垦荒已是发展社会经济、保障人民生活，进而稳定封建统治的急务。康熙皇帝认识到垦荒的重要性，采取了一系列措施加以提倡和鼓励。首先是官贷牛、种。要开垦荒地，必须具备耕牛、农具、种子等基本生产手段和投资。而明末以来的长期战乱却使大批农民四处流浪，几乎一无所有，开荒牛、种难于计办，以致"每多以人代牛，或手足挖锄，聊度岁月"[7]。顺治年间，清朝政府即下令对流民垦荒而无力者贷以牛、种。但由于当时财政拮据，执行起来相当困难。到了康熙年间，官贷牛、种才更多地见诸实施。康熙四年（1665）五月，清朝政府决定对湖广归州、巴东、长阳、兴山、房县、保康、竹溪、竹山等州、县的流民"酌给牛、种，听其开垦"。康熙六年（1667）八月，清朝政府下令安顿驻扎在河南、山东、山西、江南、浙江等省的投诚官兵开垦荒地，"每名给五十亩，预支本年俸饷，以为牛、种"。三藩之乱平定后，官贷牛、种的情况更多。康熙二十二年（1683）三月，河南巡抚王日藻提出开垦当地荒地的第一条措施，就是把仓储积谷借给老百姓，以为牛、种之费。统一台湾以后，康熙皇帝决定对沿海复业的民人实行官贷牛、种，五年之后"纳还种本"。康熙三十二年（1693）十月，康熙皇帝下令陕西无论有地无地之民，一律给以牛、种银两，以为耕种之资。康熙四十三年（1704）十二月，天津总兵官蓝理奏请招募江南、福建等处无业之民开垦直隶沿海旷地及丰润、宝坻、天津等处洼地，康熙皇帝同意"给予牛、种"。康熙五十三年（1714）十月，为安插甘肃流民，康熙皇帝下令将荒地查出，无业之民给予口粮、种子、牛具，令其开垦。

其次是放宽起科年限。抛荒田地从开垦到成熟，一般都需要二三年甚至更长的时间。农民开垦出荒地后，政府立即起科（征收钱粮），会使农民所得甚少，甚至所获不敷所征，影响农民的垦荒积极性。因此，历代统治者往往放宽荒地开垦的起科年限。清顺治年间，统治者为了鼓励垦荒，先后规定三年起科、六年起科。但由于当时兵火连年，国家财政经常入不敷出，统治者为摆脱困境，总是随时随地颁布新令，加紧催征，所谓三年起科、六年起科也就成了一纸空文。进入康熙时期，随着大规模军事行动的告一段落，放宽起科年限才有了可能。康熙元年（1662）三月，清朝政府允准河南南阳、汝州二府领垦荒田一应杂差"俟五年后起派"。康熙十年（1671）六月，康熙皇帝同意将浙江温、衢、处三府投诚兵丁所垦荒田，比照山东、山西二省之例，三年之后"再展限一年起科"，即四年起科，次年又宽限至六年。康熙十二年（1673）十一月，康熙皇帝又一次对农民做出重大让步，他对户部官员说："现行垦荒定例，俱限六年起科。朕虑及小民拮据开荒，物力艰难，恐怕催科期迫，反致失业，深为轸念。嗣后各省开垦荒地，俱再加宽限，通计十年，方行起科。"[8]三藩之乱期间，筹饷急迫，上述关于五年、六年、十年起科的政策没有能够得到很好的执行；三藩之乱平定后，康熙皇帝又重新规定了起科年限。鉴于十年起科为时太长，康熙十八年（1679）宣布对开垦的荒田实行六年起科。康熙二十二年（1683）在某些地区恢复三年起科。收复台湾后，康熙皇帝下令对回乡复业的闽、浙等省沿海农民实行五年起科，个别地区如特别困难，也可推迟起科。为使百姓稍得宽纾，康熙皇帝多次指示督抚等地方官不要急于清查垦荒田亩。如康熙四十八年（1709）十月，他对新任四川巡抚年羹尧说：近年来湖广的农民很多迁移到四川垦荒定居，地方逐渐殷实。做巡抚的，如果一到任就要清丈田亩，增收钱粮，就不会得到老百姓的拥护；你要让老百姓们安心生活，钱粮之事可以慢慢地清查办理。这是四川第一要事[9]。因此，当时许多地亩，国家实际上未予征科。正如康熙五十二年（1713）十月康熙皇帝自己所说：

> 如今四川开垦的荒田已经很多了，假如真的按亩征课，那么该省一年即可得钱粮三十余万。朕的意思是国家财政已经充足，就不用加征了。……朕巡幸时，见直隶自苑家口以下以前被永定河冲决之处，如今都已经有老百姓盖房定居了，斥卤之地变成了膏腴肥田。这些地总数不下数十百顷，朕皆未下令起科。又如江南的黄河堤岸到遥堤之间，有二三里远的，也有六七十丈远的空地，早先都种上柳树，以备治河之用，如今当地老百姓已把这些空地尽皆耕种，但是朕也没有下令起科。[10]

朝廷既不急于起科增赋，人民垦荒的积极性自然高涨。康熙时期与顺治时期相比，垦荒有了较大的进展。再次是奖励地主乡绅及在职官员进行招垦。面对土地抛荒、流民四布而国家又一时财政紧张的现实，顺治年间采取了奖励地主乡绅及在职官员进行招垦的措施，即利用地主、官员在地方上拥有的实力，鼓励他们招民垦荒，由国家给以种种政治、经济特权，然后国家再从他们的地租中征取一部分作为赋税。康熙年间，康熙皇帝继续采取这一措施。康熙十年（1671）十月，康熙皇帝同意四川湖广总督蔡毓荣提出的办法：

> 如候选州同、州判、县丞等，及举、贡、监生人员等有能力招徕百姓垦荒者，即授之以署职之衔。其招徕百姓垦荒时不限年数，不拘籍贯，只以百姓户数为准。等到其招满三百户百姓，而且都已开荒种地，方可由地方官出具证明，给予俸薪。实授本县知县、本省现任文武各官有能如数招民开垦者，可允许其不满年限即升职。四川待立功补用的武官，若能如数招民开垦，可照立功之例，立即补用。[11]

对于那些虚报垦荒成绩以图幸进的地方官员，康熙皇帝也制定出详细、严格的措施，从而保证垦荒的正常进行。

第三，重视边疆地区的开发。在大力提倡内地垦荒的同时，对于边疆的开发，康熙皇帝也十分重视。在他的关心下，康熙前期，结合抗击沙俄、保护东北边疆，在黑龙江南北进行了大规模的军事屯田活动。同时，他还派员指导索伦、达斡尔诸部农耕，仅齐齐哈尔、墨尔根、呼兰、黑龙江四城即设官庄一百三十六处，额定壮丁一千三百六十名。康熙后期，随着噶尔丹叛乱的平定，西北边疆各地的屯田活动也次第开展。为了提高边疆地区垦荒效果，康熙皇帝还特别强调因地制宜。他屡屡嘱咐口外地方督官在督耕时要提倡筑高垅以挡御风寒，令他们多向当地人请教，根据早寒的特点种植早熟作物。他多次指示蒙古地方督官引黄河水灌田抗旱。他还根据实践情况，断言塞外之田"大有可耕之望"。陕西、宁夏、哈密等地的水稻种植，也盛始于康熙年间。

第四，提倡和推广优良品种。突出的例子是康熙皇帝对御稻种的培育、提倡和推广。水稻是我国南方主要粮食作物，由于气候关系，北方种植一直较少。康熙皇帝于听政之暇，在宫内的丰泽园（今中南海内）开垦出水田数畦，种上玉田产的稻种，每年九月成熟收割。某年六月下旬的一天，康熙皇帝又照例来到地边视察苗情。其时水稻刚出穗儿，忽然他发现其中一株稻秆高出许多，稻穗也已成熟。康熙皇帝很是惊奇，便将其收藏作种子。次年试种，果然又在六月成熟。从此生生不已，"岁取千百"，终于用"一穗传"的方法培育出早熟新稻种。因其生于禁苑之田，故称之为"御稻米"。"御稻米"色微红而粒长，气香而味腴。由于生长期短，所以适于北方栽种，南方则可一年两熟。康熙五十三年（1714），康熙皇帝首先把一石御稻种发给苏州织造李煦，令其推广，同时试种双季连作。两年后，御稻种又迅速传播到江苏、浙江、安徽、两淮及江西等地，结果获得成功，粮食产量大幅度提高。在北方，康熙皇帝推广御稻种，也取得了满意的成效。

此外，为保证农业生产的进行和农作物的丰收，康熙皇帝还下令限制寺观规模，督促地方官捕治蝗虫。他认为，各地建寺庙，既占百姓田庐，又耗人民资财；建成后，寺庙住持或兼并土地，为害一方；或窝藏罪犯，扰乱地方，弊端种种。故下令"除原有寺庙外，其创建、增修永行禁止"[12]。对于蝗蝻之害，康熙皇帝潜心研究治理的办法，并三令五申要地方官早做防备。

为了恢复残破的社会经济，在奖励农耕的同时，康熙皇帝还着手整顿赋役制度。清初的赋役制度沿自明制，以田赋和丁役作为封建国家的主要收入，称"正赋"。虽然当时清朝政府规定的正赋数额不高，但由于财政紧张，制度不健全，各级统治者在正赋之外又征收各种名目的附加税，有些豪绅也采取各种方式转嫁赋役，广大人民负担仍然十分沉重，生活无法安定，生产很难发展，阶级矛盾十分尖锐。顺治后期，清朝政府曾对赋役制度进行整顿改革，以明朝万历年间的赋役额为标准，编成《赋役全书》；另立鱼鳞册（丈量册）、黄册（户口册），"与《赋役全书》相表里"；征收赋税，则沿用万历时期的"一条鞭法"。为防止官吏、地主作弊，政府向民户颁发"易知由单"（赋役数额通知单）、"截票"（赋役分限完纳通知单）。此外，还设有"印簿""循环簿""粮册""奏销册""赤历册""序册"等册籍作为辅助。但因名目繁多、手续繁杂，这些规定从未得到认真执行，地方官吏、土豪劣绅不仅没有敛行敛迹，反而变本加厉地大钻政策空子，肆无忌惮地盘剥百姓，广大人民的负担更加沉重。因此，康熙初年，清朝政府又下令推行总征通解，即将由州、县统一征收的地丁钱粮除扣拨兵饷外，其余通解户部。以此为基础，康熙皇帝亲政后，继续整顿和改革赋役制度。其具体措施有：

第一，编定《简明赋役全书》。从顺治十四年（1657）编成《赋役全书》，到康熙二十四年（1685）的近三十年间，全国户口和土地数字不断变动，《赋役全书》显然已经过时。康熙二十四年二月，户部自言"积弊难除，皆由款项多端所致"，要求改定赋役数额。三月康熙皇帝下令编辑《简明赋役全书》，其原则是"止载起运、存留、漕项、河工等切要款目，删去丝秒以下尾数"[13]。《简明赋役全书》编定前，政府的征收包括存留、起运、漕项、河工、均徭、里甲、土贡、雇募、加银等项，经过康熙皇帝的裁革，百姓的负担大大减轻。

第二，停止刊刻易知由单。易知由单始行于顺治六年，是政府征收钱粮的数额通知单，上面开列上、中、下则及正、杂、本、折钱粮，最后缀以总数。颁行易知由单的目的是把应纳钱粮提前通知民户，使其免遭欺骗。清朝政府还规定，如果经手官吏擅自加派或以完作欠，纳户可凭单及交纳钱粮收据告发，经手官员及州、县官都要受到处罚。康熙初年，继续使用易知由单，弊端因之逐渐增多。直隶巡抚于成龙即上疏揭发说："直隶赋额刊刻由单，不肖官吏指称纸板工费，用一派十，民受其困。"[14]因而要求停止。康熙皇帝接疏后，下令各省巡抚对此建议进行讨论。巡抚们大多同意于成龙的建议，并认为易知由单的款目与《简明赋役全书》所载相同，实在没有必要。于是康熙皇帝做出决定，除江苏情况特殊，"仍听册报如旧"外，其他各省停止刊刻易知由单。

第三，改革截票。截票又称"串票"或"二联印单"，亦始于顺治年间。截票上开列地丁钱粮的实数，"分为十限，月完一分，完成则截之"，故名。在截票票面中间盖以钤印，就印字中分为两联，官民各执其一。康熙初年，沿用顺治年间颁行的截票，地方奸吏挖空心思贪污自肥，又在截票上打起主意。他们往往借口磨对，将应该发给百姓的一联留住，以完作欠，以多作少，营私舞弊。为杜绝这类事件，康熙二十八年（1689）康熙皇帝下令将二联票改为三联票，规定凡征收钱粮及豆麦等项俱如数登填，一联存州、县，一联给差役应比，一联给纳户作凭据。新的方法还规定，纳税之时如官吏不如实填写，或者不给一联凭据，准许百姓告发，以监守自盗论处。

第四，创立滚单。即使如此严密的制度，官吏们仍然千方百计地私行科派，或令阖邑通里共摊同出，称"软抬"；或令各里各甲轮流独当，称"硬驮"。为清除"软抬""硬驮"等弊端，康熙皇帝又于康熙三十九年（1700）创立滚单。其具体办法是，每里中或五户或十户合制一单，列上名字，名下注明田地、银米数目及按时应交纳的数额；分为十限，发给甲首，按顺序滚催，自投封柜；一限完后，又依次滚催二限、三限、四限等，停搁不缴者严惩。滚单用保甲连坐法催收赋税，故很有成效。同时滚单比截票更为严密，因而也防止了官吏的私行科派，"民以为便"。

第五，推行均平里甲法。对徭役的摊派，康熙元年（1662）有无锡知县吴兴祚创立"均平里甲法"。具体做法是，在清丈田亩的基础上，将全县的田亩搭配均平，截然画一，共得四百一十四图（里），每图（里）额编田三千亩，每甲以三百亩为准，不论乡绅地主还是贫民百姓，一概编入里甲，按田亩承担徭役，交纳赋税。"均平里甲法"取消了绅户的免役特权，利于均役，因而深受百姓欢迎。此后，各省纷纷仿效。康熙皇帝见此法为人心所向，遂决定向全国推广。康熙十三年（1674），康熙皇帝下令说："江南有隐占、诡寄、包揽诸弊，都是因为赋役不均平。各地应该根据州、县田地总数与里甲之数均分纳粮服役，不许地主多占、隐役，苦累小民。"

这些措施的采行，主要目的是使百姓易知而官吏不得多取，后来被概括为"催科四法"："以分限（分期征输）之法纾民力；以轮催（滚单）之法免追呼，以印票（截票）之法征民信，以亲输（自投封柜）之法防中饱。"[15]康熙皇帝对赋役制度的整顿和改革，初步解决了赋役征收中的一些问题。

在采取措施恢复农业生产的同时，对于工商业的恢复和发展，康熙皇帝也十分重视。康熙皇帝即位初，由于经过几十年的战乱，工商业同样是个烂摊子。采矿业被严加禁止，

签商召买的现象虽有所禁止，但是强索贱卖、关卡林立的现象却普遍存在。工商业者不仅"有输纳之苦，有过桥之苦，有过所之苦，有开江之苦，有关津之苦，有口岸之苦"[16]，而且由于官吏又有溢额加级的规定，拼命勒索，所以工商业者"不苦于关，而苦于关外之关；不苦于税，而苦于税外之税"[17]。在政府和不法官吏的压榨下，清初工商业一片萧条景象。在东南沿海，曾有十七万人口、工商业繁荣的江阴，在清军大屠杀后只剩下五十三人；机户、染工各有数千的丝织中心苏州，六门紧闭，城中死者枕藉，机工星散，机户凋零；棉织中心松江等镇，布号纷纷歇业。其他地区情况也基本相同，如四川成都的织锦业"锦焚坊尽"，江西饶州的制瓷业"一蹶不振"。康熙皇帝在位期间，为了发展工商业，繁荣经济，提出了"利商便民""恤商"的口号，先后采取了以下措施：

第一，废除匠籍。所谓匠籍，就是政府为手工业者专立的

户籍。元朝把手工业者编为"匠籍"，使之沦为工奴，子孙世承其业。明朝时手工业者的地位有所提高，在籍的工匠除按国家规定每年定期服役外，还可以独立经营自己的手工业，产品也可以自由出售。明朝中期以后，又对匠籍制度加以改革。嘉靖八年（1529），明朝政府下令匠户向政府交纳班匠银，取消工匠轮班服役的制度。清初匠籍混乱，政府无法按籍征收班匠银。因此，顺治二年（1645）宣布除豁直省匠籍，免征京班匠价。但至顺治十五年（1658）全国即将统一之际，清朝政府又下令恢复班匠银。康熙皇帝即位后，面对全国各地匠户逃散、匠籍名存实亡、班匠银无法征收的现实，毅然决定将班匠价银改入条鞭征收。令下之后，各地陆续将班匠银摊入地赋中征收，匠籍也就随之废除。废除匠籍表明手工业者对国家的人身依附关系的进一步松弛，有利于手工业的发展。

第二，禁止官吏苛索商人。封建官吏为了一己之私，往往利用手中的权力对工商业者肆行勒索，从而影响了工商业的发展。为此，康熙皇帝陆续颁布了一些法令，保护工商业者免受不法官吏的盘剥，对违反法令的官吏则加以惩治。他勒石于桥，禁关津口岸杂税；取消官吏征税溢额加级的规定，令税课照常额征收；禁止官吏扰害行户，并以之作为整饬吏治的一条标准；禁止官吏封借商船运兵作战，允许漕船捎带商人货物；停止各地的房号银；官吏扰害商人者，允许商人首告，提倡官吏互相参劾。官吏扰害工商业者被治罪的例子在康熙朝有不少，如康熙六年（1667）有安徽滁州全椒县知县因克扣铺户（杂货铺、布铺、酒铺、猪肉铺）银五十九两零七分而被发配宁古塔；康熙四十二年（1703）山西河东盐院承差景仕诈害商民被参革职；还有恭顺侯吴维华因请征房号银而被下刑部议罪。

第三，一定程度上取消贸易和生产限制。封建社会，一向官营的盐、茶，康熙皇帝也允许一定数量的私贩煎煮，以致当时盐、茶私贩"千百成群，公然开店"。云贵等省，康熙皇帝还允许商人贩卖铅、硝、硫磺。统一台湾以后，他甚至允许商人带火药、兵器出洋。康熙皇帝一定程度上取消贸易和生产限制的措施，在其开海和开矿政策中有更明显的体现。对此，本书另有专节论述，这里不再赘言。纺织业方面，康熙皇帝取消了机户不得拥有百张以上织机的禁令，同意有力者"畅所欲为"，自由扩大生产规模，等等。

第四，统一度量衡。康熙二十三年（1684）康熙皇帝下令统一制钱的重量，规定每钱约重一钱，每钱一串值银一两；康熙四十三年（1704）康熙皇帝宣布废除盛京金石、金斗、关东斗，规定各省一律改用底面平准的升斗；康熙五十八年（1719）下令秤以十六两为一斤，升以十三号砝码为准。这种度量衡的统一规划，一定程度上促进了全国商业的繁荣。康熙制钱，南起云、贵，北至喀尔喀蒙古、黑龙江两岸，皆畅通无阻。内河上下，商贾船行不绝。

康熙皇帝的重农恤商政策推动了农业生产的发展、工商业的繁荣和资本主义萌芽的出现，产生了积极的效果。

首先是农业生产迅速恢复和发展，耕地面积大幅度增加。据《清圣祖实录》等书的数据，康熙年间的全国耕地总面积增长情况如下表：

年　份	耕地总面积（顷）
康熙二十五年（1686）	五百九十万余
康熙三十五年（1696）	六百万
康熙五十年（1711）	六百九十三万余
康熙五十五年（1716）	七百二十五万余
康熙六十年（1721）	七百三十五万余
康熙六十一年（1722）	八百五十一万余

这些数据表明，到康熙晚期，全国耕地总面积已超过明万历年间。耕地面积的增加、社会环境的安定，都有力地推动了生产的发展，农作物的单位面积产量也大大提高。例如康熙皇帝推广双季稻连作，使从前只收一季的江南等地变为"两次成熟"，单位面积产量可达二三石，好田甚至可以达到五六石至七八石。同时，棉花、烟草等农业经济作物的种植面积也大大增加。所有这些，不但使广大人民生活有所改善，也使国家的赋税收入大大增加，对社会的进步产生了重要作用。

其次，康熙皇帝的"恤商""利商便民"政策也使康熙年间的工商业趋于繁荣。当时，不仅出现了一批新兴的工商业城市，如南京、广州、佛山、厦门、汉口、无锡、镇江、扬州、淮阴等，而且南京、佛山、广州的丝织业已与苏州、杭州齐名，苏州、佛山的棉织业也堪与松江媲美。如果说明代工商业及市镇还主要局限于长江中下游和东南沿海地区的话，那么到了清朝康熙年间，工商业及市镇已经扩展到全国，连吉林、黑龙江地区也有了所谓"边外七镇"，宁古塔"商贩大集"，"街肆充溢"，"货物、客商络绎不绝"。康熙时期，随着手工业的发展，分工也日益精细，纺织业中有掉工、摇工、刷工、牵工、打边工、挽花工、织工之分，制糖业中有糖师、火工、车工、驭牛工、剥工、看牛工之分。农业、工商业的发展，使加强商品经济交流成为需要和必然，全国已形成一个巨大的市场，互通有无，彼此促进。商品经济的发展和繁荣，使得康熙年间开始出现了雇佣劳动。苏州丝织业中，"机户出资经营，机匠计工受值"。嘉善县枫泾镇丝织、扎染二坊中所雇染匠"往来成群"。南京、苏州的丝织业中出现了许多由大商人设立的"账房"，拥有大量的原料、织机和资本，剥削雇佣工人。凡此一切，都反映着康熙时期资本主义萌芽已经出现。

康熙皇帝重农恤商政策虽有其积极作用，但也存在着很大局限性。我们说康熙皇帝重农恤商政策的最终目的不过是为了保证封建国家的财政收入、稳定清朝政权的统治，这个出发点也是任何封建皇帝都无法超越的。因而康熙皇帝对这个富有积极意义的政策的执行也不那么彻底。康熙皇帝虽然大呼"重农"，但他奖励农耕却没能坚持始终。康熙后期，富家大户兼并土地、逃避差徭和地方官吏私征明派十分严重。对此康熙皇帝睁一只眼闭一只眼，明知而不加惩治。对于边疆的开发，他也大搞管、压、卡。喀喇沁三旗呈请招募内地民人前往开垦，康熙皇帝限定每年只发印票（许可证）八百张，还规定春去秋回，不得长期居住，更不准与蒙族通婚。在东北，康熙七年（1668）康熙皇帝下令废除顺治十年（1653）颁布的《辽东招民开垦例》，三年后又修筑柳条边墙，严禁汉人开发黑龙江南北，以保护满族祖宗发祥地的龙脉。

在对待工商业的态度上，康熙皇帝的支持也是有限度的。康熙二十年（1681）曾禁革苏州纺织业中的行头，但不久又允许其恢复。由于行会的把持，康熙时期资本主义萌芽未能得到很好的发育。机匠与账房的关系，一定程度上犹如佃户与地主，这仍是封建性生产关系的残余。康熙皇帝又钦差官兵捉拿盐贩，实行禁海、禁矿等。众所周知，封建统治是靠小农经济来维持的。康熙皇帝一方面表示要重农、"恤商便民"，另一方面又要把工商业紧紧束缚在小农生产与家庭手工业相结合的范围内，以避免封建经济的解体和地主阶级统治的垮台。因此，康熙时期工商业中资本主义萌芽的发育依旧是缓慢的。

尽管如此，我们也应看到，康熙皇帝能够在不长的时期内把清初以来残破不堪的社会经济发展起来，使清王朝成为一个经济繁荣、政治统一、国力强盛的国家，特别是在古老的农业经济中促进和保护一些资本主义生产关系萌芽的因素，这本身就证明他不愧是一位圣明之君。

二、蠲免赈济

康熙年间，除推行奖励农耕、"恤商便民"等政策积极发展生产外，康熙皇帝还通过大规模的蠲免钱粮、赈济灾荒以及提倡积谷等手段来保障人民生活，稳定封建统治。

所谓蠲免钱粮，就是封建国家把应该向人民征收的赋税减少甚至免除征收，以减轻人民的负担。一般说来，蠲免钱粮建立在封建国家财政充裕或者人民有实际困难、赋税征收难以进行等基础之上。自古以来，有远见的封建皇帝都尽可能地蠲免钱粮，减轻人民负担，以缓和社会矛盾，稳定封建统治。康熙皇帝在位期间，先后在全国蠲免税粮、丁银、通赋达数百次。这些蠲免大体可以分为灾荒蠲免、通欠蠲免、巡幸蠲免、战争蠲免和大规模普遍蠲免五种形式。

灾荒蠲免是清朝政府赈济灾荒措施的重要组成部分。中国是一个大国，各地的地理、气候等自然条件很不相同，风、火、水、旱、虫、雨、雹、霜、雪等自然灾害发生的频率很高。中国自古又以农业立国，农业的发展对天气、气候等依赖性很强，而广大农民抵御自然灾害的能力又非常弱。因此，每遇自然灾害，农业收成必受影响，封建政府一般都能及时赈济灾民，并根据受灾的程度分等蠲免田赋。顺治年间，清朝政府规定，受灾八分至十分者，免十分之三；受灾五分至七分者，免十分之二；受灾四分者，免十分之一。应当说，这个蠲免比例是偏低的。因此，康熙年间开始提高蠲免比例。康熙四年（1665）三月，为防止地方官报灾迟误或先征后蠲，使蠲免有名无实，清朝政府决定："以后被灾州、县，将本年钱粮先暂行停征十分之三，等查明受灾程度后照例蠲免，以便百姓得到实惠。"[18] 这条诏谕的颁布，使灾荒蠲免的比例最少是十分之三；遇有重灾，则全部蠲免。这年六月，山东部分地区遭受严重旱灾。户部经过讨论，提出：济南、兖州、东昌、青州四府旱灾十分，应照例蠲除十分之三的赋额；登州、莱州二府旱灾七八分，应照例蠲除十分之二。康熙皇帝不同意，下令说："这六府所属地方已经受了重灾，就把本年

（康熙四年）应征的钱粮全部免除，并张榜通告，务必使家喻户晓，人人明白。"此后，曾定加一蠲免之例，即三分之外再加一分，共蠲免十分之四。实际上此例用于受灾七八分者，而受灾九十分者仍行全部蠲免。不久，又重定蠲免比例，即受灾九十分者，全蠲本年额赋；受灾七八分者，于应蠲之外加免二分，也就是蠲免十分之五。有时灾荒严重，影响时间长，田地收获少，一年蠲免不足以解决百姓生计，康熙皇帝就下令延长蠲免时间，或三年，或永远不征收钱粮。康熙七年（1668）十一月，康熙皇帝下令对河南安阳、临漳的水冲沙压地免正赋三年。第二年正月，陕西郿县山洪暴发，康熙皇帝下令对被冲堆压砂石不能耕种的田地永远豁除赋税。此外，凡水冲沙压及坍江地的赋税，康熙皇帝均下令永远豁免。

对于灾荒蠲免，康熙皇帝要求务必使各阶层都能得到实惠。康熙四年（1665）正月，左都御史郝维纳上了一道奏疏："山西、山东等省普遍旱灾，皇上发帑赈济，恩惠至为优渥。但是赈济恐怕难及穷乡僻壤，蠲免钱粮才可使所有各处皆得实惠。田有田赋，丁有丁差，以前各地受灾，照例都是蠲免田赋，而不蠲免丁差（钱粮），那些有丁口而没有土地的百姓就不能和有田之人一起霑承皇上的恩泽。因此，臣请求以后将丁银和田赋按同样比例一起蠲免。"郝维纳指出的忽视少地和无地贫民蠲免的漏洞，立即得到康熙皇帝的重视，并责成有关部门迅速讨论执行。在蠲免实践中，康熙皇帝还发现虽然政府按亩免征了一定比例的钱粮，但那些拥有大量土地由佃人耕种的地主们，却依旧要佃户交足租额，因而蠲免的好处不及佃农。于是康熙九年（1670）九月下令："嗣后征租者

（指地主）照蠲免分数亦免田户（指佃农）之租，使普天之下均得蠲免好处。"康熙二十九年（1690）七月，康熙皇帝又对地主、佃户蠲免的比例做出明确规定："以后直隶及各省遇有恩旨蠲免钱粮时，七分蠲地主，三分蠲免佃种之人。"这个规定康熙皇帝后来又反复申明，严格执行。

为保证人民得到蠲免的实惠，防止州县官在蠲免时阳奉阴违、蒙上剥下，康熙皇帝于康熙六年（1667）正月采纳山东道御史钱延宅的建议，命各督抚于奉蠲处所，每图（里）取现年里长出据的证明，收存该地方，并分缴部、科查对。对违反规定者，有详细的处分条例：被灾州、县、卫、所，凡是奉蠲钱粮有已征在官、不准充抵次年赋额者，有未征在官却不与扣除应该蠲免的数额而一概混比侵吞者，或者在督抚报灾时先停征十分之三，等到中央批准蠲免比例后却不告谕百姓者，或者止称蠲免起运而不及存留，使百姓仅得蠲免好处的一部分者，或者在易知由单内先行扣除，却达不到中央规定的数额者，州、县等有关官员俱以违旨侵欺论罪；如其上级官员不加检查稽查，道、府俱降三级调用，督、抚、布政司俱降一级调用；如果其上级查出却不行纠参，而被科道官员察纠或其他人揭发出来，则按照徇庇例治罪。

蠲免通欠，是蠲免多年积欠的赋税钱粮。封建社会里由于生产力低下，广大农民对自然灾害抵抗能力不强，一年到头收获并不很多。而地主的剥削、封建官吏的勒索更使农民所剩无几，简单的生活都难以维持，更谈不上还要向国家交纳赋税了。因此即使是在所谓的治世盛时，有的地方也交不上赋税钱粮。这样的拖欠一年紧接一年，形成通欠。据统计，顺治年间直隶及各省共拖欠银二千七百万余两，米七百万余石，超过康熙初年银二千五百万两、米六百万石的全年额赋。如此庞大的逋欠数额，民力难以承担。与其催征旧逋，引起新欠，甚至激化社会矛盾，导致农民走上反抗之路，不如蠲免旧逋，以保证当年钱粮的按时征收，安抚广大百姓。但若一下子全部蠲免，又为康熙初年的国力所不逮。因此，逋蠲是逐步、审慎进行的。康熙三年（1664）蠲免顺治十五年（1658）以前各省民间逋赋；次年，又下令蠲免顺治十六、十七、十八三年的积欠钱粮。蠲免了顺治年间的逋欠钱粮，接下来又开始蠲免康熙年间的逋欠。康熙八年（1669）二月，山陕总督莫洛及甘肃巡抚刘斗以连年灾荒、民困至极，请免平凉、临洮、巩昌三府所属州、县、卫积欠银七万八千三百余两，粮十六万三千余石。户部认为各省都有拖欠的钱粮，如果蠲免三府所属地方，则兵饷必然缺额，故不予批准。康熙皇帝对户部的意见很不以为然，指出应分别对待。平凉等三府屡遭灾荒，情况与其他地方不同，应允许地方官们提出的逋蠲要求，但下不为例。这个处理实际上开了蠲免康熙年间逋欠的先例，以后逋欠蠲免遂纷至沓来。

　　在逋欠蠲免中，很值得一提的是蠲免逋欠漕粮。清代在地丁钱粮以外，又在山东、河南、江南、浙江、湖广等地征收一定数量的米、豆等物，从水路运到京师，以供皇室、贵族、官吏及戍守北京的兵丁之用，称为漕粮。一般说来，漕粮都是当年征收，当年起运，不能有丝毫耽误，也例不蠲免。康熙六年（1667）黄河泛滥，江南桃源县（今江苏省泗阳县）受害尤甚，江宁巡抚韩世琦上疏，请求将该年桃源县的起运漕粮分两年补征带运。次年二月，康熙皇帝批复同意。但因灾荒日益加重，至康熙九年（1670）二月两年期满，非但补征未果，反而越欠越多。新任江宁巡抚马祜遂上疏请免带征漕米。康熙皇帝指出，按惯例漕粮不能蠲免，但该巡抚既称桃源等处屡遭水灾，民生困苦，与别的地方情况不同，遂允准其请，将该地康熙六、七两年未完漕粮一万六千六百四十石蠲免，下不为例。桃源既免，紧接着又有漕运总督帅颜保上疏，要求将受灾的江南高邮等六州、县康熙六、七、八年未完漕米二万八千七百六十九石改折带征。户部经过讨论决定同意。但康熙皇帝认为，高邮等处灾伤与别的地方不同，如将未完漕米仍令带征，"恐小民不能完纳，以致困苦"，故令户部重新研究。户部官员当然理解康熙皇帝之意，遂重新提出处理意见：高邮等地屡遭灾伤，情况特殊，将其康熙六、七、八年未完漕粮全部蠲免。康熙皇帝自然同意。这个口子一开，此后漕粮蠲免也就成了常事。如连年受灾、本年又遭重灾者，地丁、漕粮等一起蠲免。康熙十一年（1672）十二月，江南兴化等五县连年灾荒后又加本年水灾十分严重，康熙皇帝决定：将应征本年地丁银及漕粮、漕项（指通过水运至京师的其他物品）一并蠲免。三藩之乱期间，因急需军饷，对应征及通欠的蠲免都十分谨慎；但到战争后期康熙皇帝开始对新收复的关键地区进行蠲免，以安定民生，招民复业。康熙十八年（1679）二月，令蠲免江西康熙十六年（1677）以前积欠的钱粮；十月，免湖广康熙十三年（1674）至十七年（1678）"近贼地方"（靠近叛乱的地区）额赋。待平定三藩、抗击沙俄取得胜利后，康熙皇帝更加大力蠲免。康熙二十七年（1688）康熙皇帝宣布，免除各省康熙十七年以前漕项旧欠；次年康熙皇帝下令将江南积年民欠约二百二十余万两概行蠲免，并将遭受水灾的邳州历年通欠及该年地丁、漕项等钱粮一并蠲免。

巡幸蠲免，是指康熙皇帝巡行各地时实行的钱粮蠲免。康熙皇帝一生中曾多次离京拜谒祖陵、巡视河工、查看边防、体访民情，对御驾所过之地，康熙皇帝多次做出蠲免钱粮的决定。康熙十年（1671）九月，康熙皇帝以寰宇一统告祭福陵（清太祖努尔哈赤陵）、昭陵（清太宗皇太极陵）。前往盛京途中，康熙皇帝下令："山海关外跸路所经，勿出今年、明年租赋。"[19]三藩之乱平定后，康熙皇帝巡幸的次数大增，巡幸蠲免也更多了。康熙二十一年（1682）三月，康熙皇帝以平定三藩再次出关谒陵，宣布蠲所过地区租税；康熙二十三年（1684）九月，康熙皇帝南巡前下令车驾所过之地免赋税一年，经过曲阜时，又宣布免除当地次年租赋；康熙二十八年（1689）正月，康熙皇帝南巡阅视黄河工程，下令免山东地丁额赋，除江南积欠二十余万；康熙三十二年（1693）十一月，康熙皇帝奉皇太后谒孝庄文皇后暂安奉殿和孝陵（清世祖福临陵），回宫后下令免除沿途顺天、河间、保定、永平四府翌年税粮；两年后康熙皇帝巡幸塞外检查边防，再次下令免顺天等四府的第二年地丁钱粮；康熙三十七年（1698）十月康熙皇帝第三次东巡，宣布免奉天当年米豆；次年正月，康熙皇帝在南巡中目睹沿途民生已比不上十年以前，认为是地方官吏恤养不力所致，因而令"截留漕粮，宽免积欠"[20]；康熙四十二年（1703）正月，康熙皇帝第四次南巡，宣布蠲免跸路所经及歉收各省去年逋赋；同年十月，康熙皇帝西巡，下令免除山西、陕西、甘肃的逋赋。大体说来，巡幸蠲免涉及的范围较小，基本上限于康熙皇帝到过的地方；次数相对也少，有时纯粹是主观意志的结果。

战争蠲免，即对战场所在地区或供应战争之需的邻近省区进行的蠲免。康熙朝有影响的战争是从三藩之乱开始的，故战争蠲免也首先从平定三藩之乱后开始推行。但就在三藩之乱期间，康熙皇帝为了争取三藩控制区人民的拥护，已开始战争蠲免。康熙十六年（1677）二月，康熙皇帝下令免除福建当年租赋；不久，其他邻近三藩盘踞地的省份也先后接到了蠲免逋欠钱粮的诏书。只有江西，康熙皇帝怒其"从逆"，"所在背叛，忠义全无"，"以致寇氛益炽，兵力多分，迟延平定之期"，直到康熙十八年（1679）二月才下达蠲免令："其（康熙）十六年以前旧欠钱粮，着尽行蠲免。"[21]显然，这对安抚百姓、扰乱叛军人心有很大作用，为尽快平定叛乱奠定了基础。三藩之乱平定后，为了减轻受战争波及地区人民的痛苦，稳定社会秩序，康熙皇帝不失时机地蠲免当地钱粮。康熙二十五年（1686）九月，康熙皇帝指出：湖广湖南、福建、四川、贵州"昔年为贼窃据，民遭苦累。今虽获有宁宇，更宜培养，以厚民生"，下令将四川、贵州两省所有康熙二十六年（1687）应征地丁各项钱粮"俱着蠲免"，康熙二十五年未完钱粮"亦着悉与豁除"；湖广、湖南、福建三省所有康熙二十六年下半年、二十七年（1688）上半年地丁各项钱粮，以及康熙二十五年未完钱粮"尽行豁免"[22]。至于云南，康熙皇帝于康熙二十八年（1689）十二月下诏，免其康熙二十一年（1682）至二十三年（1684）民间逋欠钱粮。康熙二十六年康熙皇帝以陕西百姓于"用兵之际，转输馈饷"，令免其当年未完钱粮及次年应征地丁各项钱粮。此后战场转到西北，清军与以噶尔丹为首的分裂势力进行斗争。康熙三十五年（1696）康熙皇帝首次亲征噶尔丹，取得了昭莫多战役的胜利。战后康熙皇帝以数年来宣化所属地方"牧养军马，供亿甚繁，深劳民力"，下令免其明年额赋；当年十二月，康熙皇帝又宣布陕西、甘肃两省的沿边州、县、卫、所，在朝廷大军讨伐噶尔丹的征途中"供亿繁多，闾阎劳苦"，免其明年地丁银米[23]。次年二月，康熙皇帝第三次亲征噶尔丹，下令免除大军经过的岢岚、保德、河曲等州、县的当年额赋；十月，又以山西在几年的征伐战争中有"行赍居送之劳"，免其来年额赋。康熙三十七年（1698）二月，康熙皇帝又下令免除山西去年逋赋。

　　大规模普遍蠲免，在平定三藩之后着手进行。康熙二十一年（1682）九月，康熙皇帝对大学士等人说："自用兵以来，百姓供应烦苦。朕以前常说，等天下太平时即宽免钱粮。如今三藩已经殄灭，你们就与户部一起把天下钱粮出纳总数统计出来，奏报给朕。"康熙二十四年（1685）康熙皇帝第一次南巡期间，了解到民间疾苦，"深为轸念"，由经过地方情形推知其他省份也不会有多大差异。三月回京后，他指示大学士等人与户部讨论蠲免直隶各省第二年的钱粮事宜。大臣们经过讨论，汇报说：各省在同一年蠲免，恐造成国家财政拮据，因而请求轮流蠲免。康熙皇帝表示同意，寻令先免直隶全省八府去年未完地丁钱粮六十余万及当年额赋三分之一约五十余万，二者相加，计一百一十万两。此后，康熙皇帝又先后蠲免河南、湖北、直隶、江南、山东、湖南、福建、四川、贵州、陕西等省。轮流蠲免进展迅速，三年之内，"布惠一周"。此例一出，几乎每年都有大规模蠲免。康熙三十年（1691）十二月，康熙皇帝提出来年尽蠲漕粮，令大臣们讨论。大臣们认为，尽蠲漕粮势必要使漕船停运，将使搭乘漕船的其他物资也不能往来，产生"百货价值亦将腾贵"的副作用。因而建议将漕粮照省分府，逐年轮流蠲免。康熙皇帝也意识到自己的疏忽，表示同意该建议，下令除河南第二年漕粮已颁谕免征之外，湖广、江西、浙江、江苏、安徽、山东各省，着自康熙三十一年（1692）始，以次各蠲免一年。

康熙三十二年（1693）八月，康熙皇帝下令免除广西、四川、贵州、云南边地四省第二年应征地丁银米。至康熙四十五年（1706），康熙皇帝又于五月、十月分两批蠲免全国各省康熙四十三年（1704）以前逋欠，共银三百八十九万余两，粮十一万一千八百余石。康熙四十六年（1707）十一月，康熙皇帝以江南、浙江旱灾，令免康熙四十七年（1708）两省通省人丁征银共六十九万七千余两，免征同年江苏、浙江、安徽重灾州、县田亩银三百九十三万余两，粮四十八万八千石。康熙四十八年（1709）十一月，康熙皇帝再次做出重大决定，令从康熙五十年（1711）起，三年之内分批普免天下钱粮。

康熙前期、中期对天下钱粮的蠲免，次数多，总量大。康熙四十四年（1705）十一月统计，自康熙元年（1662）以来所免天下钱粮数目共计九千万两有奇，而康熙四十二年（1703）以来的三年间竟达一千六百余万两。到了康熙四十八年（1709）十一月，有关官员又一次做出统计，康熙元年以来所免钱粮共一亿两有余。数额之大，亘古未见。

赈济灾荒，亦即用财物救济发生灾荒地区的百姓。如果说蠲免灾荒是减免对百姓征取的话，那么赈济灾荒则是对灾民的直接给予，两者都是为了帮助灾民战胜灾荒，维持生产和生活。康熙皇帝在位期间，对赈济灾荒一直十分重视；在赈济灾荒的实践中，也留下了不少美谈佳话。

康熙皇帝要求地方官员要及时报告灾荒。他指出："救荒之道，以速为贵。倘赈济稍缓，迟误时日，则流离死伤者必多，虽有赈贷，亦无济矣。"[24]因此对于地方督抚，康熙皇帝要求他们遇灾即报，以便赈济。他不止一次地告诫各地督抚："地方遭受了灾荒，应该立即题报，使朕得以预筹救赈之策。"他还专门做出规定：凡报灾迟延者都要予以惩罚。如康熙三十六年（1697）甘肃自西和至陇西等州、县皆遭受严重灾害，农业歉收，百姓流离失所。作为甘肃巡抚的喀拜对此无动于衷，无视朝廷多次发布的报灾令，"竟不题报"。当年七月，康熙皇帝巡行塞外，得知当地灾情严重，十分气愤，立即下令办赈，并将甘肃巡抚喀拜交部议处，之后又下令将其革职。康熙四十八年（1709）八月，安徽巡抚刘光美疏报凤阳府受灾，已与督臣邵穆布开始救恤。康熙皇帝接报后，突然想起当年上江州、县春灾，刘光美隐匿不报；百姓疾病者甚多，刘光美亦匿不奏闻，下令将其交有关方面察议。九月，吏部提出，刘光美应照溺职例革职。康熙皇帝决定，刘光美降五级调用，调四川巡抚叶九思补安徽巡抚员缺。

提倡迅速报灾，目的是及时赈济。为此康熙皇帝主张简化报灾手续，提高办事效率。康熙三十六年（1697）十一月，康熙皇帝对大学士等人说：各省遭受灾荒的地方，按例先由当地巡抚先行奏闻，待户部讨论后方始检查受灾程度，决定蠲免和赈济事宜。如果说直隶、山东这些靠近京师的地方还能来得及蠲赈的话，那么边远省份经此往返奏请，时间就拖得长了，虽议蠲赈，为时已晚。因此以后凡受灾应奏报的，地方巡抚要把受灾的程度检查好也同时报来，户部把蠲赈的比例、额数也一起讨论，听朕裁决[25]。

有时情况紧急，地方官还没等到中央的指示，就先动用正项钱粮加以赈济。按理不合制度，应受处罚。但康熙皇帝却没有这样做。如康熙十二年（1673）甘肃巩昌府所属部分州、县遭瘟疫，牛马病死很多。春耕在即，急需牲畜，请旨赈灾蠲免已来不及，甘肃巡抚花善急百姓之所急，冒着违制受罚的风险，从该省上年征解银内拨款发给百姓购买耕牛，从积贮屯粮中拨给籽种。四月，花善奏报到达京师。户部官员经讨论，认为民间牛、驴等死亡，没有动用正项钱粮买补的先例；至于动用正项钱粮，按制必须先行题请，而花善却任意违例。因此提议处罚巡抚花善及当地的布政使、道员、知府等有关官员，令赔补擅动银谷。康熙皇帝没有同意，说：银谷既已下发给百姓，有关官员就不要赔补，也不要治罪了。从康熙皇帝的处理中不难发现，他是支持花善等人的，而且也没有下不为例的指示，可见在赈济灾荒问题上康熙皇帝是允许地方官有主动权的。康熙皇帝对匿灾不报者和主动赈灾者两种截然不同的态度，对地方官员来说，无疑是一个重要的信号，使他们对赈灾也采取了积极的态度。因而，康熙年间的赈灾工作做得也很出色。

康熙初年，黄河、淮河屡次决口，河水泛滥，淮、扬一带受灾严重。淮安府所属安东（今江苏省涟水县）、海州（今江苏省灌云县）等九州、县，扬州府所属高邮、兴化等四州、县水患频仍，康熙八年（1669）夏秋又罹淫雨。翌年二月，康熙皇帝令户部"檄行督抚，即发仓粟，赈济饥民"。然而屋漏偏遭连夜雨，淮、扬百姓还未从涝灾中恢复过来，新的灾害又接踵而至。五月下旬，淮河、黄河暴涨，湖水泛滥，百姓的房屋、土地尽被淹没，百里淮、扬顿成一片泽国。江南江西总督麻勒吉上疏要求亟行赈济，但淮、扬所存积谷已为上年赈济用掉，麻勒吉题请暂挪正项钱粮，俟劝输捐纳补还正项。户部经过讨论，以正项钱粮不便动支为由否定了麻勒吉的请求，提出应将凤阳仓存贮及捐输扣存各项银米，交贤能官员散赈，如有不足，则劝谕通省大小官员捐输俸饷。康熙皇帝心急如焚，下令说："淮、扬百姓连被水灾，深可悯念。着差部院廉能大臣一员，作速前往踏勘。果系被灾已甚，无以为生，即会同督抚，一面将正项钱粮动用赈济。若系次灾，即照部议，将各项粮米赈济，务使民沾实惠，以副朕轸灾恤民至意。"[26]十月，康熙皇帝想到当地百姓室庐多被淹没、夏麦未收、秋播难施的凄惨状况，指出：被灾之民既无耕获，何以输粮？如官府再加催科，百姓则更难以为继。他令户部等有关部门讨论蠲免该地当年应征钱粮。事后康熙皇帝仍悬念不已，康熙十年（1671）三月，差往江南的郎中禅塔海奏事来京，康熙皇帝又关切地询问起淮、扬的情况。禅塔海汇报说：淮、扬等处地方水患未消，人民饥馑流移，前虽行赈济，今仍无以糊口，穷困至极。康熙皇帝听罢"深切悯恻"，谕户部说："民为邦本，如斯困苦，岂可不速行拯救？今应即行差官前往赈济，或就近截留漕米，或动支何项银两籴米，给散饥民。"四月，户部建议发银六万两赈济淮、扬。康熙皇帝认为百姓当前最急需的是米谷，给银子没有用，遂令截留漕粮六万石及各仓米四万石，遣侍郎田逢吉与贤能司官二人，会同当地督抚主持赈济。对如何赈济，山东道御史徐越建议："淮、扬饥民，现议赈恤。臣以为当前赈济，应在各府、州、县分设米厂。多设米厂，可使饥民避免奔赴、守候、拥挤等苦。然后按人头发米，大体上每人每天给米一升，三日一放，则一石米可以养活一人于百日，万石米可以养活万人于百日。这样，即使那里有灾民十万，也只需要十万石米。臣请求将部差的贤能司官每府派一员，令其与地方官一起亲自经办赈济事宜，至麦收后停止。"[27]康熙皇帝很欣赏这个办法，令田逢吉等人"速如议行"。此后淮、扬仍不断罹灾，康熙皇帝也不断加以赈济，同时大力治理黄河和淮河，以求从根本上解决问题。

康熙十八年（1679）七月，京师发生严重地震，并波及附近通州、三河等州、县，房倒屋塌，旗民人等死伤甚众。当时平定三藩之役正在进行，灾害牵动着前线每一位八旗官兵的心。康熙皇帝极为重视，下诏求言，并大力赈济。户部、工部提出救济方案：倒塌房屋无力修复者，每间房屋旗人给银四两，民人二两；死亡人口不能收殓者，每名给银二两。康熙皇帝嫌少，令拨内帑银十万两，酌量给发。此外康熙皇帝还下令赈济通州、三河等近京州、县的灾民。由于灾荒，不少饥民流浪到京城，到了冬天，天寒地冻，食不果腹，饥民的处境更为凄惨。康熙皇帝遂下令在五城设厂赈粥。至次年三月，巡视中城御史洪之杰上疏，称饥民自去年冬天流集京师，因五城赈粥，都已存活下来；赈济的限期一宽再宽，到三月底为止，如今期限已到，臣请求将赈济未完的银米酌给饥民，令其回乡。但康熙皇帝认为如今不是麦收季节，如将饥民遣返回乡，仍然衣食无着，流离失所，不能真正解决问题。他下令在五城关厢外添设赈粥厂，再行赈粥两月，等麦子成熟时听其各回乡里。到六月，康熙皇帝"命五城粥厂再展限三月"，并"遣太医官三十员分治饥民疾疫"[28]。对直隶各州县、卫所的赈济，也因"春麦已枯"，展延至秋收。自此每年冬天自十月开始在五城设粥厂煮粥赈灾成为定例。康熙皇帝经常关照增加银米、宽展期限、增设粥厂、修葺五城栖流所诸事。康熙二十八年（1689）直隶旱灾，粮谷无收，康熙皇帝先后下令拨户部库银三十五万两赈济灾民。对八旗护军兵丁特别优待，多给一倍钱粮。不能赡养的庄屯人口共二万二千四百二十八人，每人给米一石，孑身寡妇、退甲护军、拨什库及无马甲只给一两钱粮者，其家口庄屯人口共六万三千七百一十九人，每人亦给米一石。次年正月康熙皇帝考虑春耕在即，又令给受灾州县、卫所的贫民百姓及八旗屯庄人口资助耕牛、籽种，以便及时春播，不违农时。对这次赈济执行的情况，康熙皇帝放心不下，特地派遣侍郎索诺和、阿山、席珠、齐穑、李振裕、李光地、王维珍、徐廷玺等人分四路检查。当他听说"赈过饥民万万，均荷天恩"时，才安下心来。

　　康熙三十年（1691）陕西西安、凤翔等地旱灾，地方官匿灾不报，致使赈济失时，大批灾民流落他乡。康熙皇帝听说后，立即派学士布喀前往查看灾情，商讨赈济事宜。十二月康熙皇帝下令动支正项钱粮二十万两，由户部侍郎阿山、内阁学士德珠负责赈济灾民。翌年二月因阿山奉差不能尽心，康熙皇帝宣布将其解任。在动用当地钱粮赈济的同时，康熙皇帝令"仍拨给别省钱粮，刻期运送，务使均沾实惠，人获更生"[29]。对于赈济前已流落他乡的饥民，康熙皇帝要求所在省份的督抚董率有司区划赈济，令其各得其所；所在地方官有能酌量资给，使流民回原籍者更好。对隐瞒灾情、防救不力的官员尽行革职。次年四月为吸引流民回籍，康熙皇帝又下令动支户部库银一百万两，解送陕西供军需和赈济。即使在这样的情况下，陕西的情况仍然没有根本好转。康熙皇帝寝食不安，备感焦虑，甚至停止元旦筵宴，以表轸念陕西饥民之情。康熙三十二年（1693）正月，康熙皇帝批准川陕总督佛伦的请求，将西安、凤翔二府额销盐引暂减一半。三月康熙皇帝又以陕西旱荒，遣子胤禔携御制祭文代祭华山。胤禔祭毕回京，奏报陕西已经风调雨顺，麦苗长势很好，流民回原籍者甚多。康熙皇帝略得安慰。七月佛伦等人奏报，西安、凤翔情况已大为好转，雨雪霑足，麦豆丰收，秋禾茂盛，流民回籍者已有二十余万。康熙皇帝这才如释重负。不久康熙皇帝又批准陕西巡抚吴赫的请求，在陕西招徕流民，有地者给予牛、种，无地者一律给银安插。这样一连数年的陕西旱灾终于被战胜了。康熙皇帝对其他地区灾荒的关注和赈济也大体相类，兹不一一列述。

对待灾荒，康熙皇帝不仅仅是蠲免和赈济等被动地去补救，而且提倡积谷，采取备荒的主动措施。康熙皇帝认为，既然自然灾害难以避免，就应在灾害发生前早为之备，以便把灾害可能造成的损失降到尽可能小的程度。康熙四十一年（1702）三月，康熙皇帝对大学士等人说：去年丰收，粮谷多获。如今出现小旱，似乎不会造成多大灾害。然而作为亿兆人之共主，朕不预为其谋行吗？以前朕常常以旱、涝等灾害难以避免，令大臣们各陈奏事宜，以备灾荒。但因当时人自为奏，所以辞多粉饰，不着边际。如今令九卿、詹事、科道官集议，凡有益于时政者俱言无隐，使国家早为之备。[30]康熙皇帝备荒的措施主要有以下几个方面：

第一，严令设仓积谷。居安思危，丰收时不忘灾荒，大力积谷储粮，这是康熙皇帝一贯的思想，也是他反复强调的政策。例如康熙二十九年（1690）七月，直隶各省"霖雨时降，黍苗被野，刈获在即，可望有秋"，康熙皇帝担心"愚民不知爱惜物力，狼藉耗费，只为目前之计，罔图来岁之需"，令督抚严饬地方官吏和平民百姓，务必"及时积贮，度终岁所食，常有余储"。劝谕农民树立积贮以备灾荒的思想，在康熙皇帝的另一段话里也有表现：

民生以食为天。若家藏丰裕，即使发生水旱之灾，也用不着担心。自古耕九余三，重农贵粟，正是藏富于民、经久不匮的重要途径。前几年因连年丰收，粒米充盈，百姓就不知蓄积，恣意挥霍。去年山东、河南一逢岁歉，百姓即缺衣乏食，流离失所。虽然朕一再颁布蠲免赈济，加意抚绥，但被灾之民生计终难得遂。这实在是因为地方官吏平时不以民生为重，没有把朕劝谕积谷之令推行下去。近据奏报，各地雨泽霑足，今年可望丰收。朕恐丰熟之后，百姓又像以前那样不知俭省，妄行耗费，故令各地方大吏督率有关人员晓谕百姓，务必勤俭节约，多积米粮，使俯仰有资，凶荒可备，以副朕爱养斯民至意。[31]

在提倡百姓自己积谷的同时，康熙皇帝还大力提倡地方官府设仓积谷，这是他提倡积谷的主要方面。康熙皇帝提倡地方各级政府设仓储粮，州县设常平仓，村镇设义仓和社仓。这些仓储都由官府出钱修造。然而不法官吏往往借修仓名义，趁机向百姓摊派钱粮，假公济私，违背朝廷备荒安民的宗旨。对此，康熙皇帝想方设法加以堵塞。如康熙二十四年（1685）九月，户部请求将张家口诸处仓廒令地方官设法修造，康熙皇帝说：如果让地方官们想办法，他们势必向百姓加派。修造仓廒之费，就用当地所收税银吧！仓廒建好后，康熙皇帝鼓励百姓收获后量力集输，提倡官吏、地主捐纳，以保证仓里有谷。对各地设仓积谷的情况，康熙皇帝多次下令检查。康熙二十一年（1682）七月，康熙皇帝说："各省常平等仓积贮米数甚属要务。有此积贮，虽遇灾荒也可无虞。朕以前曾有旨令行，如今担心地方官阳奉阴违，执行时有名无实，一旦遇到灾害，便无可奈何。因此，朕令将各省的执行情况逐一检查评议，然后奏报上来。"[32]康熙二十九年（1690）正月，康熙皇帝又说："朕于积贮一事，申饬不啻再三"，"嗣后直省总督、巡抚及司、道、府、州、县官员务宜恪遵各道谕旨，切实举行，使家有余资，仓庾充实。"康熙四十一年（1702）三月，他在谕旨中又反复强调要检查各地的设仓积谷情况："朕亲理机务多年，深知稼穑之事，深感富民之道在于有备。去年冬天北方少雪，今年春天雨水又不足，朕担心蝗蝻趁机孳生，有伤农事。各地官吏都应提前为备。直隶、山东、山西、河南、陕西、江北等地，历年来积贮的仓粮足额与否，该地督抚应查核明白，务必使仓有余储，不出现匮乏的局面。那些所有需要提前准备之事，你们这些督抚都应用心办理，不得失职。如果真能做好设仓积谷的工作，即使年成不好，也可以放心无虞地开仓赈济。至于直隶各省今年的雨水有无、多寡情况，着所在督抚具折奏闻，以纾朕宵旰勤民之意。"[33]

康熙皇帝认为总督、巡抚作为地方大吏，是朝廷各项政令得以推行的关键，因此，"备荒之法，全赖督抚得人"[34]。康熙皇帝屡次下诏谕示，令督抚们做好设仓积谷的工作，并对违令者严加治罪。如前述陕西西安、凤翔发生灾害后，当地地方官即因匿灾不报、备荒不力而被革职。康熙四十二年（1703）七月，山东大雨成灾，康熙皇帝在赈济灾民的同时，宣布："山东有司不理荒政，停其升转。"[35]

第二，提倡粜米平价。所谓粜米平价，就是米贱时买入，米贵时低价卖出；从丰收之地买米，运到歉收之地卖出，以平抑物价，救济灾民。这是康熙皇帝备荒的另一条行之有效的措施。康熙皇帝在位期间，屡次命令各地方官员，丰收之年要出公费购买米谷，待歉收时开仓平粜。康熙四十九年（1710）七月，署理偏沅巡抚、户部右侍郎王度昭上疏说："镇筸自改协为镇之后，兵民聚处，生齿日繁，请酌借帑银三千两，买谷积仓。谷贵之时，平价发粜；秋成谷贱之时，买补还仓，预备赈济。每年将余剩价银，于六年之内补还所借之项。"36康熙皇帝表示同意。

在备荒实践中，康熙皇帝还令招商贩粜。康熙三十二年（1693）二月，因西安米价昂贵，康熙皇帝令户部招募各省富商，给以贷款及照验文据，让他们从当地买米运往西安出售。七月，陕西米价下降，遂停止招商贩粜，收回成本。

除官府买谷平粜、招商贩粜两种方式以外，康熙年间用得更多的是截留漕粮及动支京师附近通州仓谷平粜。康熙三十二年（1693）京师歉收，米价腾贵，康熙皇帝令大学士从通州仓每月拨米万石，以低于时价的价格粜卖。康熙四十七年（1708）正月，因江南米价较高，康熙皇帝令漕运总督将湖广、江西起运的当年漕米截留四十万石，分拨江宁、苏州、松江、常州、镇江、扬州六府，交贤能官员减价平粜。康熙四十九年（1710）八月，因福建等处旱灾，康熙皇帝令截留当年起运的镇江漕粮十万石，松江、湖州各十万石，由福建水师船只转运至灾区粜卖。

第三，禁止民间靡费粮谷。康熙皇帝再三告诫百姓，要勤于耕作，也要俭朴过活。为了提倡节约，康熙皇帝在位期间曾多次颁诏禁止民间蒸造烧酒。如康熙三十二年（1693）十一月，康熙皇帝下诏说："蒸造烧酒，多费米谷。今当米谷减少之时，着户部立即行文直隶巡抚，不准顺（天）、永（平）、保（定）、河（间）四府蒸造烧酒。"37酿一碗酒，需用数碗米谷，这在生产力还很低下的清代，康熙皇帝下这样的禁令是可以理解的，也是值得肯定的。

三、治理黄河

康熙皇帝在位期间，为了发展社会生产，改善人民生活，除重农恤商、蠲免赈济外，还花极大的力气治理黄河，兴修直省水利，取得很大成就。

宋朝以后，黄河下游河道改折而南，从河南经江苏北部，在淮阴附近与淮河会合，东注入海。元代开通京杭大运河后，其淮阴以北的苏北段运河即借二百里黄河河道。从中游黄土高原一带挟带大量泥沙的黄河水，到了下游，由于河道宽阔，水流平缓，泥沙大量淤积，下游河道渐成为高出两岸平地的"地上河"，全靠人工筑堤束水。一旦年久失修，遇到雨季、汛期，黄河极易泛滥决口。黄河泛滥决口，势必影响淮河、运河。而元代以来，封建国家的经济和政治中心分居南北，每年大量的钱粮必须由运河从南方运到北京等地。为此，清代以前，历朝也都治理过黄河，但由于皆以济运通漕为主要目的，因而治理都不彻底。加上河臣废职营私，长期以来，黄河下游"溃决时闻，劳费无等"，河南、苏北一带水灾连年，民生艰苦，"患有不可胜言者"[38]。

清初为了加强对黄河的治理，自顺治元年（1644）起即沿袭明制，设立河道总督，掌治河渠，综其政令。同时，清朝政府还调发数万丁夫治理黄河。但因措施不力，"旋筑旋决"，黄河为患更甚。据《行水金鉴》和《清史稿》所载统计，顺治在位十八年间，黄河决口即达二十次之多。康熙初年，河道仍无所改观。据统计，仅康熙元年（1662）至康熙十五年（1676），黄河即决口四十五次。黄河为患，既影响了漕运，更给广大人民带来极大痛苦。如康熙元年开封黄练口河决，祥符、中牟、阳武、杞县、通许、尉氏、扶沟七县"田禾尽被淹没"；康熙六年（1667）河决桃源，沿河州、县悉受水灾，"高邮水蓄几二丈"，城门堵塞，乡民溺毙数万。

　　黄水肆虐，使康熙皇帝十分焦急。早在亲政之初，他即"以三藩及河务、漕运为三大事，夙夜廑念"，"书而悬之宫中"[39]。为了治理黄河，他"反复详考""从古治河之法"，并经常派人深入灾区调查，以便为治河提供资料。同时他也着手对黄河加以小规模的治理，如康熙七年（1668）十二月，康熙皇帝批准在黄河北岸挑挖引河，分引黄河之水，以图解决清口黄水倒灌问题。康熙十二年（1673）十月，康熙皇帝又下令在清口筑坝，在七里墩建闸，挑浚新河，以保漕道。但就在同年年底，三藩之乱爆发，康熙皇帝必须集中一切人力、物力进行平叛战争，治河之事暂告中断。此后几年，河决不断。至康熙十五年（1676），"河道敝坏已极"，终于酿成一场更大规模的灾难。是年夏天，黄河下游一带阴雨连绵，黄河水势大涨，河水倒灌洪泽湖，"高（家）堰不能支，决口三十四。漕堤崩溃，高邮之清水潭、陆漫沟之大泽湾共决三百余丈。扬（州府）属皆被水，漂溺无算"[40]。除黄河水倒灌致使扬州府受灾外，这年黄河还在宿迁白洋河、于家冈，清河张家庄、王家营，安东邢家口、二铺口，山阳（今江苏省淮安市）罗家口等处多次出现决口，河患已极。面对如此形势，康熙皇帝认识到如再不对黄河加以大规模的全面治理，后果将难以设想。因此尽管平叛战争仍在进行，国家财政拮据，康熙皇帝还是决心抽出部分力量全面治理黄河。康熙十六年（1677）他下令升任安徽巡抚靳辅为河道总督。从此，黄河的治理进入一个新的阶段。

靳辅字紫垣，汉军镶黄旗人。顺治九年（1652）以官学生考授国史馆编修，改内阁中书，迁刑部员外郎。康熙初，自郎中四迁内阁学士。康熙十年（1671）授安徽巡抚，任上"实心任事"，受到嘉奖，康熙十五年（1676）加兵部尚书衔。次年康熙皇帝擢靳辅为河道总督，期望他在全面治理河务方面再出大力，"庶或一劳永逸"。靳辅一上任，"即遍历河干，广咨博询，求贤才之硕画，访谙练之老成，毋论绅士兵民，以及工匠夫役人等，凡有一言可取、一事可行者"，"莫不虚心采择，以期得当"⁴¹。经过两个多月的调查研究，在幕宾、优秀水利技术专家陈潢的协助下，靳辅心中形成了全面治河的方案，一日而八疏并上。靳辅在奏疏中批评了以往治河仅尽力于漕船经行之地，而以他处决口无关运道而缓视之，以致河道日坏、运道日梗的错误做法，提出对黄河、淮河、运河进行全面治理的完整方案。其要点有：（一）疏下游河道：用二百天疏浚清江浦至云梯关下游河道，并以所挑土加筑两岸大堤；（二）治上流淤垫：高家堰西至清口之小河两旁各挑引河一道，引淮刷黄；（三）培修七里墩、武家墩等临洪泽湖残决堤岸；（四）塞黄、淮各处决口；（五）疏浚清口至清水潭运河二百三十里，并以所挑之土加固东西两堤；（六）规划经费：工程计需银二百一十四万八千余两，预征各地康熙二十年（1681）钱粮的十分之一，俟工成后补还；（七）裁并冗员，调用贤员，严明职守；（八）工竣后，设河兵守堤，计需兵五千八百六十名。

靳辅的经理河工八疏递上后，议政王大臣等表示反对，因为靳辅设计的工程方案不仅需银太多，而且动用丁夫数量也很大，仅第一项工程每日即需十二万三千余人，加上其他各处工程，每日约需二十万人，易生事端。因此议政王大臣建议先选择"紧要之处"酌量修筑，俟以后再大修治。康熙皇帝没有听从他们的建议，而是以河道关系重大为由，令靳辅"再行确议具奏"。靳辅奉旨再作研究，于康熙十七年（1678）上疏，对原来的方案稍作调整和修改：（一）以车运土，且将工期由二百天延为四百天，这样疏浚下游河道每天仅需丁夫三万人；（二）徐州以下河道，就原估土方加筑缕堤（黄河大堤即遥堤内修筑的逼水之堤），并酌量增格堤（遥堤与缕堤之间修筑的横堤），其他各项则维持原案。由于靳辅的治理方案贯彻了康熙皇帝的"一劳永逸"、全面修治的治河思想，因而得到康熙皇帝的大力支持。这年正月，康熙皇帝批准了靳辅的治河方案。二月又决定支给正项钱粮二百五十余万两，限三年告竣。

在康熙皇帝的大力支持下，靳辅的治河方案开始实施，"各工并举"：挑清口、烂泥浅引河四道，挑清口至云梯关河道，创筑关外束水堤一万八千余丈，塞于家冈、武家墩大决口十六处；创建王家营、张家庄减水坝两座，筑周桥翟坝堤二十五里，加培高家堰长堤，山阳、清河、安东三县黄河两岸及湖堰大小决口尽予塞堵；塞堵杨家庄决口，增建高邮南北滚水坝八处、徐州长樊大坝外月堤一千六百八十九丈；塞堵宿迁徐家湾、萧家渡决口。工程至康熙二十二年（1683）四月基本完成，"河归故道"，下游的山阳、高邮等七州县民田，"至是皆出水可耕"**42**。

对靳辅的工作，早就有人反对。康熙十八年（1679）十月请开皂河时，即有左都御史魏象枢表示反对。康熙二十一年（1682）黄河先后在徐家湾、萧家渡决口，又有候补布政使崔维雅上《河防刍议》，条列二十四事，"请尽变靳辅前法"。康熙皇帝派户部尚书伊桑阿、左副都御史宋文运等人带上崔维雅一同前往江南，勘阅河工。伊桑阿等人经过实地考察，认为靳辅所建工程虽然多不坚固，但照崔维雅所说改筑也未必成功。靳辅也反复申辩，说决口在来年必然堵塞。康熙皇帝遂下令恢复靳辅已被革去的河道总督之职，限期竣工。靳辅的工程始得进行下去。

康熙二十三年（1684）九、十月间，康熙皇帝巡幸山东，总河靳辅来朝。康熙皇帝"以黄河屡岁冲决，久为民害，欲亲至其地，相度形势，察视河工"**43**，于十月十八日命驾南巡。康熙皇帝沿黄河、运河南下，一路上检查河工，对靳辅的成绩予以肯定，赐以亲书《阅河堤诗》，并鼓励说："你数年来黾勉尽力，修治河工，取得了很大成绩，朕已悉知。今后你要益加勉励，使河工早日告成，让百姓们各安旧业，方不负朕委任至意。"在南巡中，康熙皇帝也发现了一些问题。他认为靳辅修建的水坝固然有分泄涨溢的作用，但也存在着"水流浸灌，多坏民田"之弊，希望能做到"黄河顺势东下，水行刷沙，永无壅滞，则减水诸坝皆可不用"**44**。他看到高邮等地方"虽水涸，民择高阜栖息，但庐舍、田畴仍被水淹，未复生业"**45**，心中非常忧虑，开始重视下河和海口工程。

在下游治河取得成效之后，靳辅认识到，"河南地在上游，河南有失，则江南河道淤淀不旋踵"[46]，因而把河工逐渐向黄河中游转移。此为靳辅治河的第二阶段，始自康熙二十四年（1685），迄于康熙二十七年（1688）。这一阶段的主要工程有：筑河南考城、仪封、封丘、荥阳等各处河堤不等；凿睢宁南岸龙虎山减水闸四座；开辟中河。这一阶段的工程尤以中河意义最大。原先漕船出清口入黄河，行二百里始抵张庄运口。靳辅决定在清河县西仲家庄建闸，上自宿迁、桃源、清河三县黄河北岸，由仲家庄闸进入中河，历皂河、泇河北上。于是运河避开了黄河一百八十里的险溜，漕运畅通，"商贾船行不绝"。

就在靳辅进行第二阶段治河的同时，一场关于疏浚海口的争论也爆发了，靳辅因此而被革职。原来康熙皇帝第一次南巡后，不忍高邮、宝应一带民房、田地尽被淹没水中，下令由安徽按察使于成龙管理下河事务，负责疏浚海口，排出高邮、宝应一带的积水。康熙皇帝要求于成龙与靳辅"彼此协同"，"一切事宜均申详靳辅具题"，"如无成效，将靳辅一并议处"[47]。康熙皇帝疏浚海口主张的出发点是好的，但在实际中却不可行。因为下河最低洼处低于海面五尺，若疏浚海口，不仅陆地积水排不出去，而且会引来海水倒灌。对于康熙皇帝的错误主张，于成龙表示赞同，靳辅则大加反对，提出"筑堤束水以注海"。靳、于二人各执己见，议不划一。事情闹到康熙皇帝那里，康熙皇帝先后多次令大臣讨论、到实地调查，试图压靳辅同意疏浚海口。靳辅据理力争，毫不屈服，终于康熙二十七年（1688）三月被革职。

靳辅被革职后，康熙皇帝任命王新命为河道总督，朝野也掀起一股否定靳辅的浪潮，有人甚至要求废弃靳辅完成的工程。在此情况下，康熙皇帝特派学士凯音布、侍卫马武等人前往考察靳辅革职前完成的中河工程。在听取了凯音布等人的考察汇报后，康熙皇帝肯定了靳辅的治河功绩，称："数年以来，河道未尝冲决，漕艘亦未至有误。若谓靳辅治河全无裨益，微独靳辅不服，朕亦不惬于心矣。"[48]不久，兵部尚书张玉书、刑部尚书图纳、左都御史马齐等人又遵旨全面考察靳辅主持的河工。张玉书等人对靳辅的治河成绩也予以肯定，仅对中河略提修改建议，但遭靳辅反对。九卿会议时不敢做主，于是请康熙皇帝再次临视河工，指示修筑，以"折服众论"。康熙二十八年（1689）正月，康熙皇帝第二次南巡，命靳辅、于成龙随行。通过一路上的耳闻目睹，康熙皇帝进一步认识到靳辅的正确，遂于三月回京后宣布："朕南巡考察河工，一路上听到江、淮各处百姓及行船夫役人等齐声称颂原任河道总督靳辅，感念不忘，朕也亲见靳辅所兴工程对河工有所裨益。靳辅实心任事，恪尽勤劳，朕以前对他的革职处理错了，如今就恢复他从前的官衔品级吧！"[49]康熙三十一年（1692）因有人揭发总河王新命勒取库银，康熙皇帝遂命将王新命解任，恢复靳辅的河道总督之职。但靳辅复职不久，即因操劳过度而病倒，十一月竟逝于任上。康熙皇帝十分痛惜，降旨悼念，下部议恤，赐祭葬，谥"文襄"。对于靳辅遗疏提出的各项治河方案，康熙皇帝令有关部门逐一落实。

靳辅去世后，康熙皇帝任命于成龙为河道总督。于成龙遵循靳辅的路子，对河工又做了一些小规模的兴修。康熙三十四年（1695）于成龙因父丧回籍守制，漕运总督董安国继任河道总督。董安国"于河工不亲巡历"，凡事俱委下人，不仅未对治河做出有效举措，反而荒唐地在临近黄河海口的马家港修筑拦黄大坝，致使下流不畅，河工日坏。康熙三十七年（1698）十一月，康熙皇帝撤换董安国，重新任命于成龙为河道总督。此后，治理黄河工程基本上都由康熙皇帝亲自设计指挥。

通过几十年的治河实践，康熙皇帝逐渐认识到"上流既理，则下流自治"，即只有解决黄河水倒灌洪泽湖、淮河问题，黄河下游的冲决泛滥才能避免。带着这一新的治河思想，康熙皇帝于康熙三十八年（1699）二月开始第三次南巡，对治河做了具体部署：（一）深浚河底，即将清口以西的河道浚直，用急流之水冲刷淤沙，达到浚深河床的目的，以使河水低于洪泽湖水面，从而免于倒灌；（二）改修清口，将黄河、淮河之堤各迤东弯曲拓筑，使之斜行旁流，避免黄水倒灌；（三）拆毁董安国修筑的拦黄坝，保持黄河下流的畅通；（四）将高邮一带的湖水、河水由芒稻河、人字河引出归江，减轻下河压力，迅速排出高邮、宝应一带的积水。这次南巡中，康熙皇帝甚至提出使黄河河道北移的设想，以保清水即淮水通流。应当说，康熙皇帝的这些治法和思想已经超过了靳辅。靳辅治河，只重视筑堤束水攻沙，而很少顾及下河百姓利益。康熙皇帝则提出浚直河道急溜刷沙法，而且千方百计治理下河积水，并首次提出使河道北移，从而解决清口一带的水患等，既要治河济运通漕，也要保护民生，体现出一个封建皇帝的博大胸怀。

但是对康熙皇帝的部署，总河于成龙并未从速办理。虽经康熙皇帝传谕催促，但直到康熙三十九年（1700）仍无大进展。康熙皇帝很是不满，气愤地对大学士等人说："靳辅任总河时，河务常治，虽下河之人不无微怨，然不可谓于运道无益。……如今的于成龙，不遵守朕的指示，因而迄今河工仍无头绪。"同年三月，于成龙病故，江南江西总督张鹏翮调任河道总督，河工又进入一个新的阶段。

张鹏翮是康熙皇帝一手提拔起来的官员，虽然治河经验不多，但因能落实康熙皇帝的治河之法，所以取得成功。张鹏翮临行时，康熙皇帝又以第三次南巡时部署的方案叮嘱，令其续完，张鹏翮一一答应。为使张鹏翮不受经费的掣肘，康熙皇帝还令将河工经费直接拨给总河，而不再经过工部这个中间环节。

张鹏翮到任后，遵照康熙皇帝的指示大力治河：拆拦黄坝，挑浚河身，以与上流宽深相同；在张福口开引河，引清水入运抵黄，建河闸以时启闭；疏浚芒稻河使其畅通，并疏浚凤凰桥引河及双桥、湾头二河，皆汇入芒稻河入江；开浚引河、运口，培修河岸堤坝等；在归仁堤五堡建矶心石闸，并于三义坝旧中河筑堤，改入新中河；在高家堰一带增筑月堤及旁边、附近诸堤坝；加筑清河县黄河南北岸戗堤，天妃闸改筑运口，草坝建石坝，改卞家庄土堤为石堤；加筑桃源县卫城月堤，并于邵家庄、颜家庄开引河。这些工程至康熙四十一年（1702）基本完成，并在当年的防汛中发挥了巨大作用，康熙皇帝很是高兴。

为了对张鹏翮三年来所建河工加以验收，康熙四十二年

（1703）正月，康熙皇帝开始了第四次南巡。验收结果，一般都很满意，仅做了一些微小的调整和补充。康熙皇帝奖励张鹏翮的治河之功，赐其御制《河臣箴》《览淮黄成》诗，并赐张鹏翮之父张烺鲐"神清养志松龄"匾额。其《览淮黄成》诗曰：

殷勤久矣理淮黄，几度风尘授治方。

九曲素称天下险，四来实为兆民伤。

使清引浊须勤慎，分势开疏在不荒。

虽奏安澜宽旰食，诚前善后奠金汤。[50]

回京后，康熙皇帝又得意地说：以前一直是黄河水高六尺，淮河水低六尺，不能抵御黄河水倒灌，常发生淤垫，导致冲决泛滥。现在将六坝堵闭，禁洪泽湖水旁流，洪泽湖水位渐高，抵御住黄河水，运河不再有倒灌之患，这是河工告成的原因。三月十八日，康熙皇帝五十寿辰，他以"四海奠安，生民富庶，而河工适又告成"，特颁诏天下，大沛恩赉。

康熙四十二年（1703）秋，张鹏翮又移建中河出水口于杨家楼，逼溜南趋，清水畅流敌黄，于是"海口大通，河底日深，黄水不虞倒灌"[51]。为了实地考察中河南口改建工程，康熙四十四年（1705）二月，康熙皇帝第五次南巡。康熙皇帝视察之后，对张鹏翮的改建表示肯定，同时提醒张鹏翮不要被成绩冲昏头脑。他说：你们见到清口之水流出，就以为大功告成了，而不思防御，假如高家堰六坝之水突然冲决泛滥，那么清口的水势就会减弱，难以挡住黄河之水发生倒灌。因而高家堰是个关键地方，你们要记住，千万不可忽视。

此后张鹏翮与江南江西总督阿山为防治洪泽湖水侵入泗

州、盱眙，想在泗州之西溜淮套开河，使淮水分流，企图以此减弱上流水势。由于这是一项新工程，张鹏翮等人不敢做主，遂请康熙皇帝前往视察定夺。康熙四十六年（1707）正月，康熙皇帝第六次南巡。在实地考察后，康熙皇帝训斥张鹏翮道：昨天朕视察武家墩，还说同意你们开溜淮套。今天朕又乘马从清口到曹家庙细看，才发现这一带地势很高，虽然开凿成河，水也不能直达清口，与你们先前进呈的工程图样迥然不同。而且你们所立的标杆有很多插在坟茔上，如果按照所立标杆开河，不仅要破坏民田庐舍，而且要毁掉许多坟冢，实在残忍至极！然后又指示说："如今淮强黄弱，河工已有大成绩，但善后之策也应亟讲。你们与其开溜淮套无益之河，不如将洪泽湖出水之处再行挑浚，令其宽深，使清水愈加畅流。蒋家坝、天然坝一带旧有河形应再加挑浚，使通运料小河，俾商民船只皆可通行，漕船也可挽运。这才是大有益之事。"康熙皇帝不准开溜淮套的命令下达后，当地百姓"群情欢悦，不胜鼓舞感激"[52]。

第六次南巡后，康熙四十七年（1708）张鹏翮入京为刑部尚书，河道总督换成赵世显。此后黄河又频繁在河南一带决口。尤其是康熙六十年（1721）八月，黄河决于武陟詹家店、马营口、魏家口，大溜北趋，注入滑县、长垣、东明，夺运河，至张秋，由五空桥入盐河归海。康熙皇帝派张鹏翮往勘。不久，决口次第堵住，康熙皇帝另任陈鹏年为总河。次年，马家营又两次决口，但旋即就被堵住。

康熙十六年（1677）以后，在河道总督靳辅的大力修治下，黄河决口的次数锐减，沿河两岸百姓受冲决泛滥之苦的状况大有改观，民生逐渐好转。康熙四十二年（1703）据河臣奏报，经过数十年来的治理，"海口大通，河底日深，去路甚速，淮水畅出，黄水绝倒灌之虞。下河等处洼下之区俱得田禾丰收，民居安晏"[53]。康熙四十四年（1705）二月，康熙皇帝也对大学士等人说："总河昨日来，问以河工形势，河事已大治矣。从前骆马湖口设竹络坝，湖水大则从坝流入黄河，河水大则溢流入坝内。如今竹络坝只有湖水畅流，黄水并无浸灌，则黄河之深通可知。朕初次到江南时，船在黄河上，两岸人烟树木皆一一在望。三十八年则仅见河岸，四十二年则河去岸甚低，是河身日刷深矣。自此日深一日，岂不大治？闻下河连年大熟，亦从前所未有也。"[54]

　　康熙年间治河成绩的取得，是与康熙皇帝的重视和努力密不可分的。首先，康熙皇帝亲自研究和考察河性，以科学的态度求取治河之法。为了找到治河的最佳方案，康熙皇帝很注意研究前人的经验和教训，"凡前代有关河务之书""无不披阅"。同时也十分重视实地考察。通过六次南巡，取得大量第一手资料。他还广泛听取大臣、百姓意见，海口之争中即是典型表现。而且康熙皇帝对河道的考察和研究并不仅限于河南以下地段。康熙四十三年（1704）他派侍卫拉锡等人探视黄河河源，西至星宿海，详考黄河的来龙去脉；康熙三十六年（1697）亲征厄鲁特时，他又顺道考察河道，由横城乘舟，历河套直至包头。康熙皇帝的目的是要把握整个黄河水情的规律。正是这种科学的态度，他才制定出有效的治河方案，因而在治河中点拨指画，无不允当。其次，康熙皇帝任用得人。康熙初年，面对河患日棘，康熙皇帝起用了实心任事的靳辅担任河臣，使得河工稍治。靳辅死后，朝野之间已无擅长治河之臣，委用一般人担任总河，又怕不能很好贯彻已熟于河务的康熙皇帝的意旨，结果非但于事无补，反而会把事情搞糟。于是康熙皇帝选择于成龙、张鹏翮先后担任总河。因为他们虽无治河经验，却能听从指挥，而且更重要的是他们都廉能有为。可以说，靳辅之后的河工，基本上是由康熙皇帝设计，由总河落实执行的。康熙四十六年（1707）二月，康熙皇帝斥责总河张鹏翮道："加筑高家堰堤岸，闭塞减水六坝，使淮水尽出清口，非尔之功；修治挑水坝，逼黄水流向北岸，非尔之功；堵塞仲家闸，改建杨家闸，令黄水不致倒灌清口，非尔之功！"[55]这从一个侧面说明，张鹏翮认真执行了康熙皇帝的治河方案。第三，康熙皇帝在人力、物力上大力支持治河。靳辅治河之初，所需丁夫、银两甚多。尽管当时战事正酣，国家财政拮据，康熙皇帝还是予以批准。后张鹏翮上任时，康熙皇帝又以工部掌管河工钱粮，每借机勒索贿赂，以致河工钱粮亏空每多，而下令将经费直接拨给河臣。至于康熙年间的河道工程，只要合理有益，康熙皇帝都立即批准兴工，其钱粮、丁夫调拨都很及时、充足，等等。

康熙年间，除了对黄河、淮河、运河进行全面治理以外，还对另外一些大河也进行了修浚。其中比较重要的是对永定河的修浚。

永定河原名无定河，是桑干河的下游。源出山西太原天池，伏流至朔州、马邑后变为地上河，汇集众流，经直隶宣化之西宁、怀来，东南入顺天宛平界，经卢师台下，始名卢沟河，下汇凤河入海。无定河因流经大同后汇合浑水向东北流注，故又名浑河，《元史》称其为"小黄河"。其上游出山西高原，"汇边外诸水，挟泥沙建瓴而下，重峦峡峙，故鲜溃决"，至北京以西四十里石景山而南，进入下游，"地势陡而土性疏，纵横荡漾，迁徙弗常，为害颇巨"[56]。

尽管无定河时常溃决改道，但历代统治者却很少重视过，"从古未曾设官营治"。顺治八年（1651）无定河由永清徙固安，与白沟汇合。次年决口始塞。到顺治十一年（1654）无定河由固安西宫村与清水汇合，经霸州东，出清河；又决九花台、南里诸口，"霸州西南遂成巨浸"。

康熙皇帝亲政初，三藩、河务、漕运等事孔急，未能腾出精力来治理无定河。后三藩平定，靳辅又在黄河中下游治理中取得巨大成绩，康熙皇帝于是重视起无定河，开始了对无定河的修浚。康熙三十一年（1692）康熙皇帝以河道渐次北移，永清、霸州、固安、文安时常遭受水灾，而采用了直隶巡抚郭世隆的建议，疏浚永清东北的无定河故道，"使顺流归淀"。康熙三十七年（1698）康熙皇帝又以保定以南诸水与浑水汇流，势不能容，时有泛溢，御驾亲临，实地考察。为了全面修浚无定河，康熙皇帝任命治理黄河已稍有经验的于成龙以河道总督衔兼直隶巡抚。于成龙到任后疏筑兼施，自良乡老君堂旧河口起，经固安北十里铺、永清东南朱家庄，会东安狼城河，出霸州柳岔口三角淀，达西沽入海，浚河计一百四十五里，筑南、北堤岸一百八十余里，使浑水改注东北，从而大大治理了无定河。康熙皇帝对此大加赞扬，亲赐无定河名为永定河。此后永定河虽时有决口，但大势已定，

"无迁徙者垂四十年"，很少造成大灾害。

康熙皇帝并非仅仅重视黄河、无定河等为患较大的大河的治理，对于各省水道，因其与当地经济发展、人民生活密切相关，也没有忽视，"举凡直省水利，亦皆经营不遗余力"[57]。兹举其大端：在北方，康熙九年（1670）修郿县（今陕西省眉县）金渠、宁曲水利；康熙十二年（1673）重修城固五门堰；康熙三十八年（1699）令直隶巡抚李光地察勘漳河、滹沱河故道，在大名、广平、真定、河间等地，凡两河经行之处，悉开浚疏通，由馆陶入运河；康熙三十九年（1700）康熙皇帝巡视子牙河堤，命于阎、留二庄间建石闸，随时启闭；康熙四十三年（1704）挑杨村旧引河，文安、大城、青县百姓"皆称便"；康熙四十八年（1709）疏浚郑州东赵迄黄河涯口新庄之间的贾鲁河故道，在东赵建闸一，在黄河涯口筑草坝、石闸各一；同年康熙皇帝批准甘肃巡抚舒图的请求，令引黄河之水入唐渠，解决唐渠渠口高于渠身、水势不畅的问题，以利灌溉。在南方，康熙十九年（1680）疏浚常熟白茆港、武进孟渎河；康熙二十三年（1684）修五河南湖堤坝；康熙二十七年（1688）修徽州鱼梁坝；康熙四十八年（1709）从江苏巡抚于准之请，下令丹阳练湖的下湖之地禁止佃种升科，改蓄水为湖，以资灌溉；康熙五十七年（1718）又以沛县连受水灾，康熙皇帝下令挑浚荆山口十字河淤垫，并在十字河上筑草坝等。所有这些都使各地水道变害为利，不但保障了民生，对各地经济发展也起到了重要的推动作用。

四、开矿禁矿

康熙年间，康熙皇帝在矿业政策上有开和禁的摇摆。具体地说就是康熙初期禁矿，康熙中期开矿，到康熙晚期又禁矿。矿业政策的这种变化，绝非康熙皇帝一时喜怒的产物，而是有其深刻的社会原因。

矿业作为关系国计民生的重要生产部门之一，为铸作农具、兵器、货币和部分日用品提供原料，在中国封建社会中有着悠久的历史。但由于中国古代以农业立国，奉行"重本（农业）抑末（工商业）"的国策，因而历代帝王多能重视农业生产的发展，而对工矿商业则基本上缺乏主动积极精神；而且，封建统治者还认为开矿"有伤风水龙脉"，迷信开矿会带来风、雨、雪、雹、地震等自然灾害，给人以"天罚"；另外，矿场一开，矿徒群聚，往往又会成为反抗封建统治的隐患。因此，清代以前各朝，对矿业无不采取非常谨慎的态度。比较而言，禁矿更多一些。

清朝入关之后，为巩固和发展其在全国的统治，在财政经济方面尽一切努力减轻人民的赋役负担，奖励垦荒，恢复并发展农业生产。对于矿业这个"末"还没有顾及，只是因袭明代之旧。明代开矿，尤其是万历年间明神宗朱翊钧派出大批太监为矿监税使，以开矿、征税的名义到各地横征暴敛，为非作歹，结果闹得工商业萧条，民怨沸腾。明神宗死后，朝廷收回矿监税使，各地矿厂也次第封闭。顺治年间，清朝政府还没有制定自己的矿业政策，只是因袭明末的禁矿。如顺治元年（1644）清朝政府下令"开采山东临朐、招远等处银矿"，但到顺治八年（1651）即下令停止开采；浙江山阴县有人"采石烧灰"，地方政府援引明代崇祯年间之例，"严行重禁"。

康熙初年，开矿问题依然没有提上朝廷的议事日程，顺治年间的禁矿政策依然生效。例如康熙十一年（1672）六月，康熙皇帝以京师德胜门外的新煤窑三十三座、旧煤窑十座，"正当都城来脉，风水所关"，下令封闭，"限一月内，拆毁填平"[58]。浙江山阴县，康熙十年（1671）又有人采矿，当地政府令"永禁开采"；康熙十三年（1674）又有人结伙开凿久已封禁的陈家岭官山，次年官府宣布"照旧严禁"；康熙十七年（1678）有人借修大能仁寺之名开凿应蒙山，官府又予禁止。

当然康熙初年也不是不分青红皂白地禁绝开矿，其禁矿政策的执行表现出一定的弹性，在一定条件下，康熙皇帝也适当开禁。金、银、铜、铁等矿，为铸造货币、日用器皿等所必需，实不能停。因此康熙十四年（1675）定开采铜、铅之例，下令"凡各省产铜及黑白铅处，如有本地人民具呈愿采，该督抚即委官监管采取"[59]。次年，遣官监视山西应州边耀山煎炼矿银，康熙十九年（1680）定各省开采所得金银四分解送户部、六分抵还工本例，"又试采陕西临潼、山东莱阳等银矿"[60]。可见，康熙初年的矿业开采限于金、银、铜、铅等极少数的几个矿种，且矿场皆由官营或派官监督，并加以高额征课，使开矿无利可图。这样，清朝政府既达到补充财政经济的目的，又限制了矿业的发展，因而在总体上并没有违背其禁矿政策。

随着国内形势的安定、社会经济的恢复和发展，禁矿政策越来越显示出其不适应性。众所周知，在中国封建社会，民间的商品交易流通中主要使用铜钱，由于禁矿，铜的开采不多，钱价日贵。清初定例每一串钱值银一两，但由于钱日少而贵，银一两仅值钱八九百文。铜钱愈少便愈贵，严重影响国家财政经济和人民生活的安定。同时，要恢复和发展经济，也需要大量的铁等矿物打制农具等。于是开矿问题，在平定三藩叛乱的战争已取得决定性胜利时，终于摆到了康熙皇帝的面前。

康熙十八年（1679）三月二十二日，康熙皇帝在太和殿前策试贡士马教思等人。康熙皇帝共提了三个问题，即吏治不清的原因是什么、民间垦荒为何无大成效以及怎样才能解决铜不足用的问题，令贡士们加以思考，"详切敷陈，勿泛勿隐"。其中，关于铜不足用，康熙皇帝说道："自昔九府圜法，所以便民利用。鼓铸之设，其来久矣。迩以铜不足用，铸造未敷，有以开采议者，有以禁民耗铜议者。果行之，可永利乎？或二者之外别有良策欤？"[61]这些被康熙皇帝誉为"留心经济"的贡士，实际上都是熟读八股文之人，他们远离社会实际，更提不出什么有效的办法。与此同时，户部等有关部门也遵旨在想办法。十月，户部等衙门经讨论，提出了《钱法十二条》，其中第八条为"开采铜铅"，即"凡一切有铜及白黑铅处所，有民具呈愿采，该地方督抚即选委能员监管采取"[62]。这年，清朝政府又修改征课办法，规定："各省采得铜、铅，以十分内二分纳官，八分听民发卖，监管官准按斤数议叙。上官诛求逼勒者，从重议处。如有越境采取及衙役扰民，俱治罪。"[63]由此可见，民间开矿虽然还有诸多限制，但征课减少，开采人有十分之八可以发卖，有利可图。这是康熙皇帝对民间开矿的一个鼓励，也表明康熙皇帝的禁矿政策已被撕开一个缺口。

三藩之乱后，云贵总督蔡毓荣在《筹滇十疏》中提出开矿问题，得到康熙皇帝的批准。当时历经战乱，云南一片凋敝景象，兵饷不继，赋税无多，"兵食仰给他省"。蔡毓荣认为，云南矿产资源丰富，且有悠久的开矿历史，如果顺势开矿，利国利民。因此主张在云南开矿，"是以理财而兼弭盗之一法也"。具体办法是"听民开采，而官收其税"，即放弃禁矿政策，使民间得以自由开采矿物，既可解决官营矿场资金不足、经营管理不善等问题，又可使国家、百姓都得到开矿之利，一举多得；所采矿物"每十分抽税二分"，低额征课，以便鼓励民间开采；地方官要督促开矿，有功者朝廷予以奖赏，即"得税一万两者，准其优升；开矿商民上税三千两至五千两者，酌给顶戴，使知鼓励"。康熙皇帝的批准，使开矿政策首先在云南实行起来。

康熙二十三年（1684）九月，康熙皇帝又批准管理钱法侍郎陈廷敬等人的奏请，下令"开采铜斤，听民自便，地方官仍不时稽察，毋致争斗抢夺，藉端生事，致滋扰害"[64]。其具体政策是：（一）铜铅矿听凭民间开采，开采所得十分之八听凭民间自由买卖，十分之二交纳于官府。（二）铜铅矿先由矿地主人报名申请开采，如本地人无力开采，允许本州、县人开采，允许雇邻近州、县工匠使役。如有人越州、县开采铜铅，及衙役扰民，皆照光棍例治罪。（三）各省铜铅矿处，令道员总管，府佐分管，州、县官专管。道厅官所收税铜铅，每十万斤记录一次，四十万斤加一级；州、县官税得铜铅五万斤纪录一次，二十万斤加一级。各地照此定例议叙；如有官吏诛求逼勒以图加级者，从重议处。后来，铁、锡等矿也基本照此办理，只有金、银矿略有不同，仍然是"官收四分，给民六分"的比例。

康熙皇帝的"任民采取"的开矿政策，有利于调动商民投资矿业的积极性，有力地推进了矿业的开发。开矿之后，云南省的矿业（包括铜、锡、铁、铅、金、银等矿）的开采，首先由凋敝迅速转入发展。当地的"嗜利之徒""游手之辈"纷纷具呈申请，外地的富商大贾也慕名携资入伙，迅速开矿。官府不甘落后，也派亲信之人携资前往有矿之地，招集峒丁，着手开采，全省呈现出繁忙的开矿景象，各种矿物都得到了开采，除金、银、铁、锡五金矿厂林立外，还有白铜、朱砂、水银、乌铅、底母、硝磺等厂散布各地。矿开最盛时，云南一年可上缴税银八万余两。接着，广东、广西、四川、湖南、贵州等省因为开矿政策的施行，矿业也相继发展起来。从此矿物产量急剧增加，清朝政府所收矿税不断上涨，矿厂的规模也在发展中迅速扩大。据不完全统计，康熙二十三年（1684）全国只有大型矿厂九座，次年即增至二十九座，康熙四十六年（1707）达到五十五座，康熙五十一年（1712）竟达到六十六座。矿业的发展增加了国家的财政收入，对整个社会经济的恢复和发展也起到了推动作用。

康熙中期以来的开矿政策，使清朝的矿业进入了一个空前的重大发展时期。但是，从康熙后期开始，禁矿政策又逐渐被提上议事日程，开矿一变而为禁矿。

康熙四十三年（1704），康熙皇帝发布了一道上谕：开矿事情对各地没有什么好处，以后再有申请开采的，都不批准了。这道上谕是康熙皇帝针对各地矿徒聚众滋事，从而威胁清朝政府统治而发布的，它是康熙皇帝禁矿政策的前奏。此后，不仅新矿不准开，一些已开之矿也陆续遭到封闭或限制。康熙五十二年（1713）五月，康熙皇帝从四川提督康泰的奏疏中得知，四川一碗水地方聚集万余人开矿，虽有官兵驱逐，但随逐随聚，地方政府无计可施。康熙皇帝指出，这些偷开矿厂之人皆系无房可住、无田可耕的贫苦百姓，倘若一下子禁其开矿，他们如何过活？因此，他令该地方文武官员与九卿等会商办法，既使穷民获有微利、养赡生命，又不会聚众生事、妄行不法。经九卿讨论，康熙皇帝批准，旋即出台了新的矿业政策：（一）云南督抚雇本地人开矿及商人王纲明等在湖广、山西各雇本地人开矿照准；（二）其他各省所有未经开采或初开采的矿厂严行禁止；（三）各省穷民已开采而赖以度日的矿厂不禁，但要由地方官查明姓名，登记在册；（四）越境开采或本地富人霸占矿厂者，即行重处。这次重定的矿业政策，核心是限制和禁止包括地主、商人和贫民在内的民间采矿业，加强官府和皇商（王纲明）对矿业的管制和垄断，实质上是对康熙十八年（1679）以来的"任民开采"政策的否定。它的出台标志着康熙年间禁矿政策制定的完成。康熙五十四年（1715）又有云南地方官请开银矿。朝廷未议之前，大学士李光地奏道："矿徒聚之极其容易，如将来矿物开尽，这些人又如何疏散？"李光地还未说完，康熙皇帝已是同意，竟连点了四次头。于是，云南开银矿之事未得批准。这道谕旨是对康熙五十二年（1713）制定的禁矿政策的进一步肯定。

康熙后期的禁矿政策迅速得到了执行。康熙四十四年（1705）六月，户部题复陕西道御史景日昣奏疏，以商民何锡奉部文在广东海阳县仲坑山开矿，聚众几至十余万，"强梁竞争，时时有之"，建议敕下督抚会查开采情况，酌议停止，永为封禁。正好何锡本人以该山开采日久、矿口愈深、所得矿砂价银不敷工费具呈恳罢，康熙皇帝遂立即批准封闭这个商民兴办的最大的矿厂。康熙五十年（1711）康熙皇帝以湖南产铅地山深谷邃，且与贵州、广东相接，苗、瑶杂处，"开采不便"，下令永为封禁。康熙五十三年（1714）康熙皇帝宣布河南有矿地方停止刨挖。次年康熙皇帝又下令："广州等府属有矿山聚集多人，着严行封禁。如有文武官员不执行此令者，即将其严拿议处！"康熙五十七年（1718）康熙皇帝又宣布停开四川省的各个矿厂。此后，广西矿厂也被封闭。作为国家铸钱重要来源的云南铜、铅等矿，在禁矿中也未逃过厄运，康熙四十九年（1710）到康熙五十八年（1719）之间，康熙皇帝以开太、羊脚迹等五厂"洞门荆棘，不便开采"，令严行禁止。

在封闭矿厂的同时，康熙皇帝还控制矿物销售，以限制矿业的发展。康熙四十四年（1705）云贵总督贝和诺废止余铜"听民自售"的旧制，改行"放本收铜"，即开采所得除十分之二缴税外，其余十分之八矿铜禁止私卖，均由官设铜店统一收购；收购中，官府通过加长秤头、压低铜价额外榨取，从中牟取暴利。矿民无利可图，纷纷另谋生路，很多矿厂陷于半开半闭状态，或被迫关闭。

康熙后期的禁矿政策是有其深刻背景的。众所周知，康熙后期地主阶级对广大人民的剥削日益加重，百姓生活无着，或往周边垦荒，或到城市、海外谋生，或入山采矿，或铤而走险，举行反抗封建剥削和压迫的起义。康熙四十六年（1707）到康熙六十年（1721）间，全国相继发生了江浙地区的抢米风潮、福建泉州的饥民暴动、江西兴国等地的佃户抗租、河南宜阳的亢珽起义等，规模都在千人以上。这些反抗斗争虽不久即被清朝政府先后平息，但都不同程度地打击了清朝统治，使康熙皇帝寝食不安。为了消除穷民群聚、易生变乱的隐患，稳定清朝统治，康熙皇帝不得不下令禁矿。可以说，防止矿徒变乱是康熙皇帝禁矿的根本原因，至于"洞门荆棘""开采不便"等不过是借口罢了。

康熙后期的禁矿政策是对中期开矿政策的倒退，虽然在一定程度上、一定时期内可以起到稳定封建统治的作用，但从历史发展上看，是消极保守的，也不利于清朝统治的真正巩固。首先，禁矿政策导致矿业衰落，影响了国家财政和社会经济的发展。我们还以云南铜矿为例，由于民营矿厂大多被封闭，铜产量大为下降，雍正元年云南全省铜产量仅十余万斤，课银不过二万余两，较之康熙四十四年（1705）税课八万两，竟减少了四分之三。至于铅、锡等矿厂，被禁者更多。这些铜、铅、锡等矿物与国家财政、社会经济的紧密关系自不待言，其开采之禁无疑影响了国家财政，妨碍社会经济以更大的速度发展，从而使中国逐渐由先进转为落后。其次，禁矿也激化了社会矛盾。禁矿措施的实行，使很大一部分穷苦矿民失业，生活难以为继。因此，他们只得转入地下状态，进行所谓"私挖""盗矿"。对这些"私挖""盗矿"之人，清朝政府又加以驱逐、镇压，因而激化了社会矛盾。到了雍正时期，一些地方大员为了缓和激化的社会矛盾，也一改态度，纷纷要求开矿。

综上所述，康熙皇帝的矿业政策经历了由禁到开再到禁的变化。我们肯定康熙皇帝开矿对清朝社会、经济发展的推动作用，也不能忽视其禁矿的消极影响。康熙皇帝的开矿禁矿与其开海禁海一样，其最终目的都没有超出巩固封建统治这个狭隘范围，这是由其历史和阶级局限所决定的。

五、开海禁海

康熙年间，清朝政府曾有一个禁海、开海、禁海的政策变化过程，对于当时和此后中国社会的发展都产生了重要的影响。

康熙前期，清朝政府一直推行海禁政策。所以如此，既是对明朝以来政策的继承，同时也是清朝建立和巩固政权的需要。明朝建立后，对周围邻国采取友好的政策，不断派遣使臣互相访问，建立起正常的外交关系。为了进行对外贸易，明朝在沿海城市设立了市舶司，外国商船须持明朝政府颁发的"勘合"（贸易凭证）才准许贸易。明朝政府为了独占对外贸易，同时防止流窜海上的元末农民起义军张士诚、方国珍残部勾结倭寇对内地进行骚扰，从洪武时期开始，就屡次下令禁止民间入海"通番"，"禁濒海民私通海外诸国"，"严交通外番之禁"[65]。明代中期，倭寇问题日益严重，给中国沿海地区造成极大破坏，明朝政府随之推行更严厉的海禁政策。嘉靖年间，明朝政府一再下达命令，禁止民间与"番夷"贸易，不得私造大船卖往海外，违者严惩不贷。嘉靖二十六年（1547）朱纨至浙闽防海，下令"革渡船，严保甲，搜捕奸民"[66]，不但禁止民间出海贸易，连下海捕鱼等活动和沿海之间的交通也被阻断。终明一代，禁止开海虽有弛张程度的不同，但防禁之令一直坚持未废。清军入关之初，以郑成功、张煌言为代表的福建、台湾等东南沿海一带的抗清力量十分活跃。顺治十三年（1656）郑成功率军攻台州，取芜安，克连江。顺治十五年（1658）郑成功、张煌言联军北上，由闽入浙，从舟山经崇明至江阴，取芜湖，破瓜洲，纳降于镇江，陈兵于南京城下，一时声势大震，东南动摇，连驻守在杭州的清军将领也考虑过投降，朝廷也有过迁都的议论。为防止郑成功势力不断从海上进攻，继明之后，清朝政府继续严厉执行禁海政策。顺治十三年（1656）清朝政府发布《申严海禁敕谕》，规定从天津至广东沿海岸线各省，一律严禁商民船只私自出海，有与郑成功、张煌言贸易者，不论军民，"俱行奏闻处斩"；文武官员不行"盘诘擒缉"者，皆革职重治，地方保甲通同容隐、不行举首者，皆处死；"不许片帆入口、一贼登岸"[67]。这道敕谕颁布后，效果并不理想，大陆与海外的贸易往来仍在进行，只不过采用了隐蔽的方式。于是顺治十八年（1661）又决定逼迁沿海居民，尽毁沿海民房、物资和船只，即所谓"立界移民"，又称"迁界"。迁界是禁海政策的扩大和补充，其目的是制造出一个无人区，以作为隔离地带，将其作为实现彻底禁海的重要措施。迁界令下达后，闽、浙、粤、江沿海到处挖界沟、筑界墙、设烟墩，派旗兵警戍，界内外严禁通行，出界寸步即以违旨罪逮杀。沿海人民被赶出世代居住的家园，"挈妻负子载道路，处其居室，放火焚烧，片石不留，民死过半"[68]，处境十分凄惨。

康熙初年，清朝与海上郑氏政权的军事对峙仍在继续，因而禁海政策仍然在施行，其具体做法为：

第一，加强海防，展开对海上抗清势力的军事进攻。为了消灭海上郑氏政权，早在郑成功入据台湾之初，清朝政府即在东南沿海屯驻重兵，并不断发动进攻。三藩之乱中，耿精忠刚刚投降，康熙皇帝即派户部郎中布詹到浙江巡视海防。布詹临行前，康熙皇帝指示说："浙江沿海地方关系紧要，尔等前往详察，设立巡海官兵，如额兵单弱，分防不敷，即酌议增设。"[69]对于海上的抗清力量，清军则展开进攻。顺治十八年（1661）五月，广东水师经过几次行动，在交阯（今越南北部）兵的配合下，消灭了"海贼"邓耀。康熙二年（1663）十月，靖南王耿继茂、福建总督李率泰、水师提督施琅又率兵出海，攻克被郑军占领的厦门、金门、浯屿等地。

第二，严禁与海外进行贸易。康熙前期，对于顺治年间颁布的禁海令，朝野上下都严加执行，稍有违犯，处理极为严酷。康熙元年（1662）扬州府海门县知县董常裕因"私给船批，有违界限"，被控违反"海禁新例"，判"知情故纵"[70]，以同谋论罪处斩。康熙十一年（1672）商人陈瑞等人分头置买丝绸、绉纱、药材等物准备出洋贸易，陈瑞以谋叛罪被"拟绞立决"。禁海政策不仅断绝了沿海百姓的生路，也使封建政府的收益大大减少。康熙十二年（1673）福建总督范承谟在奏疏中说道："自迁界以来，民田废弃二万余顷，亏减正供约计有二十余万之多，以致赋税日缺，国用不足。"[71]因此，康熙十七年（1678）九月，平南王尚之信上疏，要求开放海禁，允许百姓造船出海贸易，官兵借以利用商船作战，解决军费不足的问题。康熙皇帝明确表示反对，说："今若复开海禁，令商民贸易自便，恐奸徒趁此与贼交通，侵扰边海人民，亦未可定。海禁不可轻开。"至于军费不足，康熙皇帝说："其鼓励地方官员捐助造船，以备征剿之用。"[72]对于外国的贸易船只，康熙皇帝也严格按章办事。康熙七年（1668）三月，康熙皇帝令兵部、礼部等讨论外国船只除进贡"方物"（土产）外，将货物在边界处所贸易有无定例的问题。大臣们经过审查，汇报说：《大清会典》中没有外国船只在规定贡期以外来华贸易的条款，只有康熙二年、三年特准荷兰、暹罗（今泰国）各一次，遂于康熙五年下令永行停止。因此，大臣们建议："嗣后非系贡期，概不准其贸易。"[73]对于大臣们的建议，康熙皇帝的态度是"从之"。

第三，妥善安置内迁的沿海百姓。顺治年间的迁界带有残暴的强制性质，百姓迁到内地后，当地官员很少顾及他们的死活，因而内迁之人遭遇十分凄惨。康熙皇帝即位后一改态度，下令对内迁的沿海百姓做妥善安置。清朝政府谕令地方督抚要关心内迁之人的生计，"务须亲身料理，安插得所，使小民尽沾实惠"[74]，各地对内迁的百姓，要给以土地、房屋等，免除他们原来应交纳的粮赋。

禁海政策的实施，人为地制造出许多惨绝人寰的悲剧，给当时社会经济的发展造成极大的破坏。因此禁海政策实施期间，不仅广大人民仍在偷偷地与海外贸易，而且地方的大员们也纷纷要求开放海禁。康熙二十二年（1683）全国形势陡然发生变化。是年六月，清兵攻克澎湖，七月，台湾郑氏政权的首领郑克塽、刘国轩、冯锡范等宣布投降，两岸对峙局面宣告结束。这样，清朝禁海、迁界等法令便失去了前提。康熙皇帝适应形势发展的需要，顺应广大人民的心愿，及时下令开放海禁。

这年八月，清军在福建水师提督施琅的率领下入台受降。八月十七日，福建总督姚启圣即上疏，要求恢复沿海各省迁界，"上可以增国课，下可以遂民生，并可以收渔盐之利于无

穷"。因台湾问题尚未彻底解决，康熙皇帝未予准行。两月之后，福建巡抚吴兴祚再次上疏，要求将广州七府沿海的土地招民垦种。康熙皇帝见时机已经成熟，立即批准。他对大学士等人说："前因海寇未靖，故令迁界。今若展界，令民耕种采捕，甚有益于沿海之民。其浙、闽地方亦有此等事。尔衙门所贮本章，关系海岛事宜甚多。此等事不可稽迟，着遣大臣一员，前往展立界限。"[75]十一月，他派吏部侍郎杜臻、内阁学士席柱二人驰驿南下粤、闽，主持展界工作，并派工部侍郎金世鉴、副都御史雅思哈往勘江南、浙江海界。行前，康熙皇帝叮嘱说："迁移百姓甚为紧要，应察明原业，各还其主。可传谕各督抚，务令安插得所。"杜、席二人先到广东，自钦州防城开始，沿海由东而北，历经七府、三州、二十九县、六卫、十七所、十六巡检司、二十一台城堡砦，给还民地二万八千一百九十二顷，使三万一千三百余人回到原籍。

后又到福建，自福宁州西的分水关开始，沿海而北，历经四府、一州、二十四县、四卫、五所、三巡检司、五十五关城镇砦，给还民地二万一千零一十八顷，又使四万零八百人回到原籍。康熙二十三年（1684）五月，杜、席二人完成任务，两省滨海居民"咸得复业"。同时，江、浙等省的展界复业工作也基本完成。

展界是开海的必要准备，开海是展界的必然继续。展界完成之后，康熙皇帝即积极主张开放海外贸易。康熙二十三年（1684）四月，江、浙展界事毕，康熙皇帝立即同意允许两省沿海商民出海贸易、捕鱼。但闽、粤两地督抚却以种种借口，不开海上贸易。对此，康熙皇帝一针见血地指出：之所以如此，都是总督、巡抚自图得利所致。在他的直接干预下，七月，闽、粤两省也废止了出海贸易的禁令。其时，距离出兵收复台湾还不到一年。

康熙皇帝的立即开海，是经过认真斟酌的审慎决策。首先，既将沿海之民迁回故里，就不能不给予他们谋生度日的生存条件。康熙皇帝在与席柱的谈话中说："百姓乐于沿海居住，原因是海上可以贸易、捕鱼。"他认识到，"海洋为利薮，海舶商贩必多"，因此顺应需要而利导之，则官民相安；否则，昔时之弃土，必酿为新的动乱场，展界后的沿海居民将仍无宁日。其次，康熙皇帝也十分明白，在实行禁海的二十多年中，明郑氏集团以及驻守广东的平南王尚可喜父子等一直借机进行公开的或秘密的海外贸易，以大力扩展经济和军事力量。郑氏既降，尚氏亦败，清朝政府不能不着手收回此一重要的利源，而坐视督抚、提镇等地方军政长官借禁海名义以"自图便利"。第三，康熙皇帝清晰地看到，实行开海贸易，不但对沿海省份有益，而且还具有全局性的积极意义。对此，他晓谕大学士等人说："向令开海贸易，谓于闽、粤边海民生有益。若此二省民用充阜，财货流通，各省俱有裨益；且出海贸易非贫民所能，富商大贾懋迁有无，薄征其税，不致累民，可充闽、粤兵饷，以免腹里省份转输协济之劳。腹里省份钱粮有余，小民又获安养，故令开海贸易。"[76]康熙二十三年（1684）十一月，康熙皇帝明确宣布："各省先定海禁处分之例，应尽行停止。"[77]

海禁一开，创建一个面向海外贸易的海关也就成为当务之急。康熙二十三年（1684）八月，户部尚书梁清标题请派该部司员宜尔格图和吴世把二人为收税郎中，驰往广东和福建主持筹建海关事宜。康熙皇帝特批准给予敕书，以重其职责。宜尔格图、吴世把提出，应立刻在广东和福建两地设立专门衙门，以管理海关事务。这一提议当即得到康熙皇帝的同意。起初，宜尔格图和吴世把计划按照内地税关模式筹建海关，康熙皇帝表示反对，说："宜尔格图等人主张给予各关一定款额，在桥、路、渡口等处概行抽税，与朕恤商裕民之意不合。而且概行抽税，就和在原来没有税课的地方增设一个关口抽税一样，恐怕会扰害民生。"因此，"朕认为，只应将出入海上进行贸易的船只抽税。"对于海关监督（即海关主管人员），康熙皇帝下令由户部选派，受户部管理，同时也受地方总督、巡抚的管辖监督，从而形成了对海关的双重管理制度。

对于关税问题，康熙皇帝的着眼点在于惠商和有利于开拓对外贸易。开设海关之初，户部官员即根据康熙皇帝的指示拟定《开海征税则例》。则例规定："福建、广东新设关差，只将海上出入船载贸易货物征收，其海口内桥津地方贸易船车等物停其抽分。"[78]康熙二十八年（1689）三月，康熙皇帝又专门传旨，规定采捕鱼虾船只、民间日用之物及百姓赖以糊口的贸易都要免税。福建、台湾之间进行贸易的船只，澳门陆上贸易改走海上的船只，康熙皇帝下令都只收一次税。对于那些滥征欺隐、重困商民的关吏，康熙皇帝坚决惩处，绝不留情。

对外贸易方面，康熙皇帝也采取过一系列积极措施。康熙十四年（1675）四月，他指示福建总督王国安对外国贡船上随带来贸易的货物应予免税。次年二月，康熙皇帝又批复户部尚书扩尔坤等人的题请，准减免各国来广东商船税额的十分之二。另外，康熙皇帝还规定江南、浙江、福建、广东四海关按照统一的税率和计税方法办事，外国船只在四海关中的任何一关交了进口税后，其他三关不得重复征税。

康熙皇帝的开放海禁，顺应了形势的需要和广大人民的心愿，促进了生产的发展和人民生活的改善。迁界移民，使沿海地区的广大百姓流离失所，生活无着，在闽、粤等地造成大片无人区，土地荒芜，生产凋敝，因而破坏了生产的发展，给广大人民带来极大痛苦。开海以后，百姓回到故土，垦辟土地，生产和生活很快就有了改观。史称开海之后，"民悉复其业"，"一岁葘，三岁畬，渐次垦辟，至无旷土"[79]，沿海人民欢欣鼓舞，"感戴皇仁于世世"。

开放海禁也极大促进了我国东南沿海地区贸易及中外贸易的迅速发展。施琅于康熙二十四年（1685）三月奏报："海禁开放以后，沿海内外多造船只，飘洋贸易，捕采纷纷，往来难以数计。"当时，北自锦州、天津，南至粤东，东达台湾，船只往来十分频繁。对外贸易方面，中国和世界各国的经济往来也有大幅度增加。史载，仅在康熙二十五年（1686）二月，停泊在广东海面上的西洋船只就有二十九艘之多。再据日本长崎交易所的统计，到日本进行贸易的中国船只，康熙二十三年（1684）为二十六艘，康熙二十四年（1685）为八十五艘，康熙二十五年（1686）为一百零二艘，康熙二十六年（1687）为一百三十六艘，康熙二十七年（1688）达到一百九十四艘，五年之间竟增加了五倍多。与其他各国之间，贸易也有不同程度的增加。众所周知，康熙时期的中国官私手工业都处在上升的发展阶段，不仅丝织、陶瓷、冶铁业的产品都需要输出，而且农业中的食糖、茶叶也是畅销商品，迫切要求外销。而随着国内市场的扩大、商品货币交换的增加，亟须输入白银、铜斤以及各方面的科学技术。康熙皇帝的开海政策适应了这种形势，也带来了良好的效果。因而，后世史家认为："自康熙中年开禁以来，沿海之民始有起色，其船由海关给执照稽出入，南北遍行，四时获利。百余载来，共沐清晏承平之泽。"**80**

但开海政策执行了三十年之后，康熙皇帝又来了个一百八十度的大转弯，宣布实行禁海。康熙五十五年（1716）十月，康熙皇帝提出了禁海问题。第二年正月，兵部等衙门遵照康熙皇帝的旨意，会同来京陛见的广东将军管源忠、福建浙江总督觉罗满保、广东广西总督杨琳等人议定了禁海的规定，下发执行。于是，开海一变而为禁海。

　　从开海到禁海，这个变化似乎过于突然，又让人难以理解。今天的人们很难想象出以雄才大略著称的康熙皇帝会一下子从开放走向闭关，从而把中国引向锁国之途。但只要仔细分析一下当时的社会环境，我们就不难理解这个政策的变化。

　　首先是"海寇"猖獗。早在开海政策实行不久，沿海便发现海寇的踪迹。其中有"奸徒"杂入商贩，出洋劫掠；或者本身实系商贩，因资本亏折而结伙肆行抢夺；还有的则是走投无路的百姓，为生活所迫而到海上谋生。但最初的海寇数量少，力量弱，一旦发现，立即就被扑灭，并未构成威胁。康熙四十二年（1703）以后，形势有所变化。由于内地阶级矛盾激化，大批无业游民逃入海岛，海寇势力进一步增强，且散布于从山东到广东广袤的沿海地区。面对日益严重的海寇问题，康熙皇帝曾想到是否禁海的问题。但他从镇压镇筸红苗事件中得到鼓舞，立即打消了禁海的念头，决定派内阁学士常授前去招抚。通过调查，康熙皇帝发现山东海寇都来自南方，因令常授以擒获的海寇为引导，以广东新会县沿海一带为重点，由福建、浙江依次向北招抚。常授按照康熙皇帝的计划行动，很快奏效。康熙四十三年（1704）九月，常授疏报仅在广东沿海就招抚了阿保位等二百三十七名。然而招抚只是暂时缓解矛盾，并未能彻底消除海寇产生的社会原因。因此，招抚了旧海寇，新海寇又产生了。康熙五十年（1711）前后，海寇势力进一步扩大，活动范围越过山东，到达锦州等地。在长期的剿抚过程中，康熙皇帝逐步摸到了海寇的活动规律：来自大陆，抢劫之后仍需回大陆过冬；靠大陆及商船、渔船补充粮食、火药及其他物资。而沿海一带的清兵欺侮百姓则有余，剿捕海寇却不力，无以保证沿海地区的安全。在不得已的情况下，康熙皇帝再次想到了禁海，以断绝海寇的人员和物质补充，消除海寇之患。

其次是东南海疆潜在危机的日益增加。清军入关之初，便有许多义不事清的明朝遗臣及避乱难民相率流亡到南洋各地。康熙皇帝统一台湾后，又有一些不愿降清的志士仁人乘船从台湾逃到吕宋或转至爪哇、马六甲等处。开海贸易后，沿海商民纷纷出洋，"冒风涛、蹈覆溺而不顾"，相引而往外国，且多一去而不归，引起康熙皇帝的警觉。加上台湾之人时与吕宋地方人互相往来，更使得康熙皇帝不安，非常担心他们互相联合，反对清朝统治。他曾忧心忡忡地说："海外有吕宋、噶喇巴等处，常留汉人，从明代就开始了，这是海贼产生的渊薮"，"台湾人与吕宋人时时往来，要预为防备。"不久，清朝政府就发布了南洋禁航令，规定中国商船不准再往南洋贸易。这是康熙皇帝禁海政策开始实施的具体体现。

再次是西方殖民主义的威胁。开放海禁后，迅速发展的海外贸易和康熙皇帝对外的宽容态度，很快引出了两个明显的后果：一是海外华人急剧增加，二是外国传教士的活动日益猖獗。康熙皇帝认识到西方近代科学的先进性，并虚心学习，实践运用。受此影响，最初他对传教士也采取了友好态度。但他不可能预知传教士带来的近代科学的背后蕴藏着何等丰富的内涵，更不了解西方传教士与西方殖民主义者之间的密切关系，一厢情愿地希望西方科学能长久地为封建制度服务。这两种不同层次的文化系统在日益接近和交流中，摩擦与冲突也就不可避免。当这种摩擦和冲突威胁到清朝统治利益的时候，作为封建卫道士和国家利益代表者的康熙皇帝必然会改变政策，采取一系列的限制和防范措施。康熙四十三年（1704）、五十四年（1715），罗马教廷两次派人到中国颁布禁约，要求所有教徒不许敬孔祭祖，也不许用"天"字，并摘除康熙皇帝为教堂题写的"敬天"匾额，否则"依天主教之罚处之"。康熙皇帝本来对当时天主教在华的一些传教活动已深有疑虑，对于教廷忽视中国国情、藐视他这位最高权威的禁约更是不满。他多次对传教士面加申斥，甚至拘禁其中的一些人，将另外一些人驱逐回国，宣布禁止天主教的传播。同时康熙皇帝也宣布紧缩对西洋的贸易，加严对西洋来船的限制。前事不忘，后事之师，康熙皇帝精熟明史，对明代西方殖民者与传教士勾结起来侵犯中国之事尤其了然于心。而当时东南沿海警报频传，更加深了康熙皇帝对西方殖民者的怀疑和警惕。康熙五十五年（1716）十月，他就不无忧虑地说："千百年以后，西洋诸国恐怕要成为中国之患"，所以"国家承平日久，务必要安不忘危"。康熙皇帝认为，开海贸易、宽容传教士，客观上助长了西方殖民者的势力。因此，开海政策必须改变。

康熙后期的禁海，与顺治以来的禁海并不一样，它不是一切禁绝、片板不许下海，而是区别对待，内外有别。其总的原则是：中国商船同东洋贸易照旧，同南洋吕宋、噶喇巴贸易禁止；外国商船前来贸易照旧，地方文武官员严加防范；禁止向国外卖船、运米出境和人员留住国外。这也就是前面提到的南洋禁航令。康熙皇帝的这次禁海并不是为了断绝对外贸易，而是为了割断内部敌对势力与外部殖民势力的联系，防止国内与侨居国外的反清力量结合，以保证清朝的安全。

　　根据这个南洋禁航令，康熙皇帝陆续提出一系列禁海措施，由有关部门讨论落实。

　　第一，加强对商船、渔船及有关人员的管理。禁海之前，康熙皇帝就已下令，商、渔、巡哨之船均各明刻类别、标号等字样，商、渔船上之人各给刻有身份的腰牌，以便稽查管理；渔船出洋时不许装载米、酒，进口时不许装载货物，违者严加治罪。禁海之后，对船只和有关人员的管理进一步严格。康熙五十六年（1717）正月，康熙皇帝对内阁学士星峨泰说："你们曾出江南海差，海船一年造了多少，应令登记入册，出洋时，官府将在册的造船人名与船只字号逐一查对，才不至于有隐匿。"不久，康熙皇帝又批准了兵部会同福建、广东、广西地方官拟定的一个更为详细的规定："嗣后洋船初造时，报明海关监督，地方官亲验印烙，取船户甘结，并将船只丈尺、客商姓名、货物往某处贸易，填给船单，令沿海口岸文武官照单严查，按月册报督抚存案。每日各人准带食米一升，并余米一升，以防风阻。如有越额之米，查出入官，船户、商人一并治罪。至于小船偷载米粮、剥运大船者，严拿治罪。如将船卖与外国者，造船与卖船之人皆立斩。所去之人留在外国，将知情同去之人枷号三月。该督抚行文外国，将留下之人令其解回，立斩。沿海文武官员如遇私卖船只、多带米粮偷越禁地等事隐匿不报，从重治罪。并行文山东、江南、浙江将军、督抚、提镇，各严行禁止。"[81]

　　第二，在海坛（今福建省平潭岛）、南澳（今福建省南澳岛）等处，阻截私往南洋贸易的船只，并加强海防力量。康熙五十六年（1717）下令："凡商船可以往东洋贸易，往南洋吕宋、噶喇巴等处贸易则不准，须在南澳等处将其船截住。令广东、福建沿海一带水师各营巡逻稽查，违禁者逮捕严惩。"对于沿海的海防力量，康熙皇帝更是给予充分的重视。康熙五十七年（1718）二月，康熙皇帝批准福建浙江总督满保等人的建议，令对福建、浙江沿海的炮台、城寨进行修理，加以补充，添拨兵丁，修造营房，"分防巡守，以固海疆"。同月，康熙皇帝还批准了广东广西总督杨琳的奏请，在广东沿海地区"据高临险，相地制宜，修筑炮台城垣，添设汛地，建造营房，分拨官兵，以靖海洋"[82]。对修好的炮台、城寨、营房及水师船只，康熙皇帝还下令由道、府督率各州官员经常检修，各营将领督率汛防弁员谨加看管，以利作战。次年，康熙皇帝还批准了山东巡抚李树德的奏疏，下令将山东沿海不紧要炮台的兵丁撤添到紧要之处，将不紧要炮台改为烟墩，充实海防。

第三，对沿海各省之间往来商船、渔船实行盘验和护送。在禁海令发布后，各省就遵谕派兵船护送沿海的商船、渔船。但来往台湾、厦门的商船、渔船，因护送之船贪图省时，往往从各地"直走外洋"，而不按规定到厦门接受检查、登记，因而漏洞较大。针对这种情况，康熙皇帝下令："凡是去台湾之船，必须到厦门盘验，由官府一起护送，经澎湖入台湾；由台湾回大陆者，也须盘验护送，从澎湖到厦门。凡往来台湾之人，皆须持有当地官府颁发的证件才能载渡，否则不准载渡，违者严加惩治。"堵住中国商船、渔船前往南洋之路，但占据澳门的"彝人"（葡萄牙人）往南洋贸易却不在禁例，澳门"彝人"于是钻了空子，用他们的船夹带中国人驶往南洋。澳门"彝人"破坏海禁的行为被地方官发现后，康熙皇帝特地又发了一个补充规定，令各省督抚严饬地方文武官员巡查，"如有澳门彝人夹带中国之人并内地商人，偷往别国贸易者，查出照例治罪。如该管官盘查不实，徇情疏纵，从重治罪"[83]。

康熙皇帝的禁海政策，对暂时防止海寇泛滥、中外反清力量的集结以及西方殖民势力的侵略、巩固清朝统治不无意义，但也须指出，它对我国沿海地区的经济发展也十分有害，客观上导致了当时社会矛盾的激化。康熙皇帝的禁海虽然没有断绝对外贸易，但却使中外贸易受到很大限制。中国商人和渔民已不能自由外出，外国商人虽然能自由来华，但也不能与中国商民直接接触，而是在严密监视下，由洋行等中间机构代办；而且出口的商品也有严格限制，除禁止硫磺、军器、火药、钢铁、粮食、马匹、书籍出口外，后来生丝也被列入禁项。因此，禁海对我国东南地区商品经济的发展及沿海人民的生活都产生了消极影响。史称禁海之后，福建地方"土货滞积，而滨海之民半失作业"[84]。后来台湾爆发了朱一贵起义，也与禁海之后民人不能任意往返以致生活无着有关。同时，康熙皇帝的海禁政策也影响了此后各朝的对外政策，导致了闭关自守，造成了近代中国的落后。康熙一朝，是清代海疆政策形成的初始阶段。此后雍正、乾隆、嘉庆、道光各朝虽各有发展，但以海治海、以汉治汉的基本方针始终未变，同时防夷、御夷之策日趋严密，最终形成以禁、防二字为主的海防政策。其实施的结果，在抵御和延缓海上殖民者入侵的同时，也与西方世界相对隔离，扩大了距离，错过了发展资本主义的大好时机，造成了后来被动挨打的局面。

当然，我们并不是把近代中国的落后完全归因于康熙皇帝，实际上，近代中国的悲剧是整个封建制度结出的苦果。崛起于白山黑水之间的满族统治者，在积极吸取儒家传统文化的同时，不可能游离于封建社会闭关自守的治边思想之外，加上西方殖民者咄咄逼人的态势、清朝前期主要精力用于北部和西部边防，东南保守防御型的海疆政策是难以逆转的。因此，康熙皇帝的禁海也是可以理解的。

1 《雄县新志》"赋役篇"所引旧志。

2 《康熙政要》卷二十一。

3 《清圣祖实录》卷四十四。

4 《清圣祖御制诗文一集》卷十八《农桑论》。

5 《清圣祖御制诗文二集》卷三十二《耕织图序》。

6 《清圣祖御制诗文一集》卷一《谕户部》。

7 《明清史料》丙编第十本《广西巡抚于时跃揭帖》。

8 《清圣祖实录》卷四十四。

9 《清圣祖实录》卷二百三十九。

10 《清圣祖实录》卷二百五十六。

11 《清圣祖实录》卷三十六。

12 《清圣祖实录》卷二百四十八。

13 《清史稿》卷一百二十一《食货志二》。

14 《清圣祖实录》卷一百三十七。

15 福隆安等：《乾隆会典》卷十《户部·田赋》。

16 张廷玉等：《清朝文献通考》卷二十

八《征榷三》。

17 魏源等：《皇朝经世文编》卷二十八《户政》。

18 《清圣祖实录》卷十四。

19 《清史稿》卷六《圣祖本纪一》。

20 《清圣祖实录》卷一百九十三。

21 《清圣祖御制诗文一集》卷八《谕户部》。

22 《清圣祖实录》卷一百二十七。

23 《清史稿》卷七《圣祖本纪二》。

24 《清圣祖实录》卷一百二十一。

25 《清圣祖实录》卷一百八十六。

26 《清圣祖实录》卷三十三。

27 《清圣祖实录》卷三十五。

28 《清史稿》卷六《圣祖本纪一》。

29 《清圣祖实录》卷一百五十四。

30 《清圣祖实录》卷二百零七。

31 《清圣祖御制诗文一集》卷八《谕户部》。

32 《清圣祖实录》卷一百零三。

33 《清圣祖实录》卷二百零七。

34 《清圣祖御制诗文三集》卷三《谕户

部》。

35　《清史稿》卷八《圣祖本纪三》。

36　《清圣祖实录》卷二百四十二。

37　《清圣祖实录》卷一百六十一。

38　《清史稿》卷一百二十六《河渠志一·黄河》。

39　《清圣祖实录》卷一百五十四。

40　《清史稿》卷一百二十六《河渠志一·黄河》。

41　靳辅:《靳文襄公奏疏》卷一《河道敝坏已极疏》。

42　《清史稿》卷二百七十九《靳辅传》。

43　《康熙起居注》,康熙二十三年十月十八日。

44　《清圣祖实录》卷一百一十七。

45　《清圣祖实录》卷一百一十七。

46　《清史稿》卷一百二十六《河渠志一·黄河》。

47　《清圣祖实录》卷一百一十八。

48　《清圣祖实录》卷一百三十五。

49　《康熙起居注》,康熙二十八年三月二十一日。

50　《清圣祖御制诗文三集》卷四十六《览淮黄成》。

51　《清史稿》卷一百二十六《河渠志一·黄河》。

52　《清圣祖实录》卷二百二十八。

53　《清圣祖御制诗文三集》卷五《谕工部》。

54　《清圣祖御制诗文三集》卷七《谕扈从大学士马齐、张玉书、陈廷敬》。

55　《清圣祖实录》卷二百二十八。

56　《清史稿》卷一百二十八《河渠志三·永定河》。

57　《清史稿》卷一百二十九《河渠志四·直省水利》。

58　《清圣祖实录》卷三十九。

59　张廷玉等:《清朝文献通考》卷三十《征榷五》。

60　刘墉等:《清朝通典》卷八《食货八》。

61　《清圣祖实录》卷八十。

62　《清圣祖实录》卷八十五。

63　张廷玉等:《清朝文献通考》卷三十《征榷五》。

64　《清圣祖实录》卷一百一十六。

65　《明太祖实录》卷七十、卷一百三十九。

66　张廷玉等:《明史》卷二百零五《朱纨传》。

67　《敕谕沿海督抚镇申严禁海事》,厦门大学台湾研究所等:《郑成功档案史料选辑》,第169页。

68　海外闲人:《榕城纪闻》。

69　《清圣祖实录》卷八十二。

70　《黄册》康熙元年卷,右副都御史张尚贤题本。

71　魏源等:《皇朝经世文编》卷八十四《条陈闽省利害疏》。

72　《清圣祖实录》卷七十七。

73　《清圣祖实录》卷二十五。

74　《清圣祖实录》卷四。

75　《清圣祖实录》卷一百一十二。

76　《清圣祖实录》卷一百一十六。

77　《清圣祖实录》卷一百一十七。

78　张廷玉等:《清朝文献通考》卷二十六《征榷一》。

79　施琅:《靖海纪事》,陈迁鹤序。

80　魏源:《复蒋中堂论南漕书》,载《魏默深文集》。

81　《清圣祖实录》卷二百七十一。

82　《清圣祖实录》卷二百七十七。

83　《清圣祖实录》卷二百七十七。

84　方苞:《方望溪先生全集》卷十《广东副都统陈公墓志铭》。

第八章　文治

康熙皇帝在位期间，军事、政治、经济各个方面都取得了重要成就，同时，对于文化教育事业，他也倾注了不少心血，做出了重要的贡献。

一、设馆修史

康熙时期，国内政局长期安定，社会经济也得到了迅速的恢复和发展。这样，康熙皇帝又先后采取各种措施振兴文化教育事业。其中，对当时和后世影响颇大的是设馆修史的活动。

康熙皇帝自幼就喜欢读书，亲掌政权之后，仍是"听政之暇，无间寒暑，惟有读书作字而已"。他自称："一刻不亲书册，此心未免旁骛。"[1]因此终日手不释卷。他五十一岁时还能够做到"目前陈列诸书，欲稽考某卷某处，但指令近侍取之，亦即可得"。他读书学习的范围很广泛，举凡经史典籍、诸子百家、历数、律吕、佛经道书，及至自然科学的书籍，无所不读。但他认为最为有用的是经书和史乘，因为"经史俱关治理"[2]。在史乘方面他涉猎甚广，不仅经常阅读，还注意深入地探讨。他在论述吕后称制时指出："后人谓陈平、周勃之对吕后，若能与王陵同持正论，未必吕后之意不可回。此盖事后论人，恒见其易耳。吕后以悍鸷之威，当称制之日，欲王诸吕，气凌群臣，此岂平、勃诸人口舌所能争乎？是以君子论事，又当观其世也。"[3]反映了他联系历史条件考察事件发展趋势的见识。在分析明朝灭亡时认为："有明天下，皆坏于万历、泰昌、天启三朝。愍帝（崇祯）即位，未尝不励精图治，而所值时势，无可如何。明之亡，非愍帝之咎也。"[4]此言也体现了他着眼于历史发展之"时势"的分析问题的方法。正是由于康熙皇帝意识到史学的重要，在他执政期间，敕撰了许多史籍，为了保证撰史的质量和进度，对重要史籍不惜花费许多人力物力，设馆纂修。其中比较突出的是记注和编纂当代史以及撰修《明史》。

中国自古就有记注当代史的传统，顾炎武所谓"古之人君，左史记事，右史记言，所以防过失而示后王。记注之职，其来尚矣"[5]。记注制度至宋代已相当完备："书榻前议论之词，则有时政记；录柱下见闻之实，则有起居注；类而次之，谓之日历；修而成之，谓之实录。"[6]清朝继承了这套传之已久的制度并在康熙年间有所发展，设立了一系列记注当代史的机构。这些机构主要有起居注馆、实录馆和方略馆。根据康熙皇帝的指示，他们先后开展了纂修当代史的活动。

起居注是专门用以记载皇帝言行的一种载籍。清朝入关后，大臣屡有奏请设起居注者，均未获允准。康熙皇帝亲政后，于康熙九年（1670）始置起居注馆于太和门西廊。起居注官随侍皇帝左右，"君举必书"，同记注"先载起居，次谕旨，次题奏，次官员引见"。凡内外各衙门所奉谕旨及题奏本章，皆抄送起居注馆，以便记注。起居注属内廷秘籍，每年例由翰林院会同内阁诸臣将上年"起居注册"看封储库，连皇帝自己都不许索阅。正是由于有此规定，康熙皇帝数度对起居注官产生怀疑和不满，终于在康熙五十七年（1718）三月以"今观记注官内，年少微员甚多，皆非经历事体之人。伊等自不暇，岂能详悉朕之言"[7]等为借口宣布撤销起居注馆。所以今存《康熙起居注册》记事起于康熙十年（1671）秋九月初一日康熙第一次东巡，迄于康熙五十七年三月。此后起居注一度付阙，至雍正皇帝即位后，才又恢复了起居注制度。

实录专记一位皇帝统治期间的朝廷大事，主要根据官方档案以及起居注等资料编成。一般是后继皇帝为其前任皇帝设馆敕纂实录。康熙六年（1667）九月康熙皇帝就设馆为其父顺治皇帝纂修了《世祖章皇帝实录》，至康熙十一年（1672）五月告竣，缮成满洲、蒙古、汉文各一百四十六卷。此外，康熙皇帝还开创了清代重修实录之风，于康熙十二年（1673）秋七月设馆重修顺治年间修成的《太宗文皇帝实录》，至康熙二十一年（1682）九月完成。同年十月又设馆重修崇德年间撰成的《太祖高皇帝实录》，至康熙二十五年（1686）二月完成。两次改修前朝所修实录，都宣称是为了使之"文极雅训"，其实不过是为了掩盖清朝先世曾臣服于明朝的事实，粉饰清朝开国的历史。

康熙皇帝在编纂当代史方面的一个创例是每于军事行动结束后就设方略馆，"纪其始末，纂辑成书"。方略馆设总裁、提调、收掌等官，馆内设文稿、誊录、纂修、校对等四处以及书、纸二库，以分办各项事务。康熙朝编纂的《方略》很多，如康熙二十年（1681）平定了三藩的叛乱，于第二年设方略馆，纂修《平定三逆方略》六十卷。该馆还先后编定《平定察哈尔方略》上下卷，记康熙十四年（1675）平定察哈尔布尔尼的叛乱始末；《平定海寇纪略》四卷，记康熙二十三年（1684）接受郑克塽投诚并收复台湾的经过。康熙二十四年（1685）雅克萨之战打败了俄国侵略者，又决定编纂方略，历经四年纂成《平定罗刹方略》四卷。康熙三十六年（1697）平定噶尔丹叛乱，又纂修了《亲征平定朔漠方略》四十八卷。

除以上三项外，康熙朝设馆始撰、未彻底完成的当代史还有：康熙二十九年（1690）四月设国史馆，以大学士王熙为监修总裁，大学士伊桑阿、阿兰泰、梁清标、徐元文为总裁，另委副总裁、纂修官以及誊录、翻译等多名。不知何故，这次规模浩大的撰修本朝史的活动，只撰成一些功臣传记便不了了之。另外还有康熙二十三年（1684）五月开《会典》馆，康熙二十四年（1685）开《一统志》馆，均有成书撰就，但这些书因记事止于当时，又多次被后续各朝所续修改撰，所以现今所见《大清会典》和《大清一统志》已非当日面目。

除了记注和纂修当代史外，康熙朝还进行了一项浩大的史学工程——撰修《明史》。

兴朝为前朝修史，这是自唐代以来形成的史学传统。清朝在入关第二年，即顺治二年（1645）即宣布开馆纂修《明史》。当时倒也煞有介事地任命了内三院大学士冯铨、洪承畴、李建泰、范文程、刚林和祁充阁六人为总裁，任命学士詹图赖、宁完我等七人为副总裁，命郎廷佐等九人为纂修官。但真正的撰史工作并未展开，因为当时大局未定，战事频仍，朝廷根本无暇顾及此事，而所委之人又多系贰臣，无心编纂旧朝史事，客观上资料亡散、遗献无征等等，都不可能成就一代之史。朝廷匆忙宣称设馆修史，不过是为了宣示明朝已运倾祚移，清朝则确立了天命所归的正统地位。因此，终顺治一朝，史稿"仅成数帙"[8]，撰史工作无形中处于搁置状态。总裁冯铨反而利用职务之便，将《明实录》中熹宗天启四年（1624）的一段记载偷走销毁了。因为冯铨降清前是明朝阉党魏忠贤的党羽，这部分记载中有不利于他的内容。

康熙四年（1665）重开明史馆，山东道御史顾如华曾奏请博集私家记载，广征弘通之士，由满、汉总裁共襄其事。但不知何故，史馆仅以满文迻译《实录》，其他无所成就。

《明史》真正大规模设馆撰修是在康熙皇帝亲政以后。康熙十八年（1679）三月，康熙皇帝从给事张鹏所请，命内阁学士徐元文为监修，翰林院掌院学士叶方蔼、右庶子张玉书为总裁，再次开馆撰修《明史》。此次开馆规模之大远远超过前两次，当时所录用的博学鸿儒一、二等计五十人，悉数尽充《明史》撰修官，此外又补充了右庶子卢君琦等十六人。因种种原因未参加博学鸿词考试的姜宸英、黄虞稷、万言、黄百家等人也被网罗入史馆。

以五十鸿博为主体的史馆人员，在内东华门外的史馆内投入撰史工作。首先进行分工，全体人员分为五组，抽签决定每组和每人所撰的具体篇目。在此后的三年中，他们将明代三百年历史分三段撰写，康熙十九年（1680）正月至二十年（1681）六月，撰洪武至正德各朝；康熙二十年六月至二十一年（1682）四月，撰泰昌、天启、崇祯三朝；康熙二十一年四月至二十二年（1683）正月，撰嘉靖、隆庆、万历三朝。

为了体例的完善和记事的确当，史官们还不断研讨，互相观摩。例如对是否设立《道学传》，就有彭孙遹、朱彝尊等七八个人发表了自己的见解。方象瑛描述他撰史时的情形说：

"顾从事此中，俱极甘心，事业考之群书，是非衷之公论，文章质之同馆诸贤，据事叙述，其人自见。虽不敢希信史，然职掌所存，或者其无负乎！"⁹其他史官也同样兢兢业业，如潘耒分工撰《食货志》，将自洪武至万历朝的《实录》认真阅读，其中关于"食货"的内容共抄出六十余册，密行细字，每册多至四十余页，少者亦有二十余页。又如馆臣所抄严嵩、张居正、周延儒事迹，均有五百余册；关于魏忠贤的生平资料则达上千页之多。汪琬在馆仅六十日，就撰出史稿一百七十五篇。可见史官们在《明史》馆确实是勤勉任事的。

经过三年努力，纂修者分拟之稿大部分完成，陆续交由总裁审阅。《明史》最早之初稿多于此时修订，其后数十年间，又在此基础上进行了增删改易工作。

《明史》馆总裁在最初几年屡有变易，但徐元文居职最久，出力也最大。他在康熙二十一年（1682）曾一度因拜都御史罢史职，至康熙二十三年（1684）重领《明史》监修官，遂延聘布衣明史学家万斯同居于其家，请其删定诸纂修官所拟史稿。经过十二年时间，至康熙三十年（1691）徐元文病卒，万斯同删成史稿四百一十六卷。康熙三十三年（1694）王鸿绪、陈廷敬为《明史》总裁，王鸿绪也延聘万斯同，继续删定《明史》列传部分。又经八年的辛勤工作，至康熙四十一年（1702）万斯同客死王鸿绪京邸，史稿已成四百六十卷。万斯同所删定的史稿为《明史》最后成书起了决定性作用。

康熙四十年（1701）以后，旧时史馆诸人相继凋逝，修史工作又呈停滞状态。康熙四十八年（1709）王鸿绪因附和阿灵阿等人奏议改立皇太子事被免官，回家时将史馆草稿全部携去，竟无人过问。王鸿绪在家将万斯同删定的史稿和以前馆臣所拟史稿又重新作了增损改易，于康熙五十三年（1714）进呈《明史》列传部分二百零五卷，于康熙六十一年（1722）又进呈本纪、志、表计一百零五卷，两次所呈共三百一十卷。此即后世所谓《横云山人明史稿》。至此，《明史》基本完成了。虽然《明史》最后定稿是在雍正十三年（1735），但自雍正元年最后一次开馆，因雍正帝刚即位，与其政敌斗争激烈，无暇顾及《明史》纂修之事，以致撰修人员互相掣肘，史事无所进展，最后仅稍为变动史稿的篇目次序、改窜一些字句，然后在纪、传之后缀以赞辞，就定稿奏呈了。因此雍正年间的再修《明史》，不过是为康熙年间大规模撰修《明史》做了简单的收尾工作，《明史》的主要撰修工作是在康熙朝完成的。

康熙朝能够基本完成《明史》，除了其他原因外，康熙皇帝的重视是一个重要原因。首先从修史的机构和人员上予以充分的保障。康熙十八年（1679）所征博学鸿儒悉数充《明史》馆，皆授翰林侍读、侍讲、编修、检讨等职，给官衔与俸禄，使参加修史成为一种荣誉。对于未获博学鸿词之征或辞征的姜宸英、万言、黄百家、黄虞稷等人也给予俸禄和官职，礼聘修史。特别是像万斯同、刘献廷等人，客居总裁官邸，不食朝廷俸禄，对清朝表现出一定的抵触情绪，康熙皇帝也不怪罪，听其以布衣身份参修史事。至于史馆监修、总裁，一旦遇事缺任，及时予以递补。康熙年间，《明史》馆总裁屡有变更，任其事者有徐元文、叶方蔼、张玉书、李霨、汤斌、徐乾学、王鸿绪、王熙、陈廷敬、张英、熊赐履等十余人。且所委之人大多能胜任史职，具体组织撰史活动，而不是像前朝一般的史馆总裁徒事虚文，挂名而已。

其次是康熙皇帝屡屡亲自过问修史进程和修史中的问题。如康熙二十二年（1683）八月，康熙皇帝问学士牛纽、张玉书、汤斌等人："尔等所修《明史》如何？"牛纽奏曰："嘉靖以前已纂修过半，万历朝事迹甚多，天启朝《实录》有残缺，崇祯朝无《实录》，今就所有邸报编纂事迹，方可分作纪、传。所以万历以后，成书较难。"康熙皇帝指示道："时代愈近，则瞻徇易生。作史昭垂永久，关系甚大，务宜从公论断，尔等勉之！"[10]康熙二十二年（1683）十一月，康熙皇帝又与大学士李霨做了与上述内容基本相同的谈话。[11]

对于修史中遇到的具体史实的细节问题，康熙皇帝曾多次涉问。如康熙四十二年（1703）四月指出："此书所载杨涟、左光斗死于北镇抚司狱中。闻此二人系在午门前受御杖死，太监等以布裹尸出之。至于随崇祯殉难者，乃太监王承恩，因此世祖章皇帝作文致祭，并立碑碣。此书载太监王之心从死，明系错误。"[12]康熙五十二年（1713）四月，又对李自成兵临京城时，是城内迎献还是城外攻取，以及张献忠三个养子的情况作了指示。[13]

康熙皇帝对于《明史》撰修问题的重视，固然促进了《明史》的完成，但也使《明史》较其他正史更具官方色彩，其蕴含的历史观点和史学思想更符合封建正统规范。

康熙皇帝曾多次指示撰修《明史》务须公正。康熙二十二年（1683）八月，他强调《明史》"务宜从公论断"[14]；当年十一月再次指出"史书永垂后世，关系甚重，必据实秉公，论断得正，始无偏颇之失，可以传信后世"[15]；康熙三十一年（1692）又谕群臣曰："作史之道，惟在秉公持平，不应胶执私见，为一偏之论。"[16]康熙皇帝再三强调秉公持正，不执私见，其用意并不是要真实地反映历史，而是告诫史臣，《明史》的论断必须遵循封建统治阶级所公认的正统观点，任何个人见解都不得与清廷的整体利益相违悖。

史臣们正是体会到康熙皇帝的真实意图，所撰史稿也就不敢触及清廷忌讳，无论记事还是论断，都不敢越雷池一步。例如清朝以"异族"入主中原，最忌"胡虏"之类文字，《明史》中对所有涉及此类文字的文献都删除不录。明太祖朱元璋在元至正二十六年（1366）八月与张士诚作战时发布《平伪周榜》，至正二十七年十月北伐时有《谕中原檄》，都是非常重要的历史文献，只因前者有"胡运难以立功"，后者有"胡虏无百年之运"以及"驱逐胡虏，恢复中华"等言，竟将两文摈弃不录。又如清人本是女真支属，居于建州，因名建州女真，在明朝曾接受爵秩，前后朝贡百年不辍。清朝入关后，认为这段史实不够体面，所以自称其发祥地为满洲，禁称建州卫；称自己为满族，禁称女真。《明史》撰修者因此不敢涉及清朝起源以及清朝入关前的问题，以至于连清军进入中原的事都不敢提，甚至引起康熙皇帝的追问，仍寻找托词，不愿载入[17]。再如清朝入关后，明朝的遗绪如南京的弘光、闽粤的隆武、两广滇黔的永历等南明政权，继续活动了十七八年。清廷不承认这些政权的正统地位，所以《明史》对这些政权的历史也语焉不详。至于《明史》一再宣扬程朱理学、鼓吹忠孝节义，更是与康熙皇帝推崇程朱理学、确立其为官方哲学的统治政策丝丝入扣。

总之《明史》在修撰过程中受到康熙皇帝的严密控制，这种控制一方面对史官认真撰史起了一定的督促作用，为《明史》的撰成提供了人员、资料等方面的有利条件；另一方面也制约了《明史》的思想内容，使其完全合于封建正统思想的规范。

尽管如此，《明史》作为二十四史中最后一部史书，仍不失为有价值的传世之作，清人赵翼曾评价说："近代诸史，自欧阳公《五代史》外，《辽史》简略，《宋史》繁芜，《元史》草率，惟《金史》行文雅洁，叙事简括，稍为可观。然未有如《明史》之完善者。……盖阅六十年而后讫事，古来修史未有如此之日久而功深者也。惟其修于康熙时，去前朝未远，见闻尚接，故事迹原委多得其真，非同《后汉书》之修于宋、《晋书》之修于唐，徒据旧人记载而整齐其文也。又经数十年参考订正，或增或删，或离或合，故事益详而文益简。且是非久而后定，执笔者无所徇隐于其间，益可征信，非如元末之修宋、辽、金三史，明初之修《元史》，时日迫促，不暇致详而潦草完事也。"[18]赵翼的评价，除了说《明史》"无所隐徇"被认为有吹捧当朝官修史书之嫌外，其他几点还是比较中肯的。

《明史》的价值主要体现在两方面。其一，在体例上，它完善了纪传体体例，如为了适应明代阉祸猖獗、农民起义频仍、少数民族地区矛盾多故的客观情况，创设了《阉党传》《流贼传》和《土司传》。鉴于朱元璋罢除宰相制后，六部尚书及左、右都御史地位提高，特设《七卿年表》。此外如《历志》增加插图、《艺文志》只载明代所著之书等，也都是特例。其二，在内容上，除了清廷忌讳之处，一般记载都能做到丰富翔实，有的内容是《明实录》所不载的。其记事的可信程度，从总体上看也超过其他许多明史著作，这得益于当时撰者如朱彝尊、潘耒等人的精心考辨和万斯同的严慎核实。

二、尊奉程朱

康熙皇帝亲掌政权之后，为了加强对思想领域的统治，经过一个时期的摸索，将程朱理学确定为正统哲学思想。这一政策不但对当时社会发展起到了重要的作用，也对此后中国社会的进步也产生了重要的影响。

西汉中期以后，儒家思想即被封建统治者尊为正统思想，一千多年中对于维护封建统治发挥了重要作用。清朝以少数民族政权崛起东陲，为了建设和巩固政权，学习汉族传统治国理论为势所必需。因而从皇太极时期开始，清朝政权即推行崇儒重道政策。入关以后面对汉族人民已经成为主要统治对象的客观现实，清朝政权又将崇儒重道政策进一步铺开。顺治二年（1645）清朝政府封孔子为"大成至圣文宣先师"。顺治九年（1652）九月"临雍释奠"大典隆重举行，顺治皇帝勉励太学师生笃守圣人之道，"讲究服膺，用资治理"[19]。顺治十四年（1657）九月、十月，顺治皇帝又首开清代帝王经筵日讲之先河，谕令儒臣进讲儒家经典。但因顺治皇帝过早去世以及之后四辅政大臣执政时期的政策变化，清初以来一直奉行的崇儒重道政策出现了反复。于是，全面贯彻崇儒重道政策的重任便落在了康熙皇帝的肩上。

早在亲政之初，康熙皇帝即开始重新推行崇儒重道方针。康熙八年（1669）四月，康熙皇帝采纳汉官建议，于宫中致斋后，率领诸王、大臣亲临太学释奠孔子，在孔子位前行三跪六叩头礼。亲奠完毕，又至彝伦堂，听满汉祭酒、司业以次讲《易经》《尚书》。听讲后，康熙皇帝说："圣人之道，如日中天。讲究服膺，用资治理，尔师生其勉之。"[20]不久，康熙皇帝擒拿鳌拜，排除了推行崇儒重道政策的重大障碍，崇儒重道政策得到了全面贯彻。首先，康熙皇帝大力举行经筵日讲，积极学习儒家经典。通过学习，康熙皇帝深感儒家学说博大精深，对于修身、齐家、治国、平天下有着重要的现实意义，因此对儒家学说的创始人孔子、孟子等人极表佩服。康熙前期，除多次举行祭孔活动之外，康熙二十三年（1684）

十一月，康熙皇帝在首次南巡后又驾幸曲阜，诣孔子庙，入大成门，行九叩礼；至诗礼堂，讲《易经》；上大成殿，瞻孔子像，观礼器；至圣迹殿，览图书；至杏坛孔子讲学处，观孔子手植之桧树；入承圣门，汲孔井水尝之；询问发掘《古文尚书》的鲁壁遗迹，诣孔林墓前酹酒，并亲为大成殿书"万世师表"匾额，留曲柄黄盖。同时康熙皇帝再次下令"天下学官崇祀先儒"，并亲自撰文盛赞孔、孟，进一步抬高儒家学说的地位。康熙二十六年（1687）康熙皇帝亲作《至圣先师孔子庙碑》《孟子庙碑》文，御书勒石。康熙二十八年（1689）四月，康熙皇帝又亲作《至圣先师孔子赞》并序、《曾子赞》、《子思子赞》、《孟子赞》。康熙皇帝宣扬孔孟之书把"道统"与"治统"统一，流传后世，以为治理国家之用，即所谓"皆为万世生民而作也"，"如日月之光昭于天，岳渎之流峙于地"[21]，作用非常大，影响极其深远。可见，康熙皇帝对儒家学说的尊崇和对孔孟等人的吹捧，已经达到无以复加的地步，大大超过了前此的任何一位封建帝王。

长期以来，孔子、孟子一直是汉族人民尤其是汉族士人心目中的圣人，作为一个少数民族皇帝，康熙皇帝对孔、孟如此尊崇，对于缓和满、汉民族矛盾，无疑起了重要的作用。但孔、孟距离康熙皇帝生活的时代已十分遥远，而且自从汉武帝"罢黜百家，独尊儒术"之后，尤其是宋、明以来，儒家内部也发生了分化，形成了不同的思想流派，笼统地提倡崇儒重道和现实政治关系并不密切，对清朝政府加强对人民的思想统治作用也不直接。经过一个时期的摸索，康熙皇帝又将崇儒重道发展成为尊奉程朱理学，从而进一步加强对广大人民的思想统治。

程朱理学又称道学,北宋时由周敦颐、邵雍、张载、程颢、程颐等人创立,南宋时朱熹集其大成。程朱理学是一个比较完备的客观唯心主义体系,认定"理"先天地而存在,把抽象的"理"(实指封建伦理准则)提到永恒的、至高无上的地位;为学主"即物而穷理"。与朱熹同时,有陆九渊一派的主观唯心主义,宣扬"心"是宇宙万物的本源,为学主张"明本心",和程朱派对立,是当时儒家学说的另一流派。由于程朱理学更合于统治者的需要,因而从南宋后期开始即被尊为官方哲学,历经元、明,相沿不改。明代中期以后,王守仁弘扬陆九渊之学,宣扬"致良知",把"心学"发展到顶峰。王学产生后,很快风靡全国,几欲取程朱理学地位而代之。明末清初,程朱理学和陆王心学并行。清朝入关之初,清朝统治者忙于统一全国,只笼统地崇儒重道,还无暇裁定朱、王之争。康熙即位后,随着崇儒重道国策的推行,康熙皇帝越发认识到程朱理学对巩固封建统治的重要性,开始提倡程朱理学。

康熙皇帝尊奉程、朱的思想,很大程度上是受了儒臣熊赐履的影响。熊赐履笃信朱学,"读孔孟之书,学程朱之道",自康熙十年(1671)二月至康熙十四年(1675)三月一直充任日讲官。他以朱熹注《论语·学而》篇的讲解,开始了康熙一朝的日讲。此后,熊赐履始而隔日进讲,继而每日入宫,向康熙皇帝讲"读书切要之法",讲"天理人欲之分",讲"俯仰上下只是一理",讲"本然之性与气质之性",讲"辟异端、崇正学",讲朱熹的知行观,斥王守仁的"知行合一"

说。在熊赐履等人的影响下，康熙皇帝逐渐接受了程朱理学，并开始将其奉为官方哲学。康熙皇帝尊奉程朱理学的措施，大体有以下几个方面。

第一，把程、朱看作孔、孟正传，大力宣扬程朱理学。康熙皇帝认为，程、朱以前，"虽汉之董子（仲舒）、唐之韩子（愈）亦得天人之理"，但却"未及孔孟之渊源"，没有得到儒家学说的精髓；到了北宋，邵雍"玩索河洛之理、性命之微，衍先天后天之数，定先甲后甲之考，虽书不尽传，理亦显然矣"；周敦颐"阐无极而太极，复著《通书》，其所授受，有自来矣，如星辰系乎天而各有其位，不能掩也，光风霁月之量，又不知其何似"；程颢、程颐"充养有道，经天纬地，聚百顺以事君亲"；朱熹"集大成而继千百年绝传之学，开愚蒙而立亿万世一定之规，穷理以致其知，反躬以践其实"，这才得到孔孟正传；因此，只有程朱理学才是治国的学术，"非此不能知天人相与之奥，非此不能治万邦于衽席，非此不能仁心仁政施于天下，非此不能外内为一家"[22]。为了宣扬程朱理学，康熙皇帝亲作《理学论》，提倡"学者当于致知格物中循序渐进"，走程朱之路；下令将朱熹从孔庙东庑"先贤"之列升到大成殿"十哲"之列，"以昭表彰至意"；给程朱的祠堂及讲学的书院赐匾、赐物。

在提倡程朱理学的同时，康熙皇帝还排斥陆王心学，其典型例证则为康熙皇帝与崔蔚林的争论。崔蔚林是当时的一位朝臣，信奉王守仁的心学，曾撰《大学格物诚意辨》讲章一篇进呈。康熙十八年（1679）十月，康熙皇帝将崔蔚林召进宫，就朱、王之学进行辩论。在对"格物"范畴的阐释中，崔蔚林依据王守仁的学说，主张"格物是格物之本，乃穷吾心之理也"，并进而对朱熹学说提出质疑，认为"朱子解作天下之事物，未免太泛，于圣学不切"。当康熙皇帝转而论"诚意"，指出"朱子解'意'字亦不差"时，崔蔚林又表示反对，说"朱子以意为心之所发，有善有恶。臣以意为心之大神明、大主宰，至善无恶"。康熙皇帝准备不足，无言以对，只得暂时中止了辩论。十天之后，经过周密的准备，康熙皇帝对崔蔚林的主张进行了反驳，说："天命谓性，性即是理。人性本善，但意是心之所发，有善有恶，若不用存诚工夫，岂能一蹴而至？行远至迩，登高自卑，学问原无躐等，蔚林所言太易。"这里，康熙皇帝用的武器仍是程朱理学。

第二，刊刻程、朱之书。为了提倡程朱理学，康熙皇帝不遗余力地刊刻程、朱之书。《性理大全》是明朝永乐年间纂修的收录程、朱等人的理学著作及有关性理的语录的一部官书，影响颇大。康熙皇帝"见其穷天地阴阳之蕴，明性命仁义之旨，揭主敬存诚之要，微而律数之精义，显而道统之源流，以至君德圣学、政教纪纲，靡不大小兼该，而表里咸贯，洵道学之渊薮、致治之准绳"[23]，乃命儒臣对其重加补订，并亲为作序，刊行全国。后来为了宣扬朱熹之学，康熙皇帝令熊赐履、李光地等人录章摘句，收集朱熹的一句一字，编成《朱子全书》，并亲为之制序，刊行全国。康熙皇帝还下令修《周易折中》，"上律河洛之本末，下及众儒之考定，与持论之不可易者，折中而取之"[24]。康熙六十年（1721）康熙皇帝又以《性理大全》等书繁杂矛盾，下令节编性理诸书，成《性理精义》。在为《性理精义》作的序中，康熙皇帝叙述了自己对程朱理学的崇奉态度及该书的编纂经过：

> 朕自冲龄以来，六十多年间，未尝一日放下过经书。唐虞三代而后，历代圣贤相传授受，言性而已。到了宋代，学者们才提出性理这个名词，使人了解尽性之学即学习圣贤之道，不外乎遵循理的规定。朕敦好典籍，对于理、道等有关论述尤为留意，而且在位日久，玩味愈深，体之身心，验之政事，越发认识到其确然不可易。前明纂修《性理大全》一书，可谓广备。但其搜取太繁，重复较多，各地流行的性理之书不下数百种，而相互矛盾者比比皆是，很不利于程朱之学的传播。于是朕命大学士李光地将程、朱之书加以诠释进览，授以意指，省其品目，撮其体要，既使诸儒之阐发不杂于支芜，又使学者的披寻不苦于繁重。至于图象律历、性命理气之源，前人所未畅发者，朕亦时以己意折中其间。这样，编成了这部《性理精义》，颁示天下。读此书者，当明了此意。[25]

康熙皇帝如此热衷于刊刻程、朱之书，在中国古代帝王中也是少见的。

第三，重用理学名臣。康熙皇帝既尊奉程、朱，因而也重用那些讲程朱理学的所谓理学名臣。较早受到康熙皇帝重用的当数熊赐履。熊赐履因为在康熙皇帝开始举行的经筵日讲中提任讲官而深得康熙皇帝之心，康熙十四年（1675）迁内阁学士，寻破格授武英殿大学士兼刑部尚书。次年，熊赐履以诿咎同僚而被夺官。康熙二十三年（1684）康熙皇帝南巡，熊赐履迎谒，召入对，御书"经义斋"榜以赐。康熙二十七年（1688）熊赐履起为礼部尚书，后授东阁大学士兼吏部尚书，预修《圣训》《实录》《方略》《明史》等书，并充总裁官，五次主会试。

康熙朝最得到重用的理学名臣是李光地。李光地字晋卿，福建安溪人。康熙九年（1670）进士，选庶吉士，授编修。三藩之乱时，李光地蜡丸上书，有功朝廷，授内阁学士。康熙二十五年（1686）授翰林院掌院学士，直经筵，兼充日讲起居注官，教习庶吉士。历官兵部侍郎、工部侍郎、直隶巡抚、吏部尚书兼直隶巡抚等，康熙四十四年（1705）拜文渊阁大学士。李光地幼承家教，从小即研习性理之学，"非程朱不敢言"，其理学"宗朱子而能别白其是非"。其时康熙皇帝"潜心理学，旁阐六艺，御纂《朱子全书》及《周易折中》、《性理精义》诸书，皆命（李）光地校理，日召入便殿研求探讨"[26]。由于和康熙皇帝的特殊关系，李光地在康熙皇帝面前说话也相当有分量，江宁知府陈鹏年、桐城贡士方苞皆因事论死而最终获免，噶礼、张伯行互讦案后张伯行得以复官，都是李光地出力的结果。

除此之外，康熙年间得到重用的理学名臣还有"笃守程、朱"的汤斌，有"专宗朱子、不容一语出入"的陆陇其，有以"崇程朱为己任"的张伯行，还有魏象枢、张廷玉、蔡世远等等。

在采取各种措施提倡程朱理学的同时，为了使其切实发挥社会作用，达到修身、齐家、治国、平天下的目的，康熙皇帝还提倡真理学，反对假理学。

对于真理学和假理学，康熙皇帝有过明确的区别。康熙二十二年（1683）十月，康熙皇帝对日讲官张玉书等人说：

"日用常行，无非此理。自有理学名目，彼此辩论，朕见言行不相符者甚多，终日讲理学，而所行之事全与其言悖谬，岂可谓之理学？若口虽不讲，而行事皆与道理吻合，此即真理学也。"[27]也就是说，那些行事合乎封建伦理道德的理学家是真理学，而那些挂着理学家招牌、行为却不守封建伦理道德的人是假理学。故而康熙皇帝曾反复提倡真理学，要求言行相符。康熙三十二年（1693）四月，康熙皇帝谕大学士等人："翰林官以文章为职业。今人好讲理学者，辄谓文章非关急务。宋之周、程、张、朱何尝无文章？其言如是，其行亦如是。今人果能如宋儒言行相顾，朕必嘉之，即天下万世亦皆心服之矣。传谕翰林官知之。"[28]康熙四十三年（1704）六月，康熙皇帝谕示起居注官揆叙等人："君子先行后言，果如周、程、张、朱勉行道学之实者，自当见诸议论。若但以空言而讲道学，断乎不可！"[29]对于真理学，康熙皇帝也大力引用。康熙二十三年（1684）六月，康熙皇帝以学士汤斌"曾与中州孙钟元（奇逢）相与讲明道学，颇有实行"，以前典试浙江时又"操守甚善"，是个真理学，下令补授江宁巡抚。康熙五十二年（1713）九月，康熙皇帝令大学士李光地传谕九卿："有明于性理实学之人，令各举所知。"康熙六十年（1721）三月，康熙皇帝与大学士等人谈到刚进行过的会试，认为其中可能有弊，因为一些"真才实学"者未被取中，"如举人王兰生学问，南人中或有胜彼者，若直隶人则未能及之。前《周易折中》《性理精义》《朱子全书》，魏廷珍、王兰生等在朕前昼夜校对五年，不遗一字。读书人少全读性理者，王兰生甚为精熟，学问亦优，屡试未中，或文章不佳，抑别有故耶?"³⁰因此,康熙皇帝赐王兰生进士,"着一体殿试"。

康熙皇帝反对假理学的言论俯拾皆是,如康熙四十三年(1704)四月,他晓谕大学士等人:"夫道学岂易言哉?孔子曰:'先行其言,而后从之。'人之品行,必始终不易,朕始信之。若徒托之空言,而无实事,则亦何益之有?"³¹对那些假理学之人,康熙皇帝更是予以抨击、排斥。众所周知,康熙皇帝提倡理学是为了巩固封建统治,而那些所谓的讲理学之人却大多只以理学为敲门砖和护身符,真正目的无非是为自己捞好处,求一己之私利。因此,这些所谓的理学家往往是当面一套,背后又一套;嘴上一套,行动上又一套,大搞两面派。对于这些人,康熙皇帝尤其痛恨。第一个遭到康熙皇帝抨击的假理学是崔蔚林。崔蔚林与康熙皇帝辩论朱熹、王阳明,使得康熙皇帝很是愠怒,加以崔蔚林言不顾行,居乡颇招物议,且文义荒谬,康熙皇帝对他更加反感。康熙二十一年(1682)六月,在与近臣等议及崔蔚林官职升迁时,康熙皇帝鄙夷地指斥崔蔚林的所谓道学未必是实,"为人不甚优","居乡亦不甚好"。两年后,崔蔚林自觉在朝中无法立足,疏请告病还乡。康熙皇帝决意借机对其加以惩治,乃谕大学士等人:"崔蔚林乃直隶极恶之人,在地方好生事端,干预词讼。近闻以草场地土纵其家人肆行控告,又动辄以道学自居。焉有道学之人而妄行兴讼者乎?此皆虚名耳。又诋先贤所释经传为差讹,自撰讲章甚属谬戾。彼之引疾乃是托词。此等人不行惩治,则汉官孰知畏惧?"³²后来康熙皇帝在谈到假理学时,还是没有忘记痛斥崔蔚林:"从来道德、文章原非二事。能文之士,必须先明理;而学道之人,亦贵能文章。

朕观周、程、张、朱诸子之书，虽主于明道，不尚辞华，而其著作，体裁简要，析理精深，何尝不文质灿然，令人神解意释？至近世，则空疏不学之人借理学以自文其陋。如崔蔚林，本无知识，文义荒谬，岸然自负为儒者，真可鄙也！"**33**

那些所谓的理学"名臣"，实际上也多言行不一。对于这些人，康熙皇帝也一个个予以鞭挞羞辱。康熙三十三年（1694）闰五月，他又对大学士等人发表谈话，将那些所谓的理学"名臣"集中加以揭露和抨击：

> 初四日，召试翰林官于丰泽园，出《理学真伪论》，此亦书籍所有成语。熊赐瓒（熊赐履之弟）见此，辄大拂其意，应抬之字竟不抬写，不应用之语辄行妄用。原任刑部尚书魏象枢，亦系讲道学之人。先年吴逆（三桂）叛时，着议政王大臣议奏发兵。魏象枢云："此乌合之众，何须发兵？昔舜诞敷文德，舞干羽而有苗格。今不烦用兵，抚之自定。"与索额图争论成隙。后十八年地震时，魏象枢密奏："速杀大学士索额图，则与皇上无干矣。"朕曰："凡事皆朕听理，与索额图何关轻重？"道学之人，果如是挟仇怀恨乎？又李光地、汤斌、熊赐履皆讲道学之人，然而各不相合。李光地曾授德格勒《易经》，李光地请假回籍时，朕召德格勒进内讲《易》。德格勒奏言："李光地精熟兵务，其意欲为将军、提督。皇上若将李光地授一武职，必能胜任。"反复为李光地奏请。尔时朕即疑之。德格勒又奏："熊赐瓒所学甚劣，非可用之人。"朕欲辨其真伪，将德格勒、熊赐瓒等考试。汤斌见德格勒所作之文，不禁大笑，手持文章堕地，向朕奏云："德格勒文

甚不堪，臣一时不能忍笑，以致失仪。"既而汤斌出，又向众言："我自有生以来，未曾有似此一番造谎者，顷乃不得已而笑也。"使果系道学之人，惟当以忠诚为本，岂有在人主之前作一等语，退后又别作一等语者乎？今汤斌虽故，李光地、德格勒现在也。又能赐履所著《道统》一书，王鸿绪奏请刊刻，颁行学宫，高士奇亦为作序，乞将此书刊布。朕览此书，内过当处甚多。凡书果好，虽不刻，自然流布；否则，虽刻何益？道学之人，又如此务虚名而事干渎乎？ **34**

这里康熙皇帝把理学"名臣"们"挟仇怀恨"、倾危同僚及"务虚名而事干渎"的丑行暴露于光天化日之下，从而揭开了这些人的伪装。

不过对于这些假理学"名臣"，康熙皇帝只是在其丑行败露后予以惩治。因为康熙皇帝笃信理学，又要提倡理学，所以还得任用这些在当时的社会上有着很大影响的人。而这些人在丑行被揭露之后，也大多能敛迹戢行，孜孜于理学，言行相顾，躬行实践。因而总的来说，康熙年间还是重用这些所谓理学"名臣"的。

康熙皇帝崇儒重道，由尊孔到尊朱，提倡真理学，对当时社会和后世都有很大的影响。第一，争取了广大汉族士大夫和百姓的支持，促进了清初统一局面的形成。众所周知，中国古代一直以儒家学说治国，宋、明以来，程朱理学更成为官方正统哲学思想。清朝入关之初，首先是把主要精力放在统一方面，清军所到之处，大肆屠杀反抗异族统治的汉族人民，激起尖锐的民族矛盾和社会矛盾。在文化事业上，清

544

初统治者还拿不出一套争取汉人的政策和措施，所用官员也大多是一些投降的前明官吏，广大的封建士大夫也基本上还站在清朝政府的对立面。康熙年间，在军事形势大体稳定的情况下，提倡儒学，尊奉程、朱，从而顺应了广大汉族人民的信仰心理，对缓和他们的反抗和对立情绪有很大好处。更重要的是，康熙皇帝尊奉程、朱的政策赢得了广大封建士大夫的支持，大批封建士人通过科举考试、"博学鸿词"特科等进入仕途，从而心甘情愿地为封建统治服务。这些确实促进了清初的统一大业。

第二，康熙皇帝尊奉程、朱，完成了对社会凝聚力的选择，从而为清朝统治的巩固奠定了基础。历史唯物主义认为，任何一个社会要寻求自身的发展，都必须具有凝聚全体社会成员的力量。康熙年间，尤其是康熙中后期，及时地以程朱理学来维系人心、稳定社会，无疑对封建国家经济、文化方面的恢复和发展产生积极的促进作用。

当然，也必须指出，康熙皇帝尊奉程、朱的政策尽管有其积极意义，但消极影响也很大。首先，它导致了理学的进一步衰颓。我们知道，无论是程朱理学，还是陆王心学，到了明末清初之际，都已衰颓不堪，面临绝境。康熙皇帝尊奉程、朱，实际上就是用官府的力量强行把程朱理学规定为统治思想，令广大人民遵守封建伦理道德，并不是提倡把程朱理学作为一个博大精深的思想体系去研究、发展，而只是将其归结为僵死的封建伦理教条，从而导致了理学的进一步衰颓。其次，它所带来的文化专制主义，最终铸成了思想界的万马齐喑。明末清初既是一个"天崩地解"的时代，也是一个思想界活跃异常、成就卓著的时代。其间，既有鲜明反对君主专制的黄宗羲，也有提倡经世致用的顾炎武，还有主张物质世界统一于元气本体的唯物主义一元论者王夫之，等等。但到了康熙年间，大力实行尊奉程、朱的政策，"言不合朱子，率鸣鼓而攻之"，强行统一思想，从而扼制了人们思想的发展，摧残了齐放的百花。其后，雍正、乾隆两朝对这一政策奉行不渝，把封建文化专制主义引向极端，终于酿成思想界万马齐喑的历史悲剧。

三、振兴教育

在封建社会，教育事业对于巩固封建统治起着重要的作用。就积极方面而言，教育为各级封建官僚机构源源不断地输送大量统治人才；就消极方面而言，教育也能消泯广大人民群众的反抗思想。因而，康熙皇帝对教育事业一直十分关心，使当时的教育事业呈现出蓬勃发展的景象。

康熙初年，清朝统治虽已大体巩固下来，但经过长期战乱的破坏，教育事业仍然是一片凋敝景象，"所在屠灭，郡邑为墟"，"文学诸生，谋生犹恐不给，奚暇诵读"[35]？各地学舍普遍废坏，师席久虚。教育事业的凋敝产生了严重的后果。当时，不仅各级政府机构中官吏奇缺，不得不借资前明降官和捐纳官员，致使官吏素质低下，而且由于长期未在广大百姓中进行教化，也为清朝政府统治人民造成了极大的困难。据时人所见，当时各地的普遍情况是："丰稔之岁，则相与赌博酺歌，沉湎荒淫，流荡而忘返；饥凶之年，则但见鸠形鹄面，扶老携幼，逃散而无归，人民流离，田地荒芜，盗贼窃发，狱讼繁兴。"[36] 面对这种情况，康熙皇帝感到，广大百姓就像一座活动频繁的火山，如果不及时向他们灌输封建伦理道德观念，一旦火山爆发，后果将不堪设想。因此，康熙皇帝在位期间广设学校，倡建书院，整顿科场，重视八旗教育，使得教育事业走出了明末清初以来的低谷，进入了一个新的发展阶段。

长期以来，各种不同类型的学校一直是教育事业的主要机构。振兴教育，首先须从学校入手。有鉴于此，早在亲政后不久，康熙皇帝即亲作《学校论》，对学校在教育事业中的地位予以高度重视。他说：

> 治理天下，没有比正人心、厚风俗更重要的，而其根本在于推行教化。学校是推行教化、将百姓纳入统治轨道的地方，因而古代家有塾，党有庠，术有序，国有学。人生到八岁，自王以下至于庶人之子弟，都要入小学；到十五岁，则入大学。因此，自家至于国莫不有学，自天子至于庶人莫不学，自幼至于长莫不皆学。凡学以《诗经》《尚书》《礼记》《乐记》为本，干戈（按：古代武舞）羽龠（按：古代文舞）为文，父子君臣、长幼尊卑等伦理道德从此而出。……教化是天下大治之本，而学校则是教化之原。……务其本而不求其末，尚其实而不务其华。以内行为先，不汲汲于声誉；以经术为要，不屑屑于文辞。倘能如此，就符合圣人化民成俗之道了。[37]

在这一思想的指导下，康熙皇帝从修复、增设各地学校入手，开始了振兴教育的活动。

清初继承明制，在中央设立了国子监和各级儒学。虽然这些地方儒学与明代后期一样，已经不具教学职能，只是朔望、春秋举行尊孔典礼，岁科两试造具生童名册以及办理本地诸生举优出贡等活动的管理教育的官僚机构，但因这些机构在地方教育中起着领导、监督的作用，影响不可低估。因此康熙年间，康熙皇帝在顺治年间普遍恢复各地儒学的基础上，又在一些边远地区及新设州、县继续增设儒学。如康熙四年（1665）清朝政府宣布设奉天各府、州、县等儒学，照顺天例，为京府大学；辽阳、宁远、海城为中学；盖平、铁岭、广宁为小学。康熙二十六年（1687）康熙皇帝下令，直隶怀来、永宁、保安三卫仍各设学，由保安州学、延庆州学兼摄。康熙二十八年（1689）康熙皇帝又令贵州贵筑县照例设学，由新贵县学官兼摄。

针对各地府、州、县学普遍不具备教学职能的现实情况，为了普及初级教育，从康熙二十年代开始，康熙皇帝即积极提倡各地兴办义学。康熙四十一年（1702）他还特命在京师崇文门外设立义学，颁赐御书"广育群才"匾额；五城各设一小学，延请塾师教读，"有成材者选入义学"，计义学、小学每年廪饩共三百两，于府、县按月支给。康熙四十年代以后，在他的倡导下，义学又普及到边疆省份及内地各省的穷乡僻壤。如康熙四十四年（1705）他下令贵州省各府、州、县设立义学，将土司承袭子弟送学肄业，以俟袭替，其族属人等并苗民子弟愿入学者，亦令送学，该府、州、县复设训导，躬亲教谕。次年又议准贵州省府、州、县、卫俱设义学，许土司生童肄业，颁发御书"文教遐宣"匾额，奉悬各学。康熙五十二年（1713）宣布在全国大办义学，推广普及教育，"各省府、州、县令多立义学，延请名师，聚集孤寒生童，励志读书"[38]。此后康熙皇帝仍然很关心各地的义学，不时督促。康熙五十四年（1715）他下令畿辅地区的穷乡僻壤皆立义学，并要求直隶巡抚遍示庄村，使百姓皆知皇帝"崇文好学深意"。康熙五十九年（1720）康熙皇帝又批准广西土属共十五处各设义学一所，并令该地巡抚选择本省品学兼优的举人贡生，每属派发一员，作为义学教员，"教读土属愿学子弟"。

在积极提倡汉族平民教育的同时，康熙皇帝对八旗子弟的教育也十分重视。清朝入关后，大批八旗子弟进入京城等地。为此，顺治元年（1644）分八旗为四处，各立官学，是为八旗官学之始。顺治九年（1652）顺治皇帝又下令每旗各设宗学，令宗室子弟读书其中。康熙年间，又继续增设不少八旗官学，主要有：

景山官学 康熙二十四年（1685）四月，康熙皇帝晓谕内务府："今见内府佐领人员善射及读书善文者甚少，可专设学舍，选可教之人，令其学书习射，优者录用，劣者罢黜。学舍应立于朕常见之处，俾习学之人黾勉肄业。"[39]后有关方面议定设立景山官学，建于北上门两旁，共给官房三十间。设满官学三房、汉官学三房，满书每房设教习三员，汉书每房设教习四员，挑选内佐领内管下官学生三百六十六名入学。肄业生员内有愿为教习者，选择移送令教习三旗（按：指满洲、蒙古、汉军各旗）子弟；将内廷执事人员、闲散人

549

员内老成而堪为师长者，不分满洲、蒙古、汉军人员，挑选九名教习满书；满洲教习食执事俸米，汉教习给银米、衣服等物，六年期满，分别勤惰，议叙授官。

盛京左、右两翼官学　盛京（今辽宁省沈阳市）是清朝的"发祥重地"，清朝入关后以其为留都，并设立了与首都北京基本对应的一套政权机构。顺治年间，在各地设立学校的同时，盛京所属府、州、县也各设立了学校。康熙三十年（1691）三月，清朝政府决定，"盛京左、右两翼各设官学二处，将彼处俊秀幼童，各旗选取十名，每翼四十名。满学各二十名，教读满书，习马步箭。汉学各二十名，教读满、汉书，习马步箭。交与盛京礼部堂官，不时稽查操演。如盛京有各部衙门笔帖式、乌林人缺出，照例补用。满学设满文助教各一员，汉学设通满、汉文助教各一员，俱由吏部考授。其汉学，令奉天府尹于盛京生员内，择其才学优长者各二名，令其教读。学舍由盛京工部拨给。"[40]康熙皇帝对此表示同意。

墨尔根两翼学校　康熙三十四年（1695）二月，康熙皇帝又应黑龙江将军萨布素等人之请，在墨尔根（今黑龙江省嫩江县）地方两翼各立学校，设教官一员，"新满洲诸佐领下，每岁各选幼童一名，教习书义"[41]。

其次，对各级教官和广大生徒，康熙皇帝也一再下令严加管理。在各级教官中，学政是掌管一省教育的最高官员，康熙皇帝尤其重视。各省学政皆由他亲自选拔任命，还多次要求他们实心任事。他规定，新补学政一经领敕，次日即须赴任；各省旧任学政考试完毕后，必须在十一月内报满到部，如违定限，即题参处；学政考试迟延、限内不能完结者，降一级调用；各省学政要对所有士子负责，秉公办事，不得营私作弊、考试不公，从而导致"真才沦弃，文治不光"，否则督抚等官即行纠参，严加治罪。对于"士子观法所系"、直接影响受教育者的其他各级教职官员，康熙皇帝也做出各种规定，严格要求。康熙十八年（1679）题准，学政于官员贤否，遵照敕谕，例应考核文到，各府、州、县掌印官照旧式备造僚属履历，及以前荐奖戒饬缘由，填注考语事实。教官更分年力、志行、学识、教规四款，内有贤、不肖之尤者，别具揭帖，限一月内送阅，案临，再造新任及改节改过者，季冬续报，并将任内作兴学校事迹备申报夺。康熙四十三年（1704）康熙皇帝针对直省教职官内"不谙文学者甚多"，责问"如此何以训士"，下令有关部门拿出解决办法。经讨论，决定"嗣后教职由部选后，赴抚臣考试，其考居一、二、三、四等令其赴任，五等令归学习，六等革职"[42]。康熙皇帝还下令学臣要对教官加以考试，评定优劣，"如全无文理者"，即行题参。

　　为了培养合乎封建统治所需要的端人正士，对广大就学士子，康熙皇帝更是十分重视，要求他们先品后学。康熙九年（1670），康熙皇帝颁行圣谕十六条，令士子作为立身标准："（一）敦孝弟以重人伦；（二）笃宗族以昭雍睦；（三）和乡党以息争讼；（四）重农粟以足衣食；（五）尚节俭以惜财用；（六）隆学校以端士习；（七）黜异端以崇正学；（八）讲法律以儆顽愚；（九）明礼让以厚风俗；（十）务本业以定民志；（十一）训子弟以禁胡为；（十二）息诬告以全良善；（十三）戒窝逃以免株连；（十四）完钱粮以省催科；（十五）联保甲以弭盗贼；(十六) 解仇忿以重生命。"康熙四十一年（1702）正月，康熙皇帝又专门发布了一道《训饬士子文》，对在学诸生提出要求：

国家建立学校，原为兴行教化，作育人才。朕临御以来，尊师重儒，关心学校，近来又慎选学使，厘剔弊端，立志使风教修明，贤材蔚起，国家蕃兴。但是近来士习不端，儒效罕著，大失朕之所望。其中原因，固然是内外臣工未能很好地奉行重教政策，但你们这些学生积锢已久、猝难改易却也是原因之一。如今朕亲作训言，再加警饬。你们听着：从古以来求学之人即先立品行，然后再到文学、学术、事功，源委有叙。你们幼闻庭训，长列宫墙，朝夕诵读，宁无讲究，一定要身体力行，砥砺廉隅，敦孝顺以事亲，秉忠贞以立志。穷经考义，勿杂荒诞之谈；取友亲师，悉化骄盈之气。文章归于醇雅，毋事浮华；轨度式于规绳，最妨荡轶。学子轻薄，自古受讥。如果行已有亏，即使读书又有什么用？如果居心不善，行已多愆，或者散布流言蜚语胁制官长，或者隐粮包讼出入衙门，或者唆拨奸滑欺孤凌弱，或者招朋呼类结社邀盟，这样的人，为纲常名教不容，为乡党不齿，即使侥幸逃脱法律惩处，他的内心又能无愧吗？况且乡试、会试乃抡才大典，事关重大，士子倘有真才实学，又何必担忧困不逢年？但你们中的一些人，却沽名钓誉，暗通声气，夤缘诡遇，不顾身家，又有的窜改籍贯，希图考中，气焰十分嚣张，种种弊端，深可痛恨！士子中选之始，尤贵品行端正。如果中选伊始就巴结贿赂，便已是作奸犯科，那么以后败检逾闲又何所不至？又如何指望其秉公持正、为国家建立功勋？朕关心你们，故不惮反复。这个训言颁到后，你们务必共体朕心，恪遵明训，痛改前非，争自濯磨，积行勤学，以图上进。假如能金榜题名，不仅你们自身荣耀，即使是你们的祖、父也跟着光宠。逢时得志，还有什么其他的要求呢？倘若你们还把朕的训言视作空文，玩愒弗儆，毁方跃冶，自暴自弃，则是你们冥顽无知，终究不能遵奉教义，既负国家栽培，又得罪过，王章具在，朕也不能宽免你们。从此以后，从中央的国子监到各地方的乡间学校，学臣师长都要传集诸生，多方董劝，以副朕怀。否则，职业弗修，咎亦难逃，到时不要说朕没有先说。你们这些士子都要听好。[43]

再次，康熙皇帝还多次驾幸太学，下令修建校舍，敕谕优恤诸生，关心教育事业的发展。皇帝驾幸太学，主要是督促诸生，以示其重视教育。史籍之中记有康熙皇帝多次驾幸太学，训示诸生。如康熙八年（1669）四月丁丑日，康熙皇帝幸太学，行礼、听讲毕，指示国子监师生"讲究服膺""圣人之道"。翌日，他又进一步指示国子监官员："今行辟雍释奠之典，将以鼓舞人才，宣布教化。尔等当严督诸生，潜心肄业。诸生亦宜身体力行，朝夕勤励。若学业成立，可裨任用，则教育有功。其或董率不严，荒乃职业，尔等系师生，难辞厥咎。尚其勉之，毋怠！"[44]

康熙皇帝非常关心士人的学习环境，在位期间多次下令修葺破旧的校舍。康熙二十二年（1683）八月，工科给事中许承宣题请修葺天下学宫，"以崇文教"，康熙皇帝表示同意。康熙四十一年（1702）正月，康熙皇帝下诏修葺国子监。

康熙四十四年（1705）十一月国子监落成，康熙皇帝又赐书"彝伦堂"匾额。

对于在学诸生，除给予成例规定的经济、政治待遇，使他们安心读书外，康熙皇帝还发布一些诏谕优恤诸生。康熙九年（1670）题准，嗣后生员如果犯事情重，地方官先报学政，俟黜革后治以应得之罪；若词讼小事，发学中责惩，不得视同齐民，一律扑责。康熙二十二年（1683）覆准，各省学租有发给贫生，将所余以充兵饷；有竟不给发者，嗣后令各直省督抚给发廪生、贫生，以助膏火之费。康熙二十七年（1688）又下令，嗣后学田租赋除通稽各学田原额若干、每年额租若干，先造清册报部外，每年终将用过某费若干项、赡过贫生某某若干名，详开旧管、新收、开除、实在，造册报部；如册报隐漏迟延，赈贫虚名无实，及教官、学霸、豪强之家私据侵占者，查出按法追究。

振兴教育的第二个方面，是他对书院建设十分热心。

中国书院兴起于唐代后期，南宋以后迅速发展，且历经元、明而不衰，对于教育事业和学术文化的发展都发挥了重要的作用。最初书院多为私办，与政府设立的学校并行。南宋以后，由于官学腐败，封建统治者遂把眼光转向书院，书院也逐渐与科举挂钩。至明代后期，官设学校徒具形式，书院成为为科举考试输送高级人才的主要教育机构。

明末清初，长期的社会动乱使得全国的书院遭受严重破坏，或毁于兵火，或并于寺庙，存者为数极少。为了笼络汉族知识分子，从顺治二年（1645）起，清朝政府在占领区内连年开科取士，于是一些地区的书院开始恢复并新建了一批书院。至顺治九年（1652）全国修复和重建前代书院已有十四所，新建书院也有十一所。但由于当时满、汉民族矛盾十分尖锐，为了防止汉族士人利用书院讲学进行反清活动，同时又鉴于明末士大夫借书院讲学互相结党攻讦抨击时政、削弱朝廷统治的历史教训，顺治年间清朝政府的书院政策表现出极大的摇摆性。顺治九年（1652）清朝政府向天下学宫颁行卧碑，对士子严加约束，并下令"各提学官督率教官、生儒，务将平日所习经书义理着实讲求，躬行实践。不准别创书院，群聚徒党，及号召地方游食无行之徒空谈废业"[45]。既限制书院，清朝政府下令每乡设立一所社学，择"文义通晓、行谊谨厚者"为社学教师，以满足人们的文化要求。在清朝政府的强力压制下，当时有相当一批旧有书院被改为社学，敢于创办书院者寥寥无几。尔后随着统治的逐渐巩固，清朝统治者关于书院的禁令才有所松动。顺治十四年（1657）顺治皇帝从偏沅巡抚袁廓宇之请，下令修复衡阳石鼓书院。受此影响，全国书院数量开始回升。但因时当大乱之后，经济残破，兼之清朝统治集团内部斗争激烈，往往朝令夕改，因而终顺治朝，全国书院呈现出十分凋敝的局面。以修复和重建前代书院而言，不过六十一所，至于新建书院，也仅有四十五所。

康熙初年，随着战争的结束，教育事业有了初步的发展，一些有识之士开始自发地兴办书院，并先后在社会上产生了较大的影响。而此时清初以来政府所提倡兴办的社学却走上了绝路。它们大多"不过择一老缝掖督市肆十数童稚，于黉宫廓宇殿阁之间，句读《千（字）文》、《百（家）姓》而

555

已"[46]，既不能实现统治者宣传儒学的愿望，又不能满足广大士人的文化需求。为此，康熙二十五年（1686）康熙皇帝下令提学查革各地社学；同时，康熙皇帝也将目光转向了几个世纪以来的传统教育机构——书院。

　　早在三藩叛乱期间，康熙皇帝即为吉林宁安满洲学房赐名"龙城书院"，并为其书匾"龙飞胜地"。三藩叛乱平定后，康熙皇帝对各地书院建设的态度更为积极，"特命各省并建书院"。为了推动各地书院建设，他先后向各地有名书院赐匾、赐书，几十年中前后不下十余处。如康熙二十五年（1686）为江西白鹿洞书院、长沙岳麓书院御书"学达性天"匾额，并颁赐《十三经》《廿一史》及日讲各经解义十六种。康熙三十三年（1694）为河南开封游梁书院御书"昌明仁义"匾额。康熙四十一年（1702）为京师金台书院（时为义学）御书"乐育英才"匾额。次年为云南昆明书院御书"育才"匾额，为山东历城白雪书院御书"学宗洙泗"匾额。康熙四十四年（1705）为苏州文正书院御书"济时良相"匾额，为杭州崇文书院御书"正学阐教"匾额。康熙五十五年（1716）为杭州敷文书院御书"浙水敷文"匾额，并赐《古文渊鉴》《渊鉴类函》《周易折中》《朱子全书》等；为福州鳌峰书院御书"三山养秀"匾额并赐经书；为福建龙溪南溪书院御书"文山毓哲"匾额。康熙五十六年（1717）为江西铅山鹅湖书院御书"穷理居敬"匾额。康熙五十八年（1719）为河南开封大梁书院御书"两河文教"匾额，为江西南昌豫章书院御书"章水文渊"匾额。康熙六十一年（1722）为江苏苏州紫阳书院御书"学道还纯"匾额。康熙某年，为江苏扬州安定书院御书"经术造士"匾额。

在康熙皇帝的带动下，各省督抚纷纷采取行动，或亲自在省城建立书院，或"发金置田"，檄令属下州、县建立书院。其主要者，如康熙十年（1671）安徽巡抚靳辅应安庆士绅之请，下令修复当地培原书院，改名"修永"，"仍命府学教授劝课生童，讲贯理学"[47]。康熙二十一年（1682）两江总督于成龙建江宁虹桥书院，"檄上江各士，肄业其中"[48]。第二年广西巡抚郝浴建桂林新华亭书院，"属提学道召集生徒，月给廪饩，肄业其中"[49]。康熙二十四年（1685）云贵总督蔡毓荣、浙江巡抚赵士麟分别建立昆明（育才）书院和杭州敬一书院。上行下效，知府以下各级官员亦闻风而动，置办学田，招收生徒，延聘名师，建立书院。如康熙二十年（1681）安徽池州知府喻成龙建池州池阳书院，"集六邑诸生，肄业其中，置田七百余亩，以为供膳，讲诵极盛"[50]。其中一些官员还利用政余亲赴书院讲学，如汤斌、张伯行皆曾亲临东林书院。有些官员，对当时知名学者非常倾慕，为提高本地书院声望，卑辞重礼，千方百计邀请他们至辖内书院讲学。如康熙初年直隶内黄知县张沐请孙奇逢主讲于内黄，浙江海昌知县许三礼邀请黄宗羲讲学于海昌。之后又有常州知府骆钟麟师事李颙，并将其迎至辖内，"主东林讲席，继讲于江阴、靖江、宜兴，兴起甚众"[51]。一时间全国出现了兴办书院的热潮，书院数量进一步增长，流风所及，甚至僻处海隅的台湾和少数民族散处的边远地区也先后建立了多所书院。如自康熙二十二年（1683）收复台湾后，至康熙末期，几十年间向无书院的台湾也先后兴建了西定坊书院（康熙二十二年）、镇北坊书院（康熙二十九年）、弥陀室书院（康熙三十一年）、竹溪书院（康熙三十二年）、崇文书院（康熙四十三年）、东安坊书院（康熙四十四年）、高雄屏山书院（康熙四十九年）、海东书院（康熙五十九年）等八所书院。再如康熙四十七年（1708）著名学者李来章谒选广东连山，"创连山书院，著学规，日进县人申进之，而瑶民之秀者亦知向学，诵读声彻岩谷" [52]。

由于康熙皇帝的提倡，康熙年间的书院得到了很大发展。总计康熙一朝，全国新建书院凡五百三十七所，修复或重建前代书院二百四十八所。两者相加共达七百八十五所，成为自明嘉靖朝以来百年中少见的一个书院迅速发展的时期。

在极力振兴教育的同时，对于与教育密切相关的科举考试，康熙皇帝也十分重视。

科举考试是选拔人才的主要手段，是教育目标的实现。清代科举考试始于顺治时期，但由于当时尚处清朝科举实行之初，其中不尽合理之处很多。且科举考试直接关乎应考士子一生荣辱浮沉，故科场舞弊现象也十分严重。这既不利于封建统治集团选拔到合格统治人才、实现教育的目的，也不利于鼓励广大士子认真读书学习，普及教育。因此，康熙时期，康熙皇帝先后采取各种措施，整顿科场。

首先，康熙皇帝改革了考试制度。

康熙年间，康熙皇帝在试卷形式的改革方面迈步较大。由于经济、文化发展不平衡，清代在进行科举考试时，对各地士人要求也不一样。会试时为了照顾贫穷落后地区及边远省份的考生，特将全国分为南卷、中卷、北卷三个区域，各摊一定名额，分别录取。顺治年间，因云、贵等省未经平定，而将诸省应试的中卷分入南卷之内。康熙皇帝即位后，因"各处省分俱全"，下令仍将浙江、江西、福建、湖广、广东五省及江宁、苏、松、常、镇、徽、宁、池、太、淮、扬十一府及广德一州为南卷，直隶及山东、山西、河南、陕西四省及奉天等处为北卷，四川、广西、云南、贵州四省和庐、凤、安庆三府及徐、滁、和三州为中卷，"其南、北、中卷中式额数，照赴试举人之数均派"[53]。三藩叛乱期间，云、贵、川、粤等省先后叛乱，"道路梗阻，赴试无人"，康熙皇帝遂令将中卷分并到南、北卷内。三藩之乱平定后，为尽快录取云、贵等地士人，振兴当地教育，康熙皇帝于康熙二十四年（1685）正月下令恢复中卷。其后在执行过程中，南、北、中卷又各分出左、右，十分繁杂；而且庐、滁等文化发达地区隶属中卷，划分也不合理。康熙皇帝遂又进行了相应的改革。康熙三十八年（1699）十二月，左副都御史梅锏上疏说，会试定例，分南、北、中卷，后又于南、北、中卷之内各分左、右，"以致阅卷者不尽衡文，只算卷数，以定中额"[54]。请仍照旧例，止分南、北、中卷，概去左、右名色。九卿议覆，应如所请，并提出将江南庐州等府、滁州等州旧系中卷者俱归南卷；其云南、贵州、四川、广西四省，去其中卷名色，每科云南定为"云"字号，额中二名，四川定为"川"字号，额中二名，广西定为"广"字号，额中一名，贵州定为"贵"字号，额中一名；康熙三十九年（1700）会试，恩诏加额，应将云南、四川各加中二名，广西、贵州各加中一名。康熙皇帝表示同意。此外，康熙皇帝还别出心裁地设立官卷。原来在考试中，大臣们往往利用职权营私舞弊，录取自己子弟，堵塞了贫寒士子的入仕之路，影响其读书积极性。康熙皇帝遂于康熙三十九年（1700）六月，对大学士、九卿等说："考取举人、进士，特为得人耳。若行贿夤缘而得之，则出身之本源不清，而欲冀他日之为忠臣良吏，得乎？今朕意欲凡系大臣子弟另编字号，令其于此中校阅，自必选择其文之优劣。大臣子弟既得选中，又不致妨孤寒之路，如此则于考试一事大有裨益。尔等议奏。"55

七月康熙皇帝又以当年会试为例，说："观九卿所议考试一事，科道亦不心服。况今年会试所中，大臣子弟居多，孤寒士子未能入彀，如此欲令人心服，得乎？"56在康熙皇帝的一再督促下，大臣们于十一月提出具体办法，即"嗣后直隶各省乡试，在京三品以上，及大小京堂、翰林、科道、吏、礼二部司官，在外督、抚、提、镇及藩、臬等官子弟，俱编入'官'字号，另入号房考试，各照定额，每十卷，民卷取中九卷，官卷取中一卷，不必分经，其副榜亦照此算取"57。

在改革试卷形式的同时，康熙皇帝还改革试卷内容，下令科场出题不拘忌讳。清代科举仍用八股文，其题皆出自"四书"。封建时代忌讳特别多，考官们为了保住自己的禄位，出题时小心翼翼，尽择"冠冕吉祥语"。一般士子为了登上金榜，也瞅准了考官们的这种心理，不孜孜于学而整日揣摩估猜，以求侥幸。因此康熙五十二年（1713）十月，康熙皇帝下令："今后闱中题目应不拘忌讳，庶难预作揣摩，实学自出。"58

此外康熙皇帝还下令延长科举出榜时限，以保证阅卷。

康熙后期，随着生产的发展、社会秩序的安定，参加科举考试的士人也越来越多，考官因出榜期限紧迫，往往草草阅卷，粗粗定等，因而常常"遗失佳卷"，不利于教育的发展。康熙五十年（1711）十月，九卿遵旨议奏："直隶各省生员、举人额数屡增，赴考士子较前倍众，因揭晓期迫，考试官不能细心遍阅，草率录取，以致遗失佳卷。嗣后会试揭晓宽于三月十五日内；乡试揭晓，大省宽于九月十五日内，中省宽于九月初五日内，小省宽于九月初五日内。直隶、江南、浙江乡试人数倍于他省，照会试例，加入房官二员。"如此，"限期既宽，主考官、阅房考官之荐卷外，余卷亦令遍阅，庶不致遗失佳卷"[59]。九卿的建议得到了康熙皇帝的批准。

其次，康熙皇帝严明考试纪律，严惩科场作弊者。

早在顺治年间，清朝政府即对科举考试做出详细规定；康熙年间，又对现存规条不断加以补充、完善。如康熙二年（1663）题准，直省各学臣三年内只应考试童生一次，乡试后报满；凡前任学臣已经考过一次者，毋得再考；如有前任学臣考试未完、缘事离任者，许新学臣将未考州、县生童接考，以应乡试；如有违例重考者，听该督抚题参。康熙十年（1671）覆准，嗣后学政案临各府，于考试招覆之日，提调官即对明坐号、姓名，将州、县、府原取本卷解送学政，与所取之卷逐一磨对，倘文气、笔迹稍涉可疑，即行按究。康熙十二年（1673）覆准，顺治十八年（1661）经科臣疏请，并岁、科为一考。今三年内，童子入学，府学止二十名，大学止十五名，中学止十名，小学止七八名。据直省学政所报文册，各学生员三年内每学援纳事故黜革等项，约三四十名至百名不等。三年内为时甚久，仅行考试一次，储才不广，督责不勤。应仍照旧例，三年岁、科两考，满洲、蒙古、汉军照汉人例一体考试。康熙二十七年（1688）规定，各学武生于考校文生后踵行考取。康熙四十一年（1702）覆准，乡试之年，遇新任学政于本年到任者，即将岁考一、二等生员册送科举，以应本年乡试，仍于乡试后补行科考；生员补廪增、童生入学，均照定例，将试册速行送部。嗣后各省学政，因乡试期近，科考未遍，题请以岁作科者，均照此例。

除了制定这些考试规条以外，康熙皇帝还针对考试中出现的问题，随时加以解决。如康熙十八年（1679）二月，都察院左都御史魏象枢条奏学道考试十弊："（一）童生府考无名，径取入学（二）额外溢取童生，拨发别学；（三）私查印簿某卷某号即某人，以便贿卖；（四）解部册籍迟延，更改等第；（五）先开六等革单，吓诈保等银两；（六）将文童充武童，入学后夤缘改武为文；（七）将生童远调考试；（八）纵容教官，包揽通贿；（九）曲徇情面，孤寒弃斥；（十）将额外溢取童生，混附生员册内报部。"[60]康熙皇帝表示禁此十弊，"嗣后考核学道，俱注'剔除十弊'具题"。康熙五十三年（1714）十月，监试御史倪满等人条奏科场四款："（一）顺天乡试，举子入闱，俱穿拆缝衣服、单层鞋袜，只携篮筐、小凳、食物、笔砚，其余物件不许携入，则夹带文字之弊可杜。（二）举子入闱，任意接谈，往来行走，嗣后应添设营官一员，八旗每翼添设参领一员、章京二员，一体入闱，坐明远楼前，汉人责令营官稽查，旗人责令参领等稽查，务令举子照卷面字号押进号舍，不许私从栅栏外出。至代作、传递、夹带等弊，每由号军顶冒入闱。嗣后号军务选正身，每十名以一人为号头，将号军面用印记，造册送入。(三)向来乡、会试，举子交卷领签照出，止于申、酉二时，今则彻夜交卷，恐滋弊窦。嗣后应遵旧例，天晚不准收卷，即行封门，则诸弊自然肃清。(四)贡院号舍七千四百有奇，今科投考举子七千四百九十余人，恐致不敷。查贡院左右尚有闲地，请交顺天府酌量添造。至贡院四周围墙，多系土筑，请用砖砌，棘闱自然严密。"康熙皇帝批复："倪满等所奏甚是。着九卿会同议奏，其各有所见，应增款项议增。"[61]康熙六十年（1721）康熙皇帝又敏锐地指出，房考官预做手脚为科场中"弊之最大者"，下令"仍着原派巡察左右都统、副都统等入场，照旧巡察"[62]。

康熙皇帝不仅严申考试纪律，而且对违犯规条、科场作弊者予以严厉制裁。康熙年间惩处科场弊案不少，兹举几例：

顺天己卯乡试案 康熙三十八年（1699）八月，顺天正、副考官李蟠、姜宸英主持顺天乡试时"考试不公"，且防范疏漏，连代请之人都混入考场，事后为人参劾。康熙皇帝令九卿磨勘中式举人试卷，并对参劾之疏提出处理意见。九卿讨论之后，只提出将李蟠、姜宸英等人革职。康熙皇帝对这个处理意见大不满意，指出："此案若照议完结，仍不知儆。着将所取举人通行齐集内廷复试。如有托故不到者，即行黜革。其考官等处分，俟复试后具奏。"[63]

江南辛卯乡试案 康熙五十年（1711）江南乡试后，即有江南正考官、副都御史左必蕃上疏，称中式举人吴泌等"不通文义，外议沸腾"，请将吴泌等或提至京师复试，或交督抚严审。同时江苏巡抚张伯行也递上奏疏，报告有数百人抬拥财神直入学宫，"口称'科场不公'等语"。康熙皇帝令由张鹏翮会同两江总督、江苏、安徽巡抚在扬州地方彻底详察，严加审问，并将左必蕃及副考官赵晋解任，发往质审。审问结果，竟挖出一个以赵晋为首的作弊团伙。康熙五十二年（1713）正月，康熙皇帝对干连人犯严加制裁：副考官赵晋贿通关节，大干法纪，原拟斩监候，现照顺治丁酉科场例，改斩立决；呈荐吴泌的同考官、句容县知县王曰俞原拟流三千里，查其通同作弊，也改为斩立决；夤缘中式的吴泌、说事通贿的俞继祖等人，照原拟绞监候；呈荐程光奎的同考官、山阳县知县方名原拟绞监候，因其明知程光奎作弊，试后又向程光奎索要谢钱，改为斩立决；试前在贡院内埋藏文字、入场抄写而中举的程光奎，照原拟绞监候；请人代笔而中举的徐宗轼、夹带文字入场而中举的席玗，并照原拟枷责；左必蕃作为专任科场之官失于觉察，革职。

福建辛卯乡试案 康熙五十年（1711）福建乡试作弊案也被揭露出来。经审问，作弊属实，至康熙五十二年（1713）正月做出判决：贿通关节的同考官吴肇中斩立决；夤缘中式的王汤三、说事通贿的林英绞监候；正考官、检讨介孝璘，副考官、工部主事刘俨，皆失于觉察，革职。

浙江丁酉乡试案 康熙五十六年（1717）浙江乡试又出现作弊并被揭露，康熙皇帝派礼部侍郎王思轼等人前往调查。至康熙五十八年（1719）五月，调查、审问明白后，康熙皇帝做出处理：浙江正考官、编修索泰应允侍读学士陈恂的嘱托，将士子陈凤墀中式，陆续借陈恂银一千五百两，拟斩监候，秋后处决；请人作文、夤缘中式的陈凤墀及营谋关节的陈莘衡、陈恂拟绞监候，秋后处决；陈凤墀之父陈文炽，往陈恂之子陈钰家取回关节，陈钰接受银两转付，俱拟绞监候，秋后处决；士子费我功央求其岳父陈恂营谋关节，但未能中式，杖徙；代陈凤墀作文的段志闳照律例枷责；索泰等人所得银两，及费我功所许银两，俱追取入官；同考官、知县洪晨绂照例革职，副考官、检讨张懋能降二级调用。至此，此案方才了结。

再次，康熙皇帝还对八旗子弟参加科举考试做出特殊规定。康熙初年时，曾规定不许八旗子弟参加科举考试，康熙六年（1667）九月，康熙皇帝一改政策，"复命满洲、蒙古、汉军与汉人同场一例考试，其生童于乡试前一年八月内考试"[64]。但八旗子弟是清朝军队的主要后备力量，令其习文与试，势必使其懈弛武备，不利于封建统治，尤其是战争期间，这种矛盾表现得更为明显。因此，康熙十五年（1676）十月当平叛战争进行正酣之时，康熙皇帝下令嗣后将旗下子弟考试生员、举人、进士暂令停止。然而要提高八旗子弟的文化素质，更好地为封建统治服务，保住以满族为主体的国家政权，势必还要在八旗子弟中提倡习文，鼓励他们参加科举考试。因而当大规模战争平息后，八旗子弟习文与试的禁令也渐渐取消。康熙三十六年（1697）十月，康熙皇帝甚至下令："嗣后八旗宗室子弟有能力学属文，奋志科目，应令与满洲诸生一体应试。"[65]此外，为了照顾八旗驻防兵子弟的教育，康熙皇帝还允许其在所驻省份入籍考试。康熙十一年（1672）九月，四川湖广总督蔡毓荣上疏，认为

"川、湖二省移驻弁兵既经安插，即同土著。伊等子弟有读书者，似应准其入籍考试"**66**。蔡毓荣的建议得到康熙皇帝的批准。

康熙皇帝广设学校、倡建书院、整顿科场的各项措施，对当时社会产生了积极的影响。首先，它对普及教育、提高全民族的文化素质具有不可忽视的作用。面对清初以来教育凋敝的现实，康熙皇帝大加振兴，从而使各地义学纷起，书院林立。以书院为例，北宋时只有七十多所，至南宋为四百多所，明朝嘉靖年间书院最多时达到五百多所。但到了康熙年间，新建、修复以及重建书院激增到近八百所，如加上顺治年间已经修复和建立的书院，则康熙年间的书院总数已近千所，且分布于大江南北、长城内外。书院林立，无疑对普及教育、提高全民族的文化素质有很大帮助。其次，康熙皇帝振兴教育还对巩固国家统一、发展社会经济起到十分重要的作用。通过推行教育，儒家学说得到广泛传播，从而为巩固国家统一、发展社会经济提供了较好的思想基础。另外，康熙皇帝重视八旗教育、兴办八旗官学、允许八旗子弟参加科举考试，对于八旗子弟学习汉族先进文化也产生了积极的推动作用，并先后培育出像纳兰性德那样著名的诗人和文学家，为民族文化的繁荣做出了重要的贡献。

当然，康熙皇帝振兴教育也有其严重的局限性和消极影响。最突出的是，康熙皇帝把教育与科举紧紧相连，教育的内容又是程朱理学的一套，教育的目的是选拔官吏。因而，康熙后期，原来空前活跃的思想界沉寂下来，封建士人整天死啃"四书""五经"，讲究理气、性命，写作八股文，从而严重束缚了思想文化的发展。再者，康熙皇帝提倡的教育，其内容说到底不过是儒家学说，各种自然科学知识并未得到重视，甚至被排斥在教育范畴之外，这很不利于中国社会的进步，对中国近代落后于西方无疑产生了一定的影响。

四、编修群籍

出于对民族传统文化的热爱和理政的需要，康熙皇帝在位期间，先后组织编修了为数浩瀚的典籍。据《清史稿·艺文志》统计，由他组织编纂的书籍有：

经部：《日讲易经解义》《周易折中》《日讲书经解义》《书经传说汇纂》《诗经传说汇纂》《律吕正义》《春秋传说汇纂》《日讲四书解义》《康熙字典》《钦定音韵阐微》《韵谱》等。

史部：《明史》（未完成）、《太祖实录》（重修）、《太宗实录》（重修）、《世祖实录》、《平定三逆方略》、《亲征平定朔漠方略》、《历代纪事年表》、《太祖高皇帝圣训》、《太宗文皇帝圣训》（续成）、《世祖章皇帝圣训》、《月令辑要》及《图说》、《皇舆表》、《方舆路程考略》、《清凉山新志》、《刑部则例》、《大清会典》、《御批通鉴纲目》、《通鉴纲目前编》及《外纪》和《举要》、《通鉴纲目续编》等。

子部：《圣谕》《朱子全书》《性理精义》《历象考成》《数理精蕴》《星历考原》《选择历书》《佩文斋书面谱》《广群芳谱》《渊鉴类函》《骈字类编》《分类字锦》《子史精华》《佩文韵府》《佩文韵府拾遗》等。

集部：《清圣祖文初集》及《二集》和《三集》、《避暑山庄诗》、《古文渊鉴》、《全唐诗》、《唐诗》及《附录》、《四朝诗》、《全金诗》、《佩文斋咏物诗选》、《历代题画诗》、《千叟宴诗》、《历代赋汇》及《外集》《逸句》《补遗》、《历代诗余》、《曲谱》等。

总计康熙朝编修书籍共六十余种，一万余卷。这一成就，虽和其孙乾隆皇帝相比略逊一筹，但却远远超过了前代所有帝王以及清代的其他皇帝。康熙年间编修的书籍，不但数量众多，而且还以门类齐全和内容广泛著称于世。如果说在他亲掌政权之初，由于战争较多和政务繁忙，使他出于政治上的考虑，不得不将所修书籍局限于日讲各经解义以及前朝正史、本朝实录、圣训的话，那么，康熙三十年代以后，随着国内政局进一步安定、社会经济迅速发展和清朝统治的巩固，这一局面开始打破，并先后出现了不少有名之作。其中在继续编纂一些说经之书的同时，康熙皇帝又另辟蹊径，组织学者编修《康熙字典》，不但开辟了清人治学新方向，而且由于该书有着普遍的使用价值，在社会上也产生了广泛的影响；史部书籍的编修，也于原来正史、实录之外，别开生面地以方略、地志、会典编修为重点，对当时大一统的政治形势和当代史的各个方面加以广泛的探索和研究；以子部书籍而言，成绩尤为辉煌，不但内容涉及社会思想、自然科学、文学艺术等许多领域，而且在学术成就上也较之前代同类著作大有超越；至于集部书籍，成就也相当可观，尤其值得称道的是《全唐诗》和《全金诗》的编修和刊刻，既对前代文化成就进行一番总结，也对清代学者治学产生深远影响。康熙皇帝的这些成就，不但为繁荣、发展民族文化做出了重要贡献，而且也为他的个人形象增添了一层夺目的光彩。于此选取其中影响较大者略作介绍，以见康熙皇帝修书的大致情况。

《康熙字典》　这是康熙年间编修的一部重要的字书。康熙四十九年（1710）三月，康熙皇帝对大学士陈廷敬等人提出编修字学书籍的设想：

> 朕留意典籍，编定群书，这些年来，如《朱子全书》《佩文韵府》《渊鉴类函》《广群芳谱》等书都已修纂，先后告成。至于文字之学，也是很重要的，应该编修出一部书来。明人梅膺祚的《字汇》失于简略，张自烈的《正字通》则征引繁芜，内多舛驳。加上四方风土不同，南北声音各异。宋司马光的《类篇》分部或有未明，南朝沈约的《声韵》后人不无批评，明朝洪武年间乐韶凤等编的《洪武正韵》虽然对前朝字书多有辩驳，可惜又流传不广，故而世人仍多用《声韵》。朕曾经参阅诸书，用心考证，发现蒙古、西域以及海外诸国多用字母，地方不同，声音迥异，难以混一。大抵天地之元音发于人声，人声之象形寄于点画。如今，朕打算编修一部汉文字书，使其详略得中，归于至当，增《字汇》之阙遗，删《正字通》之繁冗，以垂示永久。你们斟酌讨论出式例，具奏上来。[67]

根据康熙皇帝的指示，成立了编书机构，以张玉书、陈廷敬为总阅官，凌绍雯、史夔、周起渭等二十七人为纂修官，"悉取旧籍，次第排纂，切音解义以《说文解字》《玉篇》为主要依据，并参考《广韵》《集韵》《韵会》《正韵》，其余字书有一音一义可以采用的，也尽入其中。至于诸书引证不能详备的，又从经、史、百子以及汉、晋、唐、宋、元、明以来诗人文士的著述中旁罗博证，广泛征引，使其言之有据。"**68**这项工程历时五年，至康熙五十五年（1716）完成。康熙皇帝为之作序并钦定书名为《字典》，后人遂称其为《康熙字典》。《康熙字典》在中国语言文字学史上占有重要的地位，它吸收了历代字书的有益成分，融汇总合，并加以补充发展，达到封建时代字书发展的顶峰。《康熙字典》的突出特点是收字多，计四万七千零四十三字，超过封建时代的任何一部字书。在辨形、注音、释义、引例等方面，也都比以前的字书更为完备、细密、允当。在体例编排方面，《康熙字典》采用了《字汇》《正字通》两书行之有效的部首检字法，并将部首及部中之字均按笔画为序，查阅较为便捷。正如康熙皇帝在给该书写的序中所说："古今形体之辨，方言声气之殊，部分班列，开卷了然，无一义之不详、一音之不备矣。"

《渊鉴类函》 这是一部侧重于检查文章词藻的类书，计四百四十五卷，康熙四十年（1701）由张英、王士祯等人纂修而成，康熙四十九年（1710）由康熙皇帝亲为制序刊行。清代以前已编有不少供人搜求词藻的类书，但有些书因系一代所修而内容多有重复，有些书又因分撰于各代而内容互不衔接。到了明代，俞安期对古代一些类书删除其重复部分，将唐人编成的《艺文类聚》《初学记》《北堂书钞》《白氏六帖》四部类书合编，并酌增杜佑《通典》、韩鄂《岁华纪丽》中的一些内容，编成二百卷的《唐类函》。《唐类函》虽然解决了唐代类书中内容重复的问题，但却没有解决与此后成书的各种同种类书的重复和衔接问题。因此，康熙皇帝以《唐类函》"皆唐辑也，既缺宋以来书，而唐以前亦有脱漏者"，乃命张英等人"逖稽旁搜，溯洄往籍，网罗近代，增其所无，详其所略；参伍错综，以摘其异；探赜索隐，以约其同。要之不离乎以类相从"[69]。具体地说，《渊鉴类函》以《唐类函》为基础，进一步将收书范围扩大到唐代以前及唐代以后至明嘉靖年间（1522—1566）以前的各种类书、正史、诸子、文集，并分别将新收各书的有关内容按部补入《唐类函》之中，从而使该书成为在时间上通贯古今、在内容上也远较同种类书更为丰富的一部大类书。在部属分类上，该书大体沿袭《唐类函》旧例，变动不大，但在每部之内的体例安排上却较《唐类函》更为完善。原本《唐类函》仅将各部之下有关条文按《艺文类聚》《初学记》《北堂书钞》《白氏六帖》的先后顺序排列，最后殿以诗文。《渊鉴类函》对此重新加以编排，而"以释名、总论、沿革缘起居一，典故居二，对偶居三，摘句居四，诗文居五"[70]。在《释名》《总论》中，先引《释名》《说文解字》，以使读者通训诂、明涵义；次以朝代为序，列经、史、子、集等书典故，对偶、摘句则不受时代限制，诗文按体裁分类编入。由于该书对前此同种类书的成果做了一次清理和总结，因而具有较高的价值。正如康熙皇帝在该书的序中称道的："夫自有类书，迄于今千有余年，而集其大成，可不谓斯文之少补乎？学者或未能尽读天下之书，观于此而得其大凡，因以求尽其始终条理精义之所存，其于格物致知之功、修辞立诚之事，为益匪浅鲜矣。"

《佩文韵府》 这是一部专门汇辑诗词歌赋中的词藻典故的类书，共四百四十卷，康熙五十年（1711）由张玉书等人纂修成书。在此之前,宋、元之际阴时夫所著《韵府群玉》、明代凌稚隆所著《五车韵瑞》都是将诗词歌赋中的词藻典故汇辑起来并按韵编排的类书,但两书的共同缺点是疏漏不全。此后,明代杨慎编《韵藻》、清初朱彝尊编《韵粹》分别对阴时夫、凌稚隆二书进行增补,惜内容仍不完备。《佩文韵府》便是以《韵府群玉》和《五车韵瑞》为基础并参考其他同类著作又加增补而成的一部大类书。关于《佩文韵府》编修的原因、经过,康熙皇帝说:"朕万几在御,日昃宵分,未遑自逸;时当燕闲,不辍问学,群经、子、史,诵其文而晰其义矣。以至百家之书,凡可以裨世教、励民风者,修明补正,罔使阙遗。尝谓《韵府群玉》《五车韵瑞》诸书,事系于字,字统于韵,稽古者近而取之,约而能博。是书之作,诚不为无所见也。然其为书简而不详,略而不备,且引据多误。朕每致意焉,欲博稽众籍,著为全书。爰于康熙四十三年夏六月,朕与内直翰林诸臣亲加考订,证其讹舛,增其脱漏,或有某经、某史所载某字、某事未备者,朕复时时面谕,一一增录,渐次成帙。犹以故实或未极博,于十月复命阁部大臣更加搜采,以衰益之,既有原本、增本,又有内增、外增。将付剞劂矣,名曰《佩文韵府》。随于十二月开局武英殿,集翰林诸臣合并详勘,逐日进览,旋授梓人,于五十年十月全书告成,共一百零六卷,一万八千余页,囊括古今,网罗钜细。韵学之盛,未有过于此书者也。书成,诸臣请序。朕念自初至今,经八年矣,历寒暑之久,积岁月之勤,朕于此书,政事之暇,未尝惜一日之劳也。朕又尝谕诸臣,从来著一大书,非数十年之功不能成。今数年以来,所成大部书凡十有余种，若非合众人之力，岂能刻期告竣？故念先后预事诸臣，皆命列名其中。兹序《佩文韵府》，因备记编撰之始末，遂及修集诸书之大指，以见成书之不易如此。"[71]

在编排体例上，《佩文韵府》仍沿袭《韵府群玉》《五车韵瑞》之遗规，按韵部次序收录字、词；同音之字，则按平、上、去、入的次序排列；每韵部所收之字，先标音训，尔后于此字之下收录尾字和它相同的词语、典故若干条，并注明所据书目。所收的词语典故，凡采自《韵府群玉》《五车韵瑞》两书者，均于其前加"韵藻"二字，列于最前面；凡新增的词语典故，则于其前加"增"字，列于所收两书条目之后；所收词藻、典故，皆按二字、三字、四字的次序排列，其中各条之下的例证，又以经、史、子、集四部为序；如果一条词藻、典故同见于数书，则先引早出之书，而将其他各书的例句依次注于其下。所引之对语、摘句，附于该条典故之最后，并将"对语""摘句"四字各加方框，但不再指明所收词语的出处。该书刊行后，因发现尚有不少字、词遗漏，康熙五十五年（1716）又编纂了《佩文韵府拾遗》一书，对《佩文韵府》起到了拾遗补阙的作用。由于该书在汇辑诗词歌赋的典故方面对前人的成果进行了一次系统完整的总结，因而成为清代前期修成的一部非常著名的类书。

《骈字类编》 二百四十卷，康熙五十八年（1719）命词臣吴士玉等人编纂，雍正四年（1726）由雍正皇帝制序刊行，是一部和《佩文韵府》互为经纬、相辅而行的类书，作用和性质也大体相同。但在编书体例上，该书仍按以类相从的旧例，按事类分为天地、时令、山水、居处、珍宝、数目、方隅、采色、器物、草木、鸟兽、虫鱼等十二门，另附"人事"一门作为补遗。对于每字之后所引的与此字相同的各条词语，也都齐句首一句，犹似现在的各种词典的排列方式。此外，它和《佩文韵府》不同之处还在于，它不像《佩文韵府》那样，对二字、三字、四字词语兼收并蓄，而是仅收两个字的合成词。有《佩文韵府》和《骈字类编》两书并行，读者可以随时以不同方法查出有关词语的典故出处。而且该书对于所引各书词语皆一一注明其书名、篇第，这也是该书超出《佩文韵府》的地方。因此该书和《佩文韵府》一样，都是清代前期类书修纂中的重要成果。

《子史精华》 一百六十卷，康熙六十年（1721）命词臣吴士玉等人编纂，雍正五年（1727）刊印行世。该书是将子、史两部古籍中可"资考证、广学问"的有关资料加以汇集而编成的一部类书。在我国古籍中，子、史两部书籍数量最多，内容也极为丰富，要查某事、某物见于某书都很不方便。清代以前，不少学者曾对这两部分古籍中的名言进行摘录，编成了一些类书，但多不尽如人意。如庾仲容的《子抄》、马总的《意林》简略不详，钱端礼的《诸史提要》疏陋寡绪，杨侃的《两汉博闻》、林钺的《汉隽》偏举不全，即洪迈的《经子法语》《诸史精语》及吕祖谦的《十七史详节》亦未为善本。而明人所辑更是琐碎，自郐无讥。《子史精华》对前人的同种类书进行了增编改造，分三十类、二百八十子目，"自天文、地理、帝德、王功、礼乐、兵刑之大，人伦日用之常，以及九边之殊域，二氏（指佛、道）之异教，方术技艺之巧，草木鸟兽之蕃"[72]，名言隽句，采掇靡遗；以大字标其精要，分注详其首尾，原原本本，条理秩然，繁简得中，剪裁有法。因而后人赞曰："守兹一帙，可以富拟百城于子、史两家，诚所谓披沙而拣金、集腋而为裘矣。"[73]确实，《子史精华》为后人查阅子、史古籍中的各种资料提供了方便。

《全唐诗》 九百卷，是康熙皇帝下令编修的一部唐诗总集。唐代是我国诗歌发展的黄金时期，诗人辈出，诗歌总量难以数计。其中各个作家的诗歌专集和唐人诗歌总集，唐、宋以后即有人动手汇辑，但后人编汇的这些唐人诗集都有一个突出的缺点，即收集不够完备。至明代胡震亨编成《唐音统签》一千零二十七卷，清初季振宜编成《唐诗》七百一十七卷，采集宋、元以来所刊刻、传抄的唐人别集，并搜求遗佚，补辑散落，成为网罗面较广的唐诗总集。《唐音统签》一书的体例以初唐、盛唐、中唐、晚唐断限，每一诗家的诗作则按体排比；季振宜的《唐诗》多依照原集本次序。康熙皇帝喜读唐诗，又以胡震亨、季振宜之集虽初具规模，但多舛漏，遂决定重新编定一部更为完备的唐诗总集——《全唐诗》。《全唐诗》的修纂始于康熙四十四年（1705）三月，成于第二年十月。当时参与编纂的有彭定求、杨中讷等十人。康熙皇帝在该书的序中谈到了《全唐诗》的编纂情况：

> 诗至唐而众体悉备，亦诸法毕该。故称诗者必视唐人为标准，如射之就彀率、治器之就规矩焉。盖唐当开国之初，即用声律取士，聚天下才智英杰之彦，悉从事于六义之学，以为进身之阶。则习之者，固已专且勤矣。而又堂陛之赓和、友朋之赠处，与夫登临燕赏之即事感怀、劳人迁客之触物寓兴，一举而托之于诗。虽穷达殊途，悲愉异

境，而以言乎摅写性情，则其致一也。夫性情所寄，千载同符，安有运会之可区别？而论次唐人之诗者，辄执初、盛、中、晚，岐分疆陌，而抑扬轩轾之过甚。此皆后人强为之名，非通论也。自昔唐人选唐诗，有殷璠、元结、令狐楚、姚合数家，卷帙未为详备。至宋初，撰辑《（文苑）英华》，收录唐篇什极盛。然诗以类从，仍多脱漏，未成一代巨观。朕兹发内府所有全唐诗，命诸词臣，合《唐音统签》诸编，参互校勘，搜补缺遗，略去初、盛、中、晚之名，一依时代分置次第。其人有通籍登朝、岁月可考者，以岁月先后为断；无可考者，则援据诗中所咏之事，与所同时之人系焉。得诗四万八千九百余首，凡二千二百余人，厘为九百卷。于是唐三百年诗人之菁华，咸采撷荟萃于一编之内，亦可云大备矣。[74]

《全唐诗》的编纂对于研究我国唐代的历史、文化和文学，无疑有很大的参考价值。首先，该书继承了以前的各种唐诗汇辑本的成果，并在此基础上相当完备地搜罗了唐代三百年间成集的或零星的篇章单句的诗歌，使后人能概见唐诗的全貌。其次，《全唐诗》中所作校订也有一定的参考价值。《全唐诗》以明人胡震亨《唐音统签》、清初季振宜《唐诗》为蓝本，而胡震亨、季振宜二人不仅藏书丰富，又都是精鉴名家，他们对唐人诗歌的校勘用功甚深。《全唐诗》既以此二书为前资，又据当时内府所藏善本校补，因而其校订确有一定价值。

《历象考成》 四十二卷，论述历法之书。康熙皇帝对自然科学，尤其是天文历算有着浓厚的兴趣和极深的造诣，"万几之暇，留心律历算法，积数十年博考繁颐，搜抉奥微，参伍错综，一以贯之。爰指授庄亲王（胤禄）等率同词臣，于大内蒙养斋编纂，每日进呈，亲加改正，汇辑成书，总一百卷，名为《律历渊源》"[75]。《历象考成》即为其第一部。中国古代很重视天文历法，而推求天文历算之学，古法无征。所可考者，汉《太初历》术、明《大统历》术等。明朝后期，利玛窦等西方传教士进入中国，带来近代天文历算学。但由于当时朝廷中对"法祖""法外"存在分歧，西方的近代天文历算学未能被中国统治者接受。清初，西方的天文历算之学"累译而至"，"其术愈推愈精"，与中国的历算学不合，而且西洋人"自秘其学，立说复深隐不可解"[76]。强烈的民族自尊心促使康熙皇帝决定以自己的力量找出推算之法。他下令诸臣"详考法原"，终成此书。《历象考成》上编十六卷，题《揆天察纪》，阐明理论；下编十卷，题《明时正度》，详述方法；附表十六卷，备运算之用。该书"集中、西之大同"，采用了丹麦天文学家第谷的体系，在编纂和精度上都比明代徐光启吸收了西方天文知识编成的《崇祯历书》有所提高，在中国天文学史上有一定地位。

上述书籍之外，还有一部《古今图书集成》也值得重点介绍。《古今图书集成》原名《古今图书汇编》，共计一万卷，署名为"雍正三年蒋廷锡等奉敕撰"，但是真正编纂者却是康熙年间的著名学者陈梦雷。陈梦雷字则震，又字省斋，晚号松鹤老人，别号天一道人，顺治八年（1651）生于福建侯官（今福建省福州市）。自幼聪敏好学，十二岁时中秀才，十九岁时中举人，康熙九年（1670）进士，选庶吉士，任翰林院编修。陈梦雷虽少年得意，但一生却历尽坎坷。走上仕途之后，曾三次受到封建统治集团内部政治斗争的牵连而被囚禁或遭流放。第一次是康熙十二年（1673）返闽省亲时，适逢盘踞福建的靖南王耿精忠举兵反清。陈梦雷因拒不受伪职，被拘于福建僧舍达五年之久。第二次是在三藩叛乱平定以后，清朝政府错以附逆罪将陈梦雷下狱，不久减死，谪戍奉天。十六年后康熙皇帝东巡，陈梦雷蒙恩召还，侍皇三子胤祉读书。但二十多年后，康熙皇帝去世，在诸子角逐中获胜的雍正皇帝胤禛一上台便对政敌大打出手，陈梦雷又以七十一岁高龄再次被流放塞外，最终老死于流放之地。

长期囚禁与流放生涯虽然使他在仕途上极不得志，但与宦海隔绝的客观环境却给了他读书治学以较为充裕的条件。尤其是康熙年间流放奉天期间，他在极为艰苦的环境中坚持读书，著述不辍。与此同时，他还热心当地教育事业，执经问业之士接踵而至。在此期间，他先后著成《周易浅述》八卷、《盛京通志》、《承德县志》、《海城县志》、《盖平县志》等书。这些书籍的纂修，锻炼了他搜集材料、分部划类等整理和编纂文献的基本技能，而长期的教学实践也使他进一步熟悉了治学的门径。因此，这一时期是他学识和能力成长的重要时期，也是他以后从事编纂《古今图书汇编》的重要准备时期。

康熙三十七年（1698）康熙皇帝东巡，陈梦雷献诗称旨，蒙恩召还，命侍皇三子诚郡王胤祉读书，赐宅城北，安置家属。陈梦雷从任职起，即"掇拾简编，以类相从，仰备顾问"，也就是对古代典籍按类加以整理，准备进讲。恰在此时，康熙皇帝有意要编修大型类书。因为在他看来，《三通》《衍义》等书详于政典，没有草木虫鱼等内容；《类函》《御览》等类书但搜词藻，又没有集天德王道等大道理，因而编修一部包罗万象、通贯古今、条理分明的大类书，"以宣扬圣朝文治"，就成为迫切的任务。于是皇三子胤祉将陈梦雷作为修书人选推荐给康熙皇帝，当即蒙谕允。康熙皇帝对陈梦雷的工作"指示训诲，钦定条例"，并亲幸其第，御书"松高枝叶茂，鹤老羽毛新"联句相赐[77]，以示鼓励。

康熙皇帝的重视和关怀，使陈梦雷受到极大的鼓舞，他迅速地将原先为"仰备顾问"而收集材料的工作进一步扩大为编纂一部大型类书的活动。为表示这部新修类书囊括了古今书籍的全部知识，陈梦雷为之取名《古今图书汇编》。从康熙四十年（1701）十月开始，陈梦雷正式编修《古今图书汇编》。他独自一人承担编选任务，从胤祉处领银雇人缮写。经过数年不分昼夜、废寝忘食的劳动，到康熙四十五年（1706）四月全书初步编成，计三千六百余卷。初稿修成后，陈梦雷把它进呈给胤祉，希望由康熙皇帝决定其去存分合，并要求利用内府藏书、江南别本等对所收内容加以校订、增补。但康熙末年，诸皇子为争夺皇位继承权拉党结派，斗争甚烈，康熙皇帝无暇顾及此；且《古今图书汇编》初稿过于浩博，它虽称三千六百余卷，但"若以古人卷帙较之，可得万余卷"[78]，对这样一部大类书进行校订，显然需要很长时间。更重要的是，康熙五十一年（1712）太子胤礽再次被废，与胤礽关系密切的胤祉和陈梦雷都受到一定牵连，因而该书的校订、出版也被推迟。不久雍正皇帝上台，胤祉被贬守护康熙皇帝陵墓景陵，陈梦雷被第二次流放。雍正皇帝下令把《古今图书汇编》改名为《古今图书集成》，令尚书蒋廷锡等人重加编校。蒋廷锡等人对其中的类目名称和卷数作了一些改动，而内容却大都因袭陈氏之旧，然后宣布定稿。雍正四年（1726），由雍正皇帝作序，将《古今图书集成》付印。在印本上，记的是蒋廷锡等"奉敕撰述"，陈梦雷的功劳被完全抹杀。

经过雍正朝改定的《古今图书集成》，全书凡万卷，另有目录四十卷，内分六汇编、三十二典、六千一百零九部。六汇编是历象、方舆、明伦、博物、理学、经济。其中历象汇编包括乾象、岁功、历法、庶征四典，凡一百二十部，计五百四十四卷；方舆汇编包括坤舆、职方、山川、边裔四典，凡一千一百八十七部，计二千一百四十四卷；明伦汇编包括皇极、宫闱、官常、家范、交谊、氏族、人事、闺媛八典，凡二千九百八十七部，二千六百零四卷；博物汇编包括艺术、神异、禽虫、草木四典，凡一千一百二十部，计一千六百五十六卷；理学汇编包括经籍、学行、文学、家学四典，凡二百三十五部，计一千二百二十卷；经济汇编包括选举、铨衡、食货、礼仪、乐律、戎政、祥刑、考工八典，凡四百五十部，计一千八百三十二卷。在全书层次安排上，部是最基层的单位，每部之下又包括汇考、总论、图表、列传、艺文、选句、纪事、杂录、外编等项，汇考记述大事，征引各种古书，以详细介绍该部内容之源流；总论采录经、史、子、集各书对该内容的议论；图表则根据内容需要，分列图、表加以说明，但并非每部都有；列传记述人物生平；艺文则采集与该部内容有关的诗文辞赋等；选句多择俪句、对偶，供吟诗作文时借鉴；纪事收录不见于汇考的琐细小事；杂录收不宜收进汇考、总论和艺文的材料；外编则收录前述各项不好安排的荒唐无稽之事。《古今图书集成》所收内容，多将原书整篇、整段抄入，并一一注明出处，标示书名、篇目和作者，以便读者核校原书。全书总计约一亿六千万字，规模仅次于《永乐大典》，而远在其他同种类书之上，是一部名副其实的集古今图书之大成的中国古代的百科全书。

由于《古今图书集成》对古典文献进行了一次分门别类的全面清理和总结，因而在中国古代图书事业史上有着重要的地位和影响。首先，由于该书收书范围甚广，遍及经、史、子、集，而且收录过程中，又多是不加删节的整篇、整段抄录，因而保存了大量原始资料，为古典文献的保存和流传做出了贡献。其次，该书体例完善，分类详细，也为学者治学提供了极大的方便。该书中的每一个类目，几乎都是一门专史的资料汇编。如历象汇编集中了古往今来天文学知识，其中的乾象典汇集了有关天、日、月、星、风、云霞、雾、虹霓、雷电、雨、露、雪、霜、火、烟等方面的材料，历法典则记录了自古以来历法沿革的历史，庶征典则专记历代以来的各种灾异。方舆汇编大致以历朝疆域、迁都、州郡设置之沿革和山川河流、各地矿产、边塞各族以及邻近各国的情况为主要内容；明伦汇编则记载了自古以来不同身份的人，包括帝王、后妃、太子、公主、文臣、武将等的活动情况；博物汇编之禽虫、草木二典，专记与动植物有关之事。对这些不同方面的专门资料，学者可以根据自己的治学方向，阅读其中的有关典、部，了解其大致沿革，然后再由该书中注明的出处寻检相关书籍，以作进一步研究。因而，它不但可以作为专史资料汇编使用，而且可以作为治学的向导，起着资料索引的作用。再次，《古今图书集成》在辑佚和校勘等方面也有重要的作用。由于《古今图书集成》成书较《永乐大典》晚了近三个世纪，因而未被《永乐大典》收录的有明一代和清初的不少佚书赖此得以保存。如明末宋应星的《天工开物》是学界周知的古典科技名著，但清朝中叶以后，此书隐而不闻，以至《四库全书》及《挈经室集》皆未收录。近代以后，该书始由日本翻刻本稗贩回来，但日本翻刻本不仅误字很多，且图画粗劣，已失宋氏之真。学者陶湘因思及《古今图书集成》一书曾有引用，遂据该书所载临摹重印，使《天工开物》得复旧观。新中国成立后，明崇祯十年原刻本《天工开物》已由北图访得，此书再也不算是佚书，但将原刻本和后出的《古今图书集成》本、日本菅生堂翻刻本相比较，《古今图书集成》本更近于原刻本。此外，明末科学家徐光启生前曾著有《农遗杂疏》一书，其中收有《甘薯疏》《芜菁疏》等农学专著数种。此书清初尚存，分见于徐乾学《传是楼书目》和《明史·艺文志》。但后来该书失传，迄今尚无发现，而在《古今图书集成》博物汇编草木典卷五十四里，却载有徐光启的《甘薯疏序》，使读者由此可以窥见《农遗杂疏》一书的一鳞半爪。非惟如此，该书对辑录明初以前的一些已佚著作和文章也有一定作用。如嘉庆、道光年间著名学者张金吾曾至吴兴鲍氏知不足斋，借读朝廷颁赐的《古今图书集成》，先后从中发掘出金代遗文多篇，并将其录入《金文最》一书。此外，该书成于清初，所录各书内容由于使用了较早的版本，多存古籍原貌，而没有像乾隆年间修书时因忌讳多端而对古籍肆加改窜的情况。因此，在校勘此后流行的一些古籍时，《古今图书集成》一书也有重要的作用。

《古今图书集成》虽然有着极高的价值和作用，但也存在明显的缺陷和不足。一是作者未阅"秘府之藏"，因而并未将清初传世之书悉行收录。试将该书和《永乐大典》相比较，该书成书虽晚三个世纪，但其分量尚不及《永乐大典》的一半。这说明，《永乐大典》中半数以上的书籍内容未被《古今图书集成》收录，这不能不说是该书编修中的一个严重缺陷。在《永乐大典》未佚之前，两书同行于世，各有侧重，互相补充，可使学者得知古往今来全部著述的概貌；而在《永乐大典》散佚之后，其中不少有价值的书籍也随之亡佚。我们不能不为当时编修《古今图书集成》时虽有可能但却没有使用《永乐大典》中的材料而感到极度惋惜。二是由于该书正式编修时间较短，又系由陈梦雷一人主持，所雇书手在抄录有关篇章、段落时，脱漏、错误之处不少，而陈梦雷本人也未来得及校核改订，原稿便被夺走并仓促刊印成书。尽管如此，该书仍不失为现存类书中一部规模最大、用处最广、体例也最完整的类书。

康熙皇帝编修群籍取得了巨大成就，但也不可避免地存在着不足。康熙皇帝主持编修的典籍虽内容涉及诸多方面，但由于阶级局限和个人识见局限，却没有编修过话本小说、充满反清色彩的诗文以及治河之书等。康熙皇帝编修群籍，一方面是为了标榜其稽古右文，更主要的却是要借此达到统一人们思想、巩固封建统治的目的。因而，在编修成的群籍中，程朱理学之书占了很大份额，其他经部、史部、子部、集部之书也无不贯穿着维护封建统治的目的。同时，对流行于社会下层的民间文学和话本小说，对反对清朝民族压迫和封建专制统治的"明季末造野史"和"国初人伪妄诗文"，康熙皇帝不但不予编修刊印，反而严厉禁毁。在位期间，他两次下令查禁"坊肆小说淫辞"，屡兴文字狱以镇压撰著、刻印带有反清色彩诗文的人。对于治河之书，康熙年间曾有人要求编修，康熙四十年（1701）三月河道总督张鹏翮请求将康熙皇帝有关治河的谕旨敕下史馆，纂集成书，使后人"永远遵守"。康熙皇帝认为治河应因时、因地制宜，不可用定法束缚后人，而且治河尚未取得彻底成功，汇编谕旨不应太急，故而宣布"纂书之务，着不必交翰林院，即令张鹏翮编辑呈览"[79]。由于康熙皇帝反对，编辑治河谕旨成书之事未能得行，有关治河之书，以后再也无人敢提。我们认为，康熙皇帝反对编辑有关治河谕旨的动机是可以理解的，但作为治河颇有成效的康熙朝，将有关谕旨加以汇编，进而对治河工作进行回顾和总结，也可以给后人留下一些经验和教训；而且，由于反对汇编治河谕旨，致使无人敢再提编修治河之书，从而在编修的群籍中留下了一段空白，更是令人遗憾！

584

---

1 《康熙起居注》，康熙十二年十月初二日。

2 《清圣祖实录》卷八十九。

3 《清圣祖御制诗文二集》卷二十六《杂著·讲筵绪论》。

4 章梫：《康熙政要》卷十九。

5 顾炎武：《日知录》卷十八《记注》。

6 《宋史》卷四百四十五《汪藻传》。

7 《康熙起居注》，康熙五十七年三月

初三日。

8　杨椿:《孟邻堂文钞》卷二《再上〈明鉴纲目〉馆总裁书》。

9　方象瑛:《明史分稿自序》。

10　王先谦:《东华录》康熙朝卷三十二。

11　王先谦:《东华录》康熙朝卷三十二。

12　王先谦:《东华录》康熙朝卷六十四。

13　王先谦:《东华录》康熙朝卷九十。

14　王先谦:《东华录》康熙朝卷三十二。

15　王先谦:《东华录》康熙朝卷三十二。

16　王先谦:《东华录》康熙朝卷四十九。

17　王先谦:《东华录》康熙朝卷六十四。

18　赵翼:《廿二史札记》卷三十一。

19　《清世祖实录》卷六十六。

20　《清圣祖实录》卷二十八。

21　《清圣祖御制诗文一集》卷十九《日讲四书解义序》。

22　《清圣祖御制诗文四集》卷二十一《朱子全书序》。

23　《清圣祖御制诗文一集》卷十九《性理大全序》。

24　《清圣祖御制诗文四集》卷二十二《周易折中序》。

25　《清圣祖御制诗文四集》卷二十一《性理精义序》。

26　《清史稿》卷二百六十二《李光地传》。

27　《清圣祖实录》卷一百一十二。

28　《清圣祖实录》卷一百五十九。

29　《清圣祖实录》卷二百一十六。

30　《清圣祖实录》卷二百九十一。

31　《清圣祖实录》卷二百一十六。

32　《康熙起居注》,康熙二十三年二月初三日。

33　《清圣祖实录》卷一百二十。

34　《清圣祖实录》卷一百六十三。

35　[嘉庆]《四川通志》卷八十。

36　《安庆府志》卷六,康熙十四年修。

37　《清圣祖御制诗文一集》卷十七《学校论》。

38　《钦定大清会典事例》卷三百九十六《礼部·学校·各省义学》。

39　《清圣祖实录》卷一百二十。

40　《清圣祖实录》卷一百五十。

41　《清圣祖实录》卷一百六十六。

42　《钦定大清会典事例》卷三百六十九《礼部·学校·教职考核》。

43　《清圣祖御制诗文三集》卷二十五《训饬士子文》。

44　《清圣祖实录》卷二十八。

45　陈梦雷等:《古今图书集成·选举典》卷十七。

46　[光绪]《畿辅通志》卷一百一十四;纪昀:《广陵书院月课记》。

47　《安庆府志》卷七,康熙六十年修。

48　[嘉庆]《江宁府志》卷十六。

49　陈梦雷等:《古今图书集成·职方典》卷一百四十。

50　[光绪]《安徽通志》卷九十二。

51　江藩:《国朝宋学渊源记》卷上《李中孚》。

52　《清史稿》卷四百八十《儒林一》。

53　《清圣祖实录》卷一。

54　《清圣祖实录》卷一百九十六。

55　《清圣祖实录》卷一百九十九。

56　《清圣祖实录》卷二百。

57　《清圣祖实录》卷二百零二。

58　《清圣祖御制诗文四集》卷三《谕大学士松柱、李光地、萧永藻、王琰等》。

59　《清圣祖实录》卷二百四十八。

60　《清圣祖实录》卷七十九。

61　《清圣祖实录》卷二百六十。

62　《清圣祖实录》卷二百九十一。

63　《清圣祖实录》卷一百九十六。

64　《清圣祖实录》卷二十四。

65　《清圣祖实录》卷一百八十五。

66 《清圣祖实录》卷四十。

67 《清圣祖实录》卷二百四十一。

68 《清圣祖御制诗文四集》卷二十二《康熙字典序》。

69 《清圣祖御制诗文三集》卷二十一《渊鉴类函序》。

70 张英等:《渊鉴类函·凡例》。

71 《清圣祖御制诗文三集》卷二十一《佩文韵府序》。

72 吴士玉等:《子史精华序》。

73 《四库全书总目提要》卷一百三十六子部《〈子史精华〉提要》。

74 《清圣祖御制诗文三集》卷二十《全唐诗序》。

75 《律历渊源》序。

76 《四库全书总目提要》卷一百六十子部《〈御定历象考成〉提要》。

77 李桓:《国朝耆献类征》初编卷一百一十六《陈梦雷传》。

78 《松鹤山房文集》卷二《进汇编启》。转引自谢国桢:《明清笔记谈丛·陈则震事辑》。

79 《清圣祖实录》卷二百零三。

第九章　晚景（上）

康熙五十年（1711）后，康熙皇帝进入了他的晚年时期。尽管和绝大多数封建皇帝一样，由于长期身居高位，不察下情，其晚年时期政事逐渐废弛，吏治也大不如前，对于一些事务做出了错误的处理，但作为中国历史上少见的一个英明君主，在主观思想上，他始终以历史上的名臣诸葛亮"鞠躬尽瘁，死而后已"为座右铭，从而在发展生产、关心民生、维护统一等方面都做出了重要的贡献。

一、普免钱粮

三藩叛乱平定之后，中国内地长期处于安定的政治局面，兼以康熙皇帝政治、经济政策都颇为得当，社会经济迅速发展，国家财政状况空前良好。至康熙五十年（1711）左右，国家蠲免赈恤总额已在一亿两以上，但国库存银仍常年保持在五千万两以上。这是自明朝万历初年张居正改革以后，中国经济发展中的一个少见的好时期。在这种情况下，康熙四十九年（1710）康熙皇帝从关心民生、发展生产的一贯思想出发，普免天下一年地丁钱粮，从而在蠲免活动中迈出了更大的步伐，并将康熙时期多种蠲免赈恤德政推向了最高潮。

康熙四十八年（1709）十一月，康熙皇帝首先提出普免天下一年钱粮的设想。他说：我朝自入关至今已经六七十年，由于长期处于安定局面，人口增长迅速，而新开田地却相对有限。这就是说，原先一人所有田土，现在却要养数家之民，老百姓怎能富裕？因此，我想将康熙四十九年应征地丁钱粮统一安排，分作两年开支之用，而将康熙五十年天下应征钱粮一概蠲免。如因蠲免数过大，各省用度不足，还可直接由国库存银拨给。对此，直接掌管天下钱粮的满洲尚书希福纳担心影响国家开支，认为天下应征钱粮除各省每年必要开支外，解送中央政府的约一千三百余万两，其间又要扣除京城官吏、贵族、军队俸项和各衙门开支九百余万两，所余不过一二百万两。如一次普免数量过多，官吏、军队和各衙门公费都将成为问题。针对这种忧虑，康熙皇帝解释说：今年朝廷曾普免江浙地丁钱粮不下八百万两，数目并不算小，国家开支并未受到什么影响，数目再大一些，看来也不会有什么问题。希福纳解释说，今年所以蠲免江浙八百万两而国用未显不足，是朝廷将各省原欠未缴钱粮六百万两催缴入京，才渡过了这个难关。见希福纳固执己见，康熙皇帝转问户部汉尚书张鹏翮，你的想法如何？感于康熙皇帝爱民心切，张鹏翮回答道：皇上普免天下钱粮，实为非常之举，但此事关系甚大，当与大学士、九卿商议后再拿出办法。康熙皇帝见他口气有缓和，便让他们尽快商议，告知以结果。几天后有关官员遵旨回奏，为贯彻康熙皇帝指示，又照顾国家财政开支实际情况，提出自康熙五十年（1711）起，三年之内将各省地丁钱粮分批蠲免一周。当即为康熙皇帝批准。康熙四十九年（1710）十月，康熙皇帝颁诏天下：自明年始，于三年内将全国地丁钱粮"普免一周"[1]，并决定于康熙五十年首先蠲免直隶、奉天、浙江、福建、广东、广西、四川、云南、贵州地丁钱粮及历年积欠九百五十六万余两。因蠲免钱粮系以土地为计算依据，恩惠"但及业主，而佃户不准沾恩"[2]，应兵科给事中高遐昌之请，当年十一月，康熙皇帝又下令：自此为始，"嗣后凡遇蠲免钱粮，合计分数，业主蠲免七分，佃户蠲免三分，永著为例"[3]。康熙五十年十月，下诏轮免山西、河南、陕西、甘肃、湖北、湖南六省次年应征地丁钱粮及历年积欠一千零十五万余两。康熙五十一年（1712）十月，又下诏轮免江苏、安徽、山东、江西四省康熙五十二年（1713）地亩人丁银及历年旧欠银一千二百三十四万八千余两。这是有史以来最大规模的蠲免。由于受惠面遍及全国各阶层，"率土均得实惠"，不但大大减轻了广大人民的经济负担，起到了保护生产力的重要作用，而且有力地促进了社会经济的发展。正因为如此，几十年后他的孙子乾隆皇帝也将此作为重要国策，奉行不渝，六十年中利用各种礼庆之机，五次普免天下钱粮，三次普免天下漕粮，成为康乾盛世的重要标志之一。

就在普免各省地丁钱粮次第进行之时，康熙五十一年（1712）二月，康熙皇帝又做出"滋生人丁，永不加赋"的重要决定。康熙时期，征收赋税时仍沿前明旧例，地税、丁银分征。这种赋税征收方法虽执行较久，但却并不合理。一是贫富负担不均。田多者往往丁少，而丁多者则往往田少，蠲免田赋，地主可从中捞取实惠，而贫民则必须缴纳丁银，从而使贫者愈贫，富者愈富。穷民为了逃避缴纳丁银，往往不报人丁，因而，康熙以前，政府往往不能掌握真正的人口数字。康熙皇帝出巡时也多次发现，"一户或有五六子，止一人交纳钱粮，或有九、十丁，亦止二三人交纳钱粮"，而其余人丁对国家并无差徭。二是无法堵塞官吏贪污途径。当时人口增长迅速，必须逐年造册，而各级官吏为了行私，对上尽量少报，征收丁银时则按数征收，并将差额归于自己，对富户甚至还以致贿多少，而将人丁银转嫁到一般百姓身上。三是不利于社会安定。为了逃避丁银征收，不少贫民四处逃亡流徙，据史书记载，仅康熙四十六年（1707）至四十八年（1709），即发生十数次小规模人民起义。人丁管理中的这种现象不但使国家无法摸清人口真实数字，也严重影响社会治安。为此，康熙五十一年（1712）二月康熙皇帝决定实行"滋生人丁，永不加赋"。他对大学士、九卿宣布，自今而后应令各省督抚再行征收丁银时，将现今钱粮册内有名丁数冻结，不再增征，此后所生人丁概不征收钱粮，"再行编审时，止将增出实数查明，另造册题报"[4]。他还一再宣称他的目的只是在于查知天下人丁实数，而不再加增钱粮。这一政策推行之后，各省申报人丁逐渐增加，至康熙六十一年（1722）全国人丁达二千五百三十九万，接近实际丁数，不但有利于社会秩序的稳定，而且对于赋役制度由地、丁双轨征收向单纯以地征收创造了条件。正是在此基础上，雍正皇帝进一步简化赋税完纳手续，实行摊丁入地，从而使赋税负担进一步合理化了。

　　康熙皇帝下令普免钱粮和"滋生人丁，永不加赋"使全国各阶层人民普遍得到实惠，他也因此得到广大臣民的竭诚拥护和爱戴。因而，康熙五十二年（1713）三月，康熙皇帝六十寿诞届期，虽然他早就规定不准臣民搞上尊号、建碑亭之类的庆典，但广大臣民出于对他的真诚爱戴，仍然自发地搞起了各种庆祝活动。全国臣民的爱戴使得康熙皇帝极为感动并受到极大鼓舞，因而，在此次普免天下钱粮之后，康熙皇帝在蠲免钱粮、施惠于民方面又继续推出了新举措，不仅小规模蠲免赈恤从不间断，而且遍及数省的大规模蠲免也不时进行。如康熙五十六年（1717）全国普遍丰收，无灾可免，康熙皇帝想来想去，只有各省旧年带征一项尚为民累，为此他谕令户部说，近年人民家计虽然稍稍宽松，但旧年积欠分年带征，仍然使不少百姓以一年收入纳两年之粮。他下令将涉及直隶、安徽、江苏、浙江、江西、湖广、陕西、甘肃八省带征地丁屯卫银二百三十九万八千余两，以及安徽、江苏所属带征漕项银四十九万五千余两、米麦豆一百一十四万六千石之半普行蠲免[5]。康熙五十七年（1718）、五十九年（1720），又因两次征讨策妄阿拉布坦，将陕西、甘肃、山西等省地丁额赋及历年积欠分别蠲免，计其总数又不下四百余万石。据统计康熙在位六十一年中，蠲免赈恤总数当在一亿五千万两左右，几乎相当于全国五年总收入。这一数字不只在他以前的少数民族出身的皇帝中绝无仅有，而且在中国历代帝王当中也是极为罕见的。

二、偶兴文狱

康熙皇帝虽是一代英主，对于社会的发展做出了重要的贡献，但到了晚年，由于皇储之争、太子立废以及诸子争储夺嫡，平空给他制造了不少的烦恼。因而在考虑和处理一些问题时，便失去了往日的理智、冷静和灵活，并做出了十分错误的处理，其中一个十分典型的事例是康熙五十年（1711）至五十二年（1713）对戴名世《南山集》案文字狱的处理。

如前所述，康熙朝文字狱始于康熙元年（1662）的庄廷鑨《明史》案。当时清朝统治虽已大致确立，但是明朝残余势力仍在各地活动，为了建立和巩固统治，四辅政大臣对有关历史著作中涉及满洲先世的记载严加禁毁，涉及人员也残酷镇压，这虽在一个时期内起到明显的震慑作用，但对于消除满、汉民族矛盾却未起任何作用，且不利于清朝统治的巩固。因而康熙皇帝亲政后，即刻大幅度地改变了四辅政时期的文化政策和民族政策，笼络遗民，调和满、汉，皆不遗余力，并且收到明显的效果。虽然如此，面对民族压迫的客观现实，汉族人民的反抗仍时有发生。如康熙四十七年（1708）先后发生浙江大岚山张念一、朱三等起兵反清事件，虽然不久即遭镇压，并于山东拿获改名王老先生的朱三太子，但这些事件也给康熙皇帝以极深的刺激，因此，戴名世《南山集》案发生时，康熙皇帝便一反常态，对其进行了极为严厉的处理。

戴名世（1653—1713），安徽桐城人，字田有，一字褐夫，号药身、忧庵。早年贫困好学，酷爱历史，利用在籍教书余暇，先后搜集大量史料，著成有关明末桐城地方史事的《孑遗录》一书。同时又拟撰写一部明史著作，在搜集材料的过程中，他曾仔细看过同乡人方孝标的《滇黔纪闻》一书。方孝标原名方玄成，因避讳康熙皇帝御名，以字行。顺治六年（1649）进士，历官内弘文院侍读学士，两充会试同考官。顺治十四年（1657）江南乡试科场案，方孝标与其父方拱乾皆受牵连，流放宁古塔，后释归。因顺治时方拱乾曾在皇帝面前为吴三桂说过好话，吴三桂不忘旧情，故于此时特邀方孝标南访云贵。方孝标一路游山玩水，刚到贵州，恰逢吴三桂叛乱，被拘留。为逃出虎口，方孝标假装疯癫返回安徽原籍，后又将这段经历、见闻取名《滇黔纪闻》，刻入已著《钝斋文集》。戴名世读过该书六七年后，他的一个学生余湛先遇见名叫犁支的和尚。这个和尚原是桂王宦官，后桂王被害，他便削发为僧，改名犁支。戴名世得知此事，马上赶赴余家，但犁支已经离去，未能会面。戴名世便请余湛先将与犁支谈话内容详细整理，经过和方孝标的《滇黔纪闻》对照，他发现《滇黔纪闻》一书有些记载未必准确。为此，康熙二十二年（1683）时，他专门写了一封《与余生书》给余湛先，对犁支所述南明史事给予高度重视。他在信中说：从前南宋灭亡之际，只据有区区几个海岛，存在时间又十分短暂，而元修《宋史》仍然予以详细记载。明朝灭亡后，弘光帝占有南京，隆武帝占有闽越，永历帝占有两广、云贵，地盘不下数千里，前后达十七八年之久，势力和影响都不下于汉昭烈帝刘备占据四川和南宋赵昺盘踞海岛，而其事迹至今没有记载，几乎湮没不闻，实在令人痛心。我自己虽有志撰成此段历史，但既无书籍，又每天为衣食而奔波，材料无法搜集；而有身份的士大夫们又一心想往上爬，当大官，谁也不关心这些。您知道犁支在什么地方，我十分希望您将他找来，与我共同探讨此事。十几年后，戴名世受聘于浙江学政姜橚幕中，得其资助，于原籍南山冈买房一所、田五十余亩，并于康熙四十一年（1702）迁居于此。当时，戴氏门人尤云鄂将平时所抄戴名世文章百余篇以《南山集偶钞》为名刊印行世，《与余生书》也收入集中。康熙四十四年（1705）长期处于极度贫困中的戴名世时来运转，以五十三岁之老秀才中顺天乡试第五十九名举人。到五十七岁时更是吉星高照，连中会试第一名进士，殿试第一甲第二名榜眼，授翰林院编修，到京供职。岂知伴君如伴虎，就在他踌躇满志之时，一场奇祸正向他逼近。康熙五十年（1711）十月，都察院左都御史赵申乔上疏康熙皇帝，参奏戴名世"妄窃文名，恃才放荡"，并指责他在中举前"私刻文集，肆口游谈，倒置是非，语多狂悖"。此奏一上，康熙皇帝大为吃惊。三年前，浙江、山东诸处的朱三太子、王老先生等反清复明案件记忆犹新，而今就在自己身边，竟然还有人在为南明政权唱挽歌，争正统，诋毁本朝，在他看来，这不是"悖逆"大罪又是什么？因而立即降旨："这所参事情，该部严察审明具奏。"[6]于是，刚刚正式提任翰林院编修不过两年的戴名世立即被投入监狱。

随着案情审查的深入，牵连人数越来越多，戴名世本人"罪行"也愈加严重。首先是将戴案和吴三桂叛乱挂上了钩。戴名世在《与余生书》中提到《滇黔纪闻》作者方孝标时，因为他是同乡先辈且做过内弘文院侍读学士，因而只称方学士而不名。而在吴三桂政权中担任重职的方光琛恰好也是安徽人；更为巧合的是，吴三桂叛乱平定后，方光琛及其八个子孙都被清朝政府处死，独有一名叫方学诗的儿子缉拿未获。在满文中，方学士与方学诗是一个词，因而康熙皇帝便将《滇黔纪闻》的作者方孝标误认为是一直没有缉获的方光琛之子方学诗。戴名世敢于使用叛乱分子方学诗著作中的材料并发表相同的观点，自然是罪不容诛。尽管在朝不少汉大臣都知道，方孝标原籍桐城，与原籍歙县的方光琛同姓不宗，而且方学士和方学诗更是风马牛不相及，但面对这场风波，躲都躲不及，谁还肯冒杀头之险向康熙皇帝说明真实情况？这样一来，戴案性质也就大大升格。其次，方学士既然就是长期缉拿未获的方学诗，又怎能容忍他的亲属逍遥法外？于是方孝标之子方登峄、方云旅、方世樵及其族党便被一齐拘拿进京。再次，既然戴案性质如此严重，竟然还有一些有名人士如汪灏、方苞、方正玉等敢于为之作序，并为其出资刊刻行世。于是，与戴名世通书信的余湛先、有关序文作者及为其刻书之人共一百多人都被牵连进案中。经长期审讯，康熙五十一年（1712）正月，刑部拟议："察审戴名世所著《南山集》《孑遗录》内有大逆等语，应即行凌迟；已故方孝标所著《滇黔纪闻》内亦有大逆等语，应剉其尸骸；戴名世、方孝标之祖、父、子、孙、兄弟、伯叔兄弟之子，年十六以上者，俱查出解部，即行立斩；其母女妻妾、姊妹子之妻妾、十五岁以下子孙、叔伯兄弟之子，亦俱查出，给功臣家为奴；方孝标归顺吴逆，身受伪官，迨其投诚，又蒙恩免罪，仍不改悖逆之心，书大逆之言，令该抚将方孝标同族人，不论服之已尽未尽，逐一严查，有职衔者尽皆革退；除已嫁之女外，子女一并即解到部，发与乌喇、宁古塔、白都讷等处安插；汪灏、方苞为戴名世逆书作序，俱应立斩；方正玉、尤云鄂闻拿自首，应将伊妻子一并发宁古塔安插；编修刘岩，虽不曾作序，然不将书出首，亦应革职，仝妻流三千里。"康熙皇帝提出修改意见，他说，汪灏长期在内廷参与修书，且已革职，从宽免死，但应令其家口入旗。方登峰之父方孝标，曾为吴逆学士，吴三桂之叛，系伊从中怂恿，伪朱三太子一案，亦有其名，今又犯法妄行，方氏族人不可令其留于原籍，应将其没入旗下为奴，或即行正法，方才允当。根据他的意见，刑部等又反复审拟，康熙五十二年（1713）二月，经康熙皇帝批准，将戴名世从宽免其凌迟，即行处斩；方孝标诸子方登峰、方云旅、方世樵俱从宽免死，并其妻子充发黑龙江；其他干连人犯，俱从宽免治罪，没入旗下为奴。至此，这场轰动一时的文字狱大案方告结束。

从康熙皇帝对戴名世案最后处理的情况看，似乎康熙皇帝已经发现戴名世《与余生书》中之方学士并非参加吴三桂叛乱的方学诗。尽管如此，他仍将错就错，对戴名世及桐城方氏族人进行严厉处理，这除说明他讳言已过外，还表明尽管几十年中他极力表白自己不分满、汉，为天下之共主，而其基本立场仍然牢牢地站在满洲权贵一边，谁若敢于否认入关后满洲政权的正统或者对此说三道四，就必然受到严厉惩罚。无可讳言，这是康熙皇帝一生中的一大失误，但是在其实际执政时期，以文字罪人并予以严厉处理的文字狱案仅此一起，和后来雍正、乾隆两帝滥兴文字狱相比较不值一提。

就此而言，和康熙皇帝一生成就相比，对戴名世《南山集》案的错误处理，尚为小疵，并无损于康熙皇帝的整体形象。

三、遣使绝域

康熙五十一年（1712），在康熙皇帝次第普免天下钱粮并宣布"滋生人丁，永不加赋"之后，他又办了一件有功于民族团结和祖国统一的大好事，即派遣专使探视旅居国外近一个世纪的土尔扈特部人民。

土尔扈特是厄鲁特蒙古四部之一。明末以前，该部一直和准噶尔、和硕特、杜尔伯特三部一起居住在准噶尔地区。明崇祯初年，该部因无法忍受绰罗斯部贵族的压迫和控制，在首领和鄂尔勒克的率领下，离开世代居住的塔尔巴哈台一带地方，几经辗转之后，定居于伏尔加河下游一带。在旅居国外近一个世纪中，面对异国殊俗，土尔扈特部人民无时无刻不在思念自己的祖国，并且不顾山险路长，一直和中央政府及留居原地的厄鲁特各部保持着密切关系。崇祯十三年（1640），和鄂尔勒克带领他的儿子书库尔岱青从数千里之外回到塔尔巴哈台，参加准噶尔部台吉巴图尔珲主持的厄鲁特与喀尔喀各部的王公会议。在这次会上，他和各部首领共同制定了有名的《蒙古厄鲁特法典》，调整了蒙古族各部的关系。和鄂尔勒克还和准噶尔部建立了通婚关系，他把女儿嫁给了巴图尔珲台吉，而孙子朋楚克又娶巴图尔珲台吉之女为妻，从而使两部之间的关系得到改善和加强。康熙初年，朋楚克之子阿玉奇刚刚登上汗位不久，就遣使向清朝纳贡。在厄鲁特台吉噶尔丹向中央政府发动进攻时，阿玉奇汗坚决站在清朝政府一边，一方面将自己的女儿色特尔札布嫁与策妄阿拉布坦为妻，在厄鲁特内部建立反对噶尔丹的统一战线，另一方面遣宰桑多尔济札布以所部千人驻防阿尔泰，与清军协同作战。康熙三十六年（1697）噶尔丹叛乱平定后，阿玉奇汗又从万里之外专程遣使入京祝捷。然而，继噶尔丹之后，策妄阿拉布坦又割据西北，从而严重阻碍了土尔扈特部人民与中央政府的往来。康熙三十八年（1699）阿玉奇遣使进京朝贡，返回途中，使臣被策妄阿拉布坦杀害。康熙四十三年（1704）阿玉奇之侄阿拉布珠尔偕母进藏熬茶，归途计划取道准噶尔，又被策妄阿拉布坦所拒绝。阿拉布珠尔无路可走，只好遣使北京请求内附。康熙皇帝对其十分同情，赐封为固山贝子，并划给他们嘉峪关外一带地方作为游牧地区。面对这种形势，身居异域的土尔扈特部人民焦急万分。为此，他们被迫答应沙皇彼得一世借兵三千与瑞典作战的要求，以巨大的民族牺牲为代价，换取经过俄罗斯领土，假道西伯利亚向清朝中央政府朝贡的权利。康熙五十年（1711）阿玉奇汗所遣使节萨穆坦等八人历时两年到达北京，面见康熙皇帝，倾诉了对祖国的依恋之情。

　　萨穆坦等人的到达使得康熙皇帝深受感动。为了表达对远离祖国、寄居异域的土尔扈特部人民的关怀之情，决定派遣侍读学士殷扎纳、内阁侍读图理琛代表清朝政府前往探望。康熙五十一年（1712）五月二十日，殷扎纳、图理琛一行三十多人离开北京，取道喀尔喀蒙古进入俄罗斯境内。由于沙皇政府的阻挠，致使使团在中俄边境俄国一方滞留五个多月，才得到允许借道的通知，使团才得继续前行。他们渡过贝加尔湖，穿过西伯利亚，通过寒带的森林和沼泽，行程一万多里，历尽千辛万苦，终于到达欧洲里海北部的大草原。康熙五十二年（1713）十一月中旬，使团一行行至土尔扈特与俄罗斯相邻的重镇萨拉托夫，并将使团到达的消息正式通知阿玉奇汗。

　　闻知祖国亲人即将到达的消息，土尔扈特部人民异常激动，十分高兴。阿玉奇汗立即"传集其部落，修治毡帽衣服，预备供给"[7]，并派台吉魏正等人前往迎接。康熙五十三年（1714）正月，殷扎纳、图理琛一行踏上土尔扈特部游牧地，阿拉布珠尔的父亲、阿玉奇汗的哥哥纳札尔玛穆特因感念朝廷厚待他的儿子，早已在伏尔加河畔恭候，并向使团献上马匹、礼物。一路上，使团受到了隆重接待。阿玉奇属下台吉、喇嘛都备办宴席跪迎使团。六月初，使团进入阿玉奇汗驻地玛努托海时，阿玉奇汗特地举行了隆重的欢迎仪式。先由殷扎纳、图理琛宣读康熙皇帝圣旨，问候阿玉奇汗，传达朝廷遣归阿拉布珠尔的决定，递交了康熙皇帝赏赐阿玉奇汗的礼品。阿玉奇汗则"陈列筵宴，排列牲畜"[8]，热情款待来自祖国的亲人。此后十几天里，为了表达对使团的深情厚谊，阿玉奇汗的妹妹鄂齐尔图车臣汗之妻多尔济拉布坦及其所属喇嘛、阿玉奇汗的妻子达尔玛巴拉、长子沙克都尔札布、幼子策零敦多人等也都分别设宴款待使团一行，向使团赠送大量礼品。席间他们对祖国亲人前来探望表示由衷的感谢，询问祖国政治、经济各方面的情况，倾诉了土尔扈特人民对祖国的深切思念之情，还对沙俄政府暗中阻挠使团行程进行了揭露。十几天的时间里，使团一行和土尔扈特部人民都沉浸在亲情相聚的幸福之中。

在圆满完成使命之后，当年六月中旬，殷扎纳、图理琛一行起程回国。基于对祖国人民的无限深情，阿玉奇汗举行隆重欢送仪式的同时，又再次遣使随同使团进京朝贡。然而，由于沙俄政府的无理阻挠，阿玉奇派出的朝贡使者刚刚走到喀山，即被扣留并被迫返回原地，这一愿望未能实现。但土尔扈特部人民对祖国的深情厚谊以及沙俄当局的阻挠、破坏情形却由殷扎纳、图理琛一行带回北京。尽管土尔扈特部人民长期旅居国外，清朝政府却一直视其为自己子民，并以各种形式与其保持联系。图理琛本人也以出使见闻著成《异域录》一书，以地理为纲，日月附见，记述了俄国及土尔扈特所居之地的山川、民风、物产，并绘有地图，翔实地记述了使团与俄国交涉、和阿玉奇汗等人的往来情况，从而加深了中央政府和广大士庶对土尔扈特部人民的了解和关心。与此同时，沙俄政府阻挠土尔扈特部人民与中央政府互相来往的无理行动也更加激起了土尔扈特部人民的无比愤慨和对祖国的无限思念之情。半个多世纪后，长期蕴蓄、积攒的这种民族情绪终于得到了爆发。乾隆三十五年（1770），土尔扈特部十数万人发动了反俄大起义，并在渥巴锡汗的率领下彻底摆脱沙俄控制，浩浩荡荡地踏上了返回祖国的征程。在回国途中，他们击退了沙俄军队的追击，战胜了哈萨克、布鲁特等部的骚扰，克服了给养缺乏、疾疫流行等许多难以想象的困难，终于在乾隆三十六年（1771）六月进入中国境内并受到了清朝政府的热烈欢迎和妥善安置，从而实现了他们长期以来要求返回祖国的美好愿望。

四、出兵安藏

康熙五十五年（1716）以后，已年过花甲的康熙皇帝身体状况愈来愈差。康熙五十六年（1717）秋冬之际，又连续大病七十多天，双脚浮肿，行走困难。就在此时，继噶尔丹之后割据准噶尔地区的策妄阿拉布坦却向内地发动入侵，同时又乘西藏政局混乱之际派兵偷袭西藏，置卫藏于自己控制之下。面对这一严峻形势，已经进入迟暮之年的康熙皇帝又像一头雄狮一样投入捍卫祖国统一的正义斗争。

策妄阿拉布坦是准噶尔台吉僧格之子、噶尔丹之侄。噶尔丹在位期间，为了巩固自己的政治统治，视僧格诸子如眼中钉、肉中刺，必欲斩尽杀绝而后快。在噶尔丹的打击下，策妄阿拉布坦尽失属地、牛羊，率少数亲信四处奔窜。为了求生，不得不和清朝中央政府结成统一战线，共同对付噶尔丹。因而噶尔丹败亡之后，清朝政府以"噶尔丹遗众畀策妄阿拉布坦"，令其在阿尔泰山以西住牧。乘此有利时机，策妄阿拉布坦控制了准噶尔全境。随着势力的增长，其政治野心也开始膨胀，并做起了称霸西域的美梦。他先是于康熙三十九年（1700）出兵青海，尔后又与原先共同反对噶尔丹的土尔扈特部反目成仇，阻挠其使者入藏熬茶、进贡北京，并唆使土尔扈特汗阿玉奇之子率众一万五千人投降自己。经过十几年的准备，康熙五十四年（1715）他又派兵两千向驻守哈密的清朝军队发动进攻。对此，康熙皇帝一面遣使责问其兴兵犯界之罪，同时增戍驻边部队，兴办西域屯田，积粮练兵，严阵以待。眼见清朝边界防守严密，无隙可乘，策妄阿拉布坦诡计多端，遂以护婿返藏为由，出兵奔袭西藏，使得政局一直十分混乱的西藏又燃起了新的战火。

西藏位处我国西南边陲，俗尚喇嘛教。明朝末年，在当时政界领袖藏巴汗噶玛丹迥旺波的支持下，红教势力炽盛，而黄教却处于异常艰难的境地。这时，在厄鲁特各部的共同支持下，崇祯十四年（1641）信奉黄教的和硕特部顾实汗率兵入藏，俘获藏巴汗，控制了西藏政权，黄教也因此得到了复兴。为了借助政府支持扩大黄教的传播，早在清朝入关之前，顾实汗即遣使盛京，建议清朝政府将达赖五世"延至京师，令其讽诵经文，以资福佑"[9]。顺治九年（1652），由于顾实汗的极力促成，达赖五世一行三千多人来到北京，受到顺治皇帝的隆重接待，并特封达赖五世为"西天大善自在佛领天下释教普通瓦赤喇坦喇达赖喇嘛"。顾实汗死后，他的儿子达延汗、孙子达赖汗世居西藏，执掌藏政。康熙四十年（1701），达赖汗长子丹增旺杰继位，他的兄弟拉藏贝鲁起而杀死其兄丹增旺杰，夺据汗位，是为拉藏汗。

顾实汗祖孙、父子长期专擅藏政，引起了达赖五世及其执政官第巴桑结嘉措的强烈不满。为了摆脱控制，康熙二十一年（1682）达赖五世圆寂后，第巴桑结嘉措匿丧不报，并以达赖名义继续发号施令。直到十五年后，由于人们的普遍怀疑和清朝政府遣使诘问，这一西洋镜才被拆穿。第巴桑结嘉措被迫拥立仓央嘉措为六世达赖喇嘛，并以第巴身份继续控制达赖喇嘛。为了达到长期专擅藏政的目的，他视拉藏汗如仇敌。康熙四十四年（1705）拉藏汗纠合蒙古各部进军西藏，打败桑结嘉措，并将其处死，从而重新掌握了西藏政教大权。由于六世达赖喇嘛仓央嘉措系为自己的政敌桑结嘉措所拥立，年长后又耽于酒色，放荡不羁，不守佛门清规，于是拉藏汗上书清朝政府，历数桑结嘉措叛逆经过，并提出要求，恳请清朝中央政府废黜仓央嘉措，批准由他寻认的波克塔胡必尔汗即伊希嘉措为达赖喇嘛。由于在噶尔丹叛乱时期，桑结嘉措曾经盗用达赖五世名义不遗余力地支持噶尔丹，因此，对拉藏汗的这些请求清朝政府予以批准，同时为了表彰他的功绩，还特派护军统领席柱、学士舒兰前赴西藏，封他为"翊法恭顺汗"。那个被拉藏汗废黜的原六世达赖喇嘛仓央嘉措，也于康熙四十五年（1706）解往北京途中病死。

长期以来，在蒙藏广大人民心目中达赖喇嘛是至高无上的宗教首领，因而拉藏汗的废立活动引起广大僧俗人士普遍不满。他们纷纷上书康熙皇帝，指责拉藏汗所立的伊希嘉措是"假达赖喇嘛"。康熙皇帝看到西藏事务复杂，拉藏汗一人难以处理，为了稳定形势，康熙四十八年（1709）康熙皇帝派侍郎赫寿驻扎西藏，监临达赖喇嘛并协助拉藏汗处理藏中各种事务。康熙五十一年（1712）康熙皇帝又册封另一黄教首教班禅五世罗桑意希为"班禅额尔德尼"，以安定人心。然而康熙皇帝的这些努力并没有收到什么成效，康熙四十九年（1710）前后，以察罕丹津为首的青海各部台吉，在里塘寻找了新的达赖喇嘛的转世灵童噶桑嘉措，并将其迎至西宁塔尔寺，要求康熙皇帝予以册封。虽然康熙皇帝未予批准，但青海蒙古各部的这种做法却使局面更加复杂，也使拉藏汗处于极为被动、孤立的地位。

就在蒙藏僧俗、贵族卷入真假达赖喇嘛之争而"彼此争论讦奏"之时，东进无路的策妄阿拉布坦却抓住机会，认为这是称霸青藏的好时机。于是他一面暗中与西藏喇嘛联络，煽动西藏百姓反对拉藏汗；一面又表示愿意与拉藏汗联姻，希望将女儿博托洛克许配拉藏汗长子噶尔丹丹衷为妻，以麻痹拉藏汗。最初拉藏汗颇感疑惑，长期"阻止其子前去成婚"。但由于其子噶尔丹丹衷成婚心切，兼以由于真假达赖之争也使拉藏汗在内政、外交上都极觉孤立，为了联络盟友，康熙五十三年（1714）拉藏汗允许噶尔丹丹衷去伊犁完婚，从而完全钻进了策妄阿拉布坦布置的圈套。因为拉藏汗在政治上完全依赖清朝中央政府，因而康熙皇帝得知后，从关心的角度出发，对这一政治婚姻可能导致的后果十分担心。他对侍卫说，拉藏汗的一个儿子前往策妄阿拉布坦处娶亲，一个儿子又远在青海，控制西藏仅剩下他一个人，实在是太危险了。即使中央政府全力帮助，在万一发生不测事件时，也会因相距遥远，救援不及。历史的进程完全证明了康熙皇帝预见的准确性。就在康熙皇帝说这番话两年之后，康熙五十五年（1716）十一月，策妄阿拉布坦以护送噶尔丹丹衷夫妇返回西藏为词，出兵六千，由其表弟策零敦多卜率领，越过天山，取道叶尔羌，昼伏夜行，到康熙五十六年（1717）七月，经过十个来月的长途行军，这支军队突然出现在藏北高原。驻守阿里地区的藏军统领康济鼐立即飞报拉藏汗。如果这时拉藏汗能调动军队积极防御，尚不失为以逸待劳。但由于长期的麻痹情绪，他非但对严峻的现实视而不见，反而认为准噶尔军队是送子还藏而毫不戒备，甚至还率领眷属臣工到当雄避暑游玩，每日张宴享乐，致使准噶尔军队顺利突破西藏边境防线，并迅速深入腹地。直到这时，拉藏汗才慌了手脚，一面仓促调动卫、藏兵员前往达木北部布防，一面派遣专使赴西宁向清朝政府告急。然而一则因为时间过于仓促，临时调集之军队未经训练，不堪战阵；二则因为长期以来的蒙藏矛盾，不但蒙藏军队不能协同作战，而且各支军队内部也矛盾重重，离心离德，叛变时有发生，战斗力大为削弱，无法继续抵抗。十月间，不得不自达木退却，固守拉萨。为了保住最后这个阵地，拉藏汗一面扩充军队，对军队编制和将领配置重新加以布置，一面令人突出重围，向清朝政府乞援。然而，由于几个月来败报迭传，拉萨城内军民早已成为惊弓之鸟，根本无法抵抗准噶尔军队的进攻，而向清朝政府乞援，也是远水不救近火。十月下旬，准噶尔军队分四路包围了拉萨城，此时原被拉藏汗杀害的第巴桑结嘉措部下许多喇嘛或者逾城出降，或者四出活动，造谣惑众，瓦解军队斗志。这样，十月三十日，策零敦多卜下令发动总攻，仅用一夜时间便攻克全城，拉藏汗被杀，从而使西藏处于准噶尔军队的占领之下。

杀死拉藏汗后，策零敦多卜又乘势囚禁了拉藏汗拥立的达赖喇嘛伊希嘉措和班禅五世罗桑意希，同时进攻前藏各地，继续在更大范围内烧杀抢掠，并组成了以达克咱为第巴的亲准噶尔政权，企图长期霸占西藏，进而窥视青海、四川和云南等地。准噶尔入侵军队的强盗行径严重伤害了西藏广大僧俗人士的切身利益，囚禁达赖、班禅的罪恶行径也引起广大蒙藏人民的强烈愤慨，同时也严重破坏了国内各民族的团结和全国政局的安定。为了维护国家的统一和国内各民族的团结，康熙皇帝毅然调兵安藏，进行了平定策妄阿拉布坦叛乱的战争。

由于路途遥远，清军信息不灵，康熙五十六年（1717）七月，驻守巴里坤的靖逆将军富宁安才得知准噶尔军队入藏的确实消息，随即报告康熙皇帝。这时康熙皇帝还不了解策妄阿拉布坦的真实意图，他估计准噶尔军队有可能是攻打拉藏汗，扩大控制领土；也有可能是帮助拉藏汗，侵犯青海。为此他令理藩院尚书赫寿致书拉藏汗，劝其警惕策妄阿拉布坦入侵，同时又警告其不得帮助策妄阿拉布坦侵扰青海，尔后又下令调拨军队增戍成都、西安，同时下令西陲戍边哨卡注意侦察，报告敌情。当年九月他又派遣侍卫色楞至青海，并告诉他，如拉藏汗被策零敦多卜打败，就要青海各台吉一体同心，协力征讨；如拉藏汗与策零敦多卜联合进兵青海，则要团结青海各蒙古共同抗敌。十月下旬由于青海亲王罗卜藏丹津的报告，康熙皇帝得知了策零敦多卜侵犯西藏的确实消息，遂又派都统和礼前往云南，护军统领温普前往打箭炉，"预为防备"；令青海各台吉速行领兵防御，并令内大臣策妄诺尔布、将军额伦特、侍卫阿齐图统兵驻扎形胜之地，松潘之兵亦令驻扎形胜之地，以便哨探，"万一有事，相机而行"[10]。

康熙五十七年（1718）二月，拉藏汗第三次向清朝政府求救的奏疏历时半年之后才到达康熙皇帝手中。奏疏云:"臣世受圣主洪恩,不意恶逆策妄阿拉布坦发兵六千,与我土伯特兵交战两月,虽并无胜负,而敌兵复又入招(拉萨)。臣见在率兵守护招地,但土伯特兵少,甚属可虑,若将喀木、卫藏之地被伊据去,将使黄教殄灭。为此恳求皇上圣鉴,速发救兵并青海之兵,即来策应。"[11]至此西藏情况大明,康熙皇帝决定立即出兵救援,并下令暂停向准噶尔地区发动进攻,而由侍卫色楞率领八旗、绿营及土司军队二千余人征剿西藏。色楞得到进兵命令,即刻率军出发,并于五月十三日到达青藏交界处之穆鲁斯乌苏。在他看来,"准噶尔残害西藏,彼地人民悬望我师,如望云霓",而准噶尔军队"散处无纪",战斗力不强,由他统率之清军已"二千有余,器械坚锐,马肥饷足",如俟额伦特所率后续部队到达,"恐需迟时日,口粮告罄,进退两难"。因而在不了解地理和敌情的情况下继续前进,深入藏地。得知这一消息,康熙皇帝下令总督额伦特统率后续部队"作速进兵策应"[12]。六月十八日,额伦特率兵自穆鲁斯乌苏出发,追寻色楞。八月初,两军会合于西藏那曲。由于轻敌冒进,进入那曲后,清朝军队即刻陷入策妄阿拉布坦军队的包围之中。清军数次突围不成,弹尽粮绝,终于在当年九月中旬全军覆没,此次援藏之役最后失败了。

援藏之役失败,康熙皇帝并未气馁,而是认真总结教训,积极准备,对盘踞西藏的策妄阿拉布坦军队进行更大规模的军事讨伐。鉴于前次进兵仅以偏师轻兵冒进而导致失败的教训,康熙皇帝对军事进攻战略重新加以部署。首先是于康熙五十七年(1718)十月任皇十四子胤禵为抚远大将军,率领京师八旗精锐开赴西宁，统一调度各路军队。在当时全国臣民心目中，皇十四子胤禵是最有希望成为皇储的一个人选，而在当年底胤禵自京起程时，康熙皇帝又特准其使用正黄旗旗纛，这就无异于向敌我双方宣布，此次出征相当于御驾亲征，从而增强了全国臣民和出征将士的必胜信心，对于策妄阿拉布坦和盘踞西藏的准噶尔军队无疑也是一个巨大的心理压力。由于前线一切事务均由胤禵亲自指挥，亲自向皇帝负责，兼以胤禵本人年轻气盛，有勇有谋，故而不但沿途军纪严明，且大军到达后又大力整顿军纪，裁汰老弱病残，严厉惩罚贪污粮饷、怯阵不前的中下级军官，并对军队加强

操练，不长时间，军队战斗力大为提高，同时也彻底扭转了前线将领之间因事权不一而彼此掣肘、互相推诿的局面。其次是增加进剿部队，改前次两路进攻为三路进攻。由于康熙五十七年之役清军兵微将寡，而且只是两路进攻，以致敌人以逸待劳，从容布置，使清军大败，所以在任命胤禵为抚远大将军总管全部进剿事宜的同时，康熙皇帝还制定了三路进军的新的作战方案。其南路自四川出兵，进攻西藏。为此，他以四川巡抚年羹尧为四川总督，兼管军民，并调拨江宁、荆州驻防满兵进驻成都，听候进川命令。同时，为了扫清南路进军障碍，还先行派兵招抚原属藏地的里塘、巴塘两个重要据点。中路则以平逆将军宗室延信率领，由青海直向藏北。两路之外，另以原固守西部边陲的振武将军傅尔丹、靖逆将军富宁安、祁里德等统率的军队为西路，俟南、中两路进藏时，向准噶尔本土发动进攻，使其首尾不能相顾。再次，对于选择总攻击的时间，康熙皇帝也改变了原先轻率出

兵的做法，从这年十月任命抚远大将军后，一直取持重态度，直到一年多以后，各项准备工作全然就绪，方下令三路同时出师。在布置军事进攻时，康熙皇帝还改变了原先单纯军事进攻的做法，非常注意发动政治攻势，争取蒙藏广大僧俗人士的同情和支持，孤立入侵敌军。鉴于拉藏汗拥立的达赖喇嘛伊希嘉措难孚众望，在蒙藏广大僧俗人士中引起普遍的不满，并拥立噶桑嘉措为达赖五世转世灵童，而伊希嘉措又处于策妄阿拉布坦控制之下，因而康熙五十八年（1719）四月，他首先令噶桑嘉措撰拟告示，在藏东、藏北各地广为散发，宣布"准噶尔人背叛无道，混乱佛教，贻害土伯特生灵，上天圣主目不忍睹，扫除噶尔丹人，收复藏地，以兴黄教，使土伯特众生太平如恒。特派皇子封为大将军，不分畛域，率领大军，至西宁驻扎。……大兵所到之处，凡土伯特人众，皆一改顺从，妥为辅助，仍旧安居，断不致有所骚扰"[13]。几个月后的九月，康熙皇帝又下令将噶桑嘉措"封为达赖喇嘛，给予册印，于明年青草发时送往藏地，令登达赖喇嘛之座"[14]。这样一来，就使出兵安藏和顺应蒙藏广大僧俗人士的宗教感情紧密结合起来，故而这一决定不但得到了广大蒙藏人民的热烈拥护，而且也使策妄阿拉布坦失去了军事抵抗和政治反击的任何理由。

此外，鉴于初次进藏失败在广大臣民中投下的深深阴影，康熙皇帝还花费极大的精力鼓励民心士气。康熙五十八年（1719）九月康熙皇帝刚刚做出派兵护送噶桑嘉措入藏、"令登达赖喇嘛之座"的指示不过一个多月，被策妄阿拉布坦进攻西藏和上次清军败北吓破了胆的青海蒙古各部台吉即怂悳噶桑嘉措上疏康熙皇帝，提出"各处俱有禅床，皆可安设，若为我兴兵，实关系众生"[15]。很明显对于康熙皇帝册封由他们寻认的转世灵童做达赖喇嘛，他们拥护，但要他们随军进藏，那几乎是拿脑袋开玩笑。对此，康熙皇帝认为，"倘新胡必尔汗与青海台吉等意同，此新胡必尔汗不可送往；青海台吉等若无此意，必将新胡必尔汗送往，安设禅床，广施法教。令土伯特之众诚心归向，则策零敦多卜自当畏势逃遁"[16]。由于康熙皇帝的坚持，才使青海蒙古各部丢掉畏难情绪。同时对广大官员以为"藏地遥远，路途险恶，且有瘴气，不能遽至，宜固守边疆"的看法，也反复加以批驳。他指出，策妄阿拉布坦目前无理侵犯西藏，如果不予讨伐，势必进一步侵犯云南、四川、青海、甘肃等内地，那时想固守边疆也是办不到的。同时他还以清朝开国以来以至他亲自指挥的平定三藩、征剿噶尔丹等几次重大战役为例，说明怯敌不战，必然影响整个战局，只有敢打敢拼，不怕困难，才能夺取最后胜利。他说，策妄阿拉布坦军队"步行一年有余，忍饥带饿尚能到藏，我兵顾不能至乎？今满汉大臣咸谓不必进兵，朕意此时不进兵安藏，贼寇无所忌惮，或煽惑沿边诸番，将作何处置耶"？因此毅然决定："安藏大兵，决宜前进！"由于他的反复解释和鼓励，广大官员、将士和青海蒙古各部台吉进一步了解了此次战役的意义，破除了畏难情绪，这对整个战役的胜利起到了重要的作用。

经过一年多的准备，康熙五十九年（1720）四月，进藏战役拉开了序幕。南路、中路分别从成都和西宁同时出师，北路靖逆将军富宁安、祁里德、阿喇纳也兵分三路，向策妄阿拉布坦控制的准噶尔地区发动进攻。短短十几天清军攻克吐鲁番，并一度深入准噶尔腹地，到达乌鲁木齐，先后歼敌、俘敌数千。就在策妄阿拉布坦手忙脚乱准备迎击之时，南、中两路数万大军分别由四川、青海进入西藏。其中南路军一万人由定西将军噶什图统领，由于经过长期准备，兼以上年已经招降里塘、巴塘等重要据点，藏东乍丫、又木道、嚓瓦等地也闻风归顺，不战而降，因而八月初已进抵藏东重镇拉里。八月初四又由拉里出发直向拉萨，一路上连败敌军。包括策零敦多卜任命的第巴达克咱在内，先后投降，"王师所至，望风响应"，进军十分顺利，不过二十天光景，清军便进入拉萨。此刻噶什图等统兵将领"传西藏之大小第巴头目并各寺庙喇嘛聚集一处，宣示圣主拯救西藏民人至意，随将达赖喇嘛仓库尽行封闭，西藏附近重地扎立营寨，拨兵固守，截准噶尔往来行人及运粮要路"[17]。还将与策零敦多卜串通一气的一百多名喇嘛加以囚禁，并处死其中五名罪大恶极者，拉萨形势立即安定下来。与此同时，由平逆将军延信统帅的中路大军一万二千人护送噶桑嘉措，进军途中也不断取得胜利。因该路是进藏正路，故策零敦多卜将主要兵力布置于此，以防清军进攻。在中路军南下途中，曾先后发生三次大战。八月十五日清军进至扎卜克河，当夜敌军来犯，被清军击败。二十日清军行至扎齐嫩郭尔地方，敌兵二千余人夜半前来袭营，清军严阵以待，敌兵见不能取胜，只好溃退。二十二日师至扎绰马喇，当夜黎明时分，贼兵千余人又来劫营。清军立即予以反击，"枪炮矢石齐发，贼兵伤者死者甚众，余贼皆望风而遁"[18]。三次大规模进攻被粉碎后，眼见大势已去，策零敦多卜率残敌遁回伊犁。九月八日平逆将军延信率兵护送达赖六世噶桑嘉措自达木向拉萨进发，与噶什图会师。一路之上广大僧俗人士"罔不踊跃欢欣，男女老幼，襁负来迎，见我大兵，群拥环绕，鼓奏各种乐器"，同时历数准噶尔入侵以来"父子分散，夫妇离别，掳掠诸物，以致冻馁种种扰害，难以尽述"的滔天罪行，并对康熙皇帝出师平叛表示深深的感谢。九月十五日满汉大臣、蒙古各部首领、西藏黄教上层喇嘛、贵族齐集布达拉宫，为六世达赖喇嘛噶桑嘉措举行十分隆重的坐床典礼，同时将拉藏汗所立之达赖喇嘛伊希嘉措解送北京。至此，出兵安藏之役取得了完全的胜利。

当年十月，南、中两路捷报相继传至京师，经过两年的辛苦经营，才取得如此重大的胜利，康熙皇帝异常振奋，立即下令将"在事将军以下、兵丁以上，俱着从优议叙"；同时为了巩固西南边疆，防止准噶尔再度入侵，康熙皇帝还对善后事宜进行了部署。康熙六十年（1721）二月，在平藏大军陆续撤还的同时，康熙皇帝决定留驻满蒙八旗和绿营军队四千人常年戍防西藏，由公策妄诺尔部署理定西将军印务，统辖驻藏部队，额驸阿宝、都统武格俱参赞军务。同时着手组建西藏地方政府。由于大军入藏过程中，空布地方第巴阿尔布巴首先投诚并随大军一起进剿，阿里地方第巴康济鼐与准噶尔为仇，准噶尔入藏，始终未降，准噶尔逃离时，又截其归路，因而授此二人为贝子；另一第巴隆布奈亲身归附，也被授予辅国公。次年春，根据康熙皇帝指示，于此三人之外，又加上达赖喇嘛的强佐（总管）扎尔鼐，皆号噶卜伦（政务官员），而以康济鼐为首席噶卜伦。这些部署不但对此后数十年西藏地方的安定起到了重要作用，而且也消除了长期以来青海和硕特蒙古对西藏事务的影响，改变了第巴独掌政权的局面，调动了西藏各地贵族的积极性。尤其值得重视的是，由于新政府官员皆由中央政府直接任命，使得西藏地方政府和中央政府之间的联系大大加强，为此后雍正、乾隆两帝相继经营西藏奠定了重要的基础。为纪念安藏之役维护祖国统一和安定西南边疆的重要意义，各部蒙古王、贝勒、贝子、公、台吉以及西藏各部酋长于康熙六十年（1721）九月合词呈请在拉萨立碑，"以纪盛烈，昭垂万世"[19]。康熙皇帝特允其请并亲制碑文。碑文中，康熙皇帝回顾了西藏地方政府和清朝中央政府八十年间互相往来的密切关系，批判了桑结嘉措匿丧不报造成的严重后果，声讨了策妄阿拉布坦入侵西藏"肆行奸诈，灭坏达赖喇嘛，并废第五辈达赖之塔，辱蔑班禅，毁坏寺庙，杀戮喇嘛，名为兴法，而实灭之"的滔天罪行[20]，歌颂了在清朝政府统一领导下各族人民出兵安藏的重大功绩，最后还展望了国内各民族团结统一的美好前景。三百多年来，作为康熙皇帝出兵安藏的历史见证，这座丰碑一直屹立在西藏拉萨布达拉宫前。

和统一台湾、抗击俄罗斯入侵、征剿噶尔丹、绥抚蒙古等重要历史事件一样，出兵安藏也是康熙皇帝一生中的一个重要成就。虽然此事发生在他的晚年，在处理此事的过程中，疾病、立储等事都严重地折磨着他的身体和精神，使他做出了一些错误的决策，使清军蒙受了一些损失。然而，为了国家的统一和国内各民族的团结，他毫不气馁，不顾病魔缠身，排除种种干扰，像一个战士一样勇猛地投入了战斗。战斗锻炼了他的身体和意志，随着胜利的到来，他的身体健康也一度神奇般地得到恢复，长期以来因立储引起的烦恼也一扫而光，因而，康熙六十一年（1722）春，在京城内外士庶百姓共庆安藏胜利的日子里，他也以无限开朗的情怀写下了欢迎平藏大军凯旋的诗篇：

> 去年藏里凯歌回，丹陛今朝宴赏陪。
>
> 万里辛勤瞬息过，欢声载道似春雷。[21]

五、镇压起义

由于年迈，再加上十几年来的储位之争使得康熙皇帝伤透了脑筋，因此对于民生利弊，他也失去了往常的关心。几年之中，不少地区吏治迅速腐败，人民生活急剧恶化，阶级矛盾日趋尖锐。正是在这种背景下，康熙六十年（1721）台湾爆发了一场由朱一贵领导的遍及全台的农民大起义。

台湾和大陆一衣带水，土壤肥沃，物产丰富，康熙二十二年（1683）统一台湾后，闽、粤一带不少失地民人冒险渡台，从而促进了台湾经济的迅速发展。但是由于距离全国政治中心极远，康熙后期，较之内地，台湾吏治也尤为腐败。"文武官员平日但知贪婪肥己，剥削小民，空冒军饷"[22]，胥役票差敲诈勒索，"比内地更炽"。仅每年收纳出入台湾船只的"挂验陋规"至少有白银数千两[23]。其他各种苛捐杂税也"重复征输"，多如牛毛；至于田粮定额，更是高于内地数倍。其中台湾知府王珍尤为人民切齿。康熙五十九年（1720），凤山县知县出缺，由王珍兼摄县事，但却把政事交给其次子办理。征收钱粮时，每石要折银七钱二分，比原已较内地加倍征收的高额田赋又加出两三倍。同时，王珍父子还借各种名目如狱讼、樵采、使用耕牛向广大人民苛索。这样长期郁积人们心头的积愤再也无法压抑，纷纷议论"官府短长"，反抗意识普遍增长，人民反抗斗争的时机愈益成熟。这时，朱一贵开始了农民起义的组织工作。朱一贵（1689—1722）原籍福建长泰，康熙五十三年（1714）移居台湾，先在台湾府充当衙役，后佃地为生。他擅长饲鸭，早晚牧放鸭群都编队出入。性情慷慨，喜欢结交江湖朋友，凡造访者，无不"烹鸭具馔"，人号"小孟尝"，在当地群众中有着极高的威信。眼见台湾各级贪官污吏横行霸道，康熙六十年（1721）春，他和好友黄殿等十余人一起结拜，密谋反清，并认为"欲举大事，此其时乎"[24]！为了动员群众，朱一贵以明朝后裔相号召，经过一个多月的准备，康熙六十年四月十九日（1721年5月14日），他们纠集当地一千余人，削竹为枪，在乌山头竖旗举事，旗上大书"激变良民大明重兴大元帅朱"字样，主动向当地官军发动进攻，同时和先期在台南起事反清的杜君英等共结联盟。一场轰轰烈烈的农民起义就这样爆发了。

闻知起义爆发情况，台湾镇总兵欧阳凯立即派右营游击周应龙率兵前往镇压。周应龙在率兵前进途中纵兵大掠，激起各乡三万余人义愤，起义军不但未被扑灭，势力反而迅速壮大，并于四月二十七日大败周应龙于高雄赤山，周应龙狼狈而逃。与此同时，清南路营参将苗景龙也被义军擒杀。一时之间台湾府内"哗然大震，文武各遣家属宵遁，先后驾舟出鹿耳门，士民相率逃窜"。三十日，台湾镇总兵欧阳凯硬着头皮率军一千五百人出城驻扎，准备与义军决战。但属下兵丁却闻风丧胆，一夜之间，镇兵自行惊散。次日，在两军决战时，清军百总杨泰阵前倒戈，刺杀欧阳凯，清军阵容顿时大乱，接着起义军在混战中又杀死清军台协水师副将以下十余人，清军大败，溃不成军。朱一贵、杜君英乘胜攻占台湾府城，分发府库金银，缴获大批军火，士气大振。与此同时，台湾各地农民也纷纷起义响应。于是，除北路淡水营外，全台都处于义军控制之下，朱一贵义军骤增至三十万人。五月初三日，朱一贵被拥为中兴王，国号大明，建元永和，命军民蓄发，一切礼仪、服饰均仿明朝制度。在登极典礼上，他又分封军师、太师、国师、国公、将军、侯、都督、尚书、辅驾大将军四十余人，其余文武官员不计其数。为防清军卷土重来，朱一贵专派骁勇善战的郑定端、苏天威带兵三千、炮十尊，分守安平和鹿耳门两处。为了进军大陆，又派人前赴澎湖侦察情况并发布反清檄文，文中豪迈地宣称他将率众"横渡大海，会师北伐，饮马长城，捣彼虏廷，歼其丑类，使胡元之辙复见于今"[25]。消息传到大陆，漳州、泉州一带山僻穷民"嚣嚣偶语，四处有揭竿聚众之谋"；有产业的人家则惊恐异常，为了躲避战乱，有的从乡下迁往城里，有的又从城里跑到乡下，一片惶惶不安的景象。

闽浙总督觉罗满保闻知起义军占领全台消息后，立即于五月初八日飞折密奏康熙皇帝，同时紧急集结军兵，驰赴厦门，招募丁壮上千人，以防起义军进攻；又紧急部署，调兵遣将，委派南澳总兵官蓝廷珍会同福建水师提督施世骠，率领水陆军队进驻澎湖，并于六月十三日入台作战。六月初三日，满保的奏折到达北京，康熙皇帝得知后，在同意军事进剿的同时，特命兵部传谕闽浙总督觉罗满保，对起义人民进行政治招抚。六月上旬，清军一万二千人分乘六百艘兵船向台湾进发，形势突然变得对起义军不利起来。

就在此时，起义军内部发生了朱一贵和杜君英之间的内讧。早在朱一贵起义前一个多月，杜君英即在台南发动起义并竖起了"清天夺国"的大旗。起义过程中，由于各路起义军相继加入，杜君英成了南路起义军的领袖，声势"更甚于朱一贵"。因此，攻克台湾府城后，他就想立自己的儿子杜会三为王，但因朱一贵在起义军中威信极高，他的目的没有实现，这使他十分不满。因此，凡事骄横自专，四出烧杀抢劫，不听约束。朱一贵忍无可忍，派兵前去讨伐，虽然打败了杜君英，但也严重消耗了起义军，同时也给清朝军队反扑以可乘之机。六月十六日，蓝廷珍、施世骠率师进抵鹿耳门。守护炮台的义军"左正"苏天威一面请求援兵，一面拼力抗拒。不幸炮台火药堆中弹爆炸，起义军伤亡惨重，鹿耳门、安平港先后失守，起义军被迫退保台湾府。几天后，清军登陆后部署完毕，开始分南北两路向台湾府城发动进攻。在全副武装的大队清军面前，起义军虽拼死作战，但因武器落后，损伤惨重，失去了主动出击的能力。六月二十三日，朱一贵被迫率领残部撤离府治，向北转移。正在此时，康熙皇帝的招降书也到达军前。根据康熙皇帝"与其大肆剿灭，不如稍看形势，招降为要"的指示，清军对起义军进行招降。在清朝军队政治招降和军事围剿的双重打击下，朱一贵部下约有十分之九先后降清，起义军处境更加恶化。闰六月初，朱一贵率残部逃至诸罗，旋被当地地主武装设计擒获。其他北路、南路各支起义军，或被清军军事消灭，或被政治攻势所瓦解。九月中旬，伏匿于罗汉门山下的起义军领导人杜君英、陈福寿先后出降，朱一贵起义最终失败了。

起义失败后，根据康熙皇帝的指示，清朝政府对起义军领导人进行了凶残的报复，主要领导人朱一贵、李勇、吴外、陈印、翁飞虎、王玉金、张阿三均照谋反律凌迟处死，多位领导人的祖父、父、子孙、兄弟，同居之人，期亲伯叔、兄弟之子及其嫡族以至幼子，皆处斩立决。母女、妻妾、姊妹、子之妻妾也都解至北京，给功臣之家为奴，所有财产入官。杜君英、陈福寿虽系主动投降，也照谋反律，与家庭子侄处以斩立决，母女、妻妾分别给予功臣为奴，财产入官。同时，为了加强镇压力量，还规定台湾常驻水师二千、陆军二千，由总兵一人、副将二人统领，并另于澎湖驻兵二千，互相照应。所有兵丁俱从内地调入，"不可令台湾人顶补"[26]。还另从北京派赴台湾巡台御史一员，以便中央政府及时了解台湾情况。此外鉴于此次起义的直接导因是知府王珍以下一批贪官污吏对人民的无厌盘剥，为了缓和人民的反抗情绪，康熙皇帝下令将原知府王珍剖棺枭首，下令将"平日并不爱民，但知图利苛索，及盗贼一发，又首先带领家口弃城退回澎湖"的台厦道梁天煦、同知王礼、知县吴观城、朱夔等人发往台湾正法示众[27]。虽然如此，终康熙之世，台湾人民的零星反抗斗争仍然时有发生，一直到雍正皇帝即位之后，方才平定下来。

为了反抗清朝政府的民族压迫和地方官员的残酷剥削，

朱一贵率领人民揭竿而起，进行斗争，完全是一种正义、革命的行动，而康熙皇帝始则下令镇压，后又对起义领导人进行血腥屠杀，充分暴露了他的反动的一面。无可讳言，这是他一生中一个大污点，必须予以揭露并进行深刻批判。

六、千叟盛宴

康熙六十一年（1722），康熙皇帝已六十九岁高龄，超过了清朝建国以来的所有帝王。就在位时间而言，也跃居两千多年来各代帝王之首。前代帝王所竭力追求而很少能够实现的《尚书·洪范》中记载的寿、富、康宁、攸好德、考终命等所谓"五福"，对康熙皇帝而言，都已变成现实；而且他在位期间，国家由乱而治，不独幅员辽阔，超迈汉、唐，政局长期安定，人口增长，经济发展迅速，文化繁荣，中国社会出现了少有的太平盛世局面。于是，为了庆祝即位甲子重逢，康熙六十一年（1722）新正之际，康熙皇帝举行了有名的"千叟宴"。

此次举办千叟宴，大致取法于九年前臣民自发举办的康熙皇帝六旬万寿庆典。康熙五十二年（1713）三月，康熙皇帝六旬万寿届期。为了表示对康熙皇帝的爱戴之忱，当年三月初，在他巡幸畿甸返京途中，沿途百姓为之"庆贺、保安、祈福者不计其数"[28]。几天后又有各省年老官员、士庶纷纷进京，叩祝万寿。三月十七日，万寿节前一日，康熙皇帝奉皇太后自畅春园回宫途中，各省年老官员、士庶夹道罗拜，欢迎御辇，不少高年老人还向他跪献万年酒。身历此境，康熙皇帝十分感动地停辇慰问，将随身所携食品和寿桃遍赐祝寿老人和各级官员。次日万寿节，各种庆典进入高潮。先是由康熙皇帝率领群臣向皇太后行庆贺礼，尔后至太和殿升殿，王以下文武百官及致仕给还原品官员行庆贺礼。仪式结束后，又由八旗兵丁、各省耆老、士庶齐集午门外、大清门内叩祝万寿。之后康熙皇帝奉皇太后至畅春园，各省耆老、士庶则分集各处诵经跪送。同时颁诏天下，宣布恩款条例，并大赦天下。为了答谢各省耆老对自己的爱戴之忱，三月二十二日和二十三日，康熙皇帝分别召集汉大臣、官员、士庶人等以及八旗满洲、蒙古、汉军大臣官员、护军兵丁、闲散人等年过九十者四十人，年过八十者六百三十人，年过七十者三千二百一十七人，年过六十五者二千八百五十八人，总计六千七百四十五人大宴于畅春园。宴会开始后，凡八十岁以上老人，均令人扶至御座前，由康熙皇帝亲视饮酒。同时还让他的十几个皇子全部出动，主持向与宴老人颁赐食品。十岁以上二十岁以下的皇孙和宗室子弟则执爵授饮。宴会结束后各赐白金，资送回乡。几天后，又召集八旗满洲、蒙古、汉军年在七十岁以上老妇齐集畅春园太后宫门前宴饮，由皇太后和康熙皇帝亲视颁赐茶果酒食。宴会结束时，令诸皇子率宗室子弟各赐衣饰彩缎、素珠银两。整整十几天，和全国臣民一样，康熙皇帝一直沉浸在无限幸福之中。对这一动人场面，康熙皇帝很长时间都难以忘怀。因而，康熙六十一年（1721）正月初二、初六两天，他又先后两次召集八旗满洲、蒙古、汉军和汉人文武大臣官员及致仕、退斥人员年在

620

六十五岁以上者一千零二十人，大宴于紫禁城内乾清宫前，命名为"千叟宴"。届时鼓乐齐鸣，一千多位老叟一齐向康熙皇帝行三拜九叩大礼，然后各自入席。席间，为表示对与宴老人的关怀之情，康熙皇帝特命诸王、贝勒、贝子、公及闲散宗室等人授爵劝饮，分颁食品。康熙皇帝回忆几十年来自己走过的艰辛而又不平凡的历程，面对瑞雪飘舞、国泰民安的大好局面，展望大清王朝无限美好的发展前景，不觉文思泉涌，即席挥毫，成《御制千叟宴诗》一首，满、汉大臣官员也都分别依御制诗韵各赋诗篇，纪其盛况。其御制诗云：

> 百里山川积素妍，古稀白发会琼筵。
>
> 还须尚齿勿尊爵，且向长眉拜瑞年。
>
> 莫讶君臣同健壮，愿偕亿兆共昌延。
>
> 万机惟我无休暇，七十衰龄未歇肩。[29]

1　《清圣祖实录》卷二百四十四。
2　《清圣祖实录》卷二百四十四。
3　《清圣祖实录》卷二百四十四。
4　《清圣祖实录》卷二百四十九。
5　《清圣祖实录》卷二百七十五。
6　《清圣祖实录》卷二百四十八。
7　图理琛：《异域录》卷下。
8　图理琛：《异域录》卷下。
9　《清世祖实录》卷二。
10　《清圣祖实录》卷二百七十四。
11　《清圣祖实录》卷二百七十七。
12　《清圣祖实录》卷二百七十九。
13　《抚远大将军奏议》，中国社科院历史所清史室：《清史资料》第三辑。
14　《清圣祖实录》卷二百八十五。
15　《清圣祖实录》卷二百八十六。
16　《清圣祖实录》卷二百八十六。
17　《清圣祖实录》卷二百八十九。
18　《清圣祖实录》卷二百八十九。
19　《清圣祖实录》卷二百九十四。
20　《清圣祖实录》卷二百九十四。
21　《清圣祖御制诗文四集》卷三十六。
22　《台湾事件残档》，《明清史料》丁编第八本，第799页。
23　兰鼎元：《鹿洲初集》卷二。
24　《台湾事件残档》，《明清史料》丁编第八本，第799页。
25　连横：《台湾通史》卷二十。
26　《清圣祖实录》卷二百九十五。
27　《清圣祖实录》卷二百九十四。
28　《清圣祖实录》卷二百五十四。
29　《清圣祖御制诗文四集》卷三十六。

第十章　晚景（下）

作为一代英主，康熙皇帝一生始终奋进不已，内除鳌拜集团，果断决定撤藩，并进而平定三藩之乱、收复长期割据的台湾，先后平定噶尔丹、策妄阿拉布坦的叛乱；外则抵御沙俄帝国的侵略，维护了国家的领土和主权；此外，大力赈灾蠲欠，发展生产，治河惩贪，编修群籍，无论文治还是武功，皆足堪彪炳青史，前此帝王均望尘莫及，康熙皇帝的子孙也引为骄傲，可以说，他是中国历代帝王中的佼佼者。然而，在选择接班人亦即建储问题上，他却蹈袭前人窠臼，屡屡失误，从而大大影响了他晚年的心境、身体和成就。然而可贵的是，在屡遭挫折之后，康熙皇帝勇于面对现实，并进行了极其艰难的探索，对这一问题的认识也达到了新的高度，为清朝政权的进一步巩固做出了重要的贡献。

一、摹古立储

康熙十四年（1675）六月，平定三藩之役正在进行之际，年仅二十二岁的康熙皇帝竟出人意外地传谕，要立赫舍里氏皇后所生的刚刚周岁的儿子胤礽为皇太子[1]。同年十二月十二日，他派遣官员告祭天地、太庙、社稷。次日，亲御太和殿，举行册立典礼。十四日，在诸王、贝勒、文武大臣进表祝贺之后，又正式颁诏天下，将此事告知四海臣民。当时，平定三藩的战事正在紧张地进行着，康熙皇帝本人也春秋正富，为何如此紧锣密鼓地将建储行动付诸执行呢？如果对当时的形势加以认真分析，则不难看出，康熙皇帝的这一决定是数年来经筵日讲中受到儒家经典濡染影响的结果，其目的是进一步加强刚刚确立不久的康熙皇帝的皇权。

儒家经典是记载中国进入阶级社会之后以至封建社会早期政治和历史的著作。为了保证早期国家中最高统治者一家一姓的长期统治，在权力分配和最高权力延续问题上，总结出了国君在位期间公开建储的基本方式和立嗣以嫡不以长、立嫡以长不以贤的建储基本原则，并大致为此后历代王朝所遵行。清室先世出身少数民族，且以八旗立国，因而入关以前，在选择储君问题上并没有遵循这些原则，而是皇帝在位时不预立皇太子，于皇帝去世后由八旗旗主公推新君。这种政治体制必然会引起贵族集团内部争夺最高权力的斗争并影响皇权的加强。因而，努尔哈赤死后，出现了诸王争国、皇太极夺位自立的情况。皇太极去世后，又出现了黄、白旗两个政治集团在争夺最高权力斗争中的尖锐对立和摄政王多尔衮专权的局面。顺治皇帝亲政后，天子自将上三旗，居重驭轻，从而改变了八旗旗主拥立新君的旧体制，使得康熙皇帝得以顺利即位。但是，上三旗势力的增长，在皇权更迭之际，也构成了对皇权的威胁。原来为皇帝所控制的上三旗却以拥立之功反过来控制了皇帝，出现了太阿倒持的局面。在学习儒家经典中关于建储的论述、回顾本朝开国以来最高权力更迭的历史之后，康熙皇帝豁然开朗。他感到前朝旗主各自为政固然是皇权削弱的原因，但在最高权力更迭之际授受制度不健全，又何尝不是在为旗主专权、大臣擅政创造机会！为了使今后最高权力更迭之际皇权的连续性和稳定性得到保证，一定要按照儒家经典论述，于君主在位期间预立储君。正是出于这种心理，康熙皇帝清除鳌拜集团之后，在嫡长子胤礽刚满周岁、对三藩用兵军务繁忙的紧要时刻，颁布了皇太子的册命诏书。其目的很明确，就是将最高权力的延续权力也置于自己之手，以进一步加强皇权。

　　为了把皇太子胤礽培养成为异日的孝子贤君，康熙皇帝倾注了大量的心血。自从册立胤礽做皇太子起，作为父亲的康熙皇帝便开始成为胤礽的启蒙老师，亲自给皇太子讲授"四书""五经"[2]。随着胤礽一天天长大，康熙皇帝讲授的内容也一步步深化，依然是"煦妪爱惜，亲加训谕"[3]，不仅讲授努尔哈赤、皇太极、顺治皇帝等先辈创业的艰难，而且也讲守成之不易，偶尔康熙皇帝还现身说法，以自己作为样板讲授。此外，康熙皇帝还讲战场上两军对垒、排兵布阵之法。一言以蔽之，"大凡往古成败，人心向背"，康熙皇帝皆"事事精详指示"[4]。同时，鉴于自己政务十分繁忙，为了加强对皇太子的教育，皇太子年龄稍长，康熙皇帝即为其聘请当时名儒、曾为自己经筵讲官的张英、李光地、熊赐履、汤斌等人为其辅导。几位大臣受命后尽心启沃，从而使年幼的胤礽得以系统地接受了儒家传统思想教育。在皇父和师傅们的严格要求下，胤礽进步很快，八岁时已通晓满、汉两种文字，并能流利地背诵"四书"，几年后，又能左右开弓，娴熟骑射，成人之后更是身材魁梧，举止大方，仪表不凡。这时，康熙皇帝又开始让他帮助处理朝中政务。由于他处事认真，恪尽职守，不仅康熙皇帝额首称善，就是满朝文武大臣也个个赞不绝口。

康熙皇帝明立皇太子，以至太子成人后内则助上从政，外则巡幸扈从，不能不说是进一步加强皇权、限制权臣擅政的有力措施。平定三藩后，康熙皇帝在内政外交方面事事顺手，边防征伐，战绩大著；内政治理，臻于至治，出现了入关后从未有过的全盛局面，这显然是和明立皇太子之后统治集团核心的稳定有着直接的关系。有鉴于此，康熙二十年（1681）以来，康熙皇帝竭尽全力巩固太子的地位，维护太子的权威，对于藐视皇太子、固守满族旧俗的臣工，不管他们职位多高、权力多大，也严加打击，毫不留情。为了将皇太子培养成人并巩固其储君地位，康熙皇帝已经到了竭尽全力的地步。

然而，就在康熙皇帝极力维护皇太子地位之时，随着皇太子年龄的增长和开始从政，他和皇太子之间的矛盾也开始产生，并不断发展、激化。正是这些矛盾的存在和发展，使他饱尝公开建储的苦果，并最终导致康熙皇帝废掉自己亲手扶植起来的皇太子。

康熙皇帝和皇太子之间的矛盾有着深刻的根源。皇、储矛盾，并不是某一个朝代所特有的现象，而是封建社会中封建统治者之间不断进行的权力和财产再分配斗争的必然产物。虽然统治者经过长期摸索，总结出了公开立储及嫡长子继位的传统制度，并将此载入儒家经典，以对最高统治集团中不同身份的人们加以约束。但因受利益驱使，在中国历代王朝历史上，子弑父、弟弑兄的事例不胜枚举，以嫡长子身份袭位者为数寥寥。作为中国历史上的一个王朝，清朝当然也不会例外。不立储则罢，一旦设立储君，必然爆发皇、储之争。康熙皇帝立储后十几年的时间里，皇、储矛盾并没有发生，不过仅仅是皇太子年龄幼小之故；一旦皇太子长大成人并开始从政，必然会在保住和争夺最高权力问题上爆发皇、储之争。除了历史根源之外，清朝政权的特殊情况也使皇、储矛盾找到了生存和发展的土壤。清室先世出身少数民族，并无立储传统，而是于旧君去世后由八旗旗主共同拥立新君。康熙皇帝立储，在满族政权历史上是一个创举。虽然如此，但到康熙时期，八和硕贝勒共治国政的习惯势力和心理观念仍然存在。所以，康熙皇帝颁诏册立胤礽为皇太子后，各级满族贵族，尤其是分到下五旗的康熙皇帝的其他儿子，从心理上不能接受这一现实，致使胤礽成为众矢之的，他们到处散布谣言，飞短流长。与此同时，在康熙皇帝面前，他们也不放过任何一个机会，对皇太子加以中伤。而康熙皇帝立储时既未注意吸收先朝经验，不让皇太子参与朝政，又先后分封诸皇子为王，并使他们也都参加国家事务的管理。这样，随着皇太子年龄增长和开始从政，以及诸王的陆续受封，皇帝与储君、储君与诸王之间的矛盾便势不可免地爆发出来。

康熙二十九年（1690）康熙皇帝和皇太子胤礽之间开始

发生摩擦。是年七月，康熙皇帝亲统大军北征噶尔丹，为了部署乌兰布通之役，康熙皇帝昼夜忙碌，突然生病，于是急召留居京城的皇太子胤礽和皇三子胤祉前来侍疾。按照常理，关键时刻，听到父亲生病，胤礽应当心急如焚，但他在见到康熙皇帝后，却毫无忧戚之意，谈笑如常。这使康熙皇帝十分不满，当即令其先回京师。为此，康熙皇帝开始对皇太子礼仪制度加以裁抑。康熙三十三年（1694）康熙皇帝率诸皇子祭奉先殿，先令礼部拟定礼仪。按照前此旧章，皇帝与储君之间的礼仪有着明显的不同，其表现就是皇帝的拜褥在门槛之内，储君的拜褥在门槛之外。但这一次，礼部为了讨好胤礽，拟定皇太子拜褥也放在槛内，与皇帝相同。康熙皇帝得知此事，马上谕令礼部尚书沙穆哈将胤礽的拜褥移于槛外。

沙穆哈听后面露难色，因为如果遵旨办理，害怕皇太子不满，秋后算账；不遵旨办理，又显属违旨。为求脱身事外，他向康熙皇帝提出将此旨载入档册，其意在若将来一旦有人究问此事，可备查考，表明此事与自己毫不相关，自己只是遵照康熙皇帝的旨意执行而已。康熙皇帝洞其肺腑，勃然大怒，立刻下诏罢免其礼部尚书之职。前此，为了树立皇太子在全国臣民中的威信，康熙皇帝为皇太子专门制定了威严的服饰、仪仗、器用，和皇帝规格相差无几。每年万寿节、冬至、元旦及皇太子千秋节，诸王、贝勒、文武大臣除向自己行三跪九叩大礼外，还要再赴东宫，向皇太子行二跪六叩大礼。康熙皇帝制定这种特殊的皇太子礼仪制度，意在为其日后袭位打下一个良好的基础。可是，自从康熙三十三年以后，因为发生了皇、储矛盾，康熙皇帝又一改初衷，再也不许皇太子胤礽搞特殊化了。

康熙三十五年（1696）以后，康熙皇帝和皇太子胤礽之间的矛盾进一步发展。康熙三十五年、三十六年（1697），康熙皇帝亲统大军三次西征噶尔丹，其他成年皇子全部随师出征，胤礽以皇太子之故受命留守京师，不仅"代行郊祀礼"，而且"各部院奏章，停其驰奏御前，听太子处理。事重要，诸大臣议定，启太子"[5]。应该说，这是康熙皇帝对皇太子胤礽的最大信任。但康熙皇帝刚刚离开京城，一些宵小之徒就乘势攀龙附凤，向皇太子身边靠拢；而胤礽为了扩大羽翼，也对此持来者不拒的欢迎态度。康熙皇帝还京后，了解到其手下之人倚仗主子权势，狐假虎威，任意妄为，不禁大怒，当下不由分说，即刻将"太子左右用事者置于法"[6]。此后不久，康熙三十七年（1698）康熙皇帝在和皇太子胤礽失和的情况下，又封皇长子胤禔、皇三子胤祉为郡王，皇四子、皇五子、皇七子、皇八子俱为贝勒。就康熙皇帝大封诸皇子的本意而言，未必想以此作为易储的准备，但诸皇子的受封及陆续从政，却无疑使他们拥有了竞争储位的政治资本，从而形成了康熙季年争储的几支主要势力，这必然使原已因父子之争而失宠的胤礽感到极大的威胁。这样，康熙皇帝和胤礽之间的矛盾便带有了浓厚的政治色彩并且进一步激化起来。

康熙皇帝裁抑太子仪仗及惩戒太子党，其本意是教育皇太子，使他知所遵守和知所不可逾越，分封诸子也并无易储之意，但其客观效果却使皇太子胤礽和康熙皇帝之间的心理距离愈来愈远。失望之余，康熙皇帝决定拿皇太子的亲信索额图开刀，以挽救皇太子。康熙四十二年（1703）五月，他诏令逮捕索额图,并对他"议论国事,结党妄行"之罪进行了揭露,指斥其为"本朝第一罪人",严加囚禁[7],不久,索额图即死于囚所。同时康熙皇帝还诏令拘禁索额图之子及案情牵连人物,又决定党附皇太子的"诸臣同族子孙在部院者皆夺官"[8]。此番清洗使得经营多年的太子党顷刻之间基本瓦解。对此皇太子胤礽心中十分难过,但又无可奈何,怨望之意时见辞色,在接人待物时也变得冷酷无情,自暴自弃。康熙四十七年(1708)夏,他在随同康熙皇帝北巡塞外期间,对诸王、贝勒、大臣官员稍不顺眼,动手就打;外藩蒙古向康熙皇帝进献马匹,看到哪匹好,下手就夺;对康熙皇帝,他也极不尊重。北巡塞外期间,皇十八子胤祄病倒。眼看病势愈来愈重,康熙皇帝心情十分沉重,而皇太子胤礽却无任何关爱之举。康熙皇帝自是不悦,对他加以责备。胤礽听罢,反而"忿然大怒",态度极为恶劣。尤使康熙皇帝感到问题严重的是,胤礽还每夜逼近行宫布城,从裂缝中向内窥视,使得康熙皇帝"昼夜戒慎,不得安宁,不知今日被鸩,或是明日遇害"[9]。于是康熙皇帝心头郁积多年的对皇太子失望不满的怒火再也压抑不住,康熙四十七年九月初四(1708年10月17日),在北巡返京途中,康熙皇帝颁诏,将皇太子胤礽拘禁并当众宣布其罪状。同日下令搜捕索额图之子格尔芬、阿尔吉善及其他太子党,情节严重者立即正法,枭首示众;其他大臣如杜默臣、阿进泰、苏赫陈等人,因罪行稍轻,也都流放盛京。尔后又率众急行进京。九月十六日进京当日,即召集诸王、贝勒、九卿、詹事、科道官员齐集午门内,宣谕拘执胤礽。十八日又为此遣官告祭天地、太庙、社稷。二十四日正式颁诏，告知天下，废黜胤礽，同时将胤礽本人由上驷院临时拘禁地移至咸安宫。至此，积累将近二十年的皇、储矛盾终于公开爆发，并导致康熙皇帝第一次废黜皇太子。

二、诸子争储

对康熙皇帝来说，皇、储矛盾的公开爆发是他的大不幸；可是对于康熙皇帝的其他皇子，皇太子胤礽被废，则又是他们的大幸。真是天赐良机，使他们拥有了争夺储位的机会！于是，为了争夺已经空缺出来的储位，他们一个个如同脱缰的野马，或者摩拳擦掌，赤膊上阵，或者暗施伎俩，玩弄阴谋，在康熙皇帝的心理创口上撒上一把又一把的盐巴和辣椒粉。在这一活动的初期阶段，最为活跃的是皇长子胤禔和皇八子胤禩。

皇长子胤禔生于康熙十一年（1672），比胤礽大两岁，因系庶出之子，故未立为皇太子。因此从他懂事时起，即将太子胤礽视为眼中钉、肉中刺，但因势单力孤，只能待机而发。其后随着年龄不断增长，康熙皇帝令其参与国务处理，他在国家政治生活中的地位开始上升。康熙皇帝三征噶尔丹时他皆被委以重任。康熙三十七年（1698）康熙皇帝特封他为直郡王。随着政治地位的上升，胤禔争夺储位的野心重新开始膨胀，经常飞短流长，造谣中伤，攻击皇太子胤礽。康熙四十年（1701）以降，康熙皇帝和皇太子胤礽之间的矛盾不断激化，这时，胤禔为了使康熙皇帝尽快废黜皇太子，大搞阴谋手段，找了一个名叫巴汉格隆的蒙古喇嘛，用旁门左道法术镇魇皇太子。康熙四十七年（1708）康熙皇帝在巡幸塞外期间拘禁皇太子，因为胤禔在诸皇子中年龄居长，即令他赶到自己身边，担任宿卫任务。这使胤禔大喜过望，产生错觉，以为时来运转，储君之位向自己招手了。殊不知，知子莫如父，康熙皇帝早就看透了胤禔的心思，在宣布废黜胤礽的同一天即明白宣谕："朕前命直郡王胤禔善护朕躬，并无欲立胤禔为皇太子之意。胤禔秉性急躁愚顽，岂可立为皇太子？"虽然康熙皇帝如此明谕，但胤禔却仍不死心，不断玩弄新的手法，企图使康熙皇帝回心转意，重新考虑。他一方面

向康熙皇帝表示，我们兄弟等人，"嗣后同心合意，在皇父膝下安然度日"[10]，以骗取康熙皇帝的好感；另一方面又对废太子胤礽落井下石，于拘禁废太子胤礽时，向康熙皇帝提出："胤礽所行卑污，大失人心"，"今欲诛胤礽，不必出自皇父之手。"[11]对于废太子属下人等，他也利用康熙皇帝委派自己看管胤礽之机，肆行凌虐迫害。同时考虑到皇八子胤禩在诸皇子及满汉大臣中声望较高，是自己竞争储位的一个劲敌，他还向康熙皇帝揭发"相面人张明德曾相胤禩，后必大贵"，以使康熙皇帝的建储天平向自己一方倾斜。经康熙皇帝指派亲信调查审理，张明德为胤禩看相一事属实，张明德遂被凌迟处死。但胤禔的这些险恶居心也被康熙皇帝看穿，并当着诸皇子之面对其严加斥责："似此不谙君臣大义、不念父子至情之人，洵为乱臣贼子，天理国法，皆所不容！"[12]半个多月后，胤禔指使蒙古喇嘛巴汉格隆镇魇废太子胤礽的恶行也被揭发

出来。康熙皇帝大怒，随即派遣侍卫纳拉善等搜检胤禔府邸，结果在十几处都挖出了镇魇物件，堪称铁证如山。胤禔之母惠妃得知胤禔的种种不端行为后十分恐惧，害怕康熙皇帝怪罪自己教子无方，为免受牵连，也向康熙皇帝揭发胤禔的不孝之举，请求治之以法。真可谓众叛亲离。胤禔的丑恶嘴脸暴露无遗。故而当年十一月初康熙皇帝计划再立储君时，首先即将胤禔排除在外，随即又下诏将其革除王爵，严加拘禁。康熙四十八年（1709）正月，康熙皇帝决定再立胤礽为皇太子时，考虑到胤禔年龄居长，能量大，活动范围也大，遂诏令对已在拘禁之中的胤禔进一步严加拘禁。当年四月，废太子胤礽复位一个月后，康熙皇帝布置了具体看守方案：第一，委派八旗章京十七人看守胤禔。这都是足堪信任之人，至于每日需用几人看守，须由十七位章京会议决定。如果值班章京不严加看守，即将看守者族诛，"断不姑宥"。第二，再派贝勒延寿、贝子苏努、公鄂飞、都统辛泰、护军统领图尔海、陈泰，"每日二员，不断看守"。至于如何安排护军看守，"着伊等公议"。另外，尽管负责的六位大臣有贝勒、贝子、公等，职衔、品位有高低之别，但在看守胤禔问题上，大家职权平等，"并无率领之人，俱系一体看守"，即不能一个人说了算，应执行集体决议。第三，由于胤禔"生性暴戾，乃不安静之人"，康熙皇帝又增派领侍卫内大臣等"不时巡察"，负责监督[13]。至此，胤禔退出历史舞台，一直处于监禁之中，直到雍正十二年（1734）死去。

皇太子胤礽被废之初，和皇长子胤禔一样觊觎储位甚力的还有一个皇八子胤禩。他生于康熙二十年（1681），生母是良妃卫氏。康熙三十五年（1696）他刚刚十六岁，即跟随康熙皇帝西征噶尔丹。以此之故，康熙三十七年（1698）他十八岁时即被封为贝勒，成为当时受封皇子中年龄最小的一个。他为人聪明，善于联络，康熙皇帝对他颇为宠爱，许多臣下也对他怀有好感。胤礽被废除四天之后，康熙皇帝便令胤禩领内务府总管一职，管理皇室事务。按照清朝常规，每当皇室内部发生诸如皇帝、皇太后去世等重大变故时，皇子或皇帝的兄弟才会受命主持内务府工作，因而这一任命使得胤禩产生错觉。在他看来，胤礽被废，胤禔被斥，而自己却被任以显职，这不是天赐良机吗？于是他加快了争储的步伐。

而且由于他结交甚广，在康熙皇帝初废皇太子时，形势也一度对他极为有利。在他周围集结了一批王公大臣，如皇九子胤禟、皇十子胤䄉，皇十四子胤禵等。其中领侍卫内大臣阿灵阿系遏必隆之子，袭封一等公，他认为胤禩的生辰八字是庚戌己丑丁未壬辰，与前代帝王相同，因而忠心拥护胤禩。揆叙为明珠之子，因其父支持胤禔、攻击胤礽而遭到康熙皇帝的打击，故而改换门庭，拥护胤禩。康熙皇帝的哥哥裕亲王福全也曾称赞胤禩"心性好，不务矜夸"[14]。此外散秩大臣鄂伦岱、贝勒苏努、满族首席大学士马齐、汉人户部尚书王鸿绪、内务府苏州织造李煦等也都党附于皇八子胤禩，形成所谓皇八子集团。由于胤禩集团骨干多，影响大，气焰极为嚣张。

为了实现自己的争储野心，胤礽被废之初，胤禩以收买人心为主。他接任内务府总管后，负责审理前任内务府总管凌普贪赃枉法一案。凌普原为胤礽的乳母之夫，在他担任内务府总管期间，凭借皇太子的权势广收贿赂，其不法行为早已招致众人的愤恨，故胤礽被废之后，凌普也跟着锒铛入狱。胤禩接手此案后，认为这是收买人心的好机会，因而有意重罪轻处。胤禩的得意算盘是，这样从轻处理，不仅凌普对自己会感激涕零，而且胤礽手下的其他人也都会认为自己宽宏大量。由于胤禩在对凌普的处理上过于宽容和"心慈手软"，康熙皇帝甚觉不解，直到皇长子胤禔在他面前提及相面人张明德曾为胤禩看相，说他"丰神清逸，仁谊敦厚，福寿绵延，诚贵相也"[15]，日后一定大贵，康熙皇帝才顿时醒悟。联想到胤禩在清查凌普家财一案中的反常做法，康熙皇帝气愤地说：凌普贪婪至极，获取暴利，此皆人所共知，但时至今日，清查一案仍未了结，你们想如此蒙蔽朕躬，朕一定要砍掉你们的脑袋！八阿哥胤禩到处活动，妄博虚名，将朕所赐恩泽俱归功于自己，这简直是又出了一个皇太子！如果有人胆敢称赞八阿哥好的话，朕当即杀了他，朕的皇权岂容他人染指、践踏！

这样，由于胤禔的揭发，康熙皇帝一下子看清了胤禩的丑恶嘴脸，胤禩的所作所为与胤禔相比，是一暗一明，然而胤禩的计谋更加阴险，手段也更为狠毒。这使康熙皇帝感到这些皇子们过去就串通一气，联手对付胤礽；现在胤礽被废了，他们下一步的计划又会是什么呢？如果胤禔与胤禩二人"聚集党羽，杀害胤礽，其时但知逞其凶恶，岂暇计及朕躬有碍否耶"[16]？想到这些，康熙皇帝不寒而栗。为此，康熙皇帝对他们再次严加指斥，并以胤禩"柔奸性成，妄蓄大志……其党羽早相要结，谋害胤礽"等罪名，下令"将胤禩锁拿"，交予议政处审理[17]。不久，又革去其贝勒爵位。于是，胤禩的争储活动刚刚起步，便也遭到了严重的挫折。

如上所述，康熙皇帝册立皇太子导致皇、储矛盾已是一误；为此，在册立皇太子三十三年后，他下令废掉皇太子，没想到又出现了诸子争储的反常局面。这样，为了平息诸子争储的火焰，康熙皇帝又急不可待地决定再次立储。然而就在此时，由于他的错误决策，诸子争储的局面非但没有结束，反而使一大批朝臣也卷了进来。康熙四十七年（1708）十一月十四日，康熙皇帝召集满汉文武大臣齐集畅春园，面谕曰：朕的身体近来渐觉虚弱，人生难料，不知哪一天要闭上这双眼。但大清江山关系甚大，想来想去，找不到合适的代理人。皇太子关系甚大。你们都是我所信赖的大臣，现令你们共同商议，于诸皇子中举荐一人。大阿哥胤禔所行甚为乖谬，就不要举荐他了。除此之外，随便你们推举哪一个皇子，我都同意。但是在讨论中不得互相瞻顾，私下探听，同时，要注意让汉大臣畅所欲言。尔后，康熙皇帝又补充道：讨论此事，大学士马齐不必参加。

根据康熙皇帝的指示，文武大臣分班列坐，开始正式讨论。由于事关重大且出于突然，不少满汉大臣都认为："此事关系甚大，非人臣所当言，我等如何可以推举？"就在此时，保举胤禩的铁杆分子们一个个却活跃起来。先是领侍卫内大臣阿灵阿站起来说："刚才面奉谕旨，一定要推荐一个皇子。"随即鄂伦岱、揆叙、王鸿绪等人也群起附和，"私相计议"，"与诸大臣暗通消息，写'八阿哥'三字于纸，交内侍梁九功、李玉转奏"[18]。不一会儿，梁、李两内侍传出康熙皇帝谕旨："立皇太子之事关系甚大，你们应该认真讨论。八阿哥没有管过政事，近又获罪拘禁，而且其母家又出身微贱，不宜立为皇太子，你们还要对此认真考虑。"诸大臣见状，赶紧向梁、李两内侍说："此事甚大，本非臣等所能定。诸皇子皆聪明过人，臣等在外廷，不能悉知。臣等所仰赖者，惟我皇上。皇上如何指授，臣等无不一意遵行。"这样，康熙皇帝要求文武大臣推举皇太子，却又因难以推举，不得其人，了无结果而告终。

　　康熙皇帝始而令群臣推荐皇太子，继而又对推荐人予以否定，使得原来局限于皇室内部的矛盾进一步扩大到康熙皇帝和廷臣之间。由于众多大臣推举正在拘禁中的皇八子胤禩，这无异于向康熙皇帝显示了一次皇八子集团的阵容，如果让这种人做皇太子，岂不是自己又树立起一个强大的对手？因而此次会议之后，康熙皇帝便放下其他事情，一意追查推举胤禩的幕后主持人。查问结果，认定荐举胤禩为皇太子的策划者是其舅佟国维和大学士马齐。由于他们两人"默喻于众"，其他大臣"畏惧伊等"，方才"依阿立议"[19]。康熙皇帝遂对他们加以严厉斥责：胤禩尚在拘禁之中，其母又出身微贱，如今你们串通一气，阴谋拥立胤禩这样的人，用意究竟何在？难道是因为胤禩庸劣、不学无术，立他之后，你们就可以控制他，将他玩弄于股掌之上吗？如果这样，那么立皇太子之事，就应完全根据你们的意志决定，而不是由朕的旨意来决定了。据此，康熙皇帝对马齐等人做出处理决定，因为他"任用年久，不忍即诛"，"着即交胤禩，严行拘禁"[20]；"其同族职官及在部院人员俱革退；世袭之职，亦着除去，不准承袭。"之后不久，康熙皇帝又发现和中央离心力较大的下五旗王公也参加到这场争储活动之中来，于诸皇子之间"肆行其谗谮交构，机谋百出，凡事端之生，皆由五旗而起"[21]。这就更使康熙皇帝感到整个问题的严重性。为了防止这种混乱的局面进一步发展，结束诸子争储，避免使下五旗王公坐收渔翁之利，康熙皇帝决定再立胤礽为皇太子。

从胤礽于康熙四十七年（1708）九月被废至四十八年（1709）三月复出，是什么原因促使康熙皇帝在短短的半年时间，来了个一百八十度的大转弯，从而改变了对胤礽的看法呢？

首先，康熙皇帝对胤礽认识的逐渐转变是胤礽得以复出的一个重要的原因。康熙皇帝初废胤礽之时，简直是怒不可遏，废斥后的第六日，他说："今皇太子所行若此，朕实不胜愤懑，至今六日，未尝安寝。"[22]但由于胤礽被废，皇、储对立暂时消失，一些事件的陆续发生及事件真相的渐次揭露，促使康熙皇帝前思后想，痛定思痛，从而对胤礽的认识逐渐发生变化。其一是康熙皇帝废掉皇太子之初，皇太子申诉："皇父若说我别样的不是，事事都有，只弑逆的事，我实无此心。"[23]康熙皇帝听后，立即下令将胤礽项上的锁链解除。这些表明康熙皇帝也觉得自己与胤礽之间的关系尚未达到父子彻底决裂绝情的程度，前此自己确实过分看重了胤礽弑逆一事。其二是皇太子被废后，在诸皇子争储过程中，由于互相攻讦，他们对胤礽暗中迫害、造谣中伤的一些丑行逐渐暴露，也使康熙皇帝感到他们为胤礽罗列的多项罪状，"其中多属虚诬"[24]，尤其是胤禔镇魇皇太子胤礽事发后，康熙皇帝更将前此胤礽的一切不仁不孝的反常行为与之相联系，认为皆是胤禔加害所致。如废掉胤礽的当月，他即对内大臣、大学士、翰林官员等人说："近观胤礽所行之事，与众人大有不同，白天多沉睡不醒，夜晚才吃饭饮酒，而且喝几十大觥也不醉。每对越神明，则惊恐万状，不能成礼；一遇阴雨雷电，则灰心失望，不知所措；不安寝处，忽起忽坐，语言颠倒，如同患了狂躁之病症，又仿佛像有鬼物附体。"[25] 十月十七日，当在胤禔府邸中搜查出一系列镇魔物件时，康熙皇帝说："朕从前将胤礽所做诸恶事，皆信以为实"，如今看来，"吾儿实被魇魅使然，这是确切无疑的了"。[26] 从此，康熙皇帝开始同情、怜悯胤礽，并开始反思自己废弃胤礽所采取的行动了。为此，他万分追悔，思想负担十分沉重。日有所思，夜有所梦，他梦见已故祖母孝庄太皇太后远他而坐，一言不发，"颜色殊不乐"；他还梦见胤礽生母赫舍里氏欲言又止，面露难色，似乎想向自己倾诉胤礽的受冤情形。因而一个时期内他的精神几近崩溃，饭不甘味，寝不安席，而且无日不伤心落泪，身体也一天天消瘦下去。十月十九日在朝臣极力劝说下，康熙皇帝离开紫禁城，去南苑行围，途中又回忆起昔日"皇太子及诸阿哥随行之时，不禁伤怀"。于是康熙皇帝再也支撑不下去，二十三日就病倒了。大臣们不敢拖延，当即护驾返回宫中。回宫后，尚未得到安歇，康熙皇帝就传旨召见胤礽。父子相见，谁也没说什么，可是康熙皇帝却觉得病势减去了不少。不大工夫，康熙皇帝就令内侍传话给等候在外的大臣们，告之召见胤礽一事。他说："朕刚刚召见了废太子，从今以后，大家就不要再提以往之事了。胤礽现在安养于咸安宫中，每当朕想念他时，还可以随时再召见他。那样的话，朕胸中便不会有郁闷之感了。"这样，废弃皇太子之后，康熙皇帝与胤礽之间父子关系的重新弥合，使得胤礽复位得以成为可能。

其次，初废太子后诸皇子之间的争储活动导致了康熙皇帝重新立储。初废太子后，康熙皇帝并无尽快重新立储之意。为此，他告诫诸皇子："诸阿哥中，如有钻营谋为皇太子者，即国之贼，法断不容！"然而他的这些话尚未落地，胤禔、胤禩等人的争储活动即已公开化。不久，又使外戚、贵胄以及不少朝臣也卷入其中，从而严重影响了政权机构的正常运转。

为了平息诸皇子争储斗争的硝烟烈火，康熙皇帝认为必须迅速再立储君。至于立谁为太子，在他看来，胤礽仍是最合适的人选，最起码他的嫡长子身份就是堵塞众人之口最有力的理由。因为嫡长子继承大统的原则在中国已经实行两千多年，长期以来，嫡长子本身就是正统的象征，惟此一条就可以得到臣民的认可和拥戴。出于这种考虑，康熙皇帝决意复立胤礽为皇太子。

可是，作为君王废掉皇太子时没费太多周折，然而一旦想让胤礽复出，可就不像初立时那样容易了。怎样使人感觉不到自己是在出尔反尔？怎样使这个弯子转得自然？康熙皇帝颇费踌躇。经过反复思考，他想了这样一个方法：先将自己的意图含蓄地透露给个别在朝中威望素著的大臣，由这些大臣向在朝大学士、九卿吹风，然后再由康熙皇帝出面征求立储意见，由臣下奏请胤礽复位，自己再俯顺舆情，予以准奏，这样对自己、对胤礽、对廷臣都显得光彩体面。为此，康熙四十七年（1708）十一月十四日前，康熙皇帝特召曾经做过胤礽师傅的大学士李光地进宫，询问皇太子胤礽的病情，如何医治，方可痊愈。李光地回答：徐徐调治，天下之福。李光地的回答使得康熙皇帝非常满意，随即于十四日令诸臣推举新太子人选，同时还特别谕令不要推举皇长子胤禔，以堵塞参与会议的廷臣无嫡立长的传统思维方向；不许大学士马齐与会；谕令汉大臣畅所欲言，以突出李光地的号召力，并有意使汉大臣中建储立嫡的思想占据上风。然而，出乎康熙皇帝的预料，皇八子集团重要成员却乘此时机私相计议，胁迫其他大臣共同推举胤禩。而被康熙皇帝视为知己的李光地，为了少惹是非，竟然未向任何人透露康熙皇帝召见的内情，以至众大臣不知所归，缄口不语。情急之下，康熙皇帝令内侍梁九功、李玉当众传谕李光地："前几日，皇上召你入内殿，你曾有陈奏，为何今日一言不发？"李光地答道："那一天，圣上问臣废皇太子之病如何调治方可痊愈。臣曾奏言，徐徐调治，天下之福。臣未将圣上召见之事透露给其他人。"[27]至此，在场的大臣们恍然大悟，原来康熙皇帝已经意有所属，是想让臣工推举废太子胤礽，只是运作中间出了问题，众大臣不明皇帝意向所在，致使康熙皇帝处于十分尴尬的境地。

十一月十四日会议虽使康熙皇帝处境尴尬，但最后却使文武大臣明白了康熙皇帝的建储具体意向。这样，十五日，康熙皇帝又召科尔沁达尔汉亲王额驸班第、领侍卫内大臣、都统、护军统领、满大学士、尚书等人入宫，当众谕曰："皇太子胤礽前因被人魇魅，以致本性沦丧。因此，朕将他召至身边，加意调治，今已痊愈。朕原来在书上看到过魔魅之事，并不完全相信，今天才知道魔魅竟然可以使人真性泯没啊！"诸大臣异口同声奏道："皇上对废太子病源了解得一清二楚，如今治疗已经痊愈，这实是国家之福、天下之福。请求皇上拿出主意，颁示谕旨。"²⁸康熙皇帝遂令人当众宣读朱笔御书，其大略曰："从前拘执胤礽时，朕并未与人商议，只认为理所当然，即将其逮捕拘禁，全国臣民都认为朕之所为正确。如今每每想起，总是有点放心不下。对其罪状深入查核，有的符合，有的又全不符合。何况其所患心疾已经逐渐好转，不但诸臣觉得可惜，朕也觉得可惜。现在他日渐痊愈，这是大家的福气。现在朕派人对他尽心护理，也经常加以教诲，使之不离朕身边。现在朕并不计划匆忙复立胤礽为皇太子，只是想让你们知道此事就可以了。朕可以向大家明确表示，胤礽对大家绝不会有报复的念头。"²⁹

这是一份平反诏书，无异是胤礽复出的前奏曲，康熙皇帝要胤礽复位的意向已经极为明确。次日，康熙皇帝又召胤礽、诸皇子、科尔沁达尔汉亲王额驸班第、领侍卫内大臣、都统、护军统领等人入宫，进一步为胤礽辩解："今观废皇太子，虽曾有暴怒殴打大臣之事，但并未致人于死，亦未干预国政"，"凡此等事，皆由胤禔魔魅所致。"康熙皇帝说完，随即当众释放胤礽，并让胤礽表示一下自己的态度。胤礽遂在众大臣面前表示："皇父谕旨至圣至明，凡事俱我不善"；"我如记人之仇，不改正自己过错，天理不容！如今我也不再怀有任何非分之想。如果你们还希望让我当皇太子，那是万万不可的！"³⁰

由于胤礽获得了新生，康熙皇帝心情特别愉快，不无感慨地说："朕遍览史书，自古以来，凡是遭废斥的太子，没有一个得到善终；然而，废弃皇太子的人君于事情过后也没有不后悔的。自从囚禁胤礽之后，朕心中每天都不能平静。特别是朕生病以后，更加想念胤礽，每召见一次，胸中疏快一次。"[31]尔后，又当着众人之面语重心长地对胤礽说：朕现今释放你，你应当感念朕恩；有人说你不好，你不要与之为仇。大凡规劝过你的人，就是你的恩人；对你阿附顺从的人，恰好正是陷你于非的人。列祖列宗留下的江山基业，你要百倍爱惜。殷商元老伊尹曾经放逐不理朝政的国王太甲，结果太甲悔过自责，尽改前非，成为一代明主。有过何妨？改了就好。今日在场的各位大臣都是我所简用，足堪信任，你要一心一意地依靠他们。你如果遵照朕这番话办事，固然是朕的福气，也是你的福气，亦是大家的福气。朕只希望你洗心革面，改弦易辙，努力学习性理诸书，以提高自己的道德修养。如果仍不悛改，重犯错误，那就是不可救药，自趋死路了[32]。

胤礽的复出使得最高统治集团各方的矛盾暂时得以缓解，康熙皇帝的心理压力顿时减轻，病情也迅速好转。康熙四十八年（1709）二月，复出后的胤礽又第一次随同皇父巡幸畿甸，开始参加朝廷中的活动。康熙皇帝看到再次立储的时机已经成熟，遂于同年三月初九日，遣官告祭天地、宗庙、社稷，复立胤礽为皇太子。次日又命大学士温达、李光地为正使，刑部尚书张廷枢、都察院左都御史穆和伦为副使，授胤礽皇太子册宝。同日以礼部尚书富宁安为正使，礼部侍郎铁图为副使，授皇太子妃册宝，复封其为皇太子妃。

其实，在康熙皇帝看来，胤礽并非理想的皇太子人选，只是因为形势所迫，他才不得已重新恢复其皇太子的地位。按照康熙皇帝的标准，皇太子最起码应具备以下三个条件：一要忠于皇父，不能另立中心；二要为人仁义，将来为政清明；三要孝友为怀，关爱皇父，友于兄弟。胤礽起初就是因为不具备这三条最基本的标准，才有了被废太子那段难忘的经历。然而，康熙皇帝面对诸子争储，心急如焚，在并没有做好充分准备的情况下，就急令众大臣举荐新太子，结果又出现了新问题，即众大臣保举皇八子胤禩。情急之中，康熙皇帝全盘托出自己的想法，胤礽才得以复出。之后，为使复出后的胤礽不再与自己在根本利益方面发生冲突，康熙皇帝先后采取了一些防范措施。

第一，为充分体现立废皇太子之权在于皇帝而不在于诸臣，对揣测上意、条陈保奏之人坚决打击。囚禁之中的胤礽被康熙皇帝频繁召见之后，朝中一些势利之徒开始揣摩康熙皇帝的心理，以为废太子有复立的可能，遂各上密折，加以保举。对此，早在康熙四十七年（1708）十一月初，他即表示："不少情况，外间小人不知内情，见朕召见废皇太子，即揣度与再立储君有关，因此而向废皇太子献殷勤，而条陈保奏，这些都十分错误。凡事都由朕来决定，那些依附废皇太子之人，不必高兴；不依附废皇太子之人，也不必担忧，朕自有主意。"[33]这次讲话表明，康熙皇帝绝不会让大权旁落，也不允许有人再依附胤礽，日后结成帮派，威胁皇权。因此，究竟立谁为皇太子，臣下不得插手干预，惟有康熙皇帝一人定夺。然而，充任风宪官的都察院左副都御史劳之辨却对康熙皇帝的讲话置之不理，于当年十二月上疏保举废皇太子胤礽，要求康熙皇帝从速颁布新诏，收回废太子的原来命令，敕令礼部选择吉日早正东宫，布告天下，以使天下人人尽知圣人举动，仁至义尽，大公无私。[34]当即遭到康熙皇帝的严厉斥责："将朕下旨已行之事作为己功，行事甚为奸诡。"[35]随即命革其职，逮赴刑部笞四十板，逐回原籍。劳之辨不仅自讨没趣，而且连乌纱帽都给丢了。

第二，胤礽此次复出是带有附加条件的，地位很不稳固。虽然康熙皇帝将胤礽的不法行为视为胤禔镇魇所致，因此对他有所原谅，但胤礽从前纠集党羽、威逼皇权的行动，康熙皇帝却记忆犹新。只是因为康熙皇帝重病缠身，兼之以出现了胤禔、胤禩争夺储位的新问题，康熙皇帝甚为无奈，方才"将不可册立之胤礽放出"[36]。为此，康熙皇帝在让胤礽复出填补空缺储位的同时，还多次对他加以告诫，警告他："如不改正过失，再犯以前已经犯过的罪行，无异于自暴自弃，自趋死路。"[37]康熙皇帝之所以这样讲，其目的仍是不想再为自己树立一个对立面。另外，胤礽复位东宫后，康熙皇帝对他仍不放心，每有巡幸，必令其随从，"使不得须臾离侧"，不使他有单独活动的机会，以免再发生什么变故。

第三，抬高诸皇子地位，限制储君权力。重立胤礽为皇太子的同时，康熙皇帝还大封诸皇子。封皇三子胤祉、皇四子胤禛、皇五子胤祺为亲王；皇七子胤祐、皇十子胤䄉为郡王；皇九子胤禟、皇十二子胤祹、皇十四子胤禵为贝子。康熙四十八年（1709）十月，又正式册封胤祉为诚亲王、胤禛为雍亲王、胤祺为恒亲王、胤祐为淳郡王、胤䄉为敦郡王。

由于诸皇子政治地位提高，使他们更有资本与胤礽进行斗争。所以康熙皇帝大封诸子，从某种意义上来说，也是为了限制储权。

但是胤礽复位之后，皇权与储权的斗争又重新开始，原先的太子党又重新集结在胤礽周围，侵吞康熙皇帝的权力。其党徒有步兵统领托合齐、兵部尚书耿额、刑部尚书齐世武、都统鄂缮、迓图、副都统悟礼等人，大学士嵩祝也倾向于胤礽。康熙皇帝对此深有察觉。康熙五十年（1711）十月，康熙皇帝在御临畅春园大西门内箭厅时对诸王、贝勒、贝子、公及文武大臣说："今国家大臣有为皇太子而援结朋党者，诸大臣皆朕擢用之人，受恩五十年矣，其党附皇太子者，意将何为耶？"并召鄂缮、耿额、齐世武查问，但他们都矢口否认结党。康熙皇帝不容他们抵赖。因为耿额原为索额图的家奴，康熙皇帝气愤地说："索额图之党竟不断绝，俱欲为索额图报复"，"若不惩治，将为国之乱阶矣！"³⁸当场下诏将鄂缮、耿额、齐世武、悟礼锁拿审问。不过，在这次审问中，康熙皇帝并没有抓住他们结党的确凿证据。次年四月，户部书办沈天生等人串通户部员外郎伊尔赛，包揽湖滩事例额外多索银两案发后，词连齐世武、托合齐、耿额等人曾涉嫌太子党一案。康熙皇帝下诏令宗人府、内阁会同刑部详审，并特别谕示："若或巧辩，尔等即行刑讯。"结果查出齐世武受贿三千两，托合齐受贿二千四百两，耿额受贿一千两。为此，康熙皇帝对他们做出严肃处理，与主犯沈天生、伊尔赛一样，俱拟绞监候，秋后处决。与此同时，也开始对胤礽进行指责："诸事皆因胤礽。胤礽不仁不孝，徒以言语、货财嘱此辈贪得谄媚之人潜通消息，尤无耻之甚！"³⁹皇、储矛盾又重新激化起来。

与此同时，储君与诸皇子之间的矛盾也重新激化。由于胤礽有过一次被废前科，在全国臣民中的形象已大大降低，因而在他复出之后，有意争储的各个皇子又都把矛头对准他，使他重新成为众矢之的；同时，由于他们刚受册封，地位提高，更不将太子放在眼里；此外，胤礽有过险被夺嫡的遭遇，故对众兄弟格外戒备，时刻提防。因此，他们彼此之间的裂痕远比过去加大了。可想而知，由于诸皇子明里暗中不断活动，胤礽的皇太子地位根本不可能稳固。尤其是诸皇子利用康熙皇帝对胤礽尚存疑虑，更是抓住这一时机不放。他们的党羽也蠢蠢欲动，为其主子站脚助威。如皇八子党人揆叙利用自己的家财，并串通阿灵阿，"合谋买嘱优童下贱，每于官民燕会之所，将二阿哥（即胤礽）肆行污蔑"⁴⁰。所以，当时苏州、扬州等地都有"东宫虽复，将来恐也难定"的预言。被罢斥回江南老家的王鸿绪也说："我京中常有密信来，东宫目下虽然复位，圣心犹在未定。"⁴¹各种各样的舆论严重影响了康熙皇帝的视听和决策，怎么能使康熙皇帝对胤礽产生良好印象呢？

再次，重新拥有权力和地位的胤礽，也不会审时度势，并没有吸取先前失败的教训，仍摆皇太子的派头，不仅常派家奴到各省富饶之区勒索贡物和美女，而且在饮食、服御、陈设方面，较之康熙皇帝"殆有倍之"，稍不满足，就向康熙皇帝诬告当事人。康熙皇帝出于"感悦其心，冀其迁善"的目的，凡其"欲责之人，朕无不责；欲处之人，朕无不处；欲逐之人，朕无不逐"，只是胤礽"所奏欲诛之人"，由于康熙皇帝施行仁政，而"朕不曾诛"[42]。如此一来，朝中臣工大都首鼠两端，莫衷一是：如若曲从皇太子，逢迎结党，被康熙皇帝访知，马上就会大祸临头；如若"倾心向主"，不肯曲从于皇太子，储君继位后也会遭到惩罚。因此，朝臣中流传着"两处总是一死"这句话[43]。所以胤礽的胡作非为，不仅严重影响了康熙皇帝的权威，而且还导致政出多门，政局出现混乱。

结果胤礽复立为皇太子不过三年时间，康熙皇帝就再也不能容忍了。"自释放皇太子以来，数年之间，朕之心思用尽，容颜清减。"康熙五十一年九月三十日（1712年10月29日），康熙皇帝以胤礽"自复立以来，狂疾未除，大失人心，祖宗宏业断不可托付此人"，将胤礽拘执看守[44]。十月下诏禁锢废太子胤礽于咸安宫。十一月十六日以再废太子事遣官告祭天地、太庙、社稷。从此，胤礽第二次成为阶下囚。

胤礽两次被废给了康熙皇帝以极深的教训。如果说在初废太子之际，康熙皇帝尚将此事简单归结为胤礽个人的"不仁不孝"，那么康熙五十一年（1712）再废太子之后，康熙皇帝已经意识到皇帝与储君、储君与诸皇子之间的矛盾和斗争，实际上是一场权位之争，这时的康熙皇帝已经发现，皇、储之间的矛盾所以不能根除，其根本原因就在于三十多年前自己所定的建储制度不完善，从而导致皇、储对立，储权侵犯皇权。此后，已经年逾花甲的康熙皇帝不仅更加关心自己身后继嗣的人选问题，而且更多地考虑采取什么样的方式册立合适的皇太子，通过什么方法处理好皇权和储权的关系。

三、艰难探索

　　康熙五十一年（1712）十月，胤礽再度被废后，康熙皇帝本人处境也十分被动。太子两立两废，变来变去，使得广大臣工对他的各种决定的正确性产生了怀疑，大大影响了自己的威信；同时，由于太子再度被废，诸皇子争夺储位的斗争又有复起之势。而就当时争夺储位颇用力的几个皇子看来，哪一个也不是理想的人选。如果勉强凑合，将其中一个立为皇太子，除了将会再给自己树立一个对立面之外，还可能引起更多的矛盾，决不会产生什么好的结果。面对这种形势，康熙皇帝极觉困惑，内心十分痛苦。为此，他前思后想，自己在立储过程中，究竟是什么地方、哪个环节出现了问题？怎样才能摆脱目前的困境？为什么太子幼小时是那样可爱，年龄一大，开始从政就变了模样？为什么一废太子，诸皇子就将平时温良恭俭让的行为弃置一旁，急不可耐地参加到争储活动之中来？为什么太子被废之后即显得既仁且孝，而一旦复出，就又变成一副凶恶嘴脸？由本朝而上溯前朝，他又发现，皇帝和储君的矛盾带有普遍性。为什么公开立储、立嫡立长见之儒家经典而人们却往往不遵守？是儒家经典不适用于实际政治，还是人心不古？如果说它不适用于实际政治，为什么两千年来帝王、士大夫以下皆奉为圭臬？如果说是人心不古，为什么在儒家经典产生之前及其产生的同时代，违犯儒家经典规定而行弑逆篡位之事又史不绝书？他对这些问题进行了极其艰难的探索。同时，为了防止自己的威信进一步下降，并制止诸皇子之间的争储斗争再度重演，康熙皇帝一反以前的立场，对于立储一事表示了相当消极的态度：禁言立储，并且不立皇太子。

虽然如此，眼见老皇帝年逾花甲，身体一日不如一日，臣下建言立储者还是大有人在。如康熙五十二年（1713）二月，再废太子不过四个月，左都御史赵申乔陈奏，"皇太子为国本，应行册立"[45]；康熙五十六年（1717）五月，又有大学士王掞密疏请立皇太子，"密折凡数千言"[46]；同年十一月，康熙皇帝重病之中，大学士王掞及御史陈嘉猷等人又再次上疏，请立皇太子。不久要求立储的队伍进一步扩大到了大学士、九卿，康熙五十七年（1718）正月，大学士、九卿等缮折具奏"皇太子系天下根本"，"现今题奏之事，即可命皇太子在皇上左右，禀承皇上谕示，赞襄办理，候圣躬大安，再亲几务"[47]；二月，又有九卿、詹事、科道等一般官员以立储一事缮折请旨；康熙六十年（1721）二、三月间，大学士王掞及监察御史陶彝等十二人又乘康熙皇帝在位六十年寿诞之际提出："建储一事，尤为巨典，恳皇上独断宸衷，早定储位。"[48]而且由于受传统立嫡立长建储观念的影响，其中不少人的立储目标仍然是废太子胤礽。如康熙五十七年（1718）正月，康熙皇帝重病之中，翰林院检讨朱天保即在其父、原工部右侍郎朱都纳的唆使下公开上疏，请复立胤礽为皇太子。

对这些建言立储的臣工心理加以分析，大致可分为两种情况：一种是受传统立储观念影响过深，眼见康熙皇帝年老多病而又迟迟不立皇太子，对于大清王朝的未来前途表示忧虑。如康熙五十七年（1718）康熙皇帝大病之中八御史上疏请立储；康熙六十年（1721）三月，监察御史陶彝等十二人上疏请立储，大致都属于这种类型。另一种情况则是窥伺时机，进行政治投机。有的大臣看到康熙皇帝年迈体衰，余日无多，建储一事必定作为头等大事日夜加以考虑，因而千方百计地刺探消息，投其所好，以上疏请立储为名，推举在他们看来是康熙皇帝的意中人做皇太子，以博他日之荣华富贵。康熙五十二年（1713）春癸巳科会试考题为"放太甲于桐宫"。太甲是商汤之孙，即位后纵欲败度，大臣伊尹谏之不听，遂将其流放于桐。三年后太甲悔过，伊尹复将其迎归，授之以政，从而成为一代明主。看到这个题目，一些人欣喜若狂，自以为已经猜测到并洞悉了康熙皇帝的内心隐秘：原来康熙皇帝两废太子胤礽并非真废，而是他的一种教育方式，尔后再行传位啊！在这种投机心理的支配下，康熙五十六年（1717）和五十七年，大学士王掞、翰林院检讨朱天保先后上疏，请立皇太子。其中王掞奏疏虽颇含蓄，但康熙皇帝一看就知其意之所在；而朱天保的奏疏则不加任何掩饰，"请复立胤礽为皇太子"，并称其"圣而益圣，贤而益贤"⁴⁹。

而此时此刻，已经吃尽了立太子苦头的康熙皇帝再也不想立皇太子了。最初对于臣下建言者，他还正面加以开导和解释，向他们介绍历史经验，说明不立太子比立太子天下更太平，立太子关系重大，必须慎重从事。同时他还注意到立太子之弊，认为如立太子，太子地位特殊，必然会产生骄纵奢侈恶习。再有，由于在皇帝之外另立中心，也影响国家事务的处理。如康熙五十二年（1713）在左都御史赵申乔疏奏立太子时，他就解释说："宋仁宗三十年未立太子，我太祖皇帝并未预立皇太子，太宗皇帝亦未预立皇太子。汉、唐以来，太子幼冲，尚保无事；若太子年长，其左右群小结党营私，鲜有能无事者。……今众皇子学问、见识不后于人，但年俱长成，已经分封，其所属人员未有不各庇护其主者，即使立之，能保将来无事乎？""建储大事，朕岂忘怀？但关系甚重，有未可轻立者。昔立胤礽为皇太子时，索额图怀私倡议，凡皇太子服御诸物俱用黄色，所定一切仪注几与朕相似，骄纵之渐，实由于此，索额图诚本朝第一罪人也。""今欲立皇太子，必能以朕心为心者方可立之，岂宜轻举？……太子之为国本，朕岂不知？立非其人，关系匪轻。"[50]后来，康熙五十七年（1718）大学士、九卿疏请立储，他又诏令他们"裁定太子仪仗"，显然即使再立皇太子，也要对其权力、仪仗加以限制。再后来，康熙皇帝越来越倾向于不立皇太子，臣下建言立储者，不是寻找借口拖延不办，就是加以申斥，甚至还施以处罚。如康熙五十七年春，康熙皇帝因为身体不好，连遗诏都已预先公布，惟独对于立太子一事却绝口不提。这时继大学士、九卿之后，又有九卿、詹事、科道以立储事缮折请旨。对此，康熙皇帝非但不予采纳，反而指责臣下将立储大事视同儿戏，于皇太后丧期之中"乃将大庆之事渎请"[51]。康熙六十年（1721）三月，大学士王掞及监察御史陶彝等十二人再次建言立储，康熙皇帝又大发雷霆，指斥王掞"意欲动摇清朝"，并威胁他们说："朕并无诛戮大臣之意，大臣自取其死，朕亦无如之何。"[52]尔后又将王掞之子王奕清以及其他所有建言者一并作为额外章京发往西陲。

对于怀有个人动机而疏请立储者，康熙皇帝更加不能容忍。康熙五十七年（1718）春，翰林院检讨朱天保在其父朱都纳唆使下上疏要求复立胤礽为皇太子。事发后康熙皇帝亲加刑讯，了解到他们"希图侥幸，取大富贵"，即刻将朱天保、戴保正法，其父朱都纳等人犯永远枷示，"伊等妻子，俱入官"[53]。对于大学士王掞，因为职位尊崇，不便加诛，康熙皇帝也一再追问其奏疏是否泄露于人，是否有意进行政治投机，并利用一切机会对其本人甚至其先祖都加以指斥。同时针对这些建言臣工提出的"命皇太子在皇上左右，禀承皇上指示，赞襄办理"的建议，他也严词拒绝，明白表示："天无二日，民无二主，天下之事，岂可分理乎？"[54]对于臣下普遍关心的他身后的具体继嗣人选，他也只是笼统地表示："朕万年后，必择一坚固可托之人，与尔等做主，必令尔等倾心悦服，断不致赔累尔诸臣也。"[55]但他所定的储君究竟是谁，十来年的时间里，他一直没有公开。

　　总之，在处理臣下建言立储问题上和处理其他问题大大相反，康熙皇帝的态度一直十分固执，甚至还给人以专横之感，但不可否认的是，由于他的这一态度，和康熙五十一年（1712）前皇、储矛盾，诸子争储所导致的混乱局面相反，整整十年的时间里，政局反而安定下来。可以说通过与臣工传统立储观念的斗争，康熙皇帝逐渐意识到以前立、废太子各种做法的错误，并就此进行了艰难的探索，萌发了秘密立储的思想火花。只是由于时代和环境局限，他的这些思想火花未臻成熟。然而雍正皇帝继位后，却将这一可贵的思想火花捕捉过来，并将其加以发展，制定了颇为健全的秘密立储制度，从而为清朝统治的长治久安和中国古代立储思想和制度的发展都做出了重要的贡献。

康熙五十一年（1712）再废太子后，在康熙皇帝禁言立储并进行艰苦探索的同时，由于康熙皇帝年已老迈，面对已经空缺的储位和即将空缺出来的皇位，诸皇子无不垂涎三尺，并再次积极投入营求储位的争斗之中。不只原先争储斗争中失利的废太子胤礽、皇八子胤禩如此，即使原先未曾公开营求储位的皇三子胤祉、皇四子胤禛、皇九子胤禟、皇十四子胤禵也都先后参加到这一行列中来。鉴于康熙皇帝一再禁止诸皇子营求储位，他们活动大多十分秘密。其中废太子胤礽是这一队伍中的重要成员。康熙五十四年（1715）准噶尔台吉策妄阿拉布坦兴兵内犯，康熙皇帝以富宁安督兵往讨。胤礽得知此事后，即在囚所用矾水写信，通过为其福晋看病的医生贺孟頫转交正红旗满都统、公普奇，希望他出面向康熙皇帝保举自己为大将军，率兵西征，以图东山再起。与此同时，因此前哲布尊丹巴呼图克图曾经说过他"灾星未脱"，因而他也经常打听哲布尊丹巴何时来京。当年十一月，他的这些活动被揭发出来，康熙皇帝即刻将贺孟頫处斩监候，普奇照前拘禁。其后又利用一切机会对胤礽多次加以指责，表示无意再立胤礽。他说："二阿哥两次立为皇太子，教训数十年不能成就。朕为宗社及朕身计，故严行禁锢。所以不杀者，恐如汉武帝之后悔，致后人滋以口舌也。朕并无可悔之处，见今时常派人探视，赍赐嘉物，其子朕为抚养，凡此皆父子私情，不能自已，所谓姑息之爱也，人何得以此生疑也？"[56]因此尽管胤礽活动甚为积极，又担任储君多年，有着一定的影响，不少大臣也为他复出四处奔走，但三十多年来，他的所作所为早已使康熙皇帝伤透了心，他的谋求恢复储位的活动最终仍以失败而告终。

　　初废太子之后，皇八子胤禩曾是争储斗争中的主要角色。后来虽因遭到康熙皇帝的打击而有所收敛，但是，康熙皇帝再废太子又给他注射了一针兴奋剂。在他看来，他有被廷臣推举为皇太子的光荣历史，胤礽再度被废，储位当非他莫属。因此，康熙皇帝再废太子之初，他就试探着问康熙皇帝："我今如何行走，情愿卧病不起。"[57]初废太子后，康熙皇帝本来是为了防止胤禩争夺储位而将胤礽复立为皇太子，现在胤禩又存此非分之想，康熙皇帝当即对他严加指斥："尔不过是一贝勒，何得奏此越分之语以试朕乎？伊以贝勒存此越分之想，探视朕躬，妄行陈奏，岂非大奸大邪乎？"[58]为图报复，在康熙皇帝外出打猎时，胤禩不但不赶赴随行侍候，反而遣人向康熙皇帝进上"将毙之鹰"，把康熙皇帝气得要死，对他进行了更加严厉的公开指责，说他是"辛者库贱妇所生，自幼心高阴险"；再次废掉太子之后，"仍望遂其初念，与乱臣贼子等结成党羽，密行险奸，谓朕年已老迈，岁月无多，及至不讳，伊曾为人所保，谁敢争执？遂自谓可保无虞矣"。康熙皇帝还将胤礽和胤禩作了一番比较，说："二阿哥悖逆，屡失人心，胤禩则屡结人心"，"此人之险，实百倍于二阿哥也！"并因此担心，"朕恐后日必有行同狗彘之阿哥，仰赖其恩，为之兴兵构难，逼朕逊位而立胤禩者。若果如此，朕惟有含笑而殁已耳。"[59]他气愤地表示："自此朕与胤禩父子之恩绝矣！"同时他还对胤禩本人及其党羽分别打击和处罚，将胤禩的奶公雅齐布夫妇捕拿正法，胤禩手下太监冯进朝等人也被当众夹讯。康熙五十四年（1715）正月，康熙皇帝又以胤禩"行止卑污，凡行走处俱懒惰不赴"而停发他及其属下护卫官员的俸银俸米[60]；同年十一月，又以胤禩与其门客何焯往来诡秘，超逾常格，将何焯的翰林院编修并进士、举人头衔一概革去[61]。在康熙皇帝的打击下，胤禩争储的活动由公开转入秘密。他依靠死党，到处拉拢人，并散布自己生辰八字是庚戌、己丑、丁未、壬辰，与前代帝王相同，有君主福分。虽然如此，但由于康熙皇帝对他一直极为厌恶，因而不但在考虑立储对象时将他排除在外，而且还对他防范备至。尽管他活动十分积极，但也只是无望的努力。

随着形势发展，在康熙皇帝的严厉打击下，胤禩集团开始发生分化。原先皇九子胤禟、皇十四子胤禵都支持胤禩争储并为此而四处奔走。康熙五十二年（1713）再废太子后，眼见胤禩一再遭到康熙皇帝打击，争储无望，同时他们自己也都长大成人，野心膨胀，从而开始了各自营求储位的活动。如太子再废之初，胤禟即对其亲信何图说："我初生时，有些奇处，妃娘娘曾梦日入怀，又梦见北斗神降。虽然如此，我心甚淡。"并要求亲信为他物色人才，说："人材难得，你该为我留心。"[62]康熙五十六年（1717）十二月，皇太后病重，康熙皇帝忙得焦头烂额，胤禟却装病不参加护理，暗中继续做着他的皇帝梦，对他的亲信、西洋人穆经远说："外面的人都说我和八爷（胤禩）、十四爷（胤禵）三人里头有一个立皇太子，大约在我的身上居多些。我不愿坐天下，所以我装了病。"[63]同时他还收买太监陈福、李增，暗中伺察康熙皇帝动静，并令穆经远代表自己向四川巡抚年羹尧送荷包，说："胤禟相貌大有福气，将来必定要做皇太子的，皇上看他也很重。"[64]他的门客、礼科给事中秦道然也常在外面散布他的主公"为人宽宏大量，慈祥恺悌"[65]。虽然如此，由于他年纪轻，在争储斗争中起步较晚，势力很小，影响也不大，因而更多的情况下，他是附和胤禩、胤禟，企图在他们当上皇太子或者继位为君后，自己能捞取较多的实惠。

在康熙皇帝再废太子后争夺储位的斗争中，值得注意的是皇十四子胤禵。胤禵生于康熙二十七年（1688），与皇四子胤禛同母。康熙初废太子时，他的年龄不过二十，只是胤禩的一个附和者。再废太子后，眼见原先有望立为储君的胤禔、胤禩，不是遭到囚禁，就是受到指责，他心中萌发了希望之火并进行了谋夺储位的活动。为了争取在朝官员的支持，他礼贤下士，广泛联络，对于一些有影响的人物，如大学士李光地的门人陈万策，他还"待以高坐，呼以先生"，因而在当时社会上博得了"十四爷礼贤下士"[66]的声誉。康熙五十七年（1718）策妄阿拉布坦入侵西藏又给了他一个崭露头角的机会，当年十月，康熙皇帝任命他为抚远大将军，率兵西征。为了扩大影响，对敌方形成心理压力，胤禵率军出发前，康熙皇帝亲往堂子行告祭礼，尔后，又于出师之日在太和殿向胤禵授大将军敕印，并命其乘马出天安门，诸王及二品以上文武官员齐至德胜门军营送行。同时，康熙皇帝还特准他"用正黄旗旗纛，照依王纛式样"[67]，在军中称"大将军王"。自康熙初年以来，从来没有一个皇子膺此殊荣，因而，原先他的一党胤禩、胤禟皆认为储位非他莫属，个个兴高采烈，欣喜若狂。其间，胤禟还多次前往胤禵家，向他祝贺并赠送银两，嘱其"早成大功，得立为皇太子"。胤禟还对他的亲信秦道然等人称赞胤禵"才德双全，我兄弟内皆不如，将来必大贵"；"十四爷现今出兵，皇上看得很重，将来这皇太子一定是他"；又说："十四爷若得立皇太子，必然听我几分话。"胤禵本人也自居不疑，他说："皇父年高，皇太子这个差使想来是我的。"为了及时掌握京师动静，以便采取行动，临行前他还对胤䄉说："皇父年高，好好歹歹，你须时常给我信儿。"**68**到达西北军营后，胤禵继续招贤纳士，数次派人礼聘著名学者李塨。同时，出于对自己前途的关心，他还通过陕西临洮知府王景灝的安排，请来算命人张瞎子为自己算命。张瞎子当面奉承他的命相是"元武当权，贵不可言，将来定有九五之尊运气，到三十九岁就大贵了"**69**。胤禵更加高兴，特地赏银二十两。康熙五十九年（1720）胤禵督率大军入藏，建立了卓越的功勋。但在次年回朝入觐时，康熙皇帝并未将他册立为皇太子，而是令他再回军营，继续经营西疆。胤禵本人"立了大功，早正储位"之愿未遂，甚觉不悦。其党人也颇感失望，并说："皇父明是不要十四阿哥成功，恐怕成功后难于安顿他。"**70**所有这些史料证明，再废太子之后，皇十四子胤禵也参加到争储斗争之中，且是其中最为积极的一个。

在当时诸皇子争夺储位的斗争中，还有一个不大引人注意的角色是皇三子诚亲王胤祉。康熙初废太子之前，他即开始盛邀康熙皇帝至他府邸进宴。但当时，他和皇太子胤礽关系较好，大约不会有什么非分之想。盛邀康熙皇帝赴宴，一是作为年长皇子看到父亲心境不好，为其抒心开怀，以尽人子之情；二是如有机会，也为康熙皇帝和胤礽父子之间矛盾做些调和工作。康熙五十一年（1712）再废太子，前此，皇长子胤禔即已拘禁，在当时诸皇子中，胤祉以齿序长，按照传统建储观念，有嫡立嫡，无嫡立长，皇太子自然非他莫属。大约出于这种心理，他也"希冀储位"，"以储君自命"。但是他实在有点大意，更兼又是一个文化人，康熙五十二年（1713）康熙皇帝开馆畅春园蒙养斋，命他负责编修律吕、算法诸书，他就一头扎进书堆之中。他的这种态度，虽然得康熙皇帝欣赏，但却耽误了不少时光，使得他在争储斗争中成为最小的一支势力。尔后在他发觉这一问题时，又派属下孟光祖打着他的旗号，到山西、陕西、四川、湖广、广西等省活动，向各地官员赠送礼物，进行拉票活动。因为方法过于笨拙，不久便被察觉。康熙皇帝虽然气恼，但如果依例处理，那么他的所有成年儿子就没有一个好人了。兼之胤祉平素尚颇老实本分，康熙皇帝原谅了他，只将孟光祖处死了事。虽然如此，他的这个把柄却被他的政敌胤禛死死攥住不放，在胤禛即位后，即以此作为主要罪状，将他圈禁至死。

上述诸皇子虽皆希冀获得储位并都参加了康熙末年的争储斗争，然而他们大都急功近利，志大才疏，不但没有切实可行的行动方案，而且举止张狂。和他们相比，皇四子胤禛则大有超越。在诸皇子争储斗争十分激烈之时，他的活动积极程度绝不亚于他人，但是"善用兵者隐其形"，他的一切活动都十分秘密，不仅康熙皇帝始终未能察觉，就是其他皇子也被蒙在鼓里。同时他还制定了一套谋夺储位的详细的纲领、计划、策略和措施，分别从几个方面入手，没有任何漏洞。一俟时机成熟，这个平时"静若处子"的雍亲王即刻"动如

659

脱兔",从而在诸皇子角逐储位的斗争中获取了最后的胜利。他的这些活动,本书将以"雍正继位"为题专节介绍,此处不再赘述。

综观再废太子后的政局,可以看出,一是康熙皇帝对自己以前立储活动中的错误做法有所认识并加以修正,禁言建储,不立皇太子。这些都标志着经过多次挫折之后,康熙皇帝的立储思想达到了一个新境界、新高度,但是由于受时代局限和传统建储观念影响过深,他的这种新认识还颇为模糊,不能彻底解决现实问题。二是诸皇子谋夺储位的活动有加无已,而且大多还是秘密进行,令人很难彻底查清。于是,繁忙的国务处理、艰难的理论探索以及时刻提防诸皇子的暗中非法活动,成为康熙皇帝最后十年活动的主要内容。所有这些都使原已因立、废太子而受到严重创伤的康熙皇帝的心理和身体进一步受到伤害。早在初废太子之后,康熙皇帝即"六夕不能安寝",后来又连病数月,虽经多方调治,身体有所恢复,但由于日夜忧心,至康熙五十年代初,行年尚未到六十,却已须发皆白,身上病症也越来越多。康熙五十年(1711)五月,康熙皇帝北巡塞外,即自京师抱病而出,令人扶掖而行。康熙五十四年(1715)时,康熙皇帝因病右手不能写字,只能左手批折。康熙五十六年(1717)秋,康熙皇帝精神亦大不如前。据他自称:"朕近日精神渐不如前,凡事易忘,向有怔忡之症,每一举发,愈觉迷晕。"十一月初,又增腿膝疼痛,并因感受风寒而咳嗽声哑。这时,这个临御天下近六十年的老皇帝已觉得自己来日无多,对于前途也颇为悲观。他深怕自己的几个儿子乘他生病之机矫传皇太后懿旨而行逼宫之举；他也想到这些斗红了眼的儿子们会不会给他进鸩毒，尔后再伪撰诏书，行篡位之举；或者在他死后，将他的尸体置于乾清宫内而束甲相攻。为了维护他的一世英名，他希望死得光明磊落，而不能不明不白。他需要向广大臣民袒露心迹，对自己一生做一个总结，然后诏谕天下，让天下臣民后世对自己的一生有一个客观的评价。为此，早在初废太子后，他即随想随记，积之十年，至康熙五十六年十一月二十一日，在大病之中，他将诸皇子、满汉大学士、学士、九卿、詹事、科道等官员齐召至乾清宫东暖阁，颁布了情辞恳切的长篇谕旨。为了使读者了解康熙皇帝当时的心情，特译成白话，全文载录如下：

我在年轻时身体十分健壮，从不知道什么叫生病。今年春天，才得了头晕之症，身体渐显消瘦。秋天时，我行围塞外，蒙古地方水土很好，因而精力渐觉充沛，面容也逐渐丰满起来。每天骑马射箭，都不觉得疲劳。回到北京后，因为皇太后身患重病，我日夜忧劳，头晕之症又不时发作。心中有许多话，想向你们说，所以特将你们召至加以面谕。

从来帝王治理天下，没有不把尊敬上天、效法祖宗作为首要之事。敬天法祖的主要内容就是使远近宾服，让人民休养生息，让百姓普遍享受四海之利。而做君主的则要以百姓愿望作为自己的愿望，体恤群臣，子育万民，在国家没有危险时即注意加以保护，在天下未乱时即不懈地孜孜求治。不分昼夜，尽心尽力。宽严交相为用，互相补充。施政中既讲原则，又不失灵活，以图国家长治久安。

自古以来各朝，以我大清取得天下最为名正言顺。我太祖、太宗起初并无取天下之心。太宗皇帝曾经率兵至北京附近，许多大臣都要求攻而取之，太宗皇帝劝止他们说，明朝和我朝虽然平素关系不好，而且目下攻之也甚为容易，但考虑到它是中原之主，因而不忍心攻取。后来，流贼李自成攻破北京，崇祯皇帝上吊自杀，不少臣民纷纷来迎我师入关。不得已，我朝才发兵入关，剿灭李自成，入主中原。秦朝末年，项羽起兵反秦，尔后却统一于西汉，起初，汉高祖不过是泗上一个亭长而已；元末，陈友谅等纷然起兵，后来却统一于明朝，起初，明太祖不过是皇觉寺的一个和尚。我朝上靠祖宗福荫，下顺百姓意愿，从而统一全国。可见，李闯王、张献忠等乱臣贼子起兵作乱，不过是为我朝统一创造条件罢了。

现在我已年将七十，在位也已五十多年了。之所以如此，实在是上天、祖宗暗加佑护而不是我有什么德行啊！我自幼读书，对于古今道理粗略通晓。大凡帝王，各有天命和一定的福分，凡应得高寿者不能使之不享高寿，凡应享太平者不能使之不享太平。从黄帝甲子年迄今，共四千三百五十余年，其间称帝者有三百多人。但由于史料湮没，三代之事或不可全信。而秦始皇元年迄今，共一千九百六十余年，称帝而有年号者二百一十一人。在这二百一十多个帝王中，在位时间最长的就数我了。古代哲人一般都不吹嘘自己并适可而止，以保全始终。三代以后，一些帝王在位时间虽长却未留下什么好名声，一些帝王又因寿命太短而不知民间之疾苦。我的岁数很大，在位时间又长，不知后世之人对我如何评说。而就目前之事来看，又实在可以使人痛哭流涕。为此，我预先随笔自记，尚且十分担心天下之人不知我的苦衷啊！

自古以来帝王多以死为讳。后人读起他们的遗诏，觉得不像是本人的语气，并不是他们想说的话。这些大多都是他们弥留之际，神智昏聩，心腹大臣捉刀代笔所为。我则不然，现在就让你们知道我的肺腑。我在位二十年时，没有想到会活到在位三十年；在位三十年时，没有想到会活到在位四十年，现在我已在位五十七年了。《尚书·洪范》篇所载五福，一是高寿，二是富有，三是康宁，四是好德，五是善终。五福之中，以善终列于最后，是因其非常难以达到啊！现在我年已将近七十，儿子、孙子、曾孙总共一百多个，天下也大致安定，即使未能完全移风易俗、家给人足，但几十年来孜孜求治，小心谨慎，从未松懈，数十年如一日。这些，怎么能用"劳苦"两字简单加以概括？不少前代帝王短命而死，史家论及，一般都说他们奢侈腐化，贪于酒色所致。这些都是后代书生随意加以讥讽，以致不少品行优秀的帝王，也被他们说得一无是处。我现在为那些前代帝王说句公道话：他们所以早夭，实在是因为治理天下任务十分繁重，身体无法承受的缘故啊！诸葛亮说："鞠躬尽瘁，死而后已。"能够履行这句话的臣下，只有一个诸葛亮；而作为帝王，肩负至重，无法推卸，哪里是臣下所能比拟的呢？臣下愿做官就可以做官，不愿做官也可以挂冠而去，年老退休回家，抱子弄孙，还可以过一段自在生活。而做国君的却没有此等福分，勤苦一生，从无休息。大舜虽称无为而治，但却于巡幸途中死于苍梧；大禹一生更是忙碌，以致手脚都长了厚茧，最后死在会稽。这样勤政，四处巡幸，不能有一天休息，哪里能说是崇尚无为、清静自持呢？从前人们常说，帝王当抓关键，而不必事事都抓，我以为不然。一件事不谨慎，就会给天下治理造成影响；一会儿不谨慎，也许会造成长期祸患；小事不注意，很可能影响全局。因此，我办每件事都细心谨慎，不敢贪图清闲。如果今天留下一两件事不办，明天就多了一两件事；如果明天再图安闲，所积事务会越来越多。而国家事务，件件重要，哪里能拖延不办呢？因而我处理政务，无论大小，即使奏章内有一字错误，也加以改正之后才予以发出。处理政务时不敢马虎大意，是我的老习惯。五十多年来，经常是先事防患于未然。四海之内的百姓，普遍对我加以称颂，感戴我的恩德，哪里能只抓大事、不办小事呢？

我自幼身体强壮，能够拉开十五力的硬弓，并能连续射出十三把箭。对用兵征战，我也十分在行，然而平生没有随便杀过一个人。平定三藩，扫定噶尔丹，都是我一手安排。国库帑银，如果不是出兵打仗或者赈济灾民，从不敢随意花费，因为这都是百姓的血汗啊！各处巡狩行宫，也十分朴素，每处花费，不过一二万两银子，和河工建设每次要花三百万两白银相比较，不到百分之一。自幼读书，就知道应该戒防酒色，不接近小人，因而到老也没出什么毛病。但自康熙四十七年大病之后过度地伤耗精神，渐觉不及往时；再加上日理万机，都由我一人决定，经常感到心力不济，十分担心发生意外，而自己要说的话说不出来，岂不遗憾！所以我先在神智清晰之际一一说出，对自己一生为人行事加以总结，岂不是很高兴的事情吗？

凡人有生就有死，这是符合圣贤之道的大道理，并没有什么可以恐惧的。近来我身体多病，心神恍惚，身体十分疲惫，起卧行走，如无人扶持就感到困难。当年我的志向是以天下为己任，并想做到生命不息，奋进不已。现在我身患重病，怔忡健忘，心中十分害怕处理事务时以是为非，办错了事。我已为治理天下耗尽了心血，现在身体不好，吃得少，事情多，哪里能活多久？再加上天下承平已久，人习晏安，说不定哪一天国家要出大乱子。那时，我即使心有余也恐力不足，无法振作，而呻吟床褥，就是死了也感到遗憾。从前梁武帝也是个创业英雄，但至晚年为侯景所逼，最后死于台城。隋文帝也是个开创之主，但由于不知他的儿子杨广的品行，最后不得善终。又如历史上不少弑君先例，如服食毒饼，烛影斧声，都是因为事先没有发觉，从而对国计民生产生了巨大危害。从前汉高祖传遗命于吕后，唐太宗定储位征求长孙无忌的意见。如此大事，不自己做主，而是问计于人。我一看到这些，就替他们感到耻辱。如果说现在有什么奸小之辈，企图在我病危之际废立自专，以期捞取荣华富贵，只要我一息尚存，是绝不肯放过这些家伙的。

我虽身为帝王，但是出生和成长过程中都没有什么异于常人之处。因而从八岁即位，至今五十七年，从来不许别人妄言符瑞、祯祥。至于史册所载什么景星、庆云、麟凤、灵芝之类，以及于殿前焚珠玉、天书降于庭，更都是欺世之谈，我所不取，只是实实在在地处理国家政事而已。近来臣下奏请建立储君，分理国事，无非都是怕我死去。死生是人之常情，我并不忌讳，只是天下大权当统于一人之手。十年以来，我将自己一生为人行事、所思所想都亲笔书写，严加封存，至今尚未写完。像立储这样的大事，我哪里会忘记呢？君主责任重大，如果让我放下这副担子，好好休息，肯定可以增加年寿。你们都受我深恩，有什么法子让我放下这个担子啊？我现在心血耗尽，勉强支持，万一耽误国家大事，五十七年来的一切努力都将付诸东流，岂不可惜？这些都是我的肺腑之言。每次看到老臣引年乞休，我都要落泪。你们还有退休之日，我什么时候才能休息呢？只要让我休息十天半月，身体略为复原，我的高兴心情，哪里是言语所能形容的呢？如果那样，我再活上几十年，达到宋高宗那样的岁数，也是可能的。我到五十七岁时才有几根白胡须，有的人向我进献乌须药。我笑着推辞道，从古以来，历代帝王能活到长出白胡须的有几个人？如果我须发皆白，不是千秋佳话吗？康熙初年和我一同在朝的如今已经一个人也没有了，后进新升之臣下，也大都白了头发。我在位时间已经够长了，应该知足了。我位居天下之首，占有四海之富，无所不有，没有尚未经历过的事情。到了老年，一刻也不能休息。在我看来，扔掉这个君位不过像脱掉一双旧鞋，放弃富贵荣华就像扔掉一把沙土。如果在我有生之年天下太平，我的意愿即已满足。希望你们大小臣工千万不要忘记我这个五十余年太平天子的反复叮咛，那么，我一生中便再无他求了。

这道谕旨我已准备了十年之久，如果将来有什么遗诏，也无非就是这些话。我把心里话都毫无保留地掏给你们，此后我就不再重复了。[72]

此道谕旨颁布之后，因为又逢皇太后病重去世，康熙皇帝忧劳焦急，身体更加消瘦，双脚浮肿，病卧床上七十余日，不能行走。一直到次年春季，气候渐暖，病情始显好转，开始处理各种国务。虽然如此，但毕竟老境来临，总的情况是一年不如一年，如康熙五十七年（1718）时，康熙皇帝说自己稍微早起就"手颤头摇，观瞻不雅，或遇心跳之时，容颜顿改"。康熙五十八年（1719）四月，他又说自己"气血渐衰，精神渐减，办事颇觉疲惫，写字手亦渐颤"，当年冬至祭天，因足疾未愈，诏令皇三子诚亲王胤祉代行祭天之礼。康熙六十年（1721）春，更增"易倦善忘"之症。冬至祀天，又下诏命皇四子雍亲王胤禛代行礼。尽管如此，康熙皇帝仍然一本初衷，鞠躬尽瘁，死而后已，于康熙六十一年（1722）春巡视畿甸，察吏安民；夏天又北巡塞北；九月底回到北京后，又忙于处理各种政务。就是在疾病折磨和繁忙的政务处理中，康熙皇帝一步一步地走近了自己生命的终点线。

康熙六十一年（1722）十月二十一日，巡视塞北返京不过二十几天，康熙皇帝又赶往南苑行围。因为多日劳累，身体更加虚弱，兼以时值隆冬，气候寒冷，康熙皇帝感受风寒。十一月初七日康熙皇帝回驻畅春园治疗疾病。按照惯例，十一月十五日冬至节时，康熙皇帝须亲往南郊举行祀天大典。因为生病，他下诏命皇四子胤禛代行祀典并令其预先斋戒。多年以来，康熙皇帝一直疾病缠身，却都闯了过来，因而对于此次伤风并未在意，而是照常处理各种政务。这月初十、十一、十二，胤禛在斋戒期间，曾经连日派遣太监、侍卫问候康熙皇帝病情，他也只是随随便便地回答"朕体稍愈"。谁知就是这点大意断送了他的性命。十二日深夜，康熙皇帝病情急剧恶化。夜半刚过，急召皇四子胤禛于斋所，命其速赴畅春园，南郊祀典改派公吴尔占恭代行。同时又召皇三子诚亲王胤祉、皇七子淳郡王胤祐、皇八子贝勒胤禩、皇九子贝勒胤禟、皇十子敦郡王胤䄉、皇十二子贝勒胤祹、皇十三子胤祥、理藩院尚书隆科多等人齐至御榻之侧，将多年以来秘而不宣的立储人选告诉了他们，谕令他们说："皇四子胤禛人品贵重，为人行事都符合朕的心愿，一定能够挑起治理天下的重担。兹以他继朕为君，即皇帝之位。"这些话刚刚说完，皇四子胤禛也自斋所赶至，趋前请安。康熙皇帝又告以数日以来自己病势日增之况。眼见皇父已被疾病折磨得奄奄一息，十分痛苦，胤禛饱含热泪，对皇父进行了一番劝慰。至十三日（1722年12月20日）子时，这个为大清王朝的昌盛和繁荣奋斗六十多年的一代英主康熙皇帝，满怀着对他的江山和子民的无限眷恋之情告别了人世，在位六十二年，终年六十九岁。

当夜，在康熙皇帝诸子与理藩院尚书、步兵统领隆科多的严密护卫下，康熙皇帝的遗体从畅春园移回紫禁城乾清宫。为了防止国丧期间可能发生的各种变乱，下令关闭京城九门。十六日，向全国颁布康熙皇帝遗诏，其内容和康熙五十六年冬预作遗言大致相同，只是增加了继承人和丧事遵照礼制办理两条。十九日，胤禛以登基遣官告祭天地、太庙、社稷坛，京城开禁。二十日，胤禛御太和殿登基，受百官朝贺，改明年为雍正元年。二十八日，为康熙皇帝上尊谥为"合天弘运文武睿哲恭俭宽裕孝敬诚信功德大成仁皇帝"，庙号"圣祖"。十二月初三日，将其遗体移送景山寿皇殿。雍正元年（1723）四月，雍正皇帝胤禛亲送康熙皇帝灵柩至遵化山陵，安放享堂。九月，雍正皇帝胤禛再往遵化，将康熙皇帝灵柩安放景陵地宫。从此，这个对于中国古代社会进步产生过重要推动作用的一代英主康熙皇帝，便长眠于景陵之下的地宫之中。

四、雍正继位

康熙皇帝的去世虽然为其一生画上了一个句号，但是在他死之后的一段时间里，由他在位期间开始的诸皇子争夺储位以至最高权力的斗争仍在继续，为使读者详其首尾始末，于此特设"雍正继位"一节，以为本章之末篇。

雍正皇帝胤禛在位期间，虽然功业彪炳，不亚乃父；他死之后，有关他的传说也是家喻户晓，童叟皆知；在各种历史著作中，他更是史家讨论的重点，或褒或贬。然而，在他即位之前的康熙时期，尤其是康熙末年诸皇子进行激烈的争储夺嫡斗争之时，在时人心目中，有望继位的只是皇太子胤礽、皇长子胤禔、皇八子胤禩、皇十四子胤禵等三四个风云人物，对于皇四子胤禛，则普遍不大关注，印象比较淡漠。

谁也不曾想到，这个默默无闻的雍亲王，竟在康熙皇帝临危之际，金口玉言，由他嗣位为君。康熙皇帝为何对其独加青睐？而作为角逐帝位斗争中的一匹黑马，胤禛又是玩弄了什么手法，使自己一夜之间便成为政治舞台上的中心人物，并让其他所有对手中箭落马，一败涂地？其实，如果对康熙季年有关史料详加分析，即可看出，胤禛所以在储位之争中获得最后的胜利，并非出于偶然，而是他多年以来苦心经营的合理结果。

胤禛生于康熙十七年（1678），是康熙皇帝的第十一个儿子。因为在他出生前后，他的七个兄长皆在童年早夭，按照后来的皇子排列次序，他便成为皇四子。他的生母是乌雅氏，在他出生之时，还只是个一般宫人，因为生子有功，进位德嫔，不久又晋升为妃。胤禛幼年时期，康熙皇帝的孝懿仁皇后因为无子，将他抚育成人。孝懿仁皇后是一等公佟国维的女儿，康熙皇帝生母慈和皇太后的侄女，康熙末年担任理藩院尚书、步兵统领隆科多的姐姐。可以想见，这段经历和关系与他在几十年之后的发达有着一定的因果关系。

青少年时期，在康熙皇帝的关心下，胤禛受到了良好的教育。学习内容包括满汉蒙文字、经史、骑射等许多科目。年龄稍长，又随从康熙皇帝巡幸各地。十九岁时康熙皇帝亲征噶尔丹，又以胤禛掌管镶红旗大营，经受军旅生活的锻炼。同时为了培养他的行政才能，康熙皇帝还先后派给他一些临时性差使，并于康熙三十七年（1698）封他为贝勒。就是通过这些学习和实践，胤禛掌握了日后治理天下所必需的文化、历史知识，具有了一定的行政才干，在满族皇室中也有了一定的政治地位，从而为他后来参加储位之争以及最后打通通向最高权力之路准备了条件。

康熙四十七年（1708）九月，在胤禛步入而立之年时，发生了康熙皇帝废掉皇太子的重要历史事件。对此，皇长子胤禔、皇八子胤禩这些平素早已在国家政治生活中崭露头角的皇子欣喜若狂，并且都毫不犹豫地投入到竞争储位的斗争。在这场政治风暴中，和这些手足同胞相比较，胤禛显得更为成熟。他深知虽然康熙皇帝和胤礽父子矛盾由来已久，然而由于皇父向来为人仁慈宽容，尽管在气头上采取了一些十分激烈的行动，但事情过后，念及父子之情，必然会改变态度；况且多年以来，在诸多弟兄同胞中，自己并非十分引人注目，太子被废对自己没有好处，确定皇太子暂时也轮不到自己头上；兼之以康熙皇帝宣布废掉皇太子是在北巡塞外期间，恰好在此期间，胤禛奉命留京办理事务，未曾陷入这场斗争。因而对于此次事件，胤禛采取了调和的态度。他一方面力劝康熙皇帝息怒以保重身体，并全面考虑事情的影响和后果；另一方面，对于废太子胤礽，他也不落井下石，而是在不使自己卷入斗争漩涡的前提下，有机会时便为胤礽说上几句好话。如康熙四十七年九月中旬康熙皇帝进京后，将胤礽拘押上驷院，他自己则撰拟废弃皇太子的告天文书，写好后交给负责看管胤礽的皇长子胤禔、皇四子胤禛、皇九子胤禟，让他们交给胤礽过目。胤礽看过之后，对他们说：我的皇太子是皇父给的，皇父要废就废，何必告天？胤禔将此话转奏康熙皇帝。康熙皇帝听后说：做皇帝是受天之命，这样的大事怎么能不告天？胤礽如此胡说，以后他的话就不必转奏了。

胤褆将这道谕旨传给胤礽，胤礽又说："皇父若说我别样不是，事事都有，只弑逆的事，我实无此心，须代我奏明。"胤褆以康熙皇帝有言在先，拒绝代奏。这时皇九子胤禟向胤禛说，这件事关系重大，似应代奏。胤禛即不顾胤褆反对，将此上奏康熙皇帝。本来康熙皇帝废掉皇太子的主要原因之一是怀疑他企图加害自己，现在听到此话，立即下令除去胤礽项上锁链，同时对胤礽的敌对态度也大大缓和下来。

　　在有分寸地为胤礽开脱的同时，胤禛也极力避免触怒胤礽的政敌胤褆、胤禩一伙人，以免被他们视为太子党。他明明知道康熙废掉皇太子前后，胤褆、胤禩干了许多见不得人的勾当，但他却不向康熙皇帝揭发。在康熙皇帝回心转意，对胤礽态度缓和下来后，想起胤禛顾全大局的做法，当众称赞他"性量过人"，"深知大义"，"洵为伟人"。这时，胤禛却矢口否认他曾为废太子说过好话，并说："皇父褒嘉之旨，儿臣不敢承受。"[73] 对于胤褆、胤禩公开跳出来竞争储位的做法，他既不表示支持，也不表示反对。同时，他自己也一再表示无意营求储位。正是这种态度，在康熙皇帝初废太子的风波中，他既未像胤礽、胤褆、胤禩一样受到康熙皇帝的严厉打击而声名大损，也未像其他年幼皇子一样唯唯诺诺，无所表现。因而，康熙四十八年（1709）他和皇三子胤祉、皇五子胤祺一起受封为亲王，政治地位大大上升，成为在这场政治风波中获取实惠最多的一个皇子。

　　康熙五十一年（1712）十月，康熙皇帝颁旨再废皇太子。同时为了防止诸皇子争储斗争再度重演，康熙皇帝明谕不立储君，并禁止臣下就此建言。这时由于政治地位的提高，胤禛的政治野心也进一步膨胀，并直接投入了争夺储位的斗争。他深知自己所思所想、所作所为绝不是一个忠臣孝子所当为，因而他的活动十分秘密。同时他还超出对手之上，制定了一套争夺储位的详细的纲领和计划。所有这些详见于康熙五十二年（1713）时他的藩属亲信戴铎写给他的密启。该密启云：

当此君臣利害之关、终身荣辱之际，奴才虽一言而死，可以少报知遇于万一也。谨据奴才之见，为我主子陈之：

皇子有天纵之资，诚为不世出之主；诸王当未定之日，各有不并立之心。论者谓处庸众之父子易，处英明之父子难；处孤寡之手足易，处众多之手足难。何也？处英明之父子也，不露其长，恐其见弃；过露其长，恐其见疑。此其所以为难。处众多之手足也，此有好竽，彼有好瑟；此有所争，彼有所胜。此其所以为难。而不知孝以事之，诚以格之，和以结之，忍以容之，而父子、兄弟之间，无不相得者。我主子天性仁孝，皇上前毫无所疵，其诸王阿哥之中，俱当以大度包容，使有才者不为忌，无才者以为靠。昔者东宫未事之秋，侧目者有云："此人为君，皇族无噍类矣！"此虽草野之谚，未必不受此二语之大害也。奈何以一时之小忿而忘终身之大害乎？

至于左右近御之人，俱求主子破格优礼也。一言之誉，未必得福之速；一言之谗，即可伏祸之根。主子尊老敬贤，声名实所久著，更求刻意留心，逢人加意。素为皇上之亲信者不必论，即汉官、宦侍之流，主子似应于见面之际，俱加温语数句、奖语数句，在主子不用金帛之赐，而彼已感激无地矣。贤声日久日盛，日盛日彰，臣民之公论谁得而逾之？至于各部各处之闲事，似不必多于与闻也。

本门之人，受主子隆恩相待，自难报答，寻事出力者甚多。兴言及此，奴才亦觉自愧。不知天下事，有一利必有一害，有一益必有一损，受利受益者未必以为恩，受害受损者则以为怨矣。古人云：不贪子女玉帛，天下可反掌而定，况主子以四海为家，岂在些须之为利乎？

至于本门之人，岂无一二才智之士？但玉在椟中，珠沉海底，即有微长，何由表现？顷者奉主子金谕，许令本门人借银捐纳，仰见主子提拔人才之至意。恳求主子加意作养，终始栽培，于未知者时为亲试，于已知者恩上加恩，使本门人由微而显，由小而大，俾在外者为督抚、提镇，在内者为阁部、九卿，仰藉天颜，愈当奋勉，虽未必人人得效，而或得二三人才，未尝非东南之半臂也。

以上数条，万祈主子采纳。……当此紧要之时，诚不容一刻放松也！否则稍为懈怠，倘高才捷足者先主子而得之。我主子之才智德学素俱，高人万倍，人之妒念一起，毒念即生，至势难中立之秋，悔无及矣！[74]

戴铎的建言对当时的政治形势进行了深入的分析。在他看来，康熙皇帝再废太子之后，争夺储位的诸皇子谁策略得当、活动积极，谁就可以取得胜利。因此在建议胤禛积极参与争储活动的同时，还要求他注意策略。对上要想尽一切办法，取得康熙皇帝的宠爱和信任；对下则要以废太子凌虐兄弟为鉴戒，处理好兄弟关系。除此之外，还要不露声色地联络百官，其中尤其是要大力扶持雍邸自己的嫡系，并将他们安插于各级要职，为夺取天下奠定组织基础。可见戴铎这一密启为胤禛参加争储斗争制定了详细的纲领、策略和措施。对此胤禛极为重视，赞之为"金石"之言，并且按照这些建议，参加到争夺储位斗争的角逐之中。在按照这一计划进行活动时，康熙皇帝始终是他最重要的一个工作对象。十来年的时间里，他一直极表顺从孝养之意。对康熙皇帝交给自己的所有事务，他都尽心尽责地努力完成。同时考虑到康熙皇帝晚年心境不好，家庭生活不幸福，他还在康熙皇帝诞辰或闲暇之日，邀其临幸圆明园或热河避暑山庄狮子园，举行家庭宴会。席间，父子、翁媳、祖孙欢聚一堂，同座共饮。宴会之后，又请老皇帝赏花或逗孙为乐，让他享受一些天伦之乐。这样，尽管当时康熙皇帝不建储君，但在虑及身后之事时，至少已将胤禛作为一个候选目标。对于与自己一起竞争储位的几个对手，如皇三子胤祉、皇八子胤禩、皇九子胤禟、皇十四子胤禵等，虽然内心对他们恨入骨髓，但在表面上绝不拆台。同时为了迷惑政敌，他还有意与一些僧衲往来，并自我标榜为"天下第一闲人"，以表示自己与世无争。而背后，他的主要精力都用于从组织上扩大自己势力。为此，他不顾康熙皇帝不许结党的训示，千方百计地招揽官员，有时甚至达到卑辞重礼、不顾身份的地步。经过数年苦心经营，以他为核心，形成了一个小集团。这个集团的主要成员有川陕总督年羹尧、湖广提督魏经国、副都统常赉、四川布政使戴铎、河南开归道戴锦、兰州府同知沈廷正、清江理事同知马尔齐哈、内阁中书博尔多、步兵统领隆科多、皇十三子胤祥等等。这个集团人数虽不算多，但活动能量却大得出奇。在胤禛指使下，他们经常出入大学士、九卿、六部官员之门，向他们进行游说，甚至还将康熙皇帝十分信任的大学士李光地也拉到自己一边。兼以其中一些人如年羹尧、隆科多又身处要津，在当时就已成为一支不可忽视的政治势力。正是在这些艰苦细致工作的基础上，胤禛才在康熙皇帝死后顺利地继位为君，在康熙末年的争储斗争中取得了最后的胜利。

因为胤禛在即位之前十几年的时间里曾和他的几个政敌进行过激烈的明争暗斗，因此，在他继位为君之后，那些失败的对手怀着失望、忿懑的心情制造了不少有关他争储篡位的传言，并通过各种方式在社会上广泛传播，以发泄自己的不满。这些传说，当即由时人载入笔记，之后又由史家载入历史著作，文人演绎成小说，成为聚讼不决的一桩历史公案。这里依据当代史家最新研究成果对这些传言略加辨析，以使读者了解雍正继位之真相。对当时有关雍正继位的各种传言加以归纳，大致有以下三种说法：一是毒杀康熙皇帝自立说，二是盗改遗诏自立说，三是矫旨继位说。其中第一种说法是：康熙皇帝在畅春园病重时，"皇上（指雍正皇帝）进一碗人参汤，不知如何，圣祖皇帝就崩了驾"[75]。第二种说法是："圣祖皇帝原传十四阿哥胤禵天下，皇上将'十'字改为'于'字篡了位"[76]。第三种说法是：康熙皇帝病中，"降旨召胤禵来京，其旨为隆科多所隐，先帝宾天之日，胤禵不到，隆科多传旨遂立当今"。据当代一些史家研究，上述三种说法一条也站不住脚。其中第一种说法是胤禛进上有毒药的人参汤药杀康熙皇帝。而据有关史料记载，康熙皇帝在世期间，最反对喝人参汤。康熙皇帝此次生病，患的又是重感冒，感冒发烧之际，岂肯以火益火？其中第二种和第三种说法虽貌似有理，但也是由于不了解清代皇子称呼方式和诏书起草、发送程序而纰缪百出。清代称呼或书写皇子序次时，必于其前加上"皇"字，如皇四子、皇十四子之类。将遗诏"皇位传十四子"改为"皇位传于四子"固甚容易，但如将"皇位传皇十四子"中的"十"改变"于"，只会出现"皇位传皇于四子"的笑话并露出盗改遗诏的马脚，更何况当时首先写就的遗诏是满文而不是汉文，将满文之"十"字改为"于"字绝不像汉文那么容易。胤禛向来聪明过人，谅其不会干出此等蠢事。另外，为康熙皇帝起草诏书，按例由内阁撰文，交兵部所管驿站发出。隆科多只是负责宿卫，不是内阁大学士，也不是兵部堂官，无论如何，也不能一手遮天，包办一切。由此看来，上述有关胤禛篡位的各种传言和证据都是站不住脚的，至少是不充分的。胤禛继位有着其封建道德和法制意义上的合法性。

胤禛继位虽使虚悬十载的国本问题得到了最后的解决，但是，由于他是在诸皇子角逐储位斗争中登上帝位的，因而在他即位之初，形势仍然相当严峻。当时情况下，至少有两件事是当务之急：一是为康熙皇帝办好后事，二是确立自己的统治。为此康熙皇帝去世的当夜，他即在隆科多等人的严密保护下自京西畅春园返回紫禁城。尔后胤祥以及其他皇子亦护送康熙皇帝遗体回大内，安放在乾清宫。次日大敛，发丧成服，自皇太后以及嗣皇帝胤禛以下所有满汉文武百官皆截发成服。为了防止大丧期间发生变乱，下诏关闭京师九门。

十六日，颁遗诏于全国。十九日，以登基告祭天地。二十日，胤禛御太和殿登基。十二月初三日，将康熙皇帝灵柩移送景山寿皇殿。十二月初九日，二十七日服满，胤禛释去重孝，从乾清宫东庑居丧倚庐移居养心殿。经过胤禛的努力，康熙皇帝生前所担心的自己死后诸子束甲相攻、争夺帝位的现象并没有发生，雍正皇帝胤禛的最高统治地位也初步确立下来。

　　康熙末年，在竞争储位时，碍于当时形势，对于和自己竞争储位的对手，胤禛在表面上未曾加以触犯；即位之后，手中有了权力，这时他便开始对政敌加以打击。为了不致激起事变，全面出击显然并非上策，因此对于这些对手，他区别情况，分别加以处理。其中皇八子胤禩在皇宫和廷臣中影响都甚大，是敌对势力中的核心人物。胤禛对其先示笼络，即位之初，即封其为廉亲王，命他与大学士马齐、尚书隆科多、怡亲王胤祥一起总理事务，负责处理大丧期间的各种国务。对皇十四子胤禵，因为拥兵在外，对自己统治最为不利，康熙皇帝去世的次日，胤禛即降旨令其将大将军印敕暂交平郡王讷尔苏署理，火速回京奔丧。十二月间，胤禵进京后，立即将其置于半囚禁状态。不久他又将矛头指向了皇三子胤祉、皇九子胤禟，十二月间，先后下令将胤祉亲信、负责编纂《古今图书集成》的陈梦雷和胤禟手下太监何玉柱发遣边外，逮捕胤禟党羽秦道然。十天之后，又将胤禟也发往西宁，代替胤禵戍守西疆。尔后随着统治地位的日益巩固，对于政敌的打击也更为残酷。在他的打击下，康熙皇帝的皇长子胤禔、废太子胤礽、皇三子诚亲王胤祉、皇八子廉亲王胤禩、皇九子胤禟、皇十子敦郡王胤䄉、皇十四子胤禵皆先后被拘禁。其中胤禔、胤禩、胤禟皆被迫害致死。尤为过分的是，他还下令将胤禩、胤禟分别改名阿其那、塞思黑（猪、狗之意），以示侮辱，并将两人的子孙也革除宗籍。这样，在昔日竞争储位的这些对手纷纷引颈就戮之际，雍正皇帝的个人专制统治得到了空前的加强。

与此同时，在各种国务处理中，他的政治才干也得到了充分的发挥。针对康熙末年以来朝政废弛、吏治腐败的现象，他"竭虑殚心，朝乾夕惕，励精政治，不惮辛勤"[7]。先后通过整顿吏治，推广奏折使用范围，制止八旗下人对旗主的私属关系，推行地丁合一、耗羡归公、养廉银，创建军机处和改土归流等重要制度、政策和法令，以一个改革者所应当具有的胆略，对当时的封建统治机构和赋役制度进行了大刀阔斧的改革。通过改革，在经济上，使得当时清廷的财政情况明显好转；在政治上，也使皇权进一步强化，为乾隆时期清朝统治全盛局面的形成奠定了一个很好的基础。

在雍正皇帝的各项改革措施中，特别值得一提的是他所创建的秘密立储制度。作为康熙末年争储活动中的一个主要人物，雍正皇帝早就看出康熙末年争储斗争的根源在于传统立储制度不完善，从而导致了政局的混乱并严重削弱了皇权。为了防止类似情况再度出现，经过深思熟虑，雍正元年八月十七日（1723年9月16日），在他即位九个月后，他召集总理事务王大臣、满汉文武大臣、九卿等至乾清宫，诏谕秘密立储。按照这一规定，由他将储君人选装入密封锦匣之内，当着几位总理事务王大臣之面，将锦匣"置于乾清宫正中最高之处世祖章皇帝御书'正大光明'匾额之后"**78**，直到他死之后，才允许臣下开拆；之后又另书写内容相同的谕旨一道，存放在圆明园，以为异日勘对之用。在他看来，这一决定对全国臣民而言，解除了因储位空缺而产生的危机感；对储君而言，因为并不知道自己是内定储君，当然也就不会因此而骄横不法，更谈不上敢和皇帝争权；对诸皇子而言，一不知道自己是否储君，二不知道储君是谁，想要对其进行攻讦也是无的可发；对宗室重臣而言，因为不知道谁是储君，也就无法攀龙附凤，进行政治投机。而皇帝本人却通过这一决定，在生前可以不受任何干扰地处理各种国家政务，死后也可以按照自己的意旨实现国家最高权力的顺利过渡。雍正皇帝的这一规定，是对两千多年来特别是清朝开国以来传统立储制度的一个重要改革，也是对康熙晚年再废太子后禁言立储思想的完善和发展。正是这一制度的推行，使得此后一百多年的时间里，没有再次出现皇室之内骨肉相残的局面，最高权力过渡一直相当顺利，对于清朝政权的稳定发挥了极其重要的作用。因此，尽管雍正皇帝曾经不择手段地屠兄戮弟，大大违背了康熙皇帝的意愿，但对于这一制度的制定、推行以及由此而导致的清朝政权的稳定局面，康熙皇帝如地下有知，也会为之含笑瞑目的。

1 雍正皇帝即位后，为避其"胤禛"的名讳，胤礽及其同辈兄弟名字中的"胤"字均改为"允"字。为避免人名前后不一，本书仍保持原名"胤"字。特于此说明。
2 王士祯：《居易录》卷三。
3 《清圣祖实录》卷二百三十四。
4 《清圣祖实录》卷二百三十四。
5 《清史稿》卷二百二十《诸王传六》。
6 《清史稿》卷二百二十《诸王传六》。
7 《清史稿》卷二百六十九《索额图传》。
8 《清史稿》卷二百六十九《索额图

传》。

9 《清圣祖实录》卷二百三十四。

10 《清圣祖实录》卷二百三十四。

11 《清圣祖实录》卷二百三十四。

12 《清圣祖实录》卷二百三十四。

13 《清圣祖实录》卷二百三十七。

14 《清圣祖实录》卷二百三十五。

15 《清圣祖实录》卷二百三十四。

16 《清圣祖实录》卷二百三十四。

17 《清圣祖实录》卷二百三十五。

18 《清圣祖实录》卷二百三十五。

19 《清圣祖实录》卷二百三十六。

20 《清圣祖实录》卷二百三十七。

21 《清圣祖实录》卷二百三十七。

22 《清圣祖实录》卷二百三十七。

23 故宫博物院文献馆:《文献丛编》第三辑《胤禩胤禟案》。

24 《清圣祖实录》卷二百三十五。

25 《清圣祖实录》卷二百三十七。

26 《清圣祖实录》卷二百三十五。

27 《清圣祖实录》卷二百三十五。

28 《清圣祖实录》卷二百三十五。

29 《清圣祖实录》卷二百三十五。

30 《清圣祖实录》卷二百三十五。

31 《清圣祖实录》卷二百三十五。

32 《清圣祖实录》卷二百三十五。

33 《清圣祖实录》卷二百三十五。

34 《清史稿》卷二百八十六《劳之辨传》。

35 《清圣祖实录》卷二百三十五。

36 《清圣祖实录》卷二百六十一。

37 《清圣祖实录》卷二百三十五。

38 《清圣祖实录》卷二百四十八。

39 《清史稿》卷二百二十《诸王传六》。

40 王锺翰点校:《清史列传》卷十二。

41 《李煦奏折》。

42 《清圣祖实录》卷二百五十一。

43 《清圣祖实录》卷二百五十一。

44 《清圣祖实录》卷二百五十一。

45 《清圣祖实录》卷二百五十三。

46 昭梿:《啸亭杂录》卷四。

47 《清圣祖实录》卷二百七十七。

48 《清圣祖实录》卷二百九十一。

49 《清圣祖实录》卷二百七十七。

50 《清圣祖实录》卷二百五十三。

51 《清圣祖实录》卷二百七十七。

52 《清圣祖实录》卷二百九十一。

53 《清圣祖实录》卷二百七十七。

54 《清圣祖实录》卷二百七十七。

55 《清世宗实录》卷一。

56 《清圣祖实录》卷二百九十一。

57 《清圣祖实录》卷二百六十一。

58 《清圣祖实录》卷二百六十一。

59 《清圣祖实录》卷二百六十一。

60 《清圣祖实录》卷二百六十二。

61 《清圣祖实录》卷二百六十六。

62 故宫博物院文献馆:《文献丛编》第一辑。

63 故宫博物院文献馆:《文献丛编》第一辑。

64 故宫博物院文献馆:《文献丛编》第一辑。

65 故宫博物院文献馆:《文献丛编》第一辑。

66 故宫博物院文献馆:《文献丛编》第三辑。

67 《抚远大将军奏议》。

68 故宫博物院文献馆:《文献丛编》第一辑。

69 故宫博物院文献馆:《文献丛编》第一辑。

70 故宫博物院文献馆:《文献丛编》第一辑。

71 《上谕内阁》雍正八年五月二十四日。

72 原文载《清圣祖实录》卷二百七十五。

73　《清圣祖实录》卷二百三十五。

74　故宫博物院文献馆:《文献丛编》第三辑《戴铎奏折》。

75　爱新觉罗·胤禛:《大义觉迷录》卷三。

76　爱新觉罗·胤禛:《大义觉迷录》卷三。

77　《清世宗实录》卷一百五十九。

78　《清世宗实录》卷十。

第十一章　家庭

一、祖　母

说到康熙皇帝的家庭和亲人，第一个自然是他的祖母孝庄文皇后博尔济吉特氏（1613—1687）。孝庄文皇后博尔济吉特氏，原籍蒙古科尔沁，为贝勒寨桑之女，是一个在清朝兴起过程中做出过突出贡献的奇女子。虽然她和她的姑姑孝端文皇后、姐姐宸妃均嫁给皇太极为妻，但就对清朝政权的贡献而言，她的作用却远在她们二人之上。因此她死之后，不只清朝历代皇帝对她评价极高，而且有关她在关键历史时刻施展韬略、转危为安的民间传说也充满传奇色彩。

由于早婚的习俗，孝庄文皇后刚刚十三岁时就嫁给皇太极为妃。当时清朝开国皇帝努尔哈赤还在位，她的丈夫皇太极只不过是后金政权中的一个和硕贝勒。不久努尔哈赤去世，皇太极继位，从而为孝庄文皇后走上政治舞台提供了良好的客观环境。崇德三年（1638），她为皇太极生下儿子福临，于是她在宫中的地位逐渐上升，同时她对清朝政局的发展也开始发挥作用。崇德七年（1642）明、清主力决战于松山，由于皇太极精心部署，明军统帅洪承畴以下十三万人几乎全军覆没，洪承畴本人也成了清军的俘虏。因为洪承畴文武兼备，是一个不可多得的人才，皇太极非常希望他能投降清朝，以为入关、统一全国储备人才。为此他先后派出多人软硬兼施，轮番劝降。然而受封建愚忠观念的影响，任凭说降者磨破嘴皮，洪承畴却心如铁石，不为所动，且进行绝食，以求一死，这让皇太极束手无策。为了替丈夫排忧解难，孝庄文皇后挺身而出，亲至洪承畴囚所，不行威胁，不加利诱，而是以其精辟的政治见解和女性所特有的温柔，晓之以理，动之以情，对洪承畴加以开导和感化，终于使洪承畴心服口服，回心转意，投降清朝，并在入关、统一全国的过程中发挥了他人难以替代的作用。对于孝庄文皇后的这一历史功绩，不少野史笔记从"男女授受不亲"的封建观念出发，多有不恭之辞，而清代官修本朝史书也以野史笔记中的不恭之辞有损孝庄文皇后的声誉而讳言其事。然而，如果剔除各种野史笔记中的封建礼教糟粕，同时考虑到清朝兴起之初，满、蒙少数民族人士尚未受到封建伦理观念的影响，则可以看出，这对孝庄文皇后非但不是什么丑闻，恰恰正是她的贡献所在。因此，可以说早在入关之前，对于满洲政权的兴起，孝庄文皇后即做出过杰出的贡献。

崇德八年（1643）八月，对清朝政权发展有过杰出贡献的皇太极突患脑溢血去世。这时以皇太极长子豪格为一方，以努尔哈赤爱子、皇太极少弟多尔衮为一方，黄、白两个集团为了争夺最高权力进行了尖锐激烈的斗争。很明显，无论其中哪一派取得胜利，对孝庄文皇后和她怀中的六岁幼子福临来说都不会有什么好处。由于两派势力各不相让，争持不下。这时为了保持满洲政权的统一，孝庄文皇后凭借她在满洲政权中的影响，巧妙地斡旋于各支势力之间，她一方面紧紧抓住两黄旗不放，作为自己的依靠力量，另一方面又极力拉拢两白旗代表人物多尔衮，并利用他来排斥皇太极长子豪格。经过她的不懈努力，两派各自做出让步，并达成折中方案，由孝庄文皇后所生的福临继位，而以郑亲王济尔哈朗、睿亲王多尔衮共同辅政，孝庄文皇后也因此和她的姑姑孝端文皇后并尊为皇太后，从而使其成为这场关键性的政治角逐中的实际胜利者。

　　福临继位后，由于皇太极的长期经营和明、清以及农民起义军这三大势力互相斗争的结果，国内政治形势急剧变化。为了取代明朝统治，统一全国，她积极支持摄政王多尔衮统兵入关，从而开创了清朝历史的新纪元。随着清朝政府在政治和军事上不断取得新胜利，在清朝统一全国过程中做出重要贡献的摄政王多尔衮成为政治舞台上的一颗新星，地位不断上升，权势也逐渐加大。顺治初，他先后在政权中排除豪格、济尔哈朗等异己势力，又将皇帝印玺、信符置于自己之手。后来还对忠于皇室的两黄旗骨干加以打击和排斥。其中尤其令人不能容忍的是自封皇父摄政王，使得孝庄文皇后和顺治皇帝处境十分难堪。"寡妇门前是非多"，一时之间有关太后下嫁的各种流言蜚语不胫而走，自京师传到外地，自官宦达于庶民，传来传去，情节愈加丰富，什么谁出主意谁上奏，谁做媒人谁司仪，有鼻子有眼，好像亲眼目睹一样。在这一桶桶脏水泼来之际，孝庄文皇后和顺治皇帝一对孤儿寡母只好于宫中夜深人静时抱头痛哭。但为了保住自己儿子福临的皇帝宝座，孝庄文皇后尽管背地里垂泪教子，但在公众面前却强作欢颜，就是在这样的境遇中，母子二人强挨了七八年。

顺治七年（1650）底，多尔衮病死，虽然顺治皇帝福临刚刚十四岁，但是吃尽摄政王苦头的孝庄文皇后立即做出了顺治皇帝亲政的决定。凭借手中的权力，她下令将多尔衮削爵夺谥，并严惩其死党，以发泄多年来的积愤。与此同时，为了加强皇室，她还将正白旗收归上三旗，并陆续起用遭到多尔衮打击和排斥的两黄旗大臣，一时之间皇权迅速得到加强。为了支持正在进行的统一事业，她自己节衣缩食，将宫中剩余银两赏赐八旗军队。总之为了清朝统治的巩固和儿子事业的发展，孝庄文皇后已达到竭尽全力的地步。

顺治皇帝聪明能干，因而亲政后一度政绩斐然，这使孝庄文皇后颇为欣慰。但为时不久，她又陷入深深的苦恼之中。与上次不同的是，这次使她苦恼的不是别人，而是她的亲生儿子顺治皇帝。顺治皇帝自幼娇生惯养，任性异常，不谙人情事理，因而家务事搞得一塌糊涂。其一是违背孝庄文皇后的意志，废掉皇后。顺治皇帝第一个皇后是孝庄文皇后的亲侄女、科尔沁卓礼克图亲王吴克善之女。这位皇后既美丽又聪明，况且又是亲上加亲，孝庄文皇后自然十分满意。但使她伤脑筋的是，顺治皇帝却看不上这位皇后，刚刚娶进门来不过两年，便寻找借口，说这桩婚姻是由摄政王多尔衮主持而将其降为静妃，改居侧宫。为此，孝庄文皇后训诫儿子，儿子不听，安慰侄女，又没有用，只好策动外朝官员上疏谏阻。然而，清官难断家务事，说来说去，无异于隔靴搔痒，一点也没有说到点子上。孝庄文皇后万般无奈，只好在让顺治皇帝答应立另一个科尔沁博尔济吉特氏的女儿为皇后的条件下做出让步，同意他废掉了这位皇后。然而事情并未完结，不过几年，顺治皇帝又给她惹出了新的麻烦。原来顺治皇帝又看上了一个皇族子弟的妻子，而在这位皇族子弟为此处罚自己的妻子后，顺治皇帝竟然莫名其妙地给了那个皇族子弟一个耳光，致使那个皇族子弟含愤自杀。贵为天子，妃嫔成群，而且个个美丽异常，竟然还干出此等偷花拈草的事来，实在使孝庄文皇后感到丢人。但是为了保住皇帝儿子的声誉和威信，孝庄文皇后只好严加保密，在做好善后工作后，一乘花轿，将那个皇族子弟的妻子抬入宫中。这让顺治皇帝大为高兴，"宠冠后宫"，当即册为贤妃，几个月后又进为皇贵妃，并行册立礼，颁诏大赦，上皇太后徽号，进这个妃子的父亲为三等伯。次年，这个皇贵妃为他生了一个儿子，更使他喜上加喜。但好景不长，不过几个月，这个儿子殇逝；一年多以后，他所宠爱的这个皇贵妃也因思子心切、忧伤过度而离开人世。为此，顺治皇帝哭得死去活来，过度悲伤，神智也显得有点不正常，整天和茆溪森、木陈忞等几个和尚在一起厮混，嚷叫着出家。而且说干就干，就在这个皇贵妃去世两个月后，他竟然真的剃掉了头发。根据满洲旧俗，上至国君下至黎庶一概留辫子，而今这位当朝天子竟然剃成一个光葫芦，成何体统？如何能上朝堂以见臣子？顺治皇帝的这些反常行为使孝庄文皇后鬓上增出茎茎白发。好容易从江苏常州请来茆溪森的师父玉林琇和尚，通过他的劝阻，顺治皇帝打消了出家的念头，但不过两个多月，一场巨大的不幸又降临到她的头上。顺治十八年（1661）正月，她的这个年方二十四岁的儿子顺治皇帝出起了天花，五天之后，撒手归西。这样，孝庄文皇后刚刚结束青年守寡的时代，又面临着壮年丧子的厄运，又气又急又悲哀，贵为天子之母，竟然不如黎民百姓能享天伦之乐，在孝庄文皇后看来，自己几乎成了最不幸的人。

面对命运的挑战，孝庄文皇后并未屈服，而是变得更加坚强。顺治皇帝死后，她强忍丧子之痛，立即挑起了挑选继嗣的重任。经过反复思考，她拒绝了从顺治皇帝兄弟辈中择人继立的建议，因为这一计划如果实现，将会因为新立皇帝与她血缘关系疏远而大大影响自己的地位，对自己的嫡亲孙子、顺治皇帝的几个儿子也没有好处。在继嗣范围缩小到顺治皇帝的几个儿子身上时，她又从大局出发，采纳汤若望的建议，以已经出过天花的年方八岁的皇三子玄烨继位为君。因为皇帝尚小，需要辅佐，这时，一个名叫周南的生员上书孝庄文皇后，要求她垂帘听政，"以襄盛治之隆"[1]。考虑到历史上母后临朝容易引起政局动荡，对此，她坚决拒绝；为了防止顺治初年宗室专权的历史再度重演，由她主持，任命上三旗的索尼、苏克萨哈、遏必隆、鳌拜四人为辅政大臣。这样，顺治皇帝死后不过两天，康熙皇帝玄烨便即位为帝，四位辅政大臣宣誓就职。最高权力机构的迅速组建使得清朝政府又一次渡过了难关，孝庄文皇后又一次做出了十分重要的贡献。

康熙皇帝即位后，孝庄文皇后把他看作自己的命根子，并予以无微不至的关怀。为了照料他的生活起居，孝庄文皇后让他和自己一起住在慈宁宫。四年后又为他操办婚事，将首席辅政大臣索尼的孙女赫舍里氏册封为皇后，使其在朝廷重臣中也有了依靠力量，从而为数年之后康熙皇帝清除权臣鳌拜准备了条件。在孝庄文皇后的精心关怀下，康熙皇帝健康成长，政治才能也不断提高，亲政后不久，即以迅雷不及掩耳之势，一举擒拿权臣鳌拜，将全部大权夺归己手。这时，已近花甲之年的孝庄文皇后眼见自己的这个孙子才能卓越，有勇有谋，不由地落下了幸福而又喜悦的眼泪。

康熙皇帝亲政之初，孝庄文皇后考虑到他年岁尚轻，政治经验尚不丰富，因而经常对朝政处理表示关心并发表一些指导性的意见。有一次她对康熙皇帝说，我朝自开国以来，是以武功创天下，目前天下虽然太平，但安不忘危，千万不要丢掉武备。在朝诸臣奏事，虽多数出于忠诚，然而也要注意一些人会假公济私。一定不要带有主观偏见，对他们的建议要加以考虑，千万不要受蒙蔽。一次她告诫康熙皇帝，古代哲人说，做一个国君，担子十分重，天下百姓成千上万，天子一人君临其上，生养抚育，莫不眼巴巴地盼着国君给他们想办法。因此一定要摸索怎样团结百姓、巩固统治的门径，让天下人民都衣食丰足，才能使国祚久远。希望你行宽仁之政，态度既要温和恭敬，又要严肃稳重，不随便说不负责任的话，勤于政事，发扬光大祖宗传下的事业。这样，我才满意。对此，康熙皇帝都认真听取，一一照办。此外，在一些关键性时刻，孝庄文皇后还亲自出面，如吴三桂叛乱之初，康熙皇帝调兵出征，为了鼓舞士气，孝庄文皇后特发宫中缎匹、银两犒军。又如康熙十四年（1675）时，察哈尔部布尔尼乘三藩叛乱、朝廷无力北顾，也发动叛乱，一时之间，康熙皇帝亦觉仓促难应，计无所出。这时，孝庄文皇后向康熙皇帝提出派大学士图海前去讨伐。由于孝庄文皇后推荐得人，图海智勇双全，出师不久，即将叛乱平定。听到各省发生自然灾害，她也不止一次地捐出身边的金银加以赈恤。对于康熙皇帝的身体，她还以一个长辈女人对儿孙所特有的关心，一直照顾得十分周到。如康熙十八年（1679）底，因筹划平定三藩，连年操劳，康熙皇帝健康状况下降，孝庄文皇后就劝他到南苑疗养。在她看来，孙子的事业就是她的事业，为了康熙皇帝统治的巩固和加强，她已达到献出一切而不惜的地步。

　　为了报答祖母的鞠养之恩，对于孝庄文皇后，康熙皇帝不但十分崇敬，而且也极为孝顺。因为孝庄文皇后身历四朝，亲身经历并处理过许多复杂重要的历史事件，经验十分丰富，因此，每逢朝廷有重大举动或官员升降等，康熙皇帝多先禀报孝庄文皇后而后行。同时，鉴于孝庄文皇后年纪渐老，他还想方设法极尽孝养之情，几乎每天上朝前或下朝后，都要到祖母宫中请示问安，有时一天三次。太皇太后生辰以及一年三大节，他总是率群臣行庆贺礼；有什么喜庆消息，也尽快告知孝庄文皇后。孝庄文皇后乘辇外出，启行时，他总是先和侍卫一起推车，出宫后方才上马；途中每逢上坡，他一定亲自下马推车，即使遇到下雨，也不例外；太后玉辇过桥，他怕桥基不固，出现危险，总是先行视验；外出巡幸，孝庄文皇后因年老不能同行，康熙皇帝则三五天便写信一封，派人飞骑进京，向其问安，报告行程途中见闻以及思念之情，同时，还致送宫中无法得到的新鲜食品。据统计，康熙二十一年（1682）春，康熙皇帝东巡盛京，两个多月中致孝庄文皇后问安信达二十来封，同时还将亲自捕捞的鲢鱼、鲫鱼"设法成段"，一种泡在羊油中，一种用盐腌，派人星夜送到北京；同时送去的还有榛子、山核桃，朝鲜所进柿饼、松子、白果、栗子等。为了让孝庄文皇后开心抒怀，有什么忧愁伤心之事，康熙皇帝总是不让她知道。如康熙十一年（1672）二月，康熙皇帝陪孝庄文皇后在汤泉疗养，适逢京师驿递驰至，报称皇子承祜去世，康熙皇帝十分悲痛，但因怕孝庄文皇后知道后伤心，在进见孝庄文皇后时"笑语如常"，并下令值班人员不准诸王前来向他表示慰问[2]。同年十月，在奉皇太后于汤泉疗养期间，皇后生病，孝庄文皇后得知，即刻命康熙皇帝进京探视。然而一俟皇后病势稍减，康熙皇帝又回到孝庄文皇后身边。康熙十二年（1673）五月，孝庄文皇后生病，病中思念自己的女儿巴林淑慧公主。康熙皇帝闻知，马上命令侍卫用御轿飞速往迎。见到自己的亲生女儿，孝庄文皇后非常高兴，"圣体遂强健如常"[3]。

与此同时，康熙皇帝还写了不少诗篇，诗中记述自己对祖母的孝养、祖母对自己的关心怜爱以及自己对祖母的景仰敬爱之情。如其早年所作《慈宁宫问太皇太后安》一诗即活活勾画出了一个活泼可爱的儿童在向祖母请安后的欢快心情：

> 定省深宫曙气催，承恩献寿奉霞杯。
>
> 晨昏敬睹慈颜豫，不尽欢欣踊跃回。[4]

又《驻跸南苑遣使恭进太皇太后鲜果》一诗，则表现了康熙皇帝对孝庄文皇后的爱戴和崇敬之情：

> 日永离宫节候新，薰风早已献嘉珍。
>
> 赤瑛盘内甘鲜果，奉进瑶池第一人。[5]

又《潞河晓起至太皇太后行殿问安》一诗，表现了巡幸途中康熙皇帝向孝庄文皇后问安的情形：

> 晓色方明在潞河，孤山远影郁嵯峨。
>
> 寝门恭问慈颜喜，还愧无能作赋歌。[6]

有时康熙皇帝率众进山打猎，获得猎物后，为怕猎物变质，立即遣使送至京城，以使太皇太后能尝到鲜味。《山中获禽恭进太皇太后》一诗便记述了这种情形：

> 吹笳清辇道，大地杂旌旗。
>
> 万壑来秋色，千岩散落晖。
>
> 鹰随山雉远，箭带野禽归。
>
> 遣使呈鲜味，应令马速飞。[7]

有时孝庄文皇后驾至京畿温泉坐汤疗养，身体康复，康熙皇帝闻知，喜不自胜，《太皇太后驾到温泉》一诗即描述康熙皇帝的这种心情：

> 温谷神丹力不穷，五云暖溜绕行宫。
>
> 圣躬喜得今康豫，宇宙欢忻旧日同。[8]

在孝庄文皇后坐汤疗养期间，康熙皇帝返京处理政务，归途中仍然不时回忆起在祖母身边的幸福情景，如《奉侍太皇太后临御温泉因孟冬享庙暂回京》一诗云：

> 金风肃郊甸，秋光淙颢穹。
>
> 晓钟出长乐，羽卫临新丰。

重闱庆康悦，游豫温泉宫。

鸣镳玉舆侧，侍跸清尘中。

晨夕奉慈颜，婉愉承欢衷。

原野陪登览，瑞霭光熊熊。

应钟忽届节，霜露霏空蒙。

……

眷言整星驾，依恋心靡穷。[9]

孝庄文皇后居外疗养期间，康熙皇帝即使身在北京，也时刻挂念着在百里之外的老祖母。如《冬至回京斋戒夜坐》一诗云：

一阳初发便知天，暂别慈颜日日悬。

午夜斋明湛心志，梦中犹自侍温泉。[10]

节庆寿诞，康熙皇帝皆率诸王、贝勒、满汉大臣至慈宁宫行庆贺礼，恭祝孝庄文皇后万寿无疆。《元旦》一诗云：

太蔟初分来万国，融融淑景动青阳。

曈昽翠盖祥云覆，缥缈兰宫瑞气扬。

节遇三元开宝历，时逢四始奉霞觞。

山呼拜舞臣民乐，愿颂千年正未央。[11]

《恭上太皇太后万寿诗二首》云：

和风瑞气满帘栊，慈寿无疆祝上宫。

喜得万方同孝养，千秋福德并苍穹。

透户卿云接御香，丹墀新柳拜韶阳。

宫中尧舜兼文母，恭捧南山万寿觞。[12]

夏日，有时康熙皇帝与裕亲王福全、恭亲王常宁、纯亲王隆禧一起至慈宁宫请安，康熙皇帝亦有《夏日同三王慈宁宫请太皇太后安》诗以纪其事。诗云：

> 九天旭日照铜龙，朝罢从容侍上宫。
>
> 花萼联翩方昼永，晨昏常与问安同。[13]

康熙二十一年（1682）春，康熙皇帝东巡盛京，一个多月不见祖母，发书遣使问安，同时作诗以寄怀念之情。诗云：

> 云山遥隔万安宫，定省心悬午夜中。
>
> 孺慕经时书不尽，微诚凭仗与东风。[14]

东巡回京，不顾鞍马劳顿，第一件事就是向太皇太后问安。为此，康熙皇帝作《端阳前一日回宫》诗以纪其事：

> 满路榴花映玉舆，炉烟香绕侍臣裾。
>
> 经时远道形闻隔，先向慈宁问起居。[15]

有时，康熙皇帝也奉孝庄文皇后于塞北避暑，康熙皇帝亦有诗以纪其事。如其《夏日奉太皇太后避暑兴安》一诗云：

> 玉辇亲扶出凤城，青霄遥指五云生。
>
> 鸣銮日映中天永，避暑风来北塞清。
>
> 万里山河通远徼，九边形胜抱神京。
>
> 登临但得慈颜喜，长侍瑶台岁岁行。[16]

首次南巡，康熙皇帝于黄河、淮河交汇处网得鲜鱼，亦派人驰送孝庄文皇后和嫡母孝惠章皇后，以志思慕之忱。诗云：

> 千里难承玉陛欢，鲜鳞网得劝加餐。
>
> 遥知长信开函日，定荷慈颜一笑看。[17]

驻跸江宁，又以方物寄献两宫。诗云：

> 深宫违定省，经月恋晨昏。
>
> 率土方为养，苍生共戴尊。

题书千里重，托物寸心存。

遣使旌门外，踟蹰望九阍。[18]

对千里巡幸的康熙皇帝，孝庄文皇后也十分挂念。一次她派人千里迢迢将康熙皇帝自幼爱吃的乳饼送给他。康熙皇帝十分感动，专作《晚到河间太皇太后使人送乳饼食物》一诗。诗云：

彩游晚驻瀛洲道，忽报铜龙骑使来。

心识慈怀同日照，口传温语逐阳回。

松脂似截盘中玉，绮食初和鼎内梅。

两月几虚甘旨奉，归程欲听晓钟催。[19]

康熙二十年（1681）三藩叛乱平定之后，作为一个成熟的政治家，康熙皇帝已经完全挑起了处理国务的全部重担，而在此时，孝庄文皇后已年过七十，身体情况越来越差。为使孝庄文皇后健康长寿，除晨昏定省外，对孝庄文皇后的衣食起居，康熙皇帝更加关心。如康熙二十四年（1685）九月，康熙皇帝巡幸塞外，闻知孝庄文皇后身体违和，即刻星夜回銮，"亲视进药"。由于他照顾周到，"自是遂康宁如常"[20]。孝庄文皇后痊愈后，为了替她祈福，康熙皇帝出宫到白塔寺进香，刚出宫门，即逢"大雨如注"，近侍劝他略候一下，以待雨停再行。康熙皇帝说：近日圣祖母身体生病，我心中十分忧虑，况经多方治疗，已经痊愈，为了让太皇太后高兴，挨点淋又算什么？仍然冒雨前往。康熙二十五年（1686）五月，孝庄文皇后又感受时疫，经御医尽力调治，迅速好转，康熙皇帝十分高兴，特地对参与诊治的御医各加升赏。总之为了孝庄文皇后晚年幸福和健康长寿，康熙皇帝几乎费尽了心血。

康熙二十六年（1687）十一月，孝庄文皇后患重病，因为病势沉重，康熙皇帝十分焦急，"亲尝汤药，昼夜不离左右"。同时传谕内阁，"非紧要事勿得奏闻"[21]。眼见孝庄文皇后病势有增无减，为了使她恢复健康，康熙皇帝想尽了办法，先是传谕刑部，令内外问刑衙门将羁系人犯一律减等发落，以为孝庄文皇后祈福；随后又亲率诸王、贝勒、文武官员步诣天坛，"虔行祷祀"，以祈上苍，"保佑太皇太后慈躬和豫"[22]。长达一个多月的时间里，他一直住在慈宁宫，寸步不离，一闻太皇太后的声息，即趋至榻前，"凡有所需，手奉以进"[23]。为此孝庄文皇后和诸王、贝勒大臣多次劝他回宫休息，他都坚决不同意。虽然康熙皇帝用尽全力治疗，但因年迈，孝庄文皇后终于不起。康熙二十六年十二月二十五日（1688年1月27日），这个身历四朝、饱经忧患、对清朝的兴起和昌盛做出重要贡献的孝庄文皇后，满怀着对她的嫡亲孙子康熙皇帝和天下臣民的眷恋之情告别了人世，终年七十五岁。

孝庄文皇后去世，康熙皇帝悲痛欲绝。想起五十年来她为清朝艰苦奋斗、波澜壮阔的一生，想起自己八龄丧父、十岁丧母，全赖祖母无微不至的关怀鞠养，才使自己由一个孤儿成为君临天下的皇帝，康熙皇帝"擗踊哀号，呼天抢地，哭无停声"[24]。当天颁遗诏于天下，自皇太后、康熙皇帝以下皇妃、皇子、亲王、文武大小官员、外藩藩王以下，俱身穿重孝，按时举哀哭临。为了表示对孝庄文皇后的哀悼之情，康熙皇帝连破旧例。一是破清朝后妃丧事帝王不割辫之例而自行割辫，二是破梓宫发引不过年关之例而至次年正月十一日始行发引，三是破帝王持服以日易月二十七日除服之例而坚持持服三年。由于他的坚持，前两项都不得不按他的意见行事；至于他所坚持的服丧三年，则因此举将长期影响国务处理，上自皇太后、下至百官一齐加以劝阻，后来京师士民为此伏阙上书者亦不可胜数，这才使康熙皇帝放弃了原来的想法。国丧期间，由于连日号哭，水浆不入，康熙皇帝曾几度昏迷，为此，诸王、大臣三番五次劝他节哀。他回答说："老人在世时，要竭尽心力孝养，去世后，就要时时思念养育之恩，终身不忘，圣祖母对我的恩情，怎么能忘记呢？"话未说完，又痛哭失声。康熙二十七年（1688）正月十一，康熙皇帝率领诸子，亲奉孝庄文皇后梓宫安奉朝阳门外殡宫，发引时，康熙皇帝于梓宫前步行，沿途哭不停声。安放殡宫事毕，他又在乾清门外搭了一个帐篷，居住其中守丧。直到二十七日服满，他才回宫居住，并穿青色布衣听政，同时为孝庄文皇后上尊谥为"孝庄仁宣诚宪恭懿翊天启圣文皇后"。至于陵寝安排，他也遵照孝庄文皇后临终遗言，下令在遵化陵区选址建陵。因为孝庄文皇后生前十分喜欢康熙皇帝为她在慈宁宫东新建的五间宫殿，在陵宫建成前，康熙皇帝特命将此五间宫殿拆掉，以其原料在遵化建立暂安奉殿，又于当年四月亲奉梓宫安放于此，并派专人善加守护。至此，关于孝庄文皇后的丧事才算告一段落。

孝庄文皇后丧事过后，终康熙之世，康熙皇帝都对孝庄文皇后思念不已。每逢其忌日，一般都亲率诸皇子诣暂安奉殿祭奠举哀。每次祭奠，想起孝庄文皇后的鞠养之情，都放声痛哭，泪如泉涌。此外，他还爱屋及乌，在他看来，孝庄文皇后生前居住或行经之地以及用过之器物都很有纪念意义，因此很长一段时间，他不敢从慈宁宫前经过，以免践踏那里的土地。曾经侍奉孝庄文皇后的太监、孝庄文皇后的女儿也都能勾起他对孝庄文皇后的无限思念。如康熙二十八年（1689）他在《守陵太监崔邦琪侍慈宁宫年久诗以赐之》一诗中吟道：

> 返照寒松影，心悬泣露霜。
>
> 一生常感悼，数载几悲凉。
>
> 恨接云峰近，思连沧海长。
>
> 问安劳梦想，绝矣九回肠。[25]

对于孝庄文皇后的女儿、自己的姑母巴林淑慧大长公主，他也十分尊敬，经常将其迎养京师，"晨夕相依"，借以慰藉自己"追慕慈宁之永念"[26]。逢其寿日，还为其举行祝寿仪式，曾赐其《祝巴林淑慧大长公主诗》诗。诗云：

> 长祝南山寿，愿言北斗诗。
>
> 祥开应帝女，厘降自金枝。
>
> 沙漠黎心服，坤贞天下知。
>
> 年年庆人瑞，岁岁赏瑶池。[27]

康熙三十七年（1698）康熙皇帝东巡盛京，想起十六年前自己第二次东巡时"五日一奏请圣祖母太皇太后安"，而"今不可得"，康熙皇帝又十分感慨地写诗以志怀念：

> 曾问慈宁草奏笺，夜张银烛大江边。
>
> 重来往事俄追忆，转眼光阴十七年。[28]

大概是出于对孝庄文皇后的思慕之忱，终康熙朝，康熙皇帝一直未将孝庄文皇后梓宫安奉昭西陵，直到雍正皇帝即位后，才于雍正二年（1724）将其葬入地宫。从此，这个生于忧患、死于安乐、为清朝统治的建立和巩固奋斗数十年的孝庄文皇后，便长眠于昭西陵之下的地宫中。

二、母　亲

顺治皇帝虽然去世甚早，但因其身为帝王，兼以满族又有早婚习惯，因而后妃众多，总数不下三十人[29]。其中除少数几个死于顺治朝外，多数都活到康熙时期。在此，仅取影响较大或和康熙皇帝关系密切者加以介绍，以见康熙皇帝诸母之大致情况。

康熙皇帝的第一个嫡母是废后博尔济吉特氏，她是孝庄文皇后的亲侄女，科尔沁卓礼克图亲王吴克善之女，是一个聪慧而又美丽的女人。顺治初年，孝庄文皇后请摄政王多尔衮出面作代，聘为皇后。顺治八年（1651）八月，吴克善送女儿至京，与顺治皇帝成婚，这桩婚姻因系亲上加亲，孝庄文皇后颇为满意。但不知为何，顺治皇帝却对这个妻子极不喜欢。顺治十年（1653）八月，他以这桩婚事是由摄政王多尔衮主持，并非自己自愿而下令将其废为静妃，改居侧宫。为此孝庄文皇后十分着急，为使顺治皇帝回心转意，她先后指示大学士冯铨、礼部尚书胡世安、侍郎吕崇烈、高珩以及御史十余人加以劝阻或具疏抗争，同时还令诸王、贝勒大臣集议，提议仍以皇后居于中宫，另立东、西两宫，作为折中方案。但顺治皇帝坚决不同意。最后胳膊扭不过大腿，就在康熙皇帝出生前数月，这个皇后还是被废，从此囚居深宫，度过了十分不幸的一生。

康熙皇帝的第二个嫡母是孝惠章皇后博尔济吉特氏（1641—1717），这个皇后是科尔沁镇国公绰尔济之女，按照辈分来说，是顺治皇帝废后的从侄女、孝庄文皇后的侄孙女。她生于崇德六年（1641）十月，顺治十一年（1654）五月与顺治皇帝成婚时只有十四岁。因为顺治皇帝非常宠幸后来尊为孝献皇后的董鄂氏皇贵妃，对她也不大满意。顺治十五年（1658）正月她刚刚十八岁时，顺治皇帝以其"奉侍皇太后疾不勤"而下令"停其中宫笺奏"[30]。只是赖有孝庄文皇后的保护，她才没有沦落到与第一个皇后相同的下场。顺治十八年（1661）正月顺治皇帝去世，这个年龄刚刚只有二十一岁的皇后便守了寡。康熙皇帝即位之后，她和康熙皇帝的生母佟佳氏并尊为皇太后。因为此后不过两年的光景，康熙皇帝的生母慈和皇太后便已死去，而她以名分而言，又是康熙皇帝的嫡母；以亲属关系而言，又是孝庄文皇后的侄孙女，且无儿无女，因而她和孝庄文皇后一样，对康熙皇帝极为关心和爱护，在康熙皇帝成人的过程中，她尽到了一个做母亲的责任。因此康熙皇帝对她也十分尊敬。平常时节，每次向孝庄文皇后问安之后，即赴皇太后宫问安。每逢节令、生辰，率诸王、贝勒、文武百官向孝庄文皇后行礼之后，又一起向她行礼。康熙二十二年（1683）夏，康熙皇帝奉孝庄文皇后北巡期间，特将所猎鹿尾、鹿脯用盐腌好，送至京师，请她品尝。她出生较晚，没有孝庄文皇后那样复杂的政治经历，兼以康熙皇帝又非亲生，因而在康熙皇帝面前，她显得十分谦逊。令人代笔给康熙皇帝写信，总是将皇帝字样出格高写；而于皇太后字样，则"接书其下"[31]。对于国家政事也极少发表意见，不去干扰康熙皇帝，而是将主要精力用于关心康熙皇帝的生活起居。如康熙三十五年（1696）十月，康熙皇帝北征塞外，她怕塞外天寒冻着康熙皇帝，特地派人送去皮衣。第二年开春，康熙皇帝亲征噶尔丹，在其生日即将到来时，孝惠章皇后又派人专程送去金银茶壶，以志祝贺。这使得康熙皇帝对她愈加孝敬，将原先对待孝庄文皇后的礼遇都转加到她的身上，南巡、北狩以及出关谒陵，无不奉其同行。康熙二十八年（1689）他以孝惠章皇后居住的宁寿宫历年已久，将其拆毁重建，"比旧更加弘敞辉煌"，并奉孝惠章皇后迁居于此[32]。康熙三十九年（1700）孝惠章皇后六十大寿，康熙皇帝亲制《万寿无疆赋》，并献上佛像、珊瑚、自鸣钟、洋镜、东珠、金珀、御风石、念珠、皮裘、羽缎、哆罗呢，沉、檀、芸、降诸香，犀玉、玛瑙、瓷、漆诸器，宋、元、明名画，金银、币帛等许多珍贵寿礼，还别出心裁，令御膳房一颗一颗地挑选出一万粒米，精心制作成"万国玉粒饭"，和名贵菜肴、果品一起献上[33]。康熙四十九年（1710）孝惠章皇后七十寿辰，康熙皇帝又举行隆重的庆祝活动，为了表示自己的孝心，年已五十七岁的康熙皇帝还亲自在席间跳起了蟒式舞[34]，以为宴会助兴。

此外，康熙皇帝也像对待孝庄文皇后一样，写了不少诗篇，感念皇太后对自己无微不至的关怀，衷心祝愿皇太后健康长寿。如康熙三十五年（1696）康熙皇帝亲征噶尔丹于漠北，作《违皇太后定省言怀》诗：

帐殿风高日影移，庭闱常忆问安时。

寸心每自依清禁，慈念遥应系北陲。

柔远肯教罹疾苦，除残焉敢惜胼胝？

预期露布飞章入，早报瑶阶母后知。[35]

当年冬，康熙皇帝率师西征噶尔丹途中，适逢皇太后生辰，康熙皇帝乃作《遥祝皇太后千秋》诗。诗云：

临风怀绣宸，佳气望瑶宫。

月首萁三叶，冬迟菊万丛。

寿尊浮碧蚁，笔奏托云鸿。

景祚绵绵永，南山颂不穷。[36]

不久，噶尔丹之乱平，闻知此讯，皇太后十分高兴，康熙皇帝因作《清河觐见皇太后慈颜》诗：

遐方异域绝纤尘，奉赞来朝悉我臣。

今日承欢尤色喜，慈闱悦豫为生民。[37]

以往每逢夏日，康熙皇帝总是奉皇太后赴口外避暑。康熙四十二年（1703）皇太后身体欠安，故而当年只有康熙自己北行，因作诗以记此情形：

遥想京中暑气阑，犹思上苑有冰纨。

山庄咫尺何曾远，欲进瑶池一笑看。[38]

同年冬，康熙帝西巡西安，适逢皇太后生辰，因作《冬至日抵西安遥祝皇太后万寿》诗：

葭管初回日景长，西秦行幸抵坡香。

愿将唐句南山寿，遥捧蓬莱万里觞。[39]

康熙五十一年（1712）三月，春暖花开，为使皇太后开心抒怀，康熙皇帝特请皇太后至雅玩斋进膳，观赏梅花，并作诗以纪其事：

>常年梅雪伴，今岁暮春迟。
>
>银杏舒新叶，木兰盖绿枝。
>
>花当亭畔发，香逐雨中移。
>
>别殿陈鲜密，尚方献瑞芝。
>
>老莱舞膝下，珠草列仙墀。
>
>敬上乔松祝，欣瞻王母仪。
>
>捧觞称寿句，进酒问安词。
>
>地润铺红萼，波澄敛玉池。
>
>高峰多爽气，绮树得丰姿。
>
>漏转催辰半，表行近画奇。
>
>承欢同永日，孝思莫违时。
>
>会庆思经义，千秋古训垂。[40]

康熙五十四年（1715）十月，皇太后七十五岁寿诞届期，康熙皇帝又在避暑山庄举行庆祝，并作诗以纪其事。诗云：

>诞值小春暖，承颜爱日长。
>
>农闲歌乐土，臣喜拜山堂。
>
>孟月祈年节，芳卮献寿觞。
>
>南峰留翠盖，北斗灿珠行。
>
>愉色常犹怯，怡声久未忘。
>
>欢心依白发，福曜现青方。
>
>至养慈闱庆，遐龄母德昌。
>
>虚文岂作颂，人瑞纪篇章。[41]

次年三月，为表申孝养，已经六十三岁的康熙皇帝又特请皇太后至畅春园观赏兰花，并写诗以纪其事。诗云：

玉花万朵祝慈颜，藉奉欢心半日闲。

闰月春迟添岁永，香枝风送待时还。

膝前五代承王母，陛下千龄献寿山。

乍晓铜龙迎凤辇，霜容天上睹仙鬟。[42]

康熙五十六年（1717）秋，康熙皇帝北巡塞外之后，奉皇太后返京。因皇太后年事已高，回京后即染上疾病。此时康熙皇帝也已六十四岁，十年来的诸皇子争储夺嫡斗争和繁忙的内政外交事务使得他心力交瘁，健康状况严重恶化，当年冬大病一场，头昏目眩，双脚浮肿，艰于行走，七十多日不曾起床。十一月间病情还十分严重，为此他还预拟遗诏，遍谕诸皇子、满汉大学士、学士、九卿、科道，但在得知皇太后病重之后，立即从畅春园回宫，参与护理。十二月初皇太后病情日益沉重，康熙皇帝不顾自己病情，在苍震门内架起帐篷，居住其中，同时用手巾裹头缠足，让内侍抬至宁寿宫，向皇太后请安。他跪在皇太后床下，轻呼："母后，儿臣在此！"此时病情危笃的皇太后已经不能说话，只是一手遮住光线，一手紧握康熙皇帝的手，眷恋之情，溢于言表。眼见此情此景，康熙皇帝不禁泪如雨下。三天后皇太后病逝，康熙皇帝"拊膺哀号，即行割辫，孝服用布，哭泣弗辍"[43]。梓宫发引之日，康熙皇帝又亲自前往宁寿宫前祭奠痛哭，"近侍人员，不忍仰视"[44]。随上尊谥为"孝惠仁宪端懿纯德顺天翊圣章皇后"。康熙五十七年（1718）三月，殡宫自京发引，安葬于遵化孝东陵地宫。康熙皇帝虽因病未能亲送，但当年十一月，他又亲自谒陵祭奠，"哀恸良久"[45]。同时在大学士、九卿共议将孝惠章皇后神牌安放太庙、奉先殿时，他又特别指示，因孝惠章皇后名分属嫡母，应将其神牌安设于自己生母孝康章皇后之上。总之出于感念孝惠章皇后对自己的抚育之恩，对自己的这个嫡母，康熙皇帝也极尽孝养之情，且达到了无以复加的地步。

康熙皇帝的生母孝康章皇后佟氏（1640—1663），是固山额真佟图赖之女。佟图赖的父亲佟养真虽原为汉人，但早在清太祖努尔哈赤攻打抚顺之时即投奔后金。几十年中，追随太祖、太宗、世祖南征北伐，转战东西，卓有功勋，故早在入关之前，佟氏一家即深受重用，成为清朝皇室的依靠力量。入关之初，满、汉畛域极为分明。佟氏以汉人之女而入宫为妃，对于佟氏一家来说是极高的殊荣。孝康章皇后佟氏比顺治皇帝小两岁，至晚在顺治十年（1653）八月顺治皇帝第一个皇后被废前即已入宫。次年三月，她为顺治皇帝生下玄烨这个儿子，当时她只有十五岁。由于顺治皇帝子嗣甚多，而她又是一个普通妃子，因而此后七八年中一直默默无闻。直到顺治十八年（1661）顺治皇帝死后，她才因所生之子玄烨被立为皇帝而被尊为慈和皇太后。即使如此，一则因为其时孝庄文皇后年正壮盛，正在全面主持宫中事务；二则在她之上，还有一个顺治皇帝生前被立为皇后的孝惠章皇后；三则此时国务处理，皆由几个辅政大臣主持，因而无论宫中或国家事务，她都没有什么发言权。她所扮演的角色，充其量只是一个照顾康熙皇帝的高级保姆，而且由于一场意外之疾，这件工作她也没有完成。康熙二年（1663）二月，她因突发之症去世，终年二十四岁。她死之后，按照满洲旧俗遗体火化，并于当年六月与顺治皇帝一起葬入孝陵地宫。当时，清朝皇室给她上的尊谥是"孝康慈和庄懿恭惠崇文育圣章皇后"。

一个年方十岁的孩子，刚刚死去父亲，接着又失去生母，面对此情此景，无论怎样的铁石心肠，也要为之堕泪。康熙皇帝本人更是涕泪滂沱，痛不欲生。从此他失去了童年的欢乐，只能在祖母的怀抱里，追忆母亲在日的幸福时刻。父母的过早去世促使了他的早熟，他逐渐变得沉默寡言。在祖母和嫡母面前，他听话懂事，平时努力学习，勤于骑射，不曾沾染任何恶习。在朝堂上则威而不怒，含而不露，从而对他成人以后事业的成功产生了重要的影响。

随着岁月的流逝，康熙皇帝成人后，少年时期的丧母之痛逐渐淡化，故而他一生所作诗篇中，没有一篇涉及自己的生母。虽然如此，出于对自己生母的系恋之情，他先后重用了两个舅舅佟国纲和佟国维。康熙十六年（1677）他又将孝康章皇后的侄女、佟国维之女收入宫中，封为贵妃，后又将其晋为皇后。康熙二十年（1681）又以孝康章皇后之故特别加恩，将佟氏一族由汉军镶黄旗抬入满洲镶黄旗，从而开创了后族抬旗的先河。当时，佟国纲进爵一等公，任镶黄旗汉军都统；佟国维任领侍卫内大臣，参与议政。后来，佟氏诸子鄂伦岱、隆科多也先后担任要职。终康熙一朝，佟氏满门贵盛，恩眷不衰。本为汉人而抬入满洲上三旗并在最高中枢机构中居于重要地位，如果不是由于孝康章皇后的缘故，是断然不会至此地步的。

在康熙皇帝诸位母妃中，还有一个在其死后始被赠为皇后的孝献端敬皇后董鄂氏（？—1660），她是内大臣鄂硕之女，年十八入宫，被册为贤妃。由于受到宠爱，两个月后又晋为皇贵妃，连同她的父母也大沾其光，受赐黄金一百六十两、银八千两，金茶筒、银茶筒、银盆各一，缎八百匹，布一千六百匹，马十六匹，鞍十六副，甲胄十六副。顺治十四年（1657）十月这个皇贵妃为顺治皇帝生了个儿子，顺治皇帝十分高兴。如果这个孩子能够成人，清朝历史也许需要改写，笔者笔下的主人公也许是另一种命运。但令人遗憾的是，顺治皇帝还未及给这个孩子取名，他便夭折。这使董鄂氏皇贵妃十分悲痛。为了对她进行安慰，特将这个孩子追封为荣亲王。尽管如此，皇贵妃仍然痛不欲生。顺治十七年（1660）八月，终因思念爱子而离开了人世。眼见爱妃独自一人走上黄泉路，顺治皇帝哭得如泪人一样。为了使她在九泉之下有人服侍，特命内监官人三十多人殉葬，还追赠她为皇后，谥"孝献庄和至德宣仁温惠端敬皇后"，为她举行了隆重的葬礼。顺治皇帝死后，她的骨灰和顺治皇帝一起被葬于孝陵地宫。

　　对于这个赠皇后的来历，后代史家一向颇为质疑。一是入宫时年岁过大，不合满洲早婚习俗，因而有人认为她原是与顺治皇帝同辈的一个亲王的爱妻，被顺治皇帝掠取入宫。也有人以其原姓董，为明末著名文人冒辟疆之妾董小宛。经由一些学者考证，董小宛比顺治皇帝年龄大出十四岁，顺治八年（1651）二月她二十八岁时即已死去。因而说董鄂氏系董小宛显然不能成立。但据时人汤若望所记，顺治皇帝确曾掠取一个满族贵族妻子入宫，而且这个女人还为顺治皇帝生了一个儿子，不久即病死。这与上述孝献皇后事迹大致相合。这样看来，董鄂氏极有可能是他人之妻，后被顺治皇帝据为已有的。顺治皇帝正是由于对她的狂热追求，才废弃了第一个皇后并对继立皇后以及其他妃嫔表示厌烦。大概也是出于这些原因，顺治皇帝死后，孝庄文皇后马上将这位赠孝献端敬皇后董鄂氏已在宫中的妹妹贞妃赐死，令其为顺治皇帝殉葬。

　　孝献皇后虽然不为孝庄文皇后所喜，但她的一个弟弟费扬古却为清朝政权建立了功勋。早在平定三藩之乱时他即带兵出征，并以战功擢为领侍卫内大臣、列议政大臣。平定噶尔丹叛乱期间，他被任命为抚远大将军，率军独当一面，大败敌军于昭莫多，从而为平定噶尔丹叛乱取得了关键性的胜利。康熙四十年（1701）他在扈从康熙皇帝北巡期间突患重病，康熙皇帝知道后，特地亲往视疾，并赐御帐、蟒缎、鞍马和帑银五千两，派人送还京师治疗，随即以病重去世，赐谥"襄壮"，年约六十岁左右。

　　除上述几个皇后外，顺治皇帝还有十几个妃嫔。其中有四个出身于博尔济吉特家族。一个是赠悼妃博尔济吉特氏，按辈分来说，是孝庄文皇后的侄女、孝惠章皇后的姑姑，极有可能是与顺治皇帝的废后博尔济吉特氏一起嫁给顺治皇帝的，顺治十五年（1658）死去。另一个是淑惠妃博尔济吉特氏，她是孝惠章皇后的妹妹，并与其一起入宫，顺治十一年（1654）五月被册为妃，康熙十二年（1673）十二月康熙皇帝尊封她为皇考淑惠妃。她活的岁数较大，直到康熙五十二年（1713）十月才去世，计其年龄当在七十岁以上。因为她是孝惠章皇后的妹妹，对于她的丧事，康熙皇帝办得颇为隆重，特为辍朝三日，并亲至灵前奠酒，还对经办丧事草率的官员给予处罚[46]。再一个是端顺妃博尔济吉特氏，顺治时入宫为妃，康熙十二年时被尊为皇考端顺妃，康熙四十八年（1709）去世，年约六十多岁。最后一个是恭靖妃博尔济吉特氏，顺治时入宫，康熙十二年被尊为皇考恭靖妃，康熙二十八年（1689）去世。

蒙古出身的妃嫔之外，顺治皇帝还有几个满洲出身的妃嫔，她们是宁悫妃董鄂氏、赠贞妃董鄂氏、庶妃穆克图氏、庶妃巴氏、庶妃钮氏、庶妃乌苏氏和庶妃纳喇氏。而且除赠贞妃董鄂氏被迫令为顺治皇帝殉葬之外，皆得善终，并各有儿女。其中宁悫妃董鄂氏为顺治皇帝生了皇二子福全。康熙十二年（1673）十二月康熙皇帝封她为皇考宁悫妃。她于康熙三十三年（1694）六月去世，年约六十岁上下。庶妃穆克图氏为顺治皇帝生了皇八子永干。庶妃巴氏为顺治皇帝生了皇长子钮钮、皇三女和皇五女。庶妃钮氏为顺治皇帝生了皇七子隆禧。庶妃乌苏氏为顺治皇帝生了皇四女。庶妃纳喇氏为顺治皇帝生了皇六女。就蒙古后妃皆未生有子女而满洲妃嫔大多皆有儿女这一点看来，顺治皇帝对他的几个蒙古后妃是极不喜欢的。或许就是这一点，导致了孝庄文皇后和顺治皇帝母子之间的长期失和。

在拥有许多满、蒙后妃的同时，由于入关后满族贵族迅速汉化，受此影响，顺治皇帝还选了几个汉人出身的妃子，并让她们在宫中仍服用汉人服装。其中除康熙皇帝生母孝康章皇后外，还有赠恪妃石氏、庶妃陈氏、庶妃唐氏和庶妃杨氏。赠恪妃石氏无儿无女，卒于康熙六年（1667），死后追封皇考恪妃。庶妃陈氏为顺治皇帝生了皇长女和皇五子常宁。

庶妃唐氏为顺治皇帝生了皇六子奇授。庶妃杨氏为顺治皇帝生了皇二女和硕恭悫长公主。由于她们在宫中地位卑下，因而顺治皇帝死后，她们大多默默无闻地度过一生，以致我们现在不但不知道她们的主要活动，甚至连生卒年月也搞不清楚。

三、兄　弟

康熙皇帝兄弟八人。如按出生顺序排列，他们的名字分别是钮钮、福全、玄烨、荣亲王（未命名）、常宁、奇授、隆禧、永干。其中顺治皇帝的皇长子钮钮生于顺治八年（1651），生母是庶妃巴氏。出生后仅三个月即因病殇逝，其时康熙皇帝还没有出生。皇四子荣亲王顺治十四年（1657）出生，也只活了三个多月。当时康熙皇帝正在襁褓，对其根本没有印象。此外康熙皇帝还有两个弟弟幼年殇逝，分别是庶妃唐氏所生的皇六子奇授和庶妃穆克图氏所生的皇八子永干。奇授生于顺治十六年（1659），康熙四年（1665）死去，只活了七岁。永干生于顺治十七年（1660），康熙六年（1667）死去，也只活了八岁。由于四个兄弟先后殇逝，于是和康熙皇帝一起健康成长的只剩下了他的哥哥——顺治皇帝的皇二子福全，他的两个弟弟——顺治皇帝的皇五子常宁和皇七子隆禧。

福全（1653—1703）是顺治皇帝第二子，生于顺治十年（1653），比康熙皇帝大一岁。康熙六年（1667）封裕亲王。

之后不久康熙皇帝亲政，因为其时鳌拜专权，为了加强自己的力量，特命其参预议政。翦除鳌拜后，康熙皇帝将大权收归己有，这时福全也就非常知趣地辞去议政大臣之职，安居藩邸，故而康熙皇帝对他非常友爱。康熙二十一年（1682）正月，三藩叛乱平定之后，康熙皇帝特召他和其他诸王一起宴于乾清宫，庆贺胜利，并有《元夜与诸王宴饮乾清宫》一诗，以纪其事：

> 今夕丹帷宴，联翩集懿亲。
>
> 传柑宜令节，行苇乐芳春。
>
> 香泛红螺重，光摇绛蜡新。
>
> 不须歌湛露，明月足留人。[47]

同时，他和康熙皇帝一样，对祖母孝庄文皇后异常孝顺。如康熙二十二年（1683）他和康熙皇帝一起奉孝庄文皇后西巡五台山，于事前先行勘察道路时，发现道路过于险峻，他们共同力劝孝庄文皇后返京。康熙二十六年（1687）底，孝庄文皇后去世后，福全也和康熙皇帝一样非常悲痛，哭得死去活来。为怕影响他的身体健康，康熙皇帝特派皇长子胤禔和领侍卫内大臣送他回府。康熙二十九年（1690）康熙皇帝调动大军北征噶尔丹，他再次得到重用，被任命为抚远大将军，以皇长子胤禔为副，出古北口。为了对他加以鼓励，行前，康熙皇帝亲制诗篇以赐，并举行了隆重的欢送仪式。诗云：

> 万国勤怀保，三阶愿治平。
>
> 寰中皆赤子，域外尽苍生。
>
> 小蠢忘怙懞，天心解斗争。

执迷思梗化，伐罪事专征。

武略期无敌，王师出有名。

亲藩分斧钺，长子拥麾旌。

貙虎资郎将，貔貅壮禁营。

玉戈凝晓色，金甲耀秋晴。

获丑宁遗类，筹边重此行。

据鞍军令肃，横槊凯书成。

烟火疆隅堠，牛羊塞上耕。

遐荒安一体，归奏慰予情。[48]

　　大军出发后，由于福全调度得法，一路顺利，并于当年八月大败噶尔丹于乌兰布通。康熙皇帝极为高兴，特地传谕嘉奖。此次胜利之后，福全本应率兵追击，但由于骄傲情绪滋长，轻信噶尔丹间谍之言，致使错过了追击的有利时机；同时与皇长子胤禔也发生了矛盾。因而还京之后，康熙皇帝革去他的议政大臣之职并给予罚俸三年、撤三佐领的处分。解除要职后，福全建目耕园，礼接士大夫，读书其中。因念及兄弟之情，康熙皇帝对他也还是十分敬重和关心。如康熙三十八年（1699）二月南巡，五月返京，数月不见福全之面，心中异常想念，闻知其将来朝见，特作《候见裕亲王》一诗：

花萼楼前别，已经春夏余。

平明挂锦缆，日暮傍樵渔。

吴越当年景，江湖各自如。

留心民事重，隔月信音疏。[49]

　　数月后，为了表示自己对这个兄长的友爱之情，特与

其并坐于桐树之下，命画工绘像为图，取"同老"之意，称
《桐老图》；同时，康熙皇帝还专门作《咏桐老图赐裕亲王》
一诗：

> 丹桂秋香飘碧虚，青桐迎露叶扶疏。
>
> 愿将花萼楼前老，帝子王孙永结庐。[50]

为了让这个兄长开心抒怀，安度余年，康熙四十一年
（1702）康熙皇帝封其长子保泰为世子。次年福全生了重病。
正在巡狩塞北的康熙皇帝闻知此信，即刻命诸皇子回京，侍
奉汤药。几天后噩耗传来，康熙皇帝也星夜返京，亲临其丧，
摘缨痛哭。回宫后迁居便殿，并辍朝数日，以志哀悼。治丧
期间，又多次奉皇太后驾临丧次，并发内帑治丧，予谥曰
"宪"。同时还在京畿黄花山建坟，亲撰碑文，盛赞其"秉性
宪和，持身谦牧"[51]。此时此刻，想起几十年来的共同生活，
康熙皇帝又作《挽诗》，以抒碑文未尽之意。诗云：

> 花萼空虚梦，悲歌暮景伤。
>
> 泪同秋雨湿，声逐碧天长。
>
> 清颂连香桂，心慈庆帝乡。
>
> 徽章纵有秩，寂寂叹时光。
>
>
> 少小同居处，义深读《孝经》。
>
> 赋诗明务本，携手问慈宁。
>
> 乐善从无息，神襟物外停。
>
> 繁忧题旧日，血泪染疏棂。[52]

常宁（1657—1703）是顺治皇帝第五子，庶妃陈氏所
生。康熙十年（1671）正月，常宁刚刚十五岁，即被封为恭

亲王。康熙十四年（1675）十一月，分入正蓝旗并从上三旗带出十五佐领。对于这个弟弟，康熙皇帝一直颇为关心和爱护。康熙二十二年（1683）常宁的府邸不慎失火，康熙皇帝闻知后，亲临现场指挥灭火。康熙二十四年（1685）和二十六年，又先后将他的两个儿子永寿、满笃祜封为三等辅国将军和镇国将军。康熙二十九年（1690）康熙皇帝北征噶尔丹，常宁被任命为安北大将军，以简亲王雅布、信郡王鄂札为副，率军出喜峰口。由于他和福全一样，在乌兰布通战役获得大胜后未能乘胜率师穷追敌寇，战役结束后，被革去议政大臣，并受到罚俸三年的处分。从此之后，他便安处藩邸，过着逍遥自在的王爷生活。直至康熙四十二年（1703）六月因病去世，终年四十七岁。当时康熙皇帝自塞外得知此信，即刻命诸皇子回京，经纪丧事，同时还赐银万两，营造坟茔。不久康熙皇帝回京，又亲临其丧，并为其撰写碑文，对他"春秋犹壮，齿发未衰，痰疾忽侵，溘焉凋谢"，表示深切的哀悼。[53]

隆禧（1660—1679）是顺治皇帝第七子，庶妃钮氏所生。康熙十三年（1674）十五岁时受封纯亲王。次年，分入镶白旗并自上三旗带出十五佐领。因他在康熙皇帝几个成人弟兄中最为年幼，康熙皇帝对他尤为爱怜。但不幸的是，康熙十八年（1679）七月，他刚刚二十岁便因病死去。这使康熙皇帝十分悲痛，特为其辍朝三日，亲临祭奠，并为其修造坟茔。丧事处理完毕，即以其子富尔祜伦袭爵；但为时不久，这个方在襁褓之中的王爷又因病去世，至此，纯亲王一支绝嗣。康熙皇帝无法，只好下令"不必再议袭封"[54]。虽然如此，为了表示对这个幼弟的怀念之情，每逢忌日，康熙皇帝仍命大臣或皇子携带祭品至其墓前祭奠，祝愿他在冥冥之中永远幸福。

四、姊　妹

八个弟兄之外，康熙皇帝的父母们还为他生了六个姐妹。但不幸的是，这六个姊妹有五个都在幼年殇逝。最先殇逝的是康熙皇帝的大姐、顺治皇帝的皇长女。她生于顺治九年（1652）三月，为庶妃陈氏所生，次年十月即因病去世，只活了一岁半。接着庶妃巴氏所生的皇三女也于顺治十五年（1658）三月去世，她生于顺治十年（1653）十二月，只活了六岁。后皇四女、皇五女、皇六女也先后于顺治末期去世。其中皇四女生于顺治十一年（1654）十二月，庶妃乌苏氏所生，顺治十八年（1661）三月去世，活了八岁。皇五女与皇四女同年同月出生，庶妃巴氏所生，顺治十七年（1660）十二月死去，活了七岁。皇六女生于顺治十四年（1657）十月，庶妃纳喇氏所生，顺治十八年二月死去，也只活了五岁。这样在康熙皇帝的姊妹行中，健康成人的只剩下了顺治皇帝的皇二女和硕恭悫长公主。她出生于顺治十年十二月，庶妃杨氏所生，按年龄说是康熙皇帝的一个姐姐。她虽然成了人，但一生命运却很不好。康熙初年，辅臣鳌拜权势遮天，炙手可热。孝庄文皇后和康熙皇帝虽对其恨之入骨，但为了保住皇帝宝座，对他也不得不笑脸相迎。于是，这位和硕公主便成了皇室笼络鳌拜一家的牺牲品。康熙六年（1667）二月，在她十五岁时，由孝庄文皇后主持，将其下嫁辅臣鳌拜的一个侄子、少傅领侍卫内大臣巴哈之子讷尔都。然而为时不过两年，鳌拜垮台，作为鳌拜集团的骨干成员，巴哈及其子讷尔都均被削职为民。于是这个公主的地位也就一落千丈。康熙十五年（1676）正月，康熙皇帝虽以公主的原因赐予和硕额驸讷尔都太子少师之衔[55]，但是在七八年前政治风波的阴影里，他也只能夹着尾巴做人。康熙二十四年（1685）这个公主去世，终年三十三岁。

由于康熙皇帝的多数姐妹在顺治年间先后夭折，顺治末年至康熙初年，孝庄文皇后深觉膝前寂寞，因而又先后收养了三个宗室孙女抚养宫中。其中一个是和硕和顺公主，她是顺治皇帝亲兄承泽亲王硕塞之女，生于顺治五年（1648）八月，顺治十七年（1660）她十三岁时封和硕公主，下嫁平南王尚可喜第七子尚之隆。因为这一关系，三藩叛乱平定之后，康熙皇帝特免尚之隆连坐，仍加太子太保。康熙四十一年（1702）还擢其为领侍卫内大臣，一直到康熙五十七年（1718）尚之隆去世。至于这位和硕和顺公主则不如其夫活得长久，康熙三十年（1691）十一月即已去世，终年四十四岁。第二个是固伦端敏公主，她生于顺治十年（1653）六月，为简亲王济度的女儿，生母是科尔沁博尔济吉特氏，与孝庄文皇后同族。大约是因为这一原因，孝庄文皇后才将她收养宫中。康熙九年（1670）她十八岁时，由孝庄文皇后主婚，将她下嫁科尔沁达尔汉亲王满珠习礼之孙班第。后康熙皇帝巡幸塞北，她曾多次请安，对于增进蒙古贵族和清朝皇室的关系起到了一定的作用。考虑及此，雍正元年（1723）二月，雍正皇帝特封其为固伦端敏公主。雍正七年（1729）这位公主去世，终年七十七岁。第三个是和硕柔嘉公主，生于顺治九年（1652），按年龄说是康熙皇帝的一个姐姐，原是安郡王岳乐的女儿。康熙二年（1663）十一月，她十二岁时下嫁靖南王耿精忠的弟弟耿聚忠。康熙十二年（1673）七月三藩叛乱前，这位公主去世，终年二十二岁。因为这层关系，三藩叛乱平定后耿精忠被杀，而耿聚忠却得以保全，直到康熙二十六年（1687）时，耿聚忠才因病去世。

五、后　妃

康熙皇帝早婚，在位时间又格外之长，因而一生中后妃众多。据统计，其后宫具有后、妃、嫔、贵人、答应、常在名号者不下六十人。在封建社会中，帝王多妻固是正常现象，然而，横向比较，这一数字仍然偏多，不只在清代各帝中绝无仅有，就是在两千多年的帝王群中也是颇为罕见的。毋庸讳言，对康熙皇帝而言，这是他的失德之处；同时，由于宫中矛盾错综复杂，也平空给他增加了无数烦恼，从而对康熙政绩也产生了不良的影响。

康熙皇帝一生先后立过三个皇后，她们是孝诚仁皇后赫舍里氏、孝昭仁皇后钮祜禄氏和孝懿仁皇后佟佳氏。孝诚仁皇后赫舍里氏是他的第一个皇后，生于顺治十年（1653）十二月，年龄略大于康熙皇帝。是辅政大臣索尼的孙女、领侍卫内大臣噶布喇的女儿。康熙初年四大臣辅政，皇宫中只有一个寡妇老太太孝庄文皇后领着几个青年寡妇和几个不懂人事的小孙子过日子，皇室势力势孤力单。为了在当朝大臣中培植亲信，孝庄文皇后一改太宗、世祖两朝皆从蒙古科尔沁博尔济吉特氏家族中择后的传统，把择后目标转向了当朝大臣。当时索尼是首席辅政大臣，历经三朝，功高资深，为人忠朴，这样索尼的孙女赫舍里氏便成为孝庄文皇后为康熙皇帝择后优先考虑的对象。康熙四年（1665）七月行纳聘礼，九月即为康熙皇帝举行婚礼，将赫舍里氏立为皇后。当时康熙皇帝和赫舍里氏皇后都还不过是十二三岁的孩子。这桩婚姻虽系双方长辈包办，但婚后夫妇却琴瑟相得。康熙八年（1669）十二月，皇后给他生了个儿子承祜，虽然这已是康熙皇帝的第二个儿子，但因是皇后所生，康熙皇帝仍然十分高兴。康熙十一年（1672）二月这个孩子不幸殇逝，康熙皇帝虽然十分悲痛，却极力劝慰赫舍里氏皇后。十月皇后在京生病，这时康熙皇帝正陪同孝庄文皇后在遵化汤泉疗养，闻知此信，征得孝庄文皇后同意，康熙皇帝即刻飞骑进京，直到皇后病情好转，方才放下心来。一年多以后赫舍里氏再次身怀六甲，并于康熙十三年（1674）五月初三产下皇二子胤礽。不幸的是，可能是由于产后大出血的缘故，生下胤礽的当天，赫舍里氏皇后即告别了人世，其时刚刚二十二岁。对赫舍里氏皇后的去世，康熙皇帝十分悲痛，辍朝五日，以志哀悼，并命诸王以下文武官员及公主、王妃以下，八旗二品命妇以上俱齐集举哀，持服二十七日。康熙皇帝想起与皇后结婚十年来，皇后"上事太皇太后、皇太后克尽诚孝"，"节俭居身，宽仁逮下"[56]的许多美德，更加深了对她的无限怀念。为使她的在天之灵得到安慰，特谥其为仁孝皇后，并举行了十分隆重的丧礼。康熙十五年（1676）正月又下令于遵化陵区为其建造地宫。康熙二十年（1681）三月景陵地宫建成，康熙皇帝亲送赫舍里氏皇后和后来去世的孝昭皇后灵柩安放地宫。雍正元年（1723）雍正皇帝为其再加尊谥为"孝诚恭肃正惠安和俪天襄圣仁皇后"。

康熙皇帝的第二个皇后是孝昭仁皇后钮祜禄氏。她出身名门，是清初开国功臣额亦都的孙女、辅政大臣遏必隆的女儿。入宫之初即册立为妃，康熙十六年（1677）八月立为皇后。但为时不过一年，康熙十七年（1678）二月这个皇后即因病去世，大约只活了二十多岁。当年三月赠谥孝昭皇后，康熙二十年（1681）三月，安葬景陵地宫。雍正元年（1723）九月再上尊谥曰"孝昭静淑明惠正和钦天顺圣仁皇后"。

康熙皇帝的第三个皇后是孝懿仁皇后佟氏。她是康熙皇帝生母孝康章皇后的侄女、舅舅佟国维之女。康熙十六年（1677）八月入宫，即封为贵妃。康熙二十年（1681）晋皇贵妃，两年后为康熙皇帝生了皇八女，但不过一个月此女即殇。康熙二十八年（1689）七月她身患重病，为了让她开心抒怀，康熙皇帝特将其册立为皇后。然而这点心理安慰也未能使其好转，次日这位皇后还是离开了人世，随由康熙皇帝赠谥孝懿皇后。当年十月，安葬景陵地宫，年龄约在三十岁上下。雍正元年（1723）为其再上尊谥为"孝懿温诚端仁宪穆奉天佑圣仁皇后"。

因为这个皇后是康熙皇帝的表妹，较之其他后妃，关系又更深一层，因而她去世之后，康熙皇帝特别悲痛，并作《挽大行皇后诗》四首。诗云：

> 月掩椒宫叹别离，伤怀始觉夜虫悲。
> 泪添雨点千行下，情割秋光百虑随。
> 雁断衡阳声已绝，鱼沉沧海信难期。
> 繁忧莫解衷肠梦，惆怅销魂忆昔时。

> 交颐泪洒夕阳红，徒把愁眉向镜中。
> 露冷瑶阶增寂寞，烟寒碧树恨西东。
> 旧诗咏尽难回首，新月生来枉照空。
> 鸾影天涯无信息，断弦声在未央宫。

> 音容悲渐远，涕泪为谁流。
> 女德光千祀，坤贞应九州。
> 凉风销夜烛，人影散琼楼。
> 叹此平生苦，频经无限愁。

> 淅沥动秋声，中心郁不平。
> 离愁逢叶落，别恨怨蛩鸣。
> 寂寂瑶斋隔，沉沉碧海横。
> 玉琴哀响辍，宵殿痛残更。[57]

孝懿皇后去世之后，康熙皇帝虽年尚不到四十，但从此之后直到去世，始终没有再立皇后。然而三十多年后，他的儿子雍正皇帝即位后，又给他另赠了一个皇后，这就是雍正皇帝的生母孝恭仁皇后乌雅氏。孝恭仁皇后乌雅氏生于顺治十七年（1660），是护军统领威武之女。约在康熙十六年（1677）前后被选入宫。康熙十七年（1678）十月她十九岁时生下皇四子胤禛。康熙十八年（1679）十月被册为德嫔。康熙十九年（1680）又生下皇六子胤祚，次年十二月晋封德妃。康熙二十一年（1682）生皇七女。康熙二十二年（1683）生皇九女固伦温宪公主。康熙二十五年（1686）生皇十二女。康熙二十七年（1688）生皇十四子胤禵。为康熙皇帝后妃中生育子女最多者。康熙皇帝去世后，雍正皇帝即位，母以子贵，即为其上徽号为仁寿皇太后，但尚未举行册尊典礼，雍正元年（1723）五月这个皇太后突然去世，终年六十四岁。雍正皇帝特谥其为"孝恭宣惠温肃定裕赞天承圣仁皇后"。当年九月，将其与康熙皇帝合葬景陵地宫。

对于这个康熙皇帝赠皇后的去世原因，后代史家颇多质疑。据一些野史笔记所载，对于皇十四子胤禵，康熙皇帝和其母德妃都十分喜欢。康熙末年他又受命率师西征，有勇有谋，深得康熙皇帝的器重，因而将其内定为储君并写入遗诏。康熙皇帝去世时，胤禵远在西陲，雍正皇帝因得以乘机伙同隆科多篡改遗诏，改"传位十四子"为"传位于四子"，夺位自立。因为得位不正，故而即位之后，便对他的手足同胞胤禵大打出手，将其从军前召回，命其看守景陵，实际上使其处于被囚禁状态。这时知悉内情的仁寿皇太后欲见少子胤禵而不得，遂与雍正皇帝发生激烈的争吵，并愤而触柱自杀。经现代史学家考证，雍正皇帝私改遗诏一说不能成立，但囚禁胞弟胤禵却是世所周知的史实。这样看来野史笔记中的有关记载并非空穴来风，仁寿皇太后极有可能是在两个亲生儿子生死搏斗中陷入无法解脱的境地以致自杀的。

四个皇后之外，康熙皇帝还册立了两个贵妃，即钮祜禄氏贵妃和佟贵妃。钮祜禄氏贵妃是孝昭仁皇后之妹，康熙二十年（1681）十二月被册封为皇贵妃。佟贵妃是孝懿仁皇后之妹，也是康熙皇帝的一个表妹。她生于康熙七年（1668），入宫后于康熙三十九年（1700）被册封为贵妃。她们之所以被册为贵妃，看来主要是她们死去的姐姐曾是皇后的缘故。钮祜禄氏贵妃先后于康熙二十二年（1683）和二十四年生下皇十子胤䄉和皇十一女，康熙三十三年（1694）十一月去世，谥温僖贵妃。佟贵妃一生无儿无女，但活得岁数较大，直到乾隆八年（1743）才去世，活了七十六岁。雍正、乾隆之际，两朝皇帝先后为她加尊号。雍正十一年（1733）雍正皇帝尊她为皇考皇贵妃。乾隆元年（1736）乾隆皇帝又尊她为皇祖寿祺皇太妃，去世后又予谥悫惠皇贵妃。前后几十年中，尊号变来变去，其实只是一个人。

皇后、贵妃之下，康熙皇帝还册封了十个妃子。其中生前册为妃者有荣妃马佳氏、惠妃纳喇氏、宜妃郭啰罗氏、宜妃博尔济吉特氏、和妃瓜尔佳氏、良妃卫氏、成妃戴佳氏等七人；死后追封为妃者有赠慧妃博尔济吉特氏、赠平妃赫舍里氏和敏妃张雅氏等三人。其中荣妃马佳氏是员外郎盖山之女。康熙六年（1667）九月她为康熙皇帝生下了第一个儿子承瑞。后又于康熙十年（1671）生第四个儿子赛音察浑，康熙十二年（1673）生第三女固伦荣宪公主，第二年生第七子长华，康熙十四年（1675）生第八子长生，康熙十六年（1677）生第十子胤祉（即皇三子），是康熙初期为康熙皇帝生育子女较多的一个妃子。当年八月册为荣嫔，康熙二十年（1681）十二月晋为荣妃，雍正五年（1727）闰三月去世。从她初次生子推算，她必是康熙四年（1665）康熙皇帝大婚时进宫最早的一批妃嫔之一，死时年龄约近八十。惠妃纳喇氏是郎中索尔和之女，康熙九年（1670）闰二月为康熙皇帝生了第三个儿子承庆。康熙十一年（1672）又为康熙皇帝生了第五个儿子胤禔（即皇长子）。康熙十六年八月，她被册为惠嫔，康熙二十年（1681）十二月晋惠妃。由于承庆早夭，胤禔又于康熙四十七年（1708）以后长期被拘禁，故而她晚景颇为不好。雍正十年（1732）默默无闻的惠妃去世，年约八十岁上下。宜妃郭啰罗氏是佐领三官保之女，康熙十六年八月被册为宜嫔，康熙十八年（1679）为康熙皇帝生下第十三个儿子胤祺（即皇五子），康熙二十年被晋为宜妃。康熙二十二年（1683）为康熙皇帝生下第十七个儿子胤禟（即皇九子），康熙二十四年（1685）又为康熙皇帝生下第二十个儿子胤禌（即皇十一子）。因为康熙四十八年（1709）时，她的一个儿子胤祺被封为恒亲王，另一个儿子胤禟被封为贝子，因而康熙年间她在宫中地位较高。但康熙末年她的儿子胤禟卷入了争储夺嫡的斗争漩涡，成为雍正皇帝的死对头，而她又站在儿子胤禟一边，对新继位的雍正皇帝极不尊敬，故而雍正皇帝对她十分不满，严加斥责。受此影响，终雍正年间她一直没有翻过身来。雍正十一年（1733）八月去世，年龄约七十多岁。宜妃博尔济吉特氏是科尔沁达尔汉亲王和塔之女、顺治皇帝赠悼妃博尔济吉特氏的侄女。她在康熙五十七年（1718）十二月被册为宜妃，但一生无儿无女，乾隆元年（1736）八月去世，估计年龄当在五六十岁以上。和妃瓜尔佳氏是三品协领裕满之女，生于康熙二十二年十月，康熙三十九年（1700）十二月被册封为和嫔，次年生下皇十八女，康熙五十七年十二月晋和妃。雍正皇帝即位后，尊她为皇考贵妃。乾隆元年十一月，乾隆皇帝又晋尊她为皇祖温惠皇太妃，乾隆八年（1743）再晋尊为温惠皇贵太妃。乾隆三十三年（1768）三月，这个八十六岁的老太太卒于宁寿宫。乾隆皇帝特谥其为惇怡皇贵妃。成妃戴佳氏是司库卓奇之女。康熙十九年（1680）时她为康熙皇帝生下了第十五个儿子胤祐（即皇七子），康熙五十七年（1718）被册封为成妃。乾隆五年（1740）去世，终年约在八十岁左右。良妃卫氏是内管领阿布鼐之女，康熙初年阿布鼐因罪全家没入内务府为奴，良氏亦因此入侍宫中。康熙二十年她为康熙皇帝生下第十六个儿子胤禩（即皇八子），康熙三十七年（1698）胤禩被封为贝勒，母以子贵，她也于康熙三十九年十二月被册封为良嫔，不久晋为良妃。康熙四十七年皇太子胤礽被废，胤禩四处活动，积极谋夺储位，使得康熙皇帝十分生气，下令将胤禩圈禁，良妃亦因此忧郁成疾，于康熙五十年（1711）十一月去世，年约五十岁上下。

在死后追封的妃子中，第一个是赠慧妃博尔济吉特氏，她是科尔沁三等台吉阿玉锡之女，康熙初年入宫。她和宜妃博尔济吉特氏之所以得入宫中，一定是出自孝庄文皇后和孝惠章皇后之意，以使科尔沁博尔济吉特氏在宫中保有一席之地。但让她们深觉遗憾的是，康熙皇帝和其父顺治皇帝一样，和选入宫中的博尔济吉特氏家族女儿总是不大合得来。因而这两个博尔济吉特氏妃子不但不曾生儿育女，而且其中的赠慧妃博尔济吉特氏还于康熙九年（1670）四月过早去世，年岁大约不过二十岁。她死之后，大约是在孝庄文皇后和孝惠章皇后的共同干涉下，康熙皇帝才下令赠其慧妃。妃子之称，到了康熙后期虽已极为平常，但在康熙初年尚无人晋封为妃，故而将其赠为慧妃，已是仅次于皇后的高级称号了。第二个死后追赠的妃子是赠平妃赫舍里氏，她是康熙皇帝第一个皇后孝诚仁皇后的妹妹。康熙三十年（1691）正月她为康熙皇帝生下了第二十四个儿子胤禨，刚刚满月，这个孩子即因病殇逝。康熙三十五年（1696）六月，这个孝诚仁皇后的妹妹也因病去世，年约二十多岁，康熙皇帝追赠其为平妃。第三个死后追赠的妃子是敏妃张雅氏。她是参领海宽之女。康熙二十五年（1686）她为康熙皇帝生下了第二十二个儿子胤祥（即皇十三子），康熙二十六年（1687）和三十年，又先后生下皇十三女和硕温恪公主、皇十五女和硕敦恪公主。康熙三十八年（1699）七月去世，康熙皇帝追赠其为敏妃。胤祥成人后，在争夺储位斗争中是雍正皇帝的死党。因而雍正皇帝刚刚即位，即封其为怡亲王，总理政务；同时又追赠他的母亲张雅氏为皇考敬敏皇贵妃，并特别给予与康熙皇帝一起葬入景陵地官的哀荣。

十数个妃子之下，康熙皇帝还先后封了许多嫔。个别受封者不说，单是集中封嫔即有两次，一次是在康熙十六年（1677）八月，受封为嫔者计有安嫔李氏、敬嫔王佳氏、端嫔董氏、荣嫔马佳氏、惠嫔纳喇氏、宜嫔郭啰罗氏、僖嫔赫舍里氏七人[58]。一次是在康熙五十七年（1718）十二月，受封为嫔者计有定嫔万琉哈氏、密嫔王氏、勤嫔陈氏三人[59]。除了荣嫔马佳氏、惠嫔纳喇氏、宜嫔郭啰罗氏后来晋封妃子之外，其他七人终康熙朝始终为嫔。其中安嫔李氏为总兵官刚阿岱之女，敬嫔王佳氏是护军统领华善之女，两人均无儿无女，后亦不知所终。端嫔董氏是员外郎董达齐之女，康熙十年（1671）曾为康熙皇帝生下皇二女。僖嫔赫舍里氏亦无儿无女，不过可确知其卒时在康熙四十一年（1702）九月。定嫔万琉哈氏是郎中拖尔弼之女，生于康熙十年，康熙二十四年（1685）她为康熙皇帝生下了第二十一个儿子胤裪（即皇十二子）。康熙四十八年（1709）三月胤裪被封为贝子。康熙皇帝去世时，他又与受末命，因而雍正二年（1724）六月雍正皇帝晋尊万琉哈氏为皇考定妃，就养胤裪藩邸。从此她便在儿子的孝养下颐养天年，直到乾隆二十二年（1757）四月，八十七岁时方才去世。在康熙皇帝的后妃中，她是最为长寿的一个。密嫔王氏是知县王国达之女。康熙二十几年进入后宫，康熙三十二年（1693）、三十四年和四十年，她先后为康熙皇帝生了第二十五个儿子胤禑（即皇十五子）、第二十六个儿子胤禄（即皇十六子）、第二十八个儿子胤祄（即皇十八子）。雍正元年（1723）她的儿子胤禄袭封庄亲王，成为雍正皇帝的依靠对象，因而次年六月雍正皇帝尊她为皇考密妃。雍正皇帝去世，胤禄又与受末命并与果亲王胤礼、大臣鄂尔泰、张廷玉共同拥立乾隆皇帝即位。因此乾隆元年（1736）十一月，乾隆皇帝再次加恩，晋尊她为皇祖顺懿密太妃。她于乾隆九年（1744）去世，终年七十余岁。勤嫔陈氏是二等侍卫云麾使陈希敏之女。康熙三十六年（1697）她为康熙皇帝生下第二十七个儿子胤礼（即皇十七子）。雍正皇帝即位后，对诸兄弟有打有拉，雍正元年封胤礼为果郡王，管理藩院事。因此之故，雍正四年（1726）二月晋尊其母勤嫔为皇考勤妃。雍正皇帝去世，胤礼与胤禄同受遗诏辅政。乾隆元年十一月乾隆皇帝晋尊她为皇祖纯裕勤太妃。她于乾隆十八年（1753）十二月去世，大约活了七十多岁。

　　上述皇后、贵妃、妃、嫔之下，康熙皇帝还拥有四十四个贵人、答应、常在。根据有关历史资料记载，其中只有通嫔纳喇氏、襄嫔高氏、谨嫔色尔图氏、静嫔石氏、熙嫔陈氏、赠穆嫔陈氏等六人因为生儿育女而在雍正、乾隆两朝摆脱了低贱地位，其他绝大多数人都默默地度过了自己的一生。通嫔纳喇氏是监生常素代之女，约在康熙十三年（1674）以前便已入宫，原为贵人，康熙十四年（1675）、十八年（1679）和二十四年（1685），先后为康熙皇帝生了第九个儿子万黼、第十二个儿子胤䄉和皇十女固伦纯悫公主。因她生的两个儿子早夭，女儿又远嫁蒙古，因而她在宫中地位一直十分低微。然而雍正年间她时来运转，虽然此时她的女儿早已去世多年，但她的女婿喀尔喀台吉策棱却因守护边防、屡立战功而受到雍正皇帝的倚重，后来还被晋封亲王。以此之故，雍正二年（1724）六月雍正皇帝晋尊其为皇考通嫔。她于乾隆九年（1744）六月去世，计其年龄，当在八十岁以上。襄嫔高氏，父名高廷秀。康熙四十一年（1702）她为康熙皇帝生下了第二十九个儿子胤禝（即皇十九子），康熙四十二年（1703）又生了皇十九女。不幸的是这一对儿女先后殇逝。康熙四十五年（1706）她再次身怀六甲并喜得麟儿，为康熙皇帝生下了第三十个儿子胤祎（即皇二十子），因此雍正皇帝即位后，即尊其为皇考贵人。后胤祎晋封贝勒，乾隆元年（1736）十二月，乾隆皇帝尊她为皇祖襄嫔。乾隆十一年（1746）六月，她走完了自己生命的途程，终年约在六十岁左右。谨嫔色尔图氏是员外郎多尔济之女，康熙五十年（1711）她为康熙皇帝生下了第三十二个儿子胤祜（即皇二十二子），因此雍正皇帝即位，即尊其为皇考贵人。后胤祜晋封贝勒，乾隆元年十二月乾隆皇帝依例晋尊她为皇祖谨嫔。她于乾隆四年（1739）三月去世，大约活了五十岁上下。静嫔石氏，父名石怀玉。康熙五十二年（1713）她为康熙皇帝生下第三十三个儿子胤祁，因此雍正皇帝即位后尊她为皇考贵人。后胤祁封为贝勒，乾隆元年十二月乾隆皇帝尊她为皇祖静嫔。她于乾隆二十三年（1758）六月去世，年龄约六十多岁。熙嫔陈氏，父名陈玉卿。康熙五十年她为康熙皇帝生下了第三十一个儿子胤禧（即皇二十一子），雍正皇帝即位，晋封她为皇考贵人。后胤禧封为贝勒，乾隆元年十二月，乾隆皇帝晋尊她为皇祖熙嫔。她于乾隆二年（1737）正月去世，活了不到五十岁。赠穆嫔陈氏，父名陈岐山。康熙五十五年（1716）她为康熙皇帝生下第三十五个儿子胤祕（即皇二十四子）。以此之故，康熙六十一年（1722）十二月，雍正皇帝即位不久，即尊她为皇考贵人，此后不久，她即死去。雍正十一年（1733）胤祕被封为诚亲王，兼之以他又是乾隆皇帝的少年同学，因而乾隆皇帝即位后，即于乾隆元年十二月追尊他的母亲为皇祖穆嫔。上述六人之外，曾侍奉康熙皇帝的贵人、答应、常在还有贵人兆佳氏、贵人袁氏、贵人纳喇氏，庶妃钮祜禄氏、庶妃张氏，妙答应、秀答应，瑞常在、常常在等三十八人。质言之，她们都是后宫之中斗争的失败者。其中贵人兆佳氏、贵人袁氏、庶妃钮祜禄氏、庶妃张氏等八人虽生有儿女，但或因所生子女夭折，或因自己早年去世，一生没有摆脱低贱地位。贵人兆佳氏是参领塞克塞赫之女，康熙十三年她为康熙皇帝生下皇五女和硕端静公主。贵人郭啰罗氏是宜妃郭啰罗氏的妹妹。康熙十八年她为康熙皇帝生下皇六女固伦恪靖公主，康熙二十二年（1683）又为康熙皇帝生下第十九个儿子胤禑。贵人袁氏于康熙二十八年（1689）生下了皇十四女和硕悫靖公主。庶妃钮祜禄氏是员外郎晋宝之女，康熙四十七年（1708）为康熙皇帝生了皇二十女。庶妃张氏，康熙七年（1668）和康熙十三年（1674）先后为康熙皇帝生了皇长女和皇四女。庶妃王氏，康熙三十四年（1695）生了皇十六女。庶妃刘氏，康熙三十七年（1698）生了皇十七女。其他人则大多潦倒一生，生前饱受白眼，死后连姓氏、籍贯、生卒年月也一概不知。封建社会的一夫多妻制葬送了她们的青春，使她们成为当时社会最不幸福的贵族女人。

六、皇 子

康熙皇帝自十四岁开始生子至六十三岁停止生育，五十年中先后生子三十五人。其中承瑞（1667—1670）、承祜（1669—1672）、承庆（1670—1671）、赛音察浑（1671—1674）、长华（1674—1674）、长生（1675—1677）、万黼（1675—1679）、胤禶（1679—1680）、胤祦（1683—1685）、胤禨（1691—1691）、胤禐（1713—1713）等十一子皆因早夭未曾与序行次，而与序行次的皇六子胤祚（1680—1685）、皇十一子胤禌（1685—1696）、皇十八子胤祄（1701—1708）、皇十九子胤禝（1702—1704）又未及成人便早逝，于是成人的孩子便只剩下二十人。对这二十个孩子，康熙皇帝非常注意加以教育，一般都为其慎选教师，并亲自教诲督促。教育内容也很广泛，几乎包括经史、诗文、语言、书画、音乐、几何、天文、骑马、射箭、游泳、火器等各个方面。随着他们逐渐成人，他又率领他们南巡、北狩、出关谒陵、巡视畿甸，以便他们深入实际，了解各地风情和民生疾苦。征讨噶尔丹之役，命皇太子代理朝政，皇长子胤禔、皇三子胤祉、皇四子胤禛、皇五子胤祺、皇七子胤祐等几个年长的皇子则受命率兵出征，以艰苦的军旅生活来磨炼他们的吃苦耐劳精神并培养他们的行政才干和军事才能。行军途中康熙皇帝曾多次诗赠诸皇子，说明自己的用心所在。如《行殿示诸皇子》诗云：

> 师行日已远，边马风萧萧。
>
> 眷言靖疆宇，宁惮道路遥。
>
> 彼寇邻北藩，谲谋声动摇。
>
> 除恶必拔本，稂莠骧良苗。
>
> 外攘内斯安，务令金甲销。
>
> 吾民息转输，丁男无敝凋。
>
> 一劳方永逸，所戒怠与骄。
>
> 天心鉴此诚，雨旸时以调。[60]

又如《诸皇子来迎示之》诗云：

行尽龙荒到凤城，三回寒暑事长征。

只须勤俭思无逸，说与艰难远道情。[61]

同时，他还十分注重诸皇子的道德教育，要求他们"勤俭为仁"，言行一致，为人庄重严肃，不要轻薄佻达。如《示诸皇子》诗云：

勤俭守家法，为仁勉四箴。

读书须立体，学问便从心。

佻达愆非浅，浮华罪渐深。

人皆知此道，何必论古今！[62]

在康熙皇帝的培养下，他的二十个儿子大多文武双全，有的儿子如皇三子胤祉还在文化事业上做出了重要的贡献。然而，由于子嗣众多，随着他们陆续成人，追求权力和财产的欲望也开始强烈，从而使得康熙皇帝家庭内部矛盾错综复杂，这使康熙皇帝十分失望，同时也给他的晚年增添了许多烦恼和忧愁。由于自己身为帝王，对儿子们的这些丑行，康熙皇帝自然无法向人启齿，但当看到无知无识的劳动人民"孝悌发于至性，朴诚不事文辞"的情景时，却十分感慨地写下了这样的诗篇：

昼夜彷徨利禄间，奚如鄙里野人闲。

诗书不解穷通事，名姓无闻士宦班。

孔颜乐处箪瓢在，孝弟真情稚子关。

可笑文章少实据，空将浮伪玷青纶。[63]

由于康熙皇帝诸子皆是康熙末年以至雍正时期政治舞台上互相争斗的主要角色，对当时和以后的政局发展都产生了重要的影响，在此对康熙皇帝诸子成人者逐一介绍，以见康熙皇帝家庭中的一个重要方面的情况。

皇长子胤禔（1672—1734），本为康熙皇帝第五子，生母惠妃纳喇氏。因为他是皇长子，从幼年始，康熙皇帝即教以诗书骑射，希望他尽快成长，早挑重担。康熙二十八年（1689）胤禔十七岁，康熙皇帝第二次南巡，即携其同行。次年康熙皇帝北征噶尔丹，以裕亲王福全为抚远大将军，以胤禔为副，率师出古北口。康熙三十五年（1696）康熙皇帝再征噶尔丹，又令他随军行动，负责犒军事宜。康熙三十七年（1698）三月康熙皇帝大封诸皇子，即封他为直郡王，同时还写了不少诗篇，对他寄予厚望。但让康熙皇帝非常失望的是，康熙四十七年（1708）前后，他深深地卷入了诸皇子争储夺嫡的斗争中。为了搞垮他的政敌皇太子胤礽，在皇太子被废之前，他即不择手段地大搞秘密活动，找了一个名叫巴汉格隆的喇嘛用旁门左道法术镇魇皇太子；皇太子被拘禁后，他又不顾兄弟之谊，向康熙皇帝提出杀掉胤礽的主张。这使康熙皇帝极为愤怒，对其卑鄙用心悉加揭露，并下令将他革爵拘禁，从此之后他便退出了历史舞台。雍正皇帝即位后，仍然对他严加看管。雍正十二年（1734）死于囚所，终年六十三岁。

皇二子胤礽（1674—1724），本为康熙皇帝第六子，是康熙皇帝一生倾注心血最多的一个皇子。他生于康熙十三年（1674）五月，生母是孝诚仁皇后赫舍里氏。在他出生的当天，他的生母即因暴病去世。康熙皇帝思念亡妻，视他如心肝宝贝。次年十二月在他一岁多时，即将他立为皇太子并颁诏天下。皇太子刚刚懂事，康熙皇帝便亲自教他识字。在他六岁时又选定大学士张英、李光地做他的师傅。后来随着太子年龄的增长，又让大学士熊赐履授以性理诸书，让当时名儒汤斌、耿介辅导他学习经史诸书。同时对皇太子学习，康熙皇帝还时常过问，关心程度超过其他任何皇子。如康熙二十三年（1684）首次南巡途中，京中驿骑送来皇太子习字仿书，康熙皇帝即作《途中览皇太子仿书以示之》诗。诗云：

> 奎文一画开天象，保氏先教识六书。
>
> 笔势须知贵严正，好将功夫足三余。[64]

几天后皇太子又来信请安，并汇报自己已经读完"四书"。看到自己的儿子读书大有长进，康熙皇帝十分高兴，特作诗以志其事。诗云：

> 先圣有庭训，所闻在《诗》《礼》。
>
> 虽然国与家，为学无二理。
>
> 昨者来江东，相距三千里。
>
> 迢遥蓟北云，念之不能已。
>
> 凌晨发邮筒，开缄字满纸。
>
> 语语皆天真，读书毕四子。
>
> 龆年识进修，兹意良足喜。
>
> 还宜日就将，无令有间止。
>
> 大禹惜寸阴，今当重分晷。
>
> 披卷慕古人，即事探奥旨。
>
> 久久悦汝心，自得刍荛美。[65]

随着皇太子年龄的增长，对皇太子的礼仪规格，康熙皇帝也给予极高的待遇。凡逢元旦、生辰、令节，诸臣朝见康熙皇帝完毕，还要再去东宫朝见太子。为了提高他在全国臣民中的声望，培养他的从政能力，先后让他代表康熙皇帝主持一些礼仪活动；康熙皇帝外出巡幸，也令其随驾扈从。同时对其身体和生活也极表关心。如康熙二十八年（1689）年底，因康熙皇帝生病，特命皇太子代表自己前往遵化祭奠孝庄文皇后暂安奉殿。皇太子刚刚出京，康熙皇帝即十分思念，并派人"驰赐南方新到春橘、冬笋脯脩"[66]。在康熙皇帝的精心培养和爱护下，"太子通满、汉文字，娴骑射"，"赓咏斐然"[67]，康熙皇帝十分高兴。康熙三十四年（1695）康熙皇帝册封石氏为皇太子妃，为其完婚。随后两年，康熙皇帝两征噶尔丹，皆命皇太子居京留守，并下令"各部院奏章听太子处理，事重要，诸大臣议定，启太子"[68]。同时他还在前线和皇太子密切联系，据统计，从康熙三十五年（1696）三月至康熙三十六年（1697）五月，两次出征期间，康熙皇帝写给皇太子的信函即达七十七封。其内容或介绍军队行进和战争进展状况，或介绍敌情及当地气候、风情，或告知自己身体状况，或请他代向皇太后及诸皇子、诸王问候。战争胜利之日，康熙皇帝首先遣使至京，告诉皇太子这一特大喜讯。其《遣使示皇太子捷音》诗云：

逋寇多年快翦除，风清塞北已回车。

遥知念切驰相慰，驿骑南归赐捷书。[69]

同年六月，康熙皇帝率凯旋大军还至怀来，皇太子出城往迎，康熙皇帝又亲赐《怀来示皇太子》诗。诗云：

春初凤驾回当暑，探尽黄流岸曲纤。

只为救宁筹远驭，不辞烦苦历征途。[70]

由上述康熙父子交往情况来看，这个时期，康熙皇帝对皇太子是信任的，皇太子对康熙皇帝是尊敬的，康熙皇帝和皇太子之间的父子关系也是融洽的。

　　康熙皇帝虽然为皇太子胤礽的成长倾注了极大的心血，然而，随着皇太子胤礽的逐渐成人及其开始参与政务管理，康熙皇帝父子之间的矛盾也开始产生。其一是皇太子自幼娇生惯养，惟我独尊，赋性奢侈。出于爱子之情，康熙皇帝虽命他乳母之夫凌普担任内务府总管，掌管皇室财务，随他花费，但在内心中对他这种行径却不大满意。其二，在康熙皇帝三征噶尔丹期间，皇太子受命留京居守，一些宵小之徒乘势攀龙附凤，从而在康熙皇帝之外形成了第二个政治中心。本来在封建社会中，在保持和争夺最高权力这一关键问题上，皇帝与储君之间即是一对天然的矛盾，而今一些人如此趋奉皇太子，使得康熙皇帝十分警惕。在他看来，自己在外，栉风沐雨，一心一意为后世创太平，而皇太子胤礽却私立中心，实在是不仁不孝。因而还京之后，即刻将"太子左右用事者置于法"[71]。康熙皇帝的这一行动深深地刺伤了皇太子。次年三月康熙皇帝又普赐从征噶尔丹诸皇子封爵，使得皇太子更为不满。在他看来，父皇处事不公平，诸兄弟随父出征，因人成事却受到升赏；自己在父皇出征期间留守京师，处理各种政务，反而受到处罚。在这种思想支配下，难免会有一些怨望之语。于是康熙皇帝和皇太子胤礽之间开始出现了隔阂。

　　康熙三十六年（1697）以后，康熙皇帝父子之间虽已出现了裂痕，然而在康熙皇帝看来，他和胤礽谊为父子，感情基础深厚，胤礽虽有毛病，但并无大过，胤礽周围不法之人既已处死，他和胤礽仍可照前相处。因而相当长的时间里，不但丝毫没有废弃太子之心，反而从长辈对下辈自发的亲情出发，继续对胤礽加以信任、关心和爱护。据统计自康熙三十年（1691）至康熙三十九年（1700），康熙皇帝外出巡幸凡三十二次，其间以皇太子留京居守者即达二十八次，积累时日为一千零八十二天。又如康熙四十年（1701）五月，皇太子胤礽生辰届期，康熙皇帝赐诗以志祝贺。诗云：

> 百岁桐长老，千年松满枝。
>
> 万峰迎瑞气，亿兆庆灵芝。[72]

康熙四十一年（1702）九月，康熙皇帝以视察河工，再度携皇太子南巡。刚刚到达山东德州，皇太子胤礽因感受风寒而患重病。康熙皇帝十分焦急，亲自指导治疗，还特召太子亲信索额图前来侍疾。半月之后皇太子病体痊愈，为了进一步疗养，康熙皇帝特地取消了这次南巡，返回京城。然而和康熙皇帝的主观愿望相反，康熙皇帝的这些关怀和爱护并未能使胤礽回心转意，而是继续和他的死党索额图等"潜谋大事"。康熙四十二年（1703）康熙皇帝南巡返京后被迫进行反击，将索额图拘禁并诛杀其同党，受此牵连，"其同党之同族子孙在部院者俱查明革退"。从此康熙皇帝和皇太子胤礽父子之间的关系愈益恶化。康熙四十七年（1708）九月，康熙皇帝宣布废掉皇太子，囚禁上驷院。这样在过了三十多年养尊处优的生活之后，胤礽的地位一落千丈，由人上人一下子变成了阶下囚。

康熙皇帝虽然废掉了皇太子，内心却极为痛苦。孝庄文皇后在世时对自己这个儿子的钟爱、胤礽生母孝诚仁皇后去世时痛苦的表情、胤礽少年时期活泼可爱的情状都一幕一幕地浮现在眼前，搞得他"六夕不能安寝"，舐犊之情，虽为帝王，亦所不免。出于这种感情，他改变主意，于康熙四十八年（1709）三月复立皇太子。但令康熙皇帝更为失望的是，胤礽虽然复位，却并没有从这次挫折中吸取教训，所作所为依然如故。康熙五十一年（1712）十月，康熙皇帝再度废掉皇太子，将其禁锢于咸安宫，至此当了三十多年皇太子的胤礽彻底垮台。尽管如此，念及父子之情，康熙皇帝仍然在生活上给予其优厚待遇。康熙五十七年（1718）七月，胤礽之妃石氏去世，康熙皇帝特别下令大学士和翰林院撰文致祭，依礼安葬。直到康熙皇帝去世之前，还嘱咐雍正皇帝要"丰其衣食，以终其身"[73]。对这个废太子，康熙皇帝可以说是仁至义尽了。

雍正皇帝即位后，废太子胤礽的处境更为恶化。雍正元年（1723）他被赶出紫禁城，轰到昌平郑家庄居住，并拨派兵丁严加看守，实际上处于被囚禁状态。次年十二月胤礽病死，终年五十一岁。雍正皇帝追谥其为理密亲王，并以其子弘晳袭封理郡王。

皇三子胤祉（1677—1732），本为康熙皇帝第十子，生母荣妃马佳氏。从他十三岁开始，康熙皇帝即陆续让他参加各种礼仪活动。如康熙皇帝二十九年（1690）康熙皇帝北征噶尔丹，因病还京时，他和皇太子胤礽一起出城往迎。康熙三十二年（1693）又命他和皇四子胤禛一起往祭曲阜孔庙。康熙皇帝外出巡幸、谒陵、行围，他和其他皇子一起随驾扈从或留京居守，据统计康熙三十年（1691）以后，康熙皇帝外出巡幸共计一百零三次，离京时间五千六百七十五天，而以胤祉留居京城即达二十五次，积累时日达一千六百四十五天。康熙三十五年（1696）康熙皇帝亲征漠西，命他领镶红旗大营从军征讨。为加鼓励，途间康熙皇帝特制诗篇以赐。诗云：

> 玉弩金戈壮此行，期门环卫在连营。
>
> 深居莫忘勤劳意，须识间关出塞情。[74]

噶尔丹败亡后，康熙三十七年（1698）康熙皇帝封他为诚郡王。因长期受康熙皇帝熏陶，他通熟古代典籍，喜欢自然科学，精于数理天算和音乐，为此，这一年康熙皇帝东巡盛京时，特将当时著名学者陈梦雷赦还京师，辅导胤祉读书并创编《古今图书汇编》。同时胤祉还受命编纂了《律历渊源》一书。因为他文化素养较高，康熙皇帝和他时有唱和之作。如康熙三十八年（1699）康熙皇帝南巡途中，即作《用皇三子秋日郊行应制诗韵》一诗：

> 风高凤阁秋，万物变清幽。
>
> 露冷凝仙掌，云寒聚岭头。
>
> 荷疏起一雁，蒲尽现群鸥。
>
> 郊外西成好，应知禾黍收。[75]

康熙四十七年（1708）以后，康熙皇帝因为废、立太子而陷入深深的忧愁和烦恼之中。在这种情况下，作为年龄较长的一个皇子，胤祉对康熙皇帝的病情和身体都十分关心。同时为了让康熙皇帝舒心开怀，精神愉快，从康熙四十六年（1707）三月始，他多次邀请康熙皇帝临幸他的居处进宴，尽到了一个做儿子的责任。这使康熙皇帝对他十分感激，康熙四十八年（1709）晋封其为诚亲王；康熙五十一年（1712）

又赐银五千两；康熙五十八年（1719）命他代行祭天；次年又封他的儿子弘晟为世子。因此之故，他也遭到了同胞弟弟、觊觎储位的皇四子胤禛的嫉妒。故而雍正皇帝即位之初，先将他发往遵化马兰峪，为康熙皇帝看护景陵；雍正二年（1724）又革去弘晟世子之职；雍正六年（1728）又寻找借口，将胤祉降为郡王，将弘晟圈禁宗人府；雍正八年（1730）又以怡亲王胤祥之丧，"胤祉后至，无戚容"为由而夺其爵，圈禁景山永安亭[76]。受尽了这个同胞兄弟的凌辱之后，雍正十年（1732）闰五月胤祉去世，终年五十六岁。胤祉死后，雍正皇帝下令"视郡王例殡葬"[77]。直到乾隆二年（1737）时，乾隆皇帝才下令赐复郡王原爵，予谥诚隐郡王。

皇四子胤禛，本为康熙皇帝第十一子。生母乌雅氏，生他时尚无封号，康熙十八年（1679）始被封为德嫔，康熙二十年（1681）晋为德妃。胤禛早年先后从大学士张英和顾八代、徐元梦等学习满汉文字、经史典籍，九岁以后又多次随同康熙皇帝巡幸全国各地，长城内外、大江南北、孔子故里曲阜、佛教圣地五台山、辽阔的蒙古大草原、山清水秀的江南和朔风呼啸的东北大地都留下了他的足迹。康熙三十五年（1696）二月，他还受康熙皇帝之命，率领正红旗从征噶尔丹。康熙三十七年（1698）受封贝勒，康熙四十八年（1709）又晋封亲王。青少年时代的广泛阅历使他积累了丰富的知识和经验，从而使他在康熙皇帝众多儿子中最有政治头脑且工于心计。在康熙末年争储斗争中，尽管他对储位的追求不下于其他任何一个皇子，但在具体行动中，他既不像皇长子胤禔那样赤裸裸地跳出来攻击皇太子胤礽，也不像皇八子胤禩那样策动群臣向康熙皇帝争夺储位，而是不露声色地暗中积聚力量，网罗亲信，窥伺时机，却在表面上装出孝敬父皇、友于兄弟的样子，因而博得了康熙皇帝对他的好感，称赞他"性量过人"，"深明大义"，"洵为伟人"，从而得以在康熙去世后继位。他即位后改年号为雍正，故后人习称雍正皇帝。即位后，他的政治才干得到了充分的发挥。针对康熙末年政务废弛、贪污成风，他勤于政事，大力整治积弊，先后采取措施严惩贪污，发展生产，奖励垦荒，兴修水利。同时出于巩固专制统治的需要，对统治机构和赋役征收制度进行了大刀阔斧的改革。其主要者有首创秘密建储制度、推广奏折使用范围、推行摊丁入地、实行耗羡归公、统一给发各级官吏养廉银、继续限制和压抑旗主权力、设立军机处、打击朋党、以各种借口大兴文字狱、消灭政治上的异己势力等。为了维护国家的独立和统一，他在西南少数民族聚处区域推行改土归流，出兵讨伐青海、准噶尔蒙古贵族和西藏叛乱，还成功地遏制了沙俄当局的领土扩张行径。他在位期间，国家财政情况空前良好，皇权也进一步加强，对清朝统治的巩固起到了重要的作用。雍正皇帝以自己的实际行动证明他是康熙皇帝最优秀的接班人。

雍正皇帝对历史发展和清朝统治的巩固虽然做出了突出的贡献，但由于他即位后对昔日与他竞争储位的手足同胞大打出手，也使他的声名大受影响。据统计他在位期间，被他以各种罪名黜革、囚禁的同胞兄弟有康熙皇帝的皇长子胤禔、废太子胤礽、皇三子胤祉、皇八子胤禩、皇九子胤禟、皇十子胤䄉、皇十四子胤禵等七人，其中胤禔、胤礽、胤祉、胤禩、胤禟皆被圈禁至死。为了发泄自己的积愤，他还将胤禩、胤禟二人分别改名阿其那和塞思黑（猪、狗之意），以示侮辱。为了确立和加强自己的统治，对政敌加以打击固属必要，但他手段残忍，不择方式，在他生前，便引起不少臣民的反感。雍正十三年（1735）八月，他带着全国臣民对他复杂而不同的感情，在圆明园突然去世，终年五十八岁。其子乾隆皇帝即位后，为其上尊谥曰"敬天昌运建中表正文武英明宽仁信毅大孝至诚宪皇帝"，庙号世宗。乾隆二年（1737）葬于易州泰陵。

皇五子胤祺（1679—1732），本为康熙皇帝第十三子。生母宜嫔郭啰罗氏，生他后第二年始进为妃。康熙三十五年（1696）康熙皇帝亲征噶尔丹，以他领正黄旗随军征讨。康熙三十七年（1698）三月封贝勒。康熙四十八年（1709）进封恒亲王。康熙五十一年（1712）赐银五千两。康熙五十八年（1719）又封他的儿子弘昇为世子。因为他胆小怕事，没有卷进康熙末年的争储夺嫡斗争，故而雍正初年，雍正皇帝对他持宽容态度；但因他是雍正皇帝的死敌、康熙皇帝的皇九子胤禟的同母胞兄，在处死胤禟后，雍正五年（1727）曾将其子弘昇的世子爵位削去，以示警告。雍正十年（1732）闰五月胤祺去世，终年五十四岁，谥"温"。

皇七子胤祐（1680—1730），本为康熙皇帝第十五子，生母成妃戴佳氏。康熙三十五年（1696）康熙皇帝亲征噶尔丹，以他领镶黄旗。当时他年仅十七岁，便膺此重任，康熙皇帝特赠诗篇以行鼓励：

逆我颜行讨必加，六军严肃静无哗。

分营此日如棋布，奋武群看卷塞沙。⁷⁸

康熙三十七年（1698）他被晋为贝勒，康熙四十八年（1709）又晋封为淳郡王，康熙五十一年（1712）他和其他兄弟一样得康熙皇帝赐银五千两。他生有残疾，上有兄长，下有弟弟，深知康熙皇帝无论怎样建储，也轮不到自己。因而对他来说，受封郡王意愿已足，没有参与康熙末年的储位之争，而是致力于撰拟诗词，研探书法，其书法几与他的哥哥胤祉不相上下。康熙去世时，他得与闻末命，雍正皇帝即位后，知他没有政治野心，在对其他弟兄严行打击的同时，对他却持拉拢态度。雍正元年（1723）四月，晋封他为淳亲王，并封其子弘曙为世子。雍正八年（1730）四月因病去世，终年五十一岁，雍正皇帝谥其曰"度"。

皇八子胤禩（1681—1726），本为康熙皇帝第十六子，生母良妃卫氏。康熙三十五年（1696）康熙皇帝亲征噶尔丹，胤禩当时刚刚十六岁，即跟随父亲随营出征。为此康熙皇帝曾亲制诗篇以赐。诗云：

戎行亲莅制机宜，栉沐风霜总不辞。

随侍晨昏依帐殿，焦劳情事尔应知。⁷⁹

以此之故，康熙三十七年（1698）他刚刚十八岁，即和诸位兄长一起受封为贝勒。因他年纪虽小，却聪明能干，善于联络，康熙皇帝一度对他颇为欣赏，康熙四十七年（1708）还让他做过一段内务府总管。但是这些资本并没有为他开拓辉煌前程，反而成为他的一个沉重包袱。康熙四十七年康熙皇帝初废太子后，他因自己在康熙皇帝面前颇受宠爱，先是找算卦先生张明德为自己算命，在张明德迎合他的心理说他

"后必大贵"之后，他又暗中策动诸兄弟和朝臣阿灵阿、鄂伦岱、揆叙、王鸿绪等合疏保举自己为皇太子。经过这些策划，他满以为自己可以稳坐太子宝座，将来前程无量，不料他的居心被康熙皇帝看穿，当即对他严加申斥并削爵拘禁。后来康熙皇帝虽将他释放并赐还贝勒爵位，但经此打击，胤禩声名大为下降。康熙皇帝去世后，因为他是康熙末年争夺储位斗争中的主要角色，雍正皇帝将他作为主要政敌予以打击。考虑到他在宗室、廷臣中影响较大，联络广泛，立即诛杀定会引起强烈反响，雍正皇帝欲擒故纵，命他在居丧期间总理事务，晋封廉亲王，授理藩院尚书，与此同时，则加紧步伐翦除其党羽，并且不放过任何一个机会对他加以公开指责，以消除他的影响。雍正四年（1726）二月，在上述目的渐次实现之际，又逼令其离婚，将其降为民王，以对其加以折磨，随又削其王爵，革除宗籍，更其名为"阿其那"，圈禁高墙。当年九月胤禩死于囚所，终年四十六岁。因为对其惩治手段实在有点过分，不少臣民啧有烦言。为了替父补过，乾隆四十三年（1778），乾隆皇帝下令将胤禩复其原名，收入玉牒，子孙一并叙入。其时，距离胤禩之死已经五十多年了。

皇九子胤禟（1683—1726），本为康熙皇帝第十七子，与皇五子胤祺同母所生。在康熙末年的储位之争中，胤禟也是一个主要角色。皇太子胤礽被废之初，他和胤禩、胤禵一起拥戴胤禩，后见胤禩受到康熙皇帝严厉惩罚，声名大损，兼以自己又受封贝子，于是又起自立之意。康熙五十六年（1717）十二月，孝惠章皇后病重，康熙皇帝不顾自己重病在身，亲自参加护理。而胤禟却装病，不但不参加护理，反而在背后搞着争当皇太子的秘密勾当。雍正皇帝即位后，为了拆散自己的政治对手，召胤禵还京，以他出镇西宁，但他却造秘密字码，与同党互相联系。这些罪行被发觉后，雍正四年（1726）雍正皇帝下令将他革除宗籍，改名"塞思黑"，逮还北京。当年八月死于保定囚所，终年四十四岁。直到乾隆四十三年（1778）乾隆皇帝才下令将他和胤禩一起恢复原名，收入玉牒，子孙一并叙入。

皇十子胤䄉（1683—1741），本为康熙皇帝第十八子，温僖贵妃钮祜禄氏所生。康熙四十八年（1709）受封敦郡王。在康熙末年的储位之争中，他与胤禟一起党附胤禩，因而深为皇四子胤禛忌恨。雍正元年（1723）喀尔喀哲布尊丹巴呼图克图叩谒康熙皇帝梓宫，于京师病故，雍正皇帝命胤䄉护其灵龛北还。胤䄉称病不行，又私行禳祷，其祷词中连写"雍正新君"。事为雍正皇帝所侦知，于是新账旧账一起算，将他夺爵圈禁。直到雍正十三年（1735）十一月，乾隆皇帝即位后，才将他放了出来。乾隆二年（1737）二月又封了他一个辅国公。乾隆六年（1741）九月胤䄉去世，终年五十九岁。

皇十二子胤祹（1685—1763），本为康熙皇帝第二十一子，定妃万琉哈氏所生。康熙四十八年（1709）受封贝子。康熙皇帝外出巡幸，也经常带他随行。由于他没有卷进康熙末年的储位之争，康熙皇帝对他比较放心。康熙五十六年（1717）后，先后命他署理内务府总管，办理正白旗满、蒙、汉军三旗事。康熙六十年（1721）又命他出京祭告盛京三陵。康熙六十一年（1722）又把镶黄旗满洲都统的重担交给了他。

康熙皇帝去世时，他曾与闻末命，因而雍正皇帝即位后，即将他晋封履郡王。雍正皇帝本意是想以此拉拢，使他为自己卖力气，而胤祹却无任何表示，于是雍正二年（1724）雍正皇帝降其为贝子，不久又降为镇国公。直到雍正八年（1730）五月怡亲王胤祥死后，因他在雍正兄弟中年龄较长，才重新晋封他为履郡王。雍正皇帝去世后，乾隆皇帝提倡"亲亲睦族"，胤祹遂又被晋封履亲王，并先后担任宗人府宗令，分管礼部事务、议政大臣等职。乾隆二十八年（1763）七月胤祹去世，终年七十九岁，随谥为"懿"。在他的二十来个手足同胞中，他是最为长寿的一个。

皇十三子胤祥（1686—1730），本为康熙皇帝第二十二子，敬敏皇贵妃张雅氏所生。康熙三十七年（1698）在他十三岁时，康熙皇帝即带他出关谒陵，此后多次巡幸，也都让他随驾扈从。他的生母早亡，兄弟又多，其父康熙皇帝政务繁忙，对他照顾不到，又无人替他说话，因而直到康熙皇帝去世，也没有给他个一官半职。这些，他的四哥胤禛都看在眼里，刚刚继位，即把他作为重点依靠对象，命他与廉亲王胤禩一起总理事务，并将其从一个普通皇子超封怡亲王。之后的数年中，又连续加给他九个重要职务，对他的俸禄和礼仪待遇也格外从优，并特旨封其一子为郡王，由胤祥自己于诸子中随意指封。从未受过重用的胤祥一旦膺此殊荣，不禁感激涕零，更加卖命地替雍正皇帝效劳，成为一个铁杆保皇派。为此，雍正四年（1726）七月，雍正皇帝特赐御书"忠敬诚直勤慎廉明"，并说"朕深知王德，觉此八字无一毫过量之词"[80]。雍正七年（1729）六月，雍正皇帝用兵西北，特命他办理西北两路军机，创建军机处，为首任军机大臣。十月，为了对他加以褒奖，又命增仪仗一倍。过分忙碌的工作严重地损害了他的身体健康，次年五月，胤祥因病去世，年仅四十五岁。这使雍正皇帝十分悲痛。亲临祭奠之外，还特为辍朝三日，以志哀悼。同时还特别下令，使用其原名胤祥，配享太庙，谥曰"贤"，并命各地建庙祭祀。乾隆三十九年（1774）乾隆皇帝又下诏书令其怡亲王爵位世袭，使其后代成为清朝历史上少有的铁帽子王之一。

皇十四子胤禵（1688—1755），康熙间原名胤祯，本为康熙皇帝第二十三子，与雍正皇帝胤禛同母所生。康熙四十八年（1709）受封为贝子。康熙五十年（1711）随同康熙皇帝巡幸塞外。第二年康熙皇帝普赐诸子银两，他也得到白银四千两。他年少聪明，文武全才，深得父母喜爱，在诸兄弟中也有较高的威信。康熙五十六年（1717）策妄阿拉布坦命其表弟策零敦多卜率准噶尔军入藏，杀死拉藏汗。翌年，侍卫色楞、总督额伦特受命率兵入藏，但因轻兵冒进，全军覆没。消息传到北京，当年十月，康熙皇帝亲自任命胤禵为抚远大将军，率师征讨策妄阿拉布坦。十二月胤禵自京启行，康熙皇帝还举行了隆重的送行仪式，于太和殿亲授印信，命其用正黄旗纛。当时康熙皇帝储位久悬不定，而胤禵竟特准使用正黄旗纛，无疑使广大臣民感到，胤禵极有可能是康熙皇帝心目中的储君。当时胤禵年方三十一岁，精力充沛，到前线不久，即显露出他在治军方面的卓越才能。他先是大力整顿军纪，上疏弹劾督饷失职的吏部侍郎色尔图和"索诈骚扰"的都统胡锡图，并分别将其革职治罪，后又吸取上次进兵失败教训，注意发动政治攻势，利用新达赖喇嘛，向蒙、藏广大僧俗人士宣传清朝政府派兵安藏的目的和意义，收到了良好的效果。大军入藏前夕，他又率先行动，将指挥部自西宁移驻与西藏交界的穆鲁斯乌苏，逼敌而营。在他的指挥下，两路大军顺利进入西藏拉萨，安藏之役取得完全胜利。此次战役结束后，为了平定策妄阿拉布坦叛乱，胤禵又移师甘州，进驻吐鲁番，并计划于次年大举进取准噶尔本部。然而就在他节节胜利、威望也空前上升之时，康熙皇帝去世。因为他手握重兵且在广大臣民中极有影响，早已对此不快的雍正皇帝刚一即位，即刻令其飞速回京。胤禵返京后，便立即落入了雍正皇帝预先布置好的牢笼之中。虽然形式上给了他一个郡王头衔，实际上不但帝梦成空，而且还无法见到自己的生母，甚至连在北京居住的权利也被剥夺，被雍正皇帝发往遵化看守景陵。同时雍正皇帝还先后颁布多道谕旨，对其严加指责。雍正四年（1726）时，雍正皇帝的统治地位已经巩固下来，这时又发生了"奸民"蔡怀玺于景陵胤禵囚所向胤禵投递"大逆"字帖的案件。为对其严加看管，雍正皇帝下令将胤禵父子押回京师，囚禁于景山寿皇殿。说来说去，多亏他是雍正皇帝的同母胞弟，雍正皇帝才未像对待胤禩、胤禟那样对他下毒手。直到乾隆皇帝即位后，才将他放了出来。此时他已中年将尽，快到五十岁了。因他无罪被囚，乾隆皇帝对他颇为怜悯，乾隆二年（1737）封他为辅国公，乾隆十二年（1747）晋贝勒，乾隆十三年（1748）又晋封为恂郡王。但因为他是乾隆皇帝的亲叔父，为怕对自己的皇权构成威胁，始终未让他管过什么正经事。乾隆二十年（1755）六月，这个尝尽同胞兄长苦头的恂郡王胤禵，带着对父母不尽的思念离开了人世，终年六十八岁。乾隆皇帝予谥曰"勤"。

皇十五子胤禑（1693—1731），本为康熙皇帝第二十五子，顺懿密妃王氏所生。康熙三十九年（1700）他八岁时，即开始随从康熙皇帝巡幸塞外，尔后康熙皇帝多次巡幸，也都命他随驾扈从。他是康熙皇帝第二十六子胤禄的同母兄，雍正元年（1723）胤禄袭封庄亲王，而他虽为兄长，却长期未受封爵，可见他是一个无能之人。直到雍正四年（1726）雍正皇帝才封他为贝勒，命他接替回京禁锢的胤禵看守景陵。雍正八年（1730）二月晋封他为愉郡王。在此期间，对于国务处理，他也未曾发挥明显作用。封为郡王后不过一年即因病去世，终年三十九岁，雍正皇帝予谥曰"恪"。

皇十六子胤禄（1695—1767），本为康熙皇帝第二十六子，与皇十五子胤禑同母。雍正元年（1723）皇太极之孙庄亲王博果铎去世，雍正皇帝即以胤禄为其后，袭封庄亲王。由此看来，至少在雍正初年，胤禄已经投靠雍正皇帝，否则是不会得到这个肥缺的。当时他年纪尚轻，没有在政治舞台上发挥什么作用。但自雍正八年（1730）怡亲王胤祥死后，他在皇室的地位开始上升。雍正皇帝去世，遗诏特命他与果亲王胤礼、重臣鄂尔泰、张廷玉共同辅政，为乾隆皇帝确立和巩固统治地位做了不少工作。因而乾隆初年，乾隆皇帝特命其食亲王双俸，任封其一子为镇国公。受康熙皇帝熏陶，他青年时期爱学习、通音律，尤喜自然科学，精通数学，并参与纂修《数理精蕴》一书。这些在乾隆时期也都派上了用场，先后为乾隆皇帝改定乐章，以襄文治。眼见他在朝廷中备受重用，包括废太子胤礽之子理亲王弘晳在内，不少宗室子弟群相趋奉。胤禄也大包大揽，有求必应，从而引起乾隆皇帝的警觉：为什么宗室子弟都到他家去？他们在搞什么活动？是不是要另立中心？故服丧期满，重建军机处，即将胤禄排除在外。乾隆四年（1739）又因他与弘晳往来诡秘而停其亲王双俸，罢都统。从此胤禄长期在家闲居，乾隆三十二年（1767）去世，终年七十三岁。乾隆皇帝谥之曰"恪"。

皇十七子胤礼（1697—1738），本为康熙皇帝第二十七子，纯裕勤妃陈氏所生。康熙四十四年（1705）他年方九岁，即随康熙皇帝巡幸塞外。雍正皇帝即位，他是被拉拢对象，受封果郡王，掌管理藩院事。从此他竭力为雍正皇帝卖命效劳。以此之故，雍正六年（1728）进封亲王，并先后管理工部、户部事务。怡亲王胤祥死后，他的地位进一步上升，雍正十三年（1735）受命办理苗疆事务。雍正皇帝去世，他又以宗室重臣身份受诏辅政，为此乾隆皇帝特命其食亲王双俸，免宴见叩拜。但乾隆皇帝稍稍站住脚跟，即寻找借口，卸磨杀驴，停其食亲王双俸。乾隆三年（1738）二月去世，终年四十二岁，乾隆皇帝谥之为"毅"。

皇二十子胤祎（1706—1755），本为康熙皇帝第三十子，襄嫔高氏所生。康熙五十五年（1716）他十一岁时，即从康熙皇帝巡幸塞外。康熙皇帝去世时他刚刚十七岁，还没有正式进入角色，因而并非雍正皇帝的笼络对象。直到雍正四年（1726）五月，才封了他一个贝子。雍正八年（1730）二月又施舍给他一个贝勒。他出生较晚，按照年龄来说可以做雍正皇帝的儿子，母亲在宫中又无地位，因此雍正皇帝根本不把他放在眼里。雍正十二年（1734）命他祭陵，他装病推辞，雍正皇帝将他臭骂一顿，革去贝勒，降为辅国公。乾隆皇帝即位后，看他着实可怜，又封他为贝勒，派他像儿子一样去给雍正皇帝守陵。乾隆二十年（1755）这个无能而又可怜的皇子去世，终年五十岁。乾隆皇帝谥为"简靖"。

皇二十一子胤禧（1711—1758），本为康熙皇帝第三十一子，熙嫔陈氏所生。康熙五十九年（1720）他十岁时，曾随从康熙皇帝巡幸塞外。后来康熙皇帝去世，于是一对孤儿寡母只能看雍正皇帝的脸色吃饭。雍正八年（1730）二月雍正皇帝封了他一个贝子。同年五月大概是一时高兴，又赏给他一个贝勒。因为他和乾隆皇帝同年出生，早年曾是同学，因而乾隆皇帝即位后，看在同学分上，封他为慎郡王。由于长期脱离政治漩涡，他对政治斗争可以说是一窍不通，但写诗画画却十分内行，诗作有《花间堂》及《紫琼岩诗草》，绘画"远希董源，近接文徵明"[81]，自号紫琼道人，又号春浮居士。乾隆二十三年（1758）五月因病去世，终年四十八岁。乾隆皇帝谥其为"靖"。

皇二十二子胤祜（1711—1743），本为康熙皇帝第三十二子，谨嫔色尔图氏所生。他和胤禧一样，尽管少年时期锦衣玉食，但在雍正皇帝即位后，只能夹着尾巴做人。雍正八年（1730）他成人后被封了一个贝子，雍正十二年（1734）又封为贝勒。政治上他没有成就，文化上也没有建树，几乎是一个"多余的人"。乾隆八年（1743）十二月因病去世，终年三十三岁。乾隆皇帝谥其"恭勤"。

皇二十三子胤祁（1713—1785），本为康熙皇帝第三十三子，静嫔石氏所生。他十岁时康熙皇帝去世，兼之其母又是汉姓，因而雍正八年（1730）雍正皇帝分封诸弟，只给了他一个镇国公。好在乾隆皇帝幼年随从康熙皇帝北巡期间，曾和他一起读书、做游戏，靠此关系，即位之后，将他晋为贝勒。但他实在有些不争气，经常捅娄子，因此爵位一降再降，又回到镇国公的名位，直到乾隆四十七年（1782）才又重新封为贝勒。乾隆四十九年（1784）十一月，乾隆皇帝以他是惟一在世的叔父，特为其加郡王衔。次年七月胤祁在将所有的兄长送走之后也离开了人世，终年七十三岁，乾隆皇帝谥其为"诚"。此时上距康熙皇帝去世已经六十三年，他的侄子、在位皇帝乾隆也已七十五岁了。

皇二十四子胤祕（1716—1773），本为康熙皇帝第三十五子，穆嫔陈氏所生。他是康熙皇帝的老儿子，他出生之时，康熙皇帝已经六十三岁。老年得子，自然十分宠爱。但好景不长，胤祕刚刚七岁，康熙皇帝去世；不久他的母亲也因病死去。这样将他抚养成人的担子自然而然地便落在了雍正皇帝的身上。长年抚养，彼此之间自然就有了感情，因此雍正皇帝和他虽名为兄弟，实际上却情同父子。出于这种自发的父爱，雍正十一年（1733）二月，在将自己的两个儿子弘历和弘昼分别封为宝亲王与和亲王的同时，也将这个幼弟封为諴亲王。他和乾隆皇帝多年同学，选入内廷教读皇子的又都是一时名士，因而他诗作颇佳，其中多有与乾隆皇帝唱和之作。因他成人前多年居于紫禁城内，虽比乾隆皇帝小五岁，论辈分却是他的叔父，因而乾隆年间，人们都尊称他为"太王"。此时乾隆皇帝已经五十多岁，哪里能容得这种称呼？闻知此事，十分生气，并且为此专门下令严行禁止，受此影响，和胤祕的关系也顿时疏远了不少。胤祕忧惧交加，乾隆三十八年（1773）十月因病去世，终年五十八岁。乾隆皇帝予谥曰"恪"。

七、皇 女

在生有三十多个儿子的同时，康熙皇帝还生了二十个女儿。由于当时的医疗水平很差，和他的儿子们一样，其中有十二个女儿也在早年殇逝或者夭折。她们是：庶妃张氏所生之皇长女（1668—1671）、端嫔董氏所生之皇二女（1671—1673）、庶妃张氏所生之皇四女（1674—1678）、德妃乌雅氏即孝恭仁皇后所生之皇七女（1682—1682）、孝懿仁皇后佟氏所生之皇八女（1683—1683）、温僖贵妃钮祜禄氏所生之皇十一女（1685—1686）、德妃乌雅氏所生之皇十二女（1686—1697）、庶妃王氏所生之皇十六女（1695—1707）、庶妃刘氏所生之皇十七女（1698—1700）、和嫔瓜尔佳氏即惇怡皇贵妃所生之皇十八女（1701—1701）、襄嫔高氏所生之皇十九女（1703—1705）、庶妃钮祜禄氏所生之皇二十女（1708—1709）。由于多数女儿都过早夭折，得以成人的只剩下八个女儿。

在得以成人的八个皇女中，其中六人嫁给了蒙古王公。另外两个公主，一个嫁给在朝外戚，一个嫁给了汉军武将子弟。这里依次介绍，以见康熙女儿们的大致情况。

皇三女固伦荣宪公主（1673—1728），荣妃马佳氏所生。

是康熙皇帝皇三子胤祉的同母姐姐。孝庄文皇后死后，康熙皇帝对她非常思念，爱屋及乌，对于远嫁蒙古巴林部的孝庄文皇后的女儿淑慧长公主也十分尊重。为了亲上加亲，康熙三十年（1691）在他的这个女儿十九岁时，将其封为和硕公主，下嫁淑慧长公主之孙乌尔衮。次年又特地下令，为公主添设护卫长史，待遇等同贝勒。后康熙皇帝每次巡幸塞外，这个女儿偕同女婿必来请安。有时康熙皇帝还借巡幸塞外之机临幸这个女儿家，走走亲戚，看望看望女儿和女婿。因为彼此关系密切，而皇三女在康熙皇帝成人诸女中又排行居长，因而康熙四十八年（1709）这个女儿归宁时，康熙皇帝特封她为固伦荣宪公主，视同正宫皇后所生之女。康熙五十八年（1719）正月，乌尔衮随同抚远大将军胤禵西征，康熙六十年（1721）因病死于前线。次年康熙皇帝也在北京去世。继位皇帝雍正是她同胞弟弟胤祉的死对头。雍正五年（1727）她的母亲荣妃又接着去世。这些家庭变故都严重地影响了她的精神和身体。第二年四月这位公主去世，终年五十六岁。

　　皇五女和硕端静公主（1674—1710），贵人兆佳氏所生。康熙三十一年（1692）在她十九岁时，康熙皇帝封她为和硕端静公主，下嫁喀喇沁杜棱郡王札什之子噶尔臧。不久依荣宪公主之例也为她添设护卫长史，待遇视同贝勒。此后康熙皇帝北巡，端静公主偕同其夫也常来请安，康熙皇帝也先后两次临幸其府第。康熙四十九年（1710）三月这位公主去世，终年三十七岁。

　　皇六女固伦恪靖公主（1679—1735），贵人郭啰罗氏所生。康熙三十六年（1697）在她十九岁时，康熙皇帝封她为和硕公主，下嫁喀尔喀郡王敦多布多尔济。和她的两个姐姐一样，康熙皇帝北巡期间，她也经常赶至木兰围场向父亲请安。出于对女儿的关心，康熙皇帝有时也临幸其府第。雍正皇帝即位后，她的地位进一步上升。其实她的母亲只是一个贵人，身份低贱，况且又是宜妃郭啰罗氏的妹妹，宜妃郭啰罗氏所生的皇九子胤禟又是雍正皇帝的死对头，按理说雍正皇帝无论怎样加恩，也轮不到这个公主头上。然而出乎人们意料，雍正元年（1723）二月，雍正皇帝特将这个比他只小一岁，而且关系也不密切的公主封为固伦公主。其实这事也不难解释，当时雍正皇帝正在计划用兵准噶尔，而这位公主的丈夫敦多布多尔济为此出兵丁、马驼，且战功卓著，为了使他为朝廷效劳，哪能不管他的妻子呢？雍正八年（1730）她的丈夫敦多布多尔济去世，雍正十三年（1735）三月，这个远嫁蒙古近四十年的公主也因病去世，终年五十七岁。

皇九女晋赠固伦温宪公主（1683—1702），德妃乌雅氏即孝恭仁皇后所生，是雍正皇帝的同母妹妹。康熙三十九年（1700）在这个女儿十八岁时，康熙皇帝封其为和硕温宪公主，下嫁舅舅佟国维的孙子舜安颜。清朝初年佟氏与皇室世为婚姻，康熙皇帝的生母孝康章皇后、康熙皇帝的第三个皇后孝懿皇后及悫惠皇贵妃都出身佟氏一家。这次以其下嫁佟氏，显然是要亲上加亲。但不幸的是这个公主出嫁不过两年，便在随从康熙皇帝北巡热河期间暴病去世，年仅二十岁。雍正皇帝即位后，因为她是自己的同母妹，将她追晋固伦公主。

皇十女晋赠固伦纯悫公主（1685—1710），通嫔纳喇氏所生。康熙四十五年（1706）她二十二岁时，康熙皇帝封她为和硕公主，下嫁喀尔喀台吉策棱。大约是不习惯蒙古大草原的生活，四年后便因病去世，年仅二十六岁。为了满足她的遗愿，康熙皇帝特命归葬京师郊外。她的生母当时只是一个贵人，身份低贱，她又早年去世，按理说她死后，她的名字应该默默无闻，被人遗忘；然而雍正初年，她的丈夫策棱在西北战场屡立奇功，雍正十年（1732）九月又大败噶尔丹策零于额尔德尼召，并以此而进封超勇亲王。以此之故，这个死去已经二十多年的和硕公主也被晋赠固伦公主，享受着生前未曾享受到的哀荣。乾隆十五年（1750）为维护国家统一而奋斗一生的超勇亲王策棱病逝，遗命与公主合葬，对此，乾隆皇帝十分感动，满足了他的要求，并赐谥曰"襄"，配享太庙，下令入祀京师贤良祠。于是，这对结发夫妻便长眠在他们十分热爱的京畿之下的土地中。

皇十三女和硕温恪公主（1687—1709），敬敏皇贵妃张雅氏所生，是康熙皇帝皇十三子胤祥的同母之妹。康熙四十五年（1706）她二十岁时，康熙皇帝封其为和硕温恪公主，下嫁蒙古翁牛特部杜棱郡王仓津。她一生命运不好，早年丧母，出嫁后不过三年，便因产后大出血而死，年仅二十三岁。

皇十四女和硕悫靖公主（1689—1736），贵人袁氏所生。康熙四十五年（1706）在她十八岁时，康熙皇帝封她为和硕悫靖公主，下嫁原振武将军、甘肃提督孙思克之子孙承运。孙氏一家虽是汉人，但早在清太祖天命年间，孙思克之父孙得功即已投降清朝。数十年中，父子两代转战南北，为清朝政权的建立和巩固立下了不朽的功勋。康熙三十九年

（1700）孙思克去世，康熙皇帝特赐祭葬，谥"襄武"。灵柩还京之日，还令皇长子亲临祭奠。同时令其子孙承运袭爵一等男，授散秩大臣。这样的功臣子弟，自然是康熙皇帝的择婿目标。但让康熙皇帝深觉遗憾的是，十几年后这个乘龙快婿一病身亡，致使自己的女儿三十来岁便当了寡妇。又过了十几年，乾隆元年（1736）和硕悫靖公主也因病去世，终年四十八岁。

皇十五女和硕敦恪公主（1691—1709），也是敬敏皇贵妃张雅氏所生，与胤祥及皇十三女和硕温恪公主同母，是康熙皇帝成人皇女中的老闺女。她的命运比她的姐姐和硕温恪公主更为可怜，八岁丧母使其少年时代生活已十分不幸，十八岁时康熙皇帝封她为和硕敦恪公主，下嫁科尔沁台吉多尔济。但为时不过一年，在她归宁京师时便突然患病死去，年仅十九岁。

上述众多皇女之外，康熙皇帝还在宫中收养了一个女儿固伦纯禧公主。这个公主是康熙皇帝的弟弟恭亲王常宁之女。她出生于康熙十年（1671），康熙二十九年（1690）在她二十岁时，康熙皇帝封她为和硕纯禧公主，下嫁科尔沁头等台吉班第。两年后与荣宪公主一起，添设护卫长史，待遇等同贝勒。康熙皇帝巡幸塞外，她多次偕夫赶来问安。因她的丈夫班第累官内大臣、都统、右翼前锋统领，雍正皇帝即位，特晋其为固伦公主。她活的岁数较大，超过康熙皇帝的所有亲生女儿。直到乾隆六年（1741）在蒙古大草原上度过半个多世纪后，方才去世，终年七十一岁。

1　《清圣祖实录》卷二。

2　《清圣祖实录》卷三十八。

3　《清圣祖实录》卷四十二。

4　《清圣祖御制诗文一集》卷三十二。

5　《清圣祖御制诗文一集》卷三十二。

6　《清圣祖御制诗文一集》卷三十二。

7　《清圣祖御制诗文一集》卷三十二。

8　《清圣祖御制诗文一集》卷三十二。

9　《清圣祖御制诗文一集》卷三十二。

10　《清圣祖御制诗文二集》卷三十四。

11　《清圣祖御制诗文二集》卷三十四。

12　《清圣祖御制诗文二集》卷三十四。

13　《清圣祖御制诗文二集》卷三十四。

14　《清圣祖御制诗文二集》卷三十五。

15　《清圣祖御制诗文二集》卷三十七。

16　《清圣祖御制诗文二集》卷三十八。

17　《清圣祖御制诗文二集》卷四十。

18　《清圣祖御制诗文二集》卷四十。

19　《清圣祖御制诗文二集》卷四十。

20　《清圣祖实录》卷一百二十二。

21　《清圣祖实录》卷一百三十一。

22　《清圣祖实录》卷一百三十一。

23　《清圣祖实录》卷一百三十二。

24　《清圣祖实录》卷一百三十三。

25　《清圣祖御制诗文二集》卷四十四。

26　《清圣祖御制诗文二集》卷四十五。

27　《清圣祖御制诗文二集》卷四十五。

28　《清圣祖御制诗文二集》卷四十八。

29　徐广源：《清代的第一座皇后陵—孝东陵》，《紫禁城》1991年第4期。

30　《清史稿》卷二百一十四《后妃传》。

31　《清圣祖御制诗文二集》卷十六。

32　《清圣祖实录》卷一百四十三。

33　《清圣祖实录》卷二百零一。

34　《清圣祖实录》卷二百四十一。

35　《清圣祖御制诗文二集》卷四十六。

36　《清圣祖御制诗文二集》卷四十七。

37　《清圣祖御制诗文二集》卷四十八。

38　《清圣祖御制诗文二集》卷四十七。

39　《清圣祖御制诗文二集》卷四十七。

40　《清圣祖御制诗文四集》卷三十二。

41　《清圣祖御制诗文四集》卷三十四。

42　《清圣祖御制诗文四集》卷三十五。

43　《清圣祖实录》卷二百七十六。

44　《清圣祖实录》卷二百七十六。

45　《清圣祖实录》卷二百八十二。

46　《清圣祖实录》卷二百五十七。

47　《清圣祖御制诗文一集》卷三十五。

48　《清圣祖御制诗文二集》卷四十四。

49　《清圣祖御制诗文二集》卷五十。

50　《清圣祖御制诗文二集》卷五十。

51　《清圣祖御制诗文三集》卷二十五。

52　《清圣祖御制诗文三集》卷四十七。

53　《清圣祖御制诗文三集》卷二十五。

54　《清圣祖实录》卷九十八。

55　《清圣祖实录》卷五十九。

56　《清圣祖实录》卷四十六。

57　《清圣祖御制诗文二集》卷四十四。

58　《清圣祖实录》卷六十八。

59　《清圣祖实录》卷二百八十二。

60　《清圣祖御制诗文二集》卷四十六。

61　《清圣祖御制诗文二集》卷四十八。

62　《清圣祖御制诗文二集》卷四十九。

63　《清圣祖御制诗文四集》卷三十四。

64　《清圣祖御制诗文一集》卷四十。

65　《清圣祖御制诗文一集》卷四十。

66　《清圣祖御制诗文二集》卷八《谕皇太子》。

67　《清史稿》卷二百二十《诸王传六》。

68　《清史稿》卷二百二十《诸王传六》。

69　《清圣祖御制诗文二集》卷四十六。

70　《清圣祖御制诗文二集》卷四十八。

71　《清史稿》卷二百二十《诸王传六》。

72　《清圣祖御制诗文三集》卷四十五。

73　吴晗：《朝鲜李朝实录中的中国史

料》下编卷七。

74 《清圣祖御制诗文二集》卷四十六。

75 《清圣祖御制诗文二集》卷四十九。

76 《清史稿》卷二百二十《诸王传六》。

77 《清史稿》卷二百二十《诸王传六》。

78 《清圣祖御制诗文二集》卷四十六。

79 《清圣祖御制诗文二集》卷四十六。

80 《清史稿》卷二百二十《诸王传六》。

81 《清史稿》卷二百二十《诸王传六》。

康熙传

第十二章　师友

一、发蒙塾师

　　康熙皇帝出生于帝王之家，按理说早期教育本应受到重视，但与一般人想象的相反，由于他在童年时期不受父亲顺治皇帝喜爱，即位之后，他的祖母孝庄文皇后又从固有的民族偏见出发，"甚厌汉语，或有儿辈习汉俗者，则以为汉俗盛则胡运衰，辄加禁抑"[1]；同时，几个辅政大臣也把开发康熙皇帝智力视为对自己权力的威胁，因此，尽管康熙皇帝身为帝王，但很长一段时间里，不但无人为他聘请名儒教授汉文，甚至也没有正式的师傅、安达教授满语。于是，一些名不见经传的宫女、宦官便成为他最初的发蒙塾师。其中为他教授满语的是一个名叫苏麻喇姑的宫女，教他汉文的则是姓张和姓林的两个太监。

　　苏麻喇姑是孝庄文皇后的侍女，心灵手巧。清太宗崇德元年（1636）皇太极称帝，颁布服制标准式样，即出其手制。康熙皇帝年幼时，她承孝庄文皇后之命，对他加以"诲迪"[2]，还手把手教他满文。因为她是康熙皇帝的师傅，宫中上下人等对她都十分尊敬，一直到康熙四十四年（1705）她才去世，大约活了九十来岁。为了感念她的教育之劳，她去世后，康熙皇帝特以嫔礼葬其于昭西陵之侧。

张、林二太监原来都是读书士人，明朝末年自宫入宫，成为宦官。康熙皇帝年幼时，他们充当起康熙皇帝汉文师傅的角色。在他们的辅导下，至康熙八年（1669）时，康熙皇帝学完了"四书"。这对于注重子孙早期教育的汉人官宦来说，固然不值一提，但在当时四辅政大臣专权，提倡"率祖制、复旧章"的政治气候下，能够将康熙皇帝培养到如此水平，对于教者和学者来说都是不小的成绩。还值得一提的是，由于张、林二人原是读书人，明朝末年又亲身在宫中供役多年，熟谙掌故，因而在教读康熙皇帝汉文书籍之暇，还给他介绍了许多明末宫廷轶闻逸事。这些故事内容真实，情节生动，极便于年幼的康熙皇帝理解和接受。因此直到康熙皇帝老境来临之际，他还将这些牢记心头。有时还如数家珍地向臣下和身边人员讲述，如康熙四十八年（1709）十一月，他即娓娓动听地向人们讲述了幼年时从两个太监那里听来的明代故事。他说：明朝末年的事迹，你们所知道的，不过都是靠不住的纸上陈言。明朝万历以后入宫的太监有的曾在我跟前服务，因而，我知道得最为清楚。据他们说，正统年间事迹，史籍所载并不明确，正统皇帝被也先俘获后，曾在沙漠中生下一子，现有后代隶于旗下。天启皇帝将魏忠贤叫作老伴，不论大小事务，都让他办理。东林党杨涟、左光斗内廷受杖，一些老内监曾经亲眼见到过，其中细节，他们都说得很清楚，而史书不载。崇祯年间，兵部尚书陈新甲秘密遣使向我朝求和，本来是崇祯皇帝的指示，后来因为科道官交相弹劾，崇祯皇帝十分害怕，于是让陈新甲当了替罪羊，实在并不是他的罪过。明末几代皇帝都不大爱读书学习，知道念书的只有一个崇祯皇帝。崇祯十七年（1644）春，李自成大军即将进京，当时明朝京营精锐都已派往真定、保定、居庸关防御，守护北京城的只有数万名太监。李自成攻破北京外城之后，由西便门转攻阜成门。当时崇祯皇帝曾带几个内监逃到当朝贵戚襄城伯家，谁知襄城伯正在府中演戏，闭门不纳。崇祯帝又跑回禁城，登万寿山，没有一点办法，又打算出逃。还是追随他的太监王承恩劝他，出逃时如被敌军抓住要受侮辱，崇祯皇帝才被迫自杀。明朝皇宫十分奢侈，土木兴修从未停止，一天花费，可供现在宫中一年开销。其中宫中脂粉银一项，一年即花费四十万两白银；供应银一项，一年也要几百万两。到了我朝世祖皇帝入关登极，才统统免除。明朝时期紫禁城内地下铺砖，一概横竖七层，所有物料、工役都派自民间。现在我朝宫中一切器用都极其朴素，使用工役也都是现钱雇觅。明朝末年，禁城之内宫女多达九千人，大小宦官则将近十万，开饭时，不少人轮不到吃饭，每天都有饿死的人。我朝宫中总数不过四五百人。明末宫中，取暖做饭使用的是马口柴、红螺炭，每年都要几千万斤，都是从昌平各州、县征用。现在我朝只用马口柴祭祀天坛。你们知道什么叫马口柴吗？这种柴长三四尺，极为白净，没有一点黑斑，两头各刻一槽，以便捆绑，所以称为马口柴。另外明末皇室所作所为，都十分荒唐可笑，如建极殿后面那个用作台阶的大石头，几丈高，几丈厚，整整一大块，采买时花了很多钱。运进禁城时，因为太重，无法运进午门，运石太监便参奏此石不肯进午门。可笑的是，皇帝竟然下令将这块石头捆打六十御棍。崇祯有一次学习骑马，两个人为他牵缰绳，两个人为他捧马蹬，又有两个人扶他上马，刚刚上马，便从上面摔了下来。崇祯皇帝不怪自己没本事，反而下令将马责打四十，发往驿站当差。如果说马也许懂点人性，石头又知道什么？他们这些举动岂不令人发噱？都是因为他们生于深宫，在保姆手中长大，锦衣玉食，不通人情物理，才变成了一个大傻瓜。

也许正是这样灵活生动的教育方式，激发了年幼的康熙皇帝的求知欲望，促使他如饥似渴地读书，向人求教，希望从书中和年长者口中得到自己所不知道的新鲜事。因而人们尽可不必因为这个杰出的君主早年未曾受过正规教育而感到遗憾，倒是应该庆幸康熙皇帝遇上了两个深懂儿童心理的长者。不然的话，如果教读康熙皇帝的是几个整日板着面孔、满口子曰诗云的迂腐夫子，还不知康熙皇帝被他们教育成什么样子呢！

康熙皇帝在两个太监的教育下，虽然学到了不少知识，但随着自己年龄的增长，出于强烈的求知欲望，以及治理国家事务的使命感，他又极不满足。为此他设法避开孝庄文皇后和辅政大臣，私自延师教读。一些野史笔记即记载了他私自延师的生动情景。据《清朝野史大观》卷一《南士》篇载，康熙初年，一个南方举子赴京应试，因为名落孙山，打算收拾行李南归。一天夜里，忽听敲门声甚急，开门一看，原来是几个衣着华丽的奴仆拥着一个富翁前来延师。互致寒暄之后，富翁表明来意。他说：先生您的道德文章我们闻名已久，十分仰慕。我有一个侄子，想请您教读，不知您意下如何？这个南方举子推辞道：我是南方一个无名之辈，此次赴京，应试不第，即将南归，哪里配为人师？再说我也不愿干这一行。那个富翁恳请道：我的嫂子守寡多年，膝下仅此一子，非常希望找一个好老师教他成才。先生居此，一面教读，同时静候三年后下一科考试，也不致太过寂寞。由于富翁的反复恳请，南方举子总算答应了他的要求。临别时，富翁和他约定，某天夜间将派人来接，随即告辞而去。至期，果然有一个老家人带着几个健仆牵马接他，将他扶上马，替他抬着行李，点着火炬而去，一路所行，都是这个南方举子未曾经过之路。不久进入一个高宅大院，转了几个弯子，进入一处房间，奴仆们卸下行李，请他安歇，嘱咐他不要到处乱走动，如果饥渴，告诉服侍下人，他们自会备办。这使南方举子更加奇怪。次日，那个富翁亲率他的侄子来给老师行礼，看他的样子，眉清目秀，发卷覆额，不过十几岁的一个孩子。富翁对老师说：我的嫂子非常溺爱这个孩子，使他养成了睡懒觉的习惯，因此前来上课的时间要晚一些，您可千万不要因此对他加以责罚。从此之后，这个学生每天中午以后必来学习，虽然来得晚，但却极为聪明，和一般富家子弟资质大不相同，这使老师十分喜欢并尽心教他。那个富翁对老师也极其尊敬和关心，所上饭食皆上等菜肴，还经常前来嘘寒问暖。教读脩金不但十分丰厚，而且还不用老师费心，按时寄往他的家中。老师只是从家书中得知收到了多少多少银子、家中一切平安、不要挂念家中等情况。倏忽三年过去，会试考期来临，这个南方举子向富翁提出，想去参加考试。富翁多方挽留，对他说：像您这样的才华，何必忧虑前程？请您千万再教三年吧！南方举子无奈，只好又教了下去。眼看三年又过，不禁口出怨言。这时，富翁主人前来向他赔礼说：承您多年教育，我的侄子已经成人了。您急于科举中式，我也十分理解，不敢再挽留您了，几天后，我们想送您去参加会试。南方举子听罢大喜，便安下心来等待。一天夜里，仆人把他领到一个地方，告诉他说，您先在这里待一下，天明了就送您出去。不大一会儿，听到上面传呼他的名字，随即就有四五个宦官领他前行。南方举子十分吃惊地左顾右盼，所经之处，都是一座座极其壮观的宫殿。到了一个殿内，向上一看，自己的学生高踞龙椅之上，原来自己教读六年之久的那个学生就是当今天子康熙皇帝，不觉又惊又喜又惧，急忙俯伏下跪。康熙皇帝随即传旨请起，特赐其为翰林云云。这些情况尽管正史未予记载，但野史笔记却言之凿凿。考虑到康熙皇帝清除鳌拜集团之后，即将天下治理逐步纳入正规和其一生好学的情形，看来这些记载大致属实。果真如此，那么，这个不知名姓的南方士子也是康熙皇帝的一个发蒙老师了。

二、日讲诸臣

康熙十年（1671）四月康熙皇帝开始日讲，请了不少通熟儒家经典和历史典籍的翰林官员充任讲官。此后不久他又先后选拔一些翰林入值南书房，辅导自己读书写字。至此康熙皇帝才算有了自己的正式教读师傅，学习环境和条件都大为改善。这些官员与康熙皇帝谊属君臣，情同师友，他们的思想风貌、兴趣爱好都对康熙皇帝产生了深刻影响。在将康熙皇帝铸造成为一个杰出的封建地主阶级政治家的过程中，他们也付出了劳动和汗水。于此特设一节，以见康熙皇帝学习传统治国理论和其他文化活动中的师资概况。

从康熙十年（1671）四月初行日讲至康熙二十五年（1686）闰四月停止日讲，先后充任日讲官员的计有熊赐履、傅达礼、史大成、孙在丰、杜臻、喇沙里、史鹤龄、张英、李仙根、叶方蔼、徐元文、陈廷敬、牛钮、张玉书、库勒纳、王鸿绪、汤斌、归允肃、常书，共十九位大臣。其中，对康熙皇帝的思想和政治产生较大影响的是熊赐履和汤斌。

熊赐履（1635—1709），字敬修，一字青岳，号素九，湖北孝感人，顺治十五年（1658）进士，是康熙皇帝接受正规教育之初对其影响最大的一个日讲官员。早在康熙六年（1667）康熙皇帝亲政之初，他即应诏上万言书，在历数政治弊端的同时，还力请康熙皇帝举行经筵，"隆重师儒，兴起学校"，并提出了"非《六经》《语》《孟》之书不得读，非濂洛关闽之学不得讲"的要求。因当时鳌拜专权，他的这些建议康熙皇帝难以采纳。虽然如此，他的胆识和见解却给康熙皇帝留下了十分深刻的印象，同时也在朝臣中赢得普遍的尊敬。正因为如此，康熙皇帝清除鳌拜集团之后不久，即将他升任翰林院掌院学士兼礼部侍郎。康熙十年（1671）二月，康熙皇帝首开经筵大典于保和殿，熊赐履以经筵讲官身份，为康熙皇帝进讲《尚书》"人心惟危"一节，康熙皇帝听后极为敬服。为了增加接触，不久康熙皇帝以"经筵体严时暂"，不利圣学，又任命熊赐履兼充日讲官员，逐日进讲于弘德殿。这时康熙皇帝年方十八九岁，胸怀守成兼创业的大志，励精图治，锐意进取。熊赐履进讲时，他虚心学习，有疑必问，努力探求治国安民的道理。而熊赐履在经受长期压抑之后，忽蒙康熙皇帝如此信任提拔，也实心献替，对康熙皇帝所提问题有问必答，耐心讲解。同时还利用进讲机会，多次陈述民生利病。如康熙十一年（1672）春熊赐履回家探亲后返京供职，康熙皇帝于日讲时问及湖广民间情况，熊赐履答道：去年颗粒无收，饿殍遍野。今春米价腾贵，谷种尚未入土。康熙皇帝为之动容[3]。为此，他多次下令减免湖广灾区的赋税。

当年十月康熙皇帝又问及民间盗贼情况，熊赐履答道："盗案繁多，实有其故。朝廷设兵以防盗，而兵即为盗；设官以弭盗，而官即讳盗。官之讳盗，由于处分之太严；兵之为盗，由于月饷之多扣。"他提出："弭盗之法，在足民，亦在足兵；在察吏，亦在察将。"[4]关于国家大势，他认为对于东南海上郑氏抗清力量以及西北准噶尔部割据势力，只须严加防备。当务之急是与民休息，务使家给人足，安居乐业。而河工为国家大役，频年溃决，长此以往，最为可虞。对他的这些见解，康熙皇帝都十分赞同，并一一下令施行。对于用人行政，他也多次向康熙皇帝进言。如康熙十二年（1673）春康熙皇帝问他什么叫"有治人，无治法"，熊赐履根据儒家"为政在人""人存政举"的观点解释说：从来无无弊之法。如果任用得人，不断根据形势发展，改变政策，自然可以实现太平；

如果任人不当，即使法令再好，也没有用。皇上您只要把握住用人这个关键，不愁天下治理不好。但是用人必先了解人，而了解人又不是一件容易的事。有的人看似木讷，不善言辞，但实际上却有才干，可以承担重要任务；有的人夸夸其谈，似乎有才，但却没有涵养，用了他就要坏事。所以不能以言取人、以貌取人。他的这些看法对康熙皇帝治世思想的形成和康熙时期各种政策的制定，也都产生了重要的影响。

此外特别值得重视的是，对康熙皇帝崇儒重道乃至尊奉理学，熊赐履也发挥了重要作用。明朝中叶以后，王阳明心性之学广泛传播，相形之下，程朱理学的阵地越来越小。康熙初年，选择何种思想作为统治思想，康熙皇帝举棋不定。这时作为一个程朱理学的忠实信徒，熊赐履利用经筵日讲之机，以程朱对儒家经典的解释为依据，向康熙皇帝进讲"四书"。在他的影响下，康熙皇帝的思想经历了一个从崇儒重道到独尊理学的转变，对于康熙以后程朱理学在全国的复兴也起到了重要的作用。正因为如此，康熙皇帝对他格外器重。康熙十四年（1675）康熙皇帝以其"素有才能，居官清慎"，特授其为武英殿大学士、刑部尚书，参与机务，成为康熙皇帝的亲近重臣。后来熊赐履虽因票拟失误、诿过同僚而一度被革职闲居十多年，时人也目之为假道学，声名狼藉，但康熙皇帝对他印象始终较好。康熙二十三年（1684）康熙皇帝首次南巡，熊赐履以在籍黜革官员身份随众郊迎，康熙皇帝念其昔年讲幄启沃勤劳，特将其召至行宫，咨访再四，还特赐羊酒果脯、御书《太极图说》及御制《中秋即事诗》；康熙二十七年（1688）又起用他为礼部尚书，并充经筵讲官；康熙三十八年（1699）又命入侍皇子，进讲所著《学统》《闲道录》等；不久又拜为东阁大学士，任吏部尚书，知经筵如故。在此期间，他还受命五次充任会试正考官，以及圣训、实录、方略、《明史》纂修官。对康熙皇帝的再次起用，熊赐履感激涕零，多次向康熙皇帝陈奏四方水旱、官方得失，同时还建言"崇学校、广教化、豫积贮、戒奢汰"，竭虑无隐，康熙皇帝常改容称善。

康熙四十一年（1702），熊赐履已经六十八岁高龄，因为年老多病，特上疏乞休。康熙皇帝不许，亲制《咏雁诗》以示挽留。诗云：

> 品清敛燕雀，高洁许宾鸿。
>
> 衡阳时有忆，留伴佐雄风。[5]

次年，熊赐履再次乞休。康熙皇帝乃许解机务，食俸，留京师以备顾问。康熙四十五年（1706）乞归南还，康熙帝召见于乾清宫，咨谕累日，特给驿传，遣官护送还金陵。次年南巡，又召熊赐履至行在，回銮日，特赐御用冠服，其后屡加存问。康熙四十八年（1709）熊赐履去世，康熙皇帝又遣官视丧，赐银千两，加赠太子太保，予谥"文端"。数年后，康熙皇帝念及熊赐履早年辅导之功，特令江宁织造曹頫送银二百两，周恤其家；康熙六十年（1721）又召见其子于京师，并令其生前僚属、门生捐金，在京城买屋以居，其余交江宁织造生息，补其家用。康熙皇帝对自己早年这个老师的关怀，真可以说得上无微不至了。

汤斌（1627—1687），字孔伯，号潜庵，祖籍河南睢阳。顺治九年（1652）进士，以庶吉士补潼关道副使，又调岭北道参政，有政声。顺治十六年（1659）以病乞归，乡居近二十年。在此期间他曾师从著名理学大师孙奇逢研究理学，著成《洛学编》一书。康熙十七年（1678）以朝中大臣交章推荐，赴京应试博学鸿词科，列甲等，补翰林院侍讲，参与修《明史》，并充日讲起居注官。汤斌担任日讲官员时间虽短，但对康熙皇帝的思想也产生了较大影响。当时受熊赐履等人影响，康熙皇帝倾向于尊奉程朱，但仍有不少朝臣表示反对。汤斌向康熙皇帝提出："自周子至朱子，其学最为纯正精微，后学沉溺训诂，殊失程朱精意。王守仁致良知之学，返本归原，正以救末学之失，但语或失中，门人又以虚见失其宗旨，致滋后人之议。臣窃谓先儒补偏救弊，各有深心，愿学者识圣学之真，身体力行，久之当自有得，徒竞口舌无益也。"[6]他的注重实行的主张，符合康熙皇帝推崇程朱的思想；他的调和程朱陆王的看法，也有利于平息两派官员的争论。因此康熙皇帝对他的看法频频点头称是。兼以他为官清廉，自律甚严，康熙皇帝对他十分器重。康熙二十三年（1684）升其为内阁学士兼礼部侍郎，同年又出任江宁巡抚。康熙二十五年（1686）内调他为礼部尚书，管詹事府事，侍讲东宫。虽然明珠、余国柱等多次对他加以陷害，但康熙皇帝始终对他极为尊重，他生病期间，特派御医诊视，并遣皇太子问疾，然而未及大用，汤斌即溘然长逝，终年六十一岁。

熊赐履、汤斌之外，其他日讲官员和供奉内廷的南书房翰林一样，大多都是康熙皇帝的文学侍从之臣。其中日讲官员已如上述，先后供奉南书房的则有张英、陈廷敬、陈元龙、张廷玉、蒋廷锡、王士禛（即王士祯）、王鸿绪、何国宗、张伯行、励廷仪、杨名时、魏廷珍、法海、高士奇、张廷璐、叶方蔼、沈荃、励杜讷、方苞、王兰生、汪灏、胡煦、徐乾学、陆粲、朱彝尊、彭廷训、杜诏、梅瑴成、窦克勤、戴梓、沈敬宗、钱名世、查慎行、贾国维、何焯等三十余人。在康熙皇帝确定统治思想和大政方针时，他们大多随声附和，政绩上也无所表现。但他们大多都有一技之长，或熟谙典籍，或精于诗词，或工于书画，或长于天算。他们和康熙皇帝长期以文字相往还，不但大大提高了康熙皇帝的文化素养，对于康熙皇帝的文化政策产生了一定的影响，同时对满、汉关系的调融也起到了一定的作用。其中对康熙皇帝影响较大的有张英和高士奇。

张英（1637—1708），字敦复，江南桐城人。康熙六年（1667）进士，康熙十二年（1673）充任日讲起居注官，接触康熙皇帝机会渐多。因他学识渊博，工于书法，精于诗词，康熙十六年（1677）康熙皇帝特命其入值南书房，赐第西安门内，成为自己须臾不可离开的人物。康熙二十一年（1682）张英告假回家葬亲，康熙皇帝特赐白金五百两、表里二十匹，以资墓田之用，并要他"葬亲事竣，速来可也"[7]。康熙皇帝还写了不少诗篇，记载他和张英君臣之间的交往。如他为康熙皇帝日讲官之初，康熙皇帝曾携其共登景山，并有《夏日登景山同翰林张英高士奇作》诗一首：

日暮登山览八荒，翰林随辇进辞章。

君臣同乐松阴下，时雨将来入未央。[8]

康熙二十五年（1686）夏，康熙皇帝于日讲后同张英等人观赏荷花，有诗云：

千队芙蓉太液池，迎薰初散讲筵时。

螭头绝胜金莲烛，自有清香送晓飔。[9]

虽然康熙皇帝对张英非常信任，但张英却一直十分谨慎，居官清廉，又不拉帮结派、自树党羽。因为他"日侍左右，恪恭匪懈，勤慎可嘉"[10]，二十年中他的职务不断上升，先后担任翰林院学士兼礼部侍郎、礼部尚书、工部尚书，康熙三十八年（1699）又升为文华殿大学士兼礼部尚书。面对康熙皇帝的信任，张英"凡生民利病、四方水旱，知无不言，造膝前席，多社稷大计"，"综理庶务，持重平恕，不为苟急之行"[11]。这使得康熙皇帝对他更加敬重，康熙四十年（1701）在他致仕南还时，康熙皇帝特为赐宴畅春园。康熙四十七年（1708）张英病逝，终年七十二岁，康熙皇帝又赐祭葬等，谥"文端"。

高士奇（？—1703），字澹人，原是浙江杭州的一个穷秀才，康熙初年，应顺天乡试不第，投奔当时大学士明珠的一个家奴，为其教读子弟，糊口谋生。后来他的书法绘画和写诗填词才能为明珠发现，将他推荐给康熙皇帝。康熙十六年（1677）康熙皇帝特命高士奇入值南书房，破格让他食六品俸，赐居西华门内。因他文思敏捷，书画皆工，兼以应对得体，康熙皇帝对他十分喜欢，东巡盛京，南巡江南，皆携其同行，而他也因文思敏捷，帮了康熙皇帝不少忙。如康熙皇帝南巡杭州，灵隐寺僧跪求康熙皇帝御赐匾额，康熙皇帝提笔欲写"靈隐寺"三字，谁知刚写了"靈"字头，便觉"雨"头太大，再往下写，比例必致失调，将成败笔。康熙皇帝正在踌躇，高士奇见此情景，假作磨墨的样子，悄于掌上书

"雲林"二字，以示康熙皇帝。康熙皇帝顿然大悟，遂顺势书成"雲林寺"三字。天子赐名，谁敢更动？从此灵隐寺又名云林寺。后来康熙皇帝巡幸镇江金山寺，寺僧也要求康熙皇帝书匾赐额。康熙皇帝一时文思枯竭，不知写何为好。这时为了不让当今天子出丑，高士奇忙在另一张纸上写了"江天一色"四字，暗送康熙皇帝。康熙皇帝展眼望去，眼前情景与高士奇所写完全一样，大喜之下，将此四字书赠寺僧。又，南巡驻跸苏州期间，康熙皇帝携高士奇游狮子林，园中气象万千，皆为康熙皇帝平生未见，康熙皇帝顺口赞道："真有趣！"后来主持官员请求赐额时，高士奇即建议康熙皇帝书"真趣"二字，既保存了康熙皇帝原话，又不落俗套。还有一次，康熙皇帝和明珠、高士奇三人同立于偏殿之中，康熙皇帝开玩笑道：现在我们像什么？明珠不假深思，便答道，像三官菩萨。高士奇则跪下来说：像"高明配天"。寥寥四字，使得明珠立即感到自己出语不恭，额头上的汗珠子也掉了下来。在高士奇的影响下，康熙皇帝的书法、诗文皆大有长进，同时，还学会了一看文章便能判断其作者时代的特殊本领。因此，他对高士奇极为欣赏，并有许多诗篇与之唱和。如高士奇始入南书房不久，康熙皇帝即于游览京郊潭柘寺途中与其联句二首。试录于下，以见其君臣相得之情形：

岭腹层层小径斜（御制），穿云陟尽石崚岈（高士奇）。

涧中草屋流泉绕（御制），万匹龙骧拥翠华（高士奇）。

蝉鸣草木动薰风（御制），蛺蝶双来引御骢（高士奇）。

潭柘幽深聊驻辇（御制），省方不与豫游同（高士奇）。¹²

康熙二十一年（1682）春，康熙皇帝东巡盛京，返京途中，康熙皇帝又作《行殿读书示翰林侍讲高士奇》，诗云：

六御东巡海上回，夜深思古帙重开。

秘书日日随行幄，玉辇前头珥笔来。¹³

康熙二十八年（1689）二月，康熙皇帝第二次南巡，驻跸杭州，康熙皇帝又亲为高士奇的故居西溪山庄题额"竹窗"，并御制诗篇赐高士奇。诗云：

花源路几重，柴桑皆沃土。

烟翠竹窗幽，雪香梅岸古。¹⁴

除上述原因外，高士奇能够得到康熙皇帝喜欢，还因为他在背地里搞了不少小动作。传说他为了了解康熙皇帝的起居和爱好，竭力结欢于在康熙皇帝身边供役的宦官，每天入值时，都在随身携带的荷包内装许多金豆子，哪个宦官告诉他一条有关康熙皇帝的消息，就给他一个金豆子以作酬劳。靠此方法，"内廷隐秘事皆得闻"¹⁵。如他听到宦官告诉他康熙皇帝正在阅读何书，即刻昼夜攻读该书，康熙皇帝偶一询及，高士奇即如瓶泻水，或整篇背诵，不遗一字；或见解精深，鞭辟入里。使得康熙皇帝自愧弗如，对他更加器重和喜爱，不止一次加以破格提拔，短短十年中，这个连举人也未考上的高士奇先后被授予额外翰林院侍讲、侍读、日讲起居注官、右庶子、詹事府少詹事。凭借康熙皇帝的宠爱，高士奇与陈元龙、王鸿绪等人互相结党，招权纳贿，由一个穷秀才一跃而为京师富豪。大学士、督抚以下官员也竞相趋奉巴结，"每归第，则九卿之肩舆塞其巷"[16]。康熙二十八年（1689）高士奇收受湖广巡抚张汧贿赂一案被揭露，受到左都御史郭琇的弹劾，虽然证据确凿，无可抵赖，但康熙皇帝仍然曲予保全，仅令其休致回籍，不数年又将他重新招入内廷修书。后来又特授詹事府詹事，擢礼部侍郎。康熙四十二年（1703）高士奇病故，康熙皇帝还十分惋惜，赐予祭葬，谥"文恪"。从高士奇的经历可以看出，对这些日讲官员，康熙皇帝是何等关怀和照顾了。

三、外籍教师

在委派许多官员为自己进讲经史以学习传统治国理论并提高自己文化素养的同时，出于治理国务的需要，康熙皇帝也十分热爱自然科学。当时西方自然科学知识已明显处于领先地位，为了在华传教方便，许多西方国家也先后派遣挟有专技的传教士来华。这样为了学习先进的自然科学知识，康熙皇帝便成为第一个配备外籍教师的中国帝王。

康熙皇帝外籍教师数量颇多，前后不下十余人，其中以南怀仁、徐日升、安多、白晋、张诚等人对他影响较大。现依次予以介绍，以见康熙皇帝外籍教师之大概情况。

南怀仁（1623—1688），比利时人，耶稣会士。是康熙皇帝第一个外籍教师。顺治时期德国传教士汤若望甚受皇室信任，以此之故，天主教在中国发展颇为迅速。为了适应形势需要，顺治十八年（1661），南怀仁和意大利传教士卫匡国一起被派遣来华，次年五月抵达北京，协助汤若望修订历法。但他抵京后不久，清朝政坛风云突变。首先是顺治皇帝去世，使得这些西方传教士在皇室中失去了依靠；不久杨光先等旧派官僚在四辅政大臣的支持下，向在钦天监供职的汤若望等人发起攻击，汤若望、南怀仁、利类思、安文思等西方传教士均被投入监狱。后虽因孝庄文皇后干涉，汤若望获释，迁居澳门，而南怀仁等却仍系于监狱，一关就是三年。康熙七年（1668）底，钦天监正杨光先因不学无术，推算置闰错误，出现一年两春分、两秋分的笑话，南怀仁证据在手，即刻向其发动猛烈攻击。此事引起刚刚亲政不久的康熙皇帝的注意。经过实测，发现南怀仁所言逐款皆符，遂将他释放出监。一个西洋传教士，推算历法竟然如此准确，其计算方法必有过人之处，这使得康熙皇帝对他既极为佩服，又觉得十分神秘。为此他任命南怀仁为钦天监副，并令其为自己进讲天文学、数学、西方哲学和音乐。从此南怀仁时来运转，由阶下囚一跃而为帝者师。正是在他的诱导下，康熙皇帝对自然科学产生了极其浓厚的兴趣，对他也更加器重，任命他为太常寺卿、通奉大夫。不久三藩之乱爆发，他又受命监造用于山地作战的火炮。为了取得康熙皇帝的信任，南怀仁克服困难，刻苦钻研，终于将火炮试制成功并投入成批生产，对平叛战争的胜利发挥了重要作用。为此，康熙皇帝特授其为工部右侍郎，同时对其生活也格外予以照顾，一时之间南怀仁成为西方在华传教士的核心。

　　康熙前期南怀仁尽心竭力地为康熙皇帝效劳，目的在于换取康熙皇帝允其在华自由传教的权利。但对于这一原则问题，康熙皇帝迟迟未予答应，这使南怀仁深感在华传教不易。鉴于自己年已老迈，力不从心，为了维持在华传教事业，他借口为康熙皇帝延揽人才，康熙十一年（1672）以后，先后邀请葡萄牙传教士徐日升、比利时传教士安多来华，供奉内廷。康熙二十年（1681）前后，他又向全欧耶稣会士发出号召，动员他们来华传教。同时考虑到耶稣会士原先依赖的葡萄牙国势衰微，他又向法国国王路易十四呼吁，请求他派遣传教使团来华。在他的积极活动下，康熙二十六年（1687）法国传教士洪若翰、白晋、张诚等人同时来华，既使西方传教士在华传教事业得以继续，也解决了康熙皇帝外籍教师后继乏人的现实问题。康熙二十七年（1688）在经过一番荣辱浮沉之后，康熙皇帝的这个启蒙外籍教师南怀仁在京病故，终年六十六岁。康熙皇帝特赐白银二百两经办后事，予谥"勤敏"。

　　徐日升（1645—1708），葡萄牙人，耶稣会士，对音乐深有研究。原在印度传教，经南怀仁推荐，康熙十一年（1672）底应邀来华，供奉内廷，充当康熙皇帝的宫廷音乐教师。他经常用钢琴为康熙皇帝弹奏中国乐曲，对他的音乐才能，康熙皇帝极为欣赏，特命他与修音乐书籍。康熙二十八年（1689）中俄两国使节于尼布楚会谈边界问题，出于对他的信任，康熙皇帝命他和法国传教士作为译员参加会议。而他却背着使团其他人员，向俄方谈判人员泄露了不少有关中国的情报。康熙四十七年（1708）徐日升在北京去世，终年六十四岁。康熙皇帝特颁上谕对其加以表彰，并赐银二百两经办后事。

安多（1644—1709），与南怀仁同籍比利时，耶稣会士。原拟赴日本传教，恰在此时南怀仁因为年迈，急欲寻找继承人，遂将他推荐给康熙皇帝。康熙皇帝立刻以在宫廷供职的葡萄牙传教士闵明我为使，前赴澳门招其入京。经过几个月的汉语训练，他代替南怀仁为康熙皇帝进讲几何和算术，并教授数学仪器的用法。南怀仁死后，康熙皇帝任命闵明我为钦天监正，以他为监副。康熙三十五年（1696）康熙皇帝北征噶尔丹，特携其同行。康熙四十四年（1705）他受命与白晋、赖吉斯、帕尔南等西方传教士一起测量并绘制了北京近郊地图。康熙四十八年（1709）安多病故于北京，终年六十六岁。

白晋（1656—1730），又译白进或明达，法国人，耶稣会士。康熙二十六年（1687）受法国国王路易十四派遣，随同法国传教团抵达北京，供奉内廷，并和另一位法国传教士张诚一起，为康熙皇帝进讲天文历法、数学、医学、化学、药学等自然科学知识。由于他博学多才，深受康熙皇帝赏识，从而使其成为继南怀仁之后辅导康熙皇帝学习自然科学知识的主要外籍教师。康熙三十二年（1693）前，康熙皇帝曾患疟疾，经服用他和张诚献上的奎宁后痊愈。为表彰其功劳，康熙皇帝特于西安门内赐地建房，作为他们的传教教堂，同时还格外开恩，开放全国教禁。一时之间白晋成为继利玛窦、汤若望、南怀仁之后在华西方传教士的核心。不久康熙皇帝又以他为钦差，赴欧洲招聘科技人才。为了取得法国国王路易十四的支持，他特地上书路易十四，对康熙皇帝和中国社会加以全面介绍。后来此文以《康熙皇帝》为名刊印行世，对于增进法国各阶层人士对中国社会的了解起到重要作用，同时也为后世保存了有关康熙皇帝的可贵史料。经过他往返奔走，又有一些法国商人和传教士相继来华。完成这一任务后，康熙三十七年（1698）白晋返华，继续供奉内廷。在此期间他曾受命训练和组织中国测绘人员对中国各地进行实测，编成《皇舆全览图》。同时，他还将在华见闻著成《中国现状记·满汉服装图册》《古今敬天鉴》《白晋神甫自北京至广东旅行记》等书，为后世研究清史和西方传教士当时在华活动保存了可贵的资料。雍正八年（1730）白晋在北京去世，终年七十五岁。

张诚（1654—1707），法国人，耶稣会士。康熙二十六年（1687）他和白晋一起来华，供奉内廷。经过一段时间的满语训练，即和白晋一起赴畅春园为康熙皇帝进讲几何学，并因此赢得康熙皇帝的信任。在中俄使节会谈边界问题时，康熙皇帝任命他和葡萄牙传教士徐日升担任译员，与俄国大使进行谈判并签订中俄《尼布楚条约》。在担任这一工作期间，他和徐日升利用工作之便，背着中国使团向俄国泄露了不少有关中国的情报，企图以此换取穿越俄国来华传教的权利。对于他们的这些阴谋活动，康熙皇帝始终未予觉察，仍然信任如初。康熙三十五年（1696）北征噶尔丹，还携其同行。张诚将这些经历载入日记，成为后世研究这段历史的重要资料。康熙四十六年（1707）张诚在京病逝，终年五十四岁。

1 吴晗:《朝鲜李朝实录中的中国史料》下编卷二。

2 小横香室主人:《清朝野史大观》卷一《苏麻喇姑》。

3 《康熙起居注》,康熙十一年四月初一日。

4 《康熙起居注》,康熙十一年十月十六日。

5 《清圣祖御制诗文三集》卷四十五。

6 《康熙起居注》,康熙二十二年四月初九日。

7 《康熙起居注》,康熙二十一年正月二十六日。

8 《清圣祖御制诗文一集》卷三十一。

9 《清圣祖御制诗文二集》卷四十三。

10 《清圣祖实录》卷八十九。

11 李元度:《国朝先正事略》卷七《张文端公事略》。

12 《清圣祖御制诗文一集》卷三十一。

13 《清圣祖御制诗文一集》卷三十七。

14 《清圣祖御制诗文二集》卷四十三。

15 小横香室主人:《清朝野史大观》卷五《高江村结欢内侍》。

16 小横香室主人:《清朝野史大观》卷五《高江村结欢内侍》。

第十三章　著作

康熙皇帝亲政以后，在经筵讲官和文学侍从之臣的长期熏陶下，文化素养大大提高，传统中国文化所包括的书法、绘画、诗词、文章，他几乎无所不好。据统计，以他的名义刊行的御制诗文集达四集一百七十六卷之多，且其中不乏优秀之作。因而，尽管就总体水平而言，康熙皇帝的个人文化成就无法和历史上的优秀作家、诗人相比拟，但作为一个少数民族出身的皇帝，能够达到如此水平，仍觉难能可贵。鉴于诗文创作是康熙皇帝一生活动中的一个重要侧面，这里专设一章，对其个人文化成就论述如下。

一、诗情画意

在康熙皇帝的业余文化生活中，绘画、书法是一个重要内容。早在诏开日讲之初，他就请了一些擅长书画的翰林如沈荃、励杜讷、张英、张玉书、高士奇等人入值南书房，辅导自己学习书法、绘画。在他们的指导下，听政之暇，借助宫中珍藏的名人字帖、画卷，康熙皇帝日日临摹，以此之故，技艺提高很快。关于绘画，实事求是地说，他并没有什么成就。除他在《广群芳谱》一书序文中提到自己出于"留意农桑"的目的而"绘耕织之图，制永言之什"[1]之外，没有史料证明他还有其他作品。但没留下作品并不等于不懂绘画，有史料证明他对秦汉以后，尤其是对魏晋隋唐画派源流甚为熟悉。还有一些史料证明，他曾对一些宫中所藏名画如《清明上河图》加以评论并写入诗作。康熙四十年代，他还下令编修过几部画集并亲制序文。可见，他只是因为政务过忙和天分不及未能学好，但对这门艺术，他还是十分喜爱的。对于书法，他更为喜好，并通过时常练字摸索出一套方法。如《机政偶暇辄留意书法》一诗称："体安要使结构密，志一始觉风神生。"[2]又如《仿二王墨迹》一诗称："银钩运处须师古，象管挥时在正心。"[3]对于古代名家的书法特点，还时加评论。如在比较唐人虞世南、欧阳询二家书法时，对于前人所评"欧、虞智均力敌，然虞则内含刚柔，欧则外露筋骨。君子藏器，以虞为优"[4]极为赞同。对于颜真卿墨迹，他认为"凝重沉郁，奇正相生，如锥画沙，直透纸背"[5]。对于黄庭坚行书墨迹，他认为"剸去姿媚，独存风骨，直欲与苏轼分道扬镳，不肯俯循其辙，间或雄姿猛气，逸出常度"[6]。关于米芾墨迹，他认为其"在宋四家中特为雄秀"，并认为其得法于王献之[7]。他认为赵孟頫书法有矫"宋四家变唐法"，而返二王之功[8]。因此于"米、赵墨迹尤珍爱，不忍释手，仿成卷轴，动至盈千"[9]。在古代书法名家中，最让他倾倒的是明末的董其昌。康熙皇帝认为，"董其昌书法天姿迥异，其高秀圆润之致流行于楮墨间，非诸家所能及也"[10]，因而"临摹最多"。长期的刻苦练习使他的书法技艺达到了较高的水平。外出巡幸所至，不少有名寺观、书院都留下了他的字迹；大臣年老致仕，他也常为其书写匾额以联络感情。他的这些才能，不但在此前少数民族帝王中极为罕见，就是在两千多年来的帝王群中，也是出类拔萃的。

书画之外，值得重点介绍的是康熙皇帝的诗词创作。据统计，康熙皇帝一生所作诗词共一千一百四十六首。他是封建地主阶级政治家，不是职业作家，因而他的作品大多是纪实之作，从艺术角度看价值不算高，但对于研究康熙皇帝本人乃至康熙时期的清朝历史，却有着不可替代的作用。正因为如此，使得康熙皇帝的诗作具有着特殊的价值。

康熙皇帝的诗作大致可分为三个时期。第一个时期为康熙十六年（1677）以前。由于初学作诗，水平较低，数量也少，总共不过二十来首。第二个时期是康熙十六年到康熙四十五年（1706）。作为一个成熟的政治家，康熙皇帝进行着繁忙的政务活动，生活内容十分丰富，为他的诗词创作提供了取之不竭的源泉；就他个人而言，经过一个时期的刻苦学习，诗作水平也有很大提高。因而这三十年是他诗作全盛时期，其总数当在千首左右。康熙四十五年以后以迄康熙皇帝去世，是他诗作的第三个时期。这个时期康熙皇帝家庭矛盾公开爆发，斗争也十分激烈。为了处理这些矛盾，康熙皇帝忙得焦头烂额，哪里还有闲情逸致创作诗篇？兼以老境来临，身体状况一年不如一年，十几年中，诗作不过一百来首，且由于心境不佳，多是格调低沉、凄凉悲苦之作。就其诗作形式而言，康熙皇帝诗篇虽然有诗有词，而且古风、排律、律诗、绝句俱全，但就总体来看，诗作占绝大部分，词令极少，古风、排律也极少。看来是帝王的身份和思想影响了他的诗作形式，同时，也在一定程度上影响了他的诗作内容。

在康熙皇帝所作诗篇中，相当部分是吟咏景物之作。这些诗作虽篇什不少，但一则水平不高，二则意义不大，此处略去不谈。此外与其生活和政治活动相一致，其诗作大致包括以下内容：一是亲情，二是君臣交谊，三是读书理政，四是怀古，五是悯农，六是巡幸，七是战争。于此分加概述，以见康熙皇帝一生诗作之大致情况。

康熙皇帝幼年即失去父母，未能像常人一样得到双亲之爱，多年内他的感情一直处于饥饿状态，因而尽管他身为帝王，却十分需要长辈的感情滋润；同时他也愿意将自己的一片爱心奉献给自己的亲人。于是亲情之作在他所作诗篇中便占了颇大分量。诗作对象，除了将他抚育成人的祖母孝庄文皇后和嫡母孝惠章皇后之外，还有他的姑姑、兄弟和儿子。因为这些诗篇在《家庭》一章中已多加称引，此处不再赘述。

作为一个一国之君，康熙皇帝统治着上亿臣民，各级满、汉官员便成为他不可或缺的臂膀。使用臣工，权力固然重要，同时也离不开臣下对自己的衷心拥戴。为了搞好与各级官员尤其是高级官员的关系，加官晋爵、实物慰劳之外，赐予诗篇也成为君臣之间感情联络、交流的重要方式。故对于恪守职责的官吏，康熙皇帝十分爱护。对其中的清官，则屡赐诗篇以为表彰；供职年久者，也赐诗加以慰勉，一旦去世，还作挽诗以表哀悼和怀念之情。于是，反映君臣交谊的诗篇在康熙皇帝的诗作中便占有相当的比例。

三藩叛乱期间，武臣作用重要，因而康熙皇帝赐诗对象多倾向于率兵作战的武将。如康熙十五年（1676）图海在西北战场连获胜利，康熙皇帝因作《赐抚远大将军图海二首》。诗云：

> 两朝密勿重元臣，秉钺登坛两定秦。
> 钟鼎功名悬日月，丹青事业画麒麟。
>
> 威名万里作长城，壁垒旌旗壮远征。
> 绥靖边陲驰露布，凯旋立奏泰阶平。[11]

不久，大将军杰书奉命率师抵闽，耿精忠乞降，康熙皇帝因作《赐奉命大将军杰书二首》。诗云：

> 卷旆生风壮气扬，早持龙节定炎方。
> 秋毫无犯民心悦，尽扫欃枪奏凯章。
>
> 旌钺才临父老迎，楼船一举海波清。
> 金瓯已定千年业，铜柱须标万古名。[12]

康熙十八年（1679）安亲王率军在湘赣战场迭获胜利，康熙皇帝又作诗以赐。诗云：

> 大开册府起元功，伐罪安民将略雄。
> 仁见天潢蒙上赏，明光高宴赋彤弓。[13]
>
> 洞庭南岳尽提封，九伐勋名勒景钟。
> 眼底穷荒皆赤子，早销金甲劝三农。[14]

同年，又作《赐护军统领桑格》诗。诗云：

百战威名已早扬，频年秉钺在岩疆。

素知果勇兼韬略，应著弘图肃鬼方。[15]

三藩叛乱平定后，国家逐渐由乱而治，文职官员在处理国家事务中的地位开始上升，这时康熙皇帝的赐诗对象更多地转向担任重职的汉族文职官员。除经筵讲官、书房侍从时有赐作外，对于朝中重臣和地方督抚，康熙皇帝也极为重视，并不时赐予诗章，勉以正色立朝，恪守官箴，安靖地方，爱养百姓。如康熙四十四年（1705）康熙皇帝第五次南巡，河南巡抚赵弘燮陛见求训，康熙皇帝告以举廉惩贪、勤政爱民，并特赐诗章。诗云：

宣布抚安在己廉，刚柔率属要温谦。

中州民俗多忠厚，务使和平莫太严。[16]

福建巡抚陈瑸是一个有名的清官，康熙五十四年（1715）陈瑸入朝觐见，康熙皇帝特为赐宴，并赐诗章。诗云：

留犊从来汉史传，建牙分阃赖官贤。

宽严驭吏须交勉，教养宜民务使全。

岭海屏藩消蜃气，关山保障息烽烟。

迎年节近新春至，援笔枫宸饯别篇。[17]

在朝大臣年老致仕或回乡省亲，念及他们多年辅弼之劳，康熙皇帝也往往特赐诗章以荣其行。如康熙二十一年（1682）内阁大学士杜立德、冯溥先后告老还乡，康熙皇帝即各赐诗篇。赐杜立德诗云：

十载资贤佐，劳深致太平。

吁谟留紫闼，风度重丹楹。

方倚盐梅略，难违丘壑情。

餐芝黄绮伴，轩冕有余清。**18**

赐冯溥诗云：

> 环海销兵日，元臣乐志年。
>
> 草堂开绿野，别墅筑平泉。
>
> 望切岩廊重，人思霖雨贤。
>
> 青门归路远，逸兴豁云天。**19**

康熙四十五年（1706）吏部尚书宋荦致仕归里，康熙皇帝又赐诗章。诗云：

> 久任封疆事，苏台静点尘。
>
> 东曹班次重，北阙性情真。
>
> 怜旧吟风度，无文饯老臣。
>
> 林泉益壮志，当乐故乡春。**20**

康熙五十四年（1715）大学士李光地回闽，康熙皇帝想起他在三藩叛乱期间蜡丸上书和多年忠于王事，亦特为赐诗饯行。诗云：

> 协恭惟得老成儒，味道经书翊庙谟。
>
> 白发辞君千里去，丹心捧日寸诚敷。
>
> 秋霜昔岁明臣节，昆玉冲襟决胜符。
>
> 暂别恩荣宸翰饯，勿劳远念慰长途。**21**

康熙后期，仕宦多年的朝廷重臣张玉书、陈廷敬、赵弘燮等相继辞世，想起他们多年来为朝廷所做的贡献，康熙皇帝十分伤感，各作挽诗。挽张玉书诗云：

> 文章末齿秉丝纶，旧德凝承近紫宸。
>
> 瀚海天山同正略，江干河道与尝新。
>
> 表贤未及身先没，颐养空谈梦后湮。

> 挥泪长欺叹佐斗，从来伤痛肃雍臣。[22]

挽陈廷敬诗云：

> 世传诗赋重，名在独遗荣。
>
> 去岁伤元辅，连年痛巨卿。
>
> 朝恩葵志励，国典玉衡平。
>
> 儒雅空兴叹，含毫感倍生。[23]

挽赵弘燮诗云：

> 四十余年抚近京，旗民称善政和平。
>
> 保全终始君恩重，奄逝悲凉众涕盈。
>
> 不畏刁顽持法纪，久司锁钥务精明。
>
> 官方仍在归泉壤，节钺空悬恋缱情。[24]

中国古代多数帝王使用臣工，大多采取实用主义的态度，对己有用，则不惜高官厚禄乃至封妻荫子；对己无用或略有可疑，则诛戮惟恐不尽。而康熙皇帝却一反其道，使得所有臣工皆能保其善终，而且至其去世，还慰勉备致，加惠子孙，难怪在他去世后，在朝官员为他上谥为"圣祖仁皇帝"了。

康熙皇帝一生热爱学习，学习经史，学习自然科学知识。同时还勤于政事，夙兴夜寐，汲汲求治，希望在他统治期间整个国家能达到羲皇盛世。因而他的不少诗篇都反映了他刻苦读书、汲汲求治的情况。如早年初开日讲不久，康熙皇帝白天坚持日讲和处理各种政务，晚间则秉烛读书，直至夜半。其《夜半》诗云：

> 览书银蜡短，观象玉衡长。
>
> 夜半无穷意，心为念万方。[25]

又《夜静读书》一诗亦云：

　　九重夜静御炉香，坟典披览意味长。

　　为念兆民微隐处，孜孜不忘抚遐荒。²⁶

　　三藩叛乱期间，军书旁午，为了办理紧急军务，康熙皇帝还养成了夜间办公的习惯。如其《夜半览本》诗云：

　　初冬夜静正三更，宵旰清心勉励精。

　　自愧事烦机不敏，细披章奏察民情。²⁷

　　三藩叛乱平定之后，紧急军务虽然减少，但为了励精图治，康熙皇帝仍然坚持夜间读书、办公。如康熙二十一年（1682）春，东巡盛京期间，康熙皇帝即不顾旅途疲劳，仍于夜间披阅奏章。其《行殿夜览章奏》诗云：

　　飞递传来奏牍多，旌门莫问夜如何。

　　银灯氄幕春寒重，恐是阴阳尚失和。²⁸

康熙二十二年（1683）康熙皇帝又作《夜》诗，以纪其秉烛办公之情景：

　　良夜观图史，浑忘刻漏深。

　　月流金殿影，花转玉阶阴。

　　追琢崇民则，居稽长道心。

　　缅怀皇古治，四海遍讴吟。²⁹

　　夜间尚且办公，何况白日！因而，不管严寒酷暑，只要身体能够支持，康熙皇帝照例办公。如其所作《苦热戏作》一诗：

　　数年不见歊蒸热，于今炽日最难当。

　　披襟气爇三庚远，近榻神昏九夏长。

　　烦暑时侵高阁上，炎光每到小楼傍。

　　微凉须动清风扇，勉力勤民阅奏章。³⁰

康熙时期，整个国家迅速由乱而治，对此，多少史家争论不休。读了上述诗篇，其原因就可不问自明了。

读书理政之外，康熙皇帝还极为注意汲取历代王朝兴亡的成功经验和失败教训。因而在他所作诗篇中，也有不少这方面的内容。如他初次南巡到达江宁，有感于千余年来这块土地的统治者一再改名换姓，认为殷鉴不远，只有勤于政事，才能保有江山，因而十分感慨地写下了《金陵紫禁城怀古》一诗：

秣陵旧是图王地，此日鸾旗列队过。

一代规模成往迹，六朝兴废逐流波。

宫墙断缺迷青琐，野水湾环剩玉河。

治理艰勤重殷鉴，斜阳衰草系情多。[31]

康熙二十一年（1682）春，康熙皇帝东巡盛京，路过长城，想起秦始皇企图以修筑长城来巩固秦朝的统治，最终导致亡国，深感暴政不但不能巩固统治，只会加速自己的灭亡，因作《蒙恬所筑长城》一诗：

万里经营到海涯，纷纷调发逐浮夸。

当时用尽生民力，天下何曾属尔家？[32]

三藩叛乱平定后，康熙皇帝亟须人才治理国家，因又作《黄金台怀古》诗：

昭王礼贤士，筑馆黄金台。

矫矫昌国君，奋袂起尘埃。

下齐七十城，声振沧海隈。

汶篁植蓟丘，岂曰非雄才！

遗迹虽榛芜，千载犹低徊。

　　市骏固有术，贵在先龙媒。

　　但得一士贤，可以收群才。³³

　　循此思路，他在《咏史》一诗中对在周朝兴起过程中做出过突出贡献的姜太公也倍加推崇。诗云：

　　尚父抱奇略，壮龄运不偶。

　　一竿清渭滨，经纶在其手。

　　志欲纲九州，吞舟非所取。

　　卜兆示先几，龙彤载车后。

　　白旄师既陈，青社符还剖。

　　伟哉八百基，肇自一钓叟。³⁴

　　此外，康熙皇帝读史所至或巡幸所经还有不少怀古之作，限于篇幅，仅略称引如上，但由此也可以看出，对于吸取历史经验和教训，康熙皇帝是如何重视了。

　　和历代封建王朝一样，清朝以农立国，农民和农业生产状况如何直接关系统治的安危、国运的盛衰。对此，康熙皇帝一直高度重视。就积极方面而言，劝垦荒田、兴修水利皆不遗余力；就消极方面而言，蠲免赈济亦连年不绝。反映在康熙皇帝诗篇中，这些也是一个重要的内容。如其早年所作《喜雨》一诗，即是一首关心农事之作：

　　暮雨霏霏过凤城，飘飘洒洒重还轻。

　　暗添芳草池塘色，远慰深宫稼穑情。³⁵

　　三藩叛乱平定之后，为了与民休息，康熙皇帝开始了大规模蠲免钱粮活动。康熙二十八年（1689）第二次南巡，康熙皇帝下令蠲免江南历年积逋二百二十余万两，并作《蠲江南逋赋》诗以纪此事：

国家财赋东南重，已责蠲租志念殷。

膏泽何妨频见渥，普天愿与乐耕耘。³⁶

与此同时，康熙皇帝还对农事深入观察研究，以"耕织"为题，各作诗篇二十三首，叙述了农作物从播种到收获和养蚕缫丝的全过程，表示自己对人民生产活动和生活情况的关心。这些诗篇语言通俗简练，颇有民歌风味，可以和古代任何优秀诗篇相媲美。如其《耕》诗《第七图·初秧》诗云：

一年农事在春深，无限田家望岁心。

最爱清和天气好，绿畴千顷露秧针。³⁷

《第十一图·一耘》诗云：

丰苗翼翼出清波，莨稗丛生可若何？

非种自应芟薙尽，莫教稂莠败嘉禾。³⁸

《第十五图·收刈》诗云：

满目黄云晓露晞，腰镰获稻喜晴晖。

儿童处处收遗穗，村舍家家荷担归。³⁹

《织》诗《第七图·采桑》诗云：

桑田雨足叶蕃滋，恰是春蚕大起时。

负筥携筐纷笑语，戴胜飞上最高枝。⁴⁰

《第十三图·练丝》诗云：

炊烟处处绕柴篱，翠釜香生煮茧时。

无限经纶从此出，盆头喜色动双眉。⁴¹

《第十七图·织》诗云：

从来蚕绩女功多，当食勤劳惜绮罗。

织妇丝丝经手作，夜寒犹自未停梭。⁴²

尔后历次巡幸，康熙皇帝皆以视察农事为务，并将观察情况纳入诗章。如康熙三十八年（1699）春，康熙皇帝第三次南巡，见到农夫已开始耕作，满心喜悦地写下了《菜畦》一诗：

> 东南农事已春深，菜垄花开遍地金。
>
> 独爱小民勤力作，马头堪慰省方心。[43]

康熙五十四年（1715）秋，康熙皇帝视察京郊，看到农民正忙于秋收，又作《秋幸出郊见收成志喜》一诗：

> 节届商秋早，农忙屡岁丰。
>
> 柴门歌再稔，比屋采同风。
>
> 人烟多庆色，霜树杂微红。
>
> 极目高低景，山川一望中。[44]

直到晚年，康熙皇帝还对农事极为关心。如康熙六十一年（1722）夏在驻跸避暑山庄期间，看到自己精心培育的御稻长势旺盛，十分高兴，遂写下《早御稻》一诗。诗中他希望能将这一优良品种在南方普遍推广，以收一年两获之效。此时下距他去世已不到半年时间。可见终其一生，康熙皇帝都在关心着农业生产。诗云：

> 紫芒半顷绿阴阴，最爱先时御稻深。
>
> 若使炎方多广布，可能两次见秧针。[45]

清朝疆域辽阔，康熙时期，国家刚刚由乱而治。为了周知民情、巩固统治，康熙皇帝先后进行了频繁的巡幸活动，一望无际的漠北，千里冰封的关外，山清水秀的江南，雄浑壮丽的秦中，无不留下他的足迹，大大丰富了他的生活阅历并激发了他的灵感。因而，外出巡幸期间，他的诗作数量成倍增长，不但内容充实，而且情调健康。如其巡幸塞外时，即有多篇诗章讴歌祖国的统一。其中《塞上宴诸藩》一诗云：

龙沙张宴塞云收，帐外连营散酒筹。

万里车书皆属国，一日剑佩列通侯。

天高大漠围青嶂，日午微风动彩斿。

声教无私疆域远，省方随处示怀柔。⁴⁶

又《塞外省览风俗》一诗云：

莫道岩关险，要荒总一家。

戍楼无鼓角，战垒是桑麻。

野静知民乐，时清见物华。

林中归径晚，旌旆满烟霞。⁴⁷

东北是清朝先世发祥之地，为了祭扫先祖陵寝、巩固边疆，康熙皇帝曾三次出关东巡。东巡期间康熙皇帝途经明、清旧战场，缅怀祖宗创业艰难，先后写下大量诗章。如其《吕翁山是圣祖太宗文皇帝擒洪承畴处》一诗云：

旌旗直卷陈云沉，壕堑遗踪尚可寻。

十万健儿皆解甲，一时大帅此成禽。

民情效顺当年事，王业艰难圣祖心。

遂使关西如破竹，至今战气昼阴森。⁴⁸

又《驻跸大凌河》诗云：

归骑云屯向晚过，升平笳吹动铙歌。

光摇幕火繁星灿，影暗旗风野雾多。

兵气已销沙右所，军声犹壮大凌河。

丰京老将还能说，曾记前途自倒戈。⁴⁹

从康熙二十三年（1684）始，至康熙四十六年（1707）止，康熙皇帝先后六巡江南。巡幸途中康熙皇帝登临了巍峨雄伟的泰山，瞻仰了庄重肃穆的孔庙，渡过了波涛汹涌的黄河、长江，游览了风景秀丽的苏杭名郡，名山大川皆收眼底，创作欲望也空前增长，因而凡是巡幸所至，无不留下他关心民瘼和歌颂祖国山河壮丽的诗篇。如康熙首次南巡，车驾刚刚进入山东境内，即出现了万人空巷、争睹御容的动人场面，这使康熙皇帝十分兴奋，特谕扈从人员不得驱赶百姓，并作诗以纪其事。诗云：

> 东来端为重民生，不事汾阴泰畤名。
>
> 井里俨存齐国俗，田畴还忆历山耕。
>
> 暂宽羽骑钩陈卫，一任村童野老迎。
>
> 敢道迩言勤访察，止期治理得舆情。[50]

渡江之后，康熙皇帝率领扈从诸王登临金山，纵目千里，气象万千，康熙皇帝又作《金山》一诗：

> 一览江天胜，东南势尽收。
>
> 帆樯来极浦，台榭起中流。
>
> 路出丹崖上，烟同碧汉浮。
>
> 登临豁心目，浩荡俯沧州。[51]

康熙二十八年（1689）第二次南巡抵达杭州，泛舟西湖，康熙皇帝又连作《巡幸杭州》《泛舟西湖》，赞美人间天堂的秀丽风光。其《巡幸杭州》诗云：

> 东南上郡古临安，亲采风谣一省观。
>
> 翠岫茏苁犹舞凤，羽旗简约不鸣銮。
>
> 春晖草木江山丽，户满弦歌雨露宽。
>
> 德化远敷吾未信，如何夹路万声欢！[52]

其《泛舟西湖》诗云：

> 一片湖光潋滟开，峰峦三面送春来。

　　轻舟棹去波添影，曲崖移时路却回。

　　春色初摇堤上柳，惠风正发寺边梅。

　　此行不是探名胜，欲使阳和遍九垓。⁵³

　　康熙皇帝六次南巡主要目的之一是视察河工。因而每次南巡，必亲临河干，阅视河堤。这在他的诗篇中也有反映。如首次南巡，他即有《阅河堤作》一诗：

　　防河纤旰食，六御出深宫。

　　缓辔求民隐，临流叹俗穷。

　　何年乐稼穑，此日是疏通。

　　已著勤劳意，安澜早奏功。⁵⁴

康熙四十四年（1705）康熙皇帝第五次南巡，视察河工时，眼见经过一番治理，黄河安澜，康熙皇帝异常高兴，因作诗云：

　　春风初开弄柳丝，渔舟唱晚寸阴移。

　　庙堂时注淮黄事，今日安澜天下知。⁵⁵

　　秦中是周、秦、汉、唐故都，地理险要，气势雄浑，民风淳朴，物产丰富，对于巩固统治、维护统一，作用都极为重要。为此，康熙四十二年（1703）康熙皇帝不顾鞍马劳顿，视察西安。一路之上眼见河山壮丽，人民丰阜，康熙皇帝诗兴大发，连写多篇诗章，讴歌太平。有的诗章还因内容丰富，律诗、绝句无法容纳，而以古风形式加以铺陈。如其所作《长安行》一诗云：

　　河山天险古金汤，都邑规模溯汉唐。

　　陆海膏腴本沃壤，秦风慓悍称岩疆。

　　每因眷念劳中夜，忍使时巡后一方。

　　远幸冲寒访民隐，终南太华遥相望。

豳岐不乏耕织业，漆沮尚存搜狩场。

重农藏富屡诏谕，雨日时若歌丰穰。

雄兵超距贾余勇，野老讴吟多宿粮。

要令遐陬沾湛露，讵以无事弛边防。

大阅三军训甲士，来朝诸部趋藩王。

蠲租恤下恩未已，共跻仁寿乐且康。

渭水冰消回暖律，南山烟霭动初阳。

停銮怀古还披卷，宵旰勤求意不忘。[56]

归途中康熙皇帝心情依然十分激动，又作《由豫省回銮渡孟津》一诗，以抒其未尽之意：

遥望嵩峰欲逼天，太行绵亘洛阳川。

金明池畔无烽火，醉白堂前起玉烟。

千里中州古击壤，两河分界旧原田。

扁舟稳渡观民俗，休养心殷冀有年。[57]

粗略估计康熙皇帝所作诗篇中，巡幸之作不下三分之一。由此可以看出在康熙皇帝的创作过程中，巡幸的作用是多么重要了。

为了巩固统一，康熙时期，清朝政府先后进行过多次战争。尤其是噶尔丹叛乱期间，由康熙皇帝亲自率师，远征朔漠，亲自体验了艰苦的军旅生活，因而此时的诗作视野辽阔，情感激越，气势雄浑，写景、抒情无不达到较高的水平。如康熙三十五年（1696）二月，康熙皇帝所作《出居庸关》一诗云：

群峰倚天半，直北峙雄关。

古塞烟云合，清时壁垒间。

军锋趋朔漠，马迹度重山。

渐向边城路，旌旗叠翠间。[58]

又如同时所作《过独石口》一诗云：

关名独石插遥天，路绕青冥绝嶂悬。

翠壁千寻标九塞，黄云万叠护三边。

霓旌晓度长城月，毳帐春回大漠烟。

总为民生勤战伐，不辞筹划在中权。[59]

再如《瀚海》诗云：

四月天山路，今朝瀚海行。

积沙流绝塞，落日度连营。

战伐因声罪，驰驱为息兵。

敢云黄屋重，辛苦事亲征。[60]

康熙三十六年（1697）再次西征，康熙皇帝又作《晚眺》诗：

军门延夕眺，云气澹遥天。

古塞千峰月，平沙万幕烟。

旌旗寒色壮，刁斗晚风传。

衅甲从今始，功成靖朔边。[61]

即使与唐、宋优秀的边塞诗相比，这些诗篇也是并不逊色的。

康熙皇帝早年事业心极强，故所作诗章不但数量丰富，而且情调健康。但康熙四十七年（1708）以后，老境来临，健康大不如昔；同时由于长期积蓄的皇、储矛盾公开爆发，康熙皇帝自觉颜面扫地，羞愤难言，因而数年中诗兴大减，诗作极少。后来诗作数量虽有所回升，但格调却发生变化，时有忧愁凄凉、意气消沉之作。这从康熙四十年代后期所作《春日有所思二首》即可看出：

淡抹浓妆总是新，白须慵懒度三春。

若非碌碌红尘缚，近得清心养谷神。[62]

叠叠愁肠无日舒，春风细雨绿芳初。

诗中乏兴疑新句，自问何伤露地居？[63]

又如康熙五十年（1711）所作《岁除前二日立春》诗云：

岁岁星回朔气消，迎新慵听奏笙箫。

梅花欲报春先到，犹怯凝寒瑞雪飘。[64]

冬日如此，夏天康熙皇帝心境也不快活。如康熙五十三年（1714）康熙皇帝在塞外避暑期间所作《暑将退》一诗云：

歊蒸少退解烦忧，白发苍颜万里愁。

触物方知开造化，闲来更觉有源流。

倒垂树影河边水，悬挂波声崖上楼。

分外并无着意处，惟将《周易》静中求。[65]

到了康熙五十六年（1717）康熙皇帝身体更加恶化，不少老臣也相继去世，康熙皇帝心境更为凄凉。如其所作《赐老大臣》诗云：

旧日讲筵剩几人？徒伤老朽并君臣。

平生壮志衰如许，诸事灰心懒逼真。

求简逡巡多恍惚，遇烦留滞累精神。

年来词赋荒疏久，觅句深惭笔有尘。[66]

自己上了年岁，很自然地便和臣工中的老年人有了共同语言。当他得知工部尚书、翰林院掌院学士徐元梦是当时仅存的康熙十六年（1677）以前的进士时，康熙皇帝就觉得有一种异样的亲近感，并且十分感慨地赐予诗章：

七十彼此对堪怜，病里回思一慨然。

少小精神皆散尽，老年岁月任推迁。

常怀旧学穷经史，更想余闲力简编。

诗兴不知何处至，拈毫又觉韵难全。[67]

怀着同样的心情，他和几十年前的老侍卫也有了共同语言并赐诗互勉：

庞眉经岁月，忆昔旧人稀。

少小儿童戏，年高亲故违。

叹无手足力，偏有友朋讥。

膝下曾孙事，怡情待晚辉。[68]

康熙六十一年（1722）康熙皇帝古稀将至，因又作《自笑古稀》，以自道心情。诗云：

月宇启窗纱，身闲兴转赊。

庞眉临事暗，垂老厌人哗。

懒惰心惟静，精勤目已花。

临池渐手涩，无复竞龙蛇。[69]

当年秋，驻跸避暑山庄期间，康熙皇帝又连作《书怀》《中元日同僧语》二诗，以述其暮年心境。其《书怀》一诗云：

不逮精神老愈愁，银须鹤发更何求！

艰难世事危心力，履薄临深岂自由？[70]

《中元日同僧语》一诗云：

夙夜焦劳白发盈，愁肠一日几回萦！

偷闲暂向山僧话，可扫尘缘爱憎情。[71]

带着这种忧愁凄凉的心情，康熙皇帝一步一步迈向生命的终点线。几个月后，这个十几年来心境一直处于十分不佳状态的康熙皇帝，因为一场感冒，终于获得了彻底的解脱，扫尽了在山僧面前无法扫尽的"尘缘爱憎"之情。

二、文章尔雅

康熙皇帝在创作一千余首诗词的同时，还留下了数以千计的文章。这些文章，就体裁而言，包括敕谕、诏旨、书、表、论辩、序文、记、说、解、碑文、颂、赞、箴、铭、跋文、祭文和赋；就内容而言，则以国务处理为中心，广泛涉及家庭、亲友、个人兴趣爱好、读书治学、政治、学术见解以及文学创作等许多方面，总计一百四十七卷，构成了康熙皇帝个人著作的主要组成部分。于此分别加以介绍，以见康熙皇帝著作之大致情况。

康熙皇帝在位时间长达六十一年，从康熙八年（1669）铲除鳌拜集团到他去世，实际执掌政权时间五十四年。在此期间为了处理政务，他先后颁布了数以千计的敕谕和诏旨，其中相当部分被收入御制文集中，因而康熙皇帝御制文集中这一部分分量最大，总共八十卷，几占御制文集的二分之一。由于康熙皇帝御制诗文集一、二、三集皆于康熙皇帝生前编成刊印，未经后人篡改，因而其中敕谕和诏旨的史料价值仅次于原始档案而普遍高于《实录》。《清圣祖御制诗文四集》虽于雍正年间由雍正皇帝组织人员编辑刊行，但因其和《清圣祖实录》大体同时成书，因而其中史料价值也不低于《实录》。此外尤其值得注意的是，康熙皇帝御制文集中敕谕部分还保留了大量《实录》所不曾收录的史料。如废太子胤礽早年深受康熙皇帝喜爱和器重，康熙三十五年（1696）至三十六年（1697），康熙皇帝率师讨伐噶尔丹，以胤礽留京居守，前后一年多的时间，康熙皇帝给胤礽的书信、敕谕总共有七十六封之多，详细记载了康熙父子之间的来往以及讨伐噶尔丹的情况，史料价值极高，而雍正年间为康熙皇帝纂修《清圣祖实录》时，馆臣出于忌讳，概未收录。就此而言，康熙皇帝御制文集中的敕谕部分，对于研究康熙皇帝和清史都有着特殊的价值，值得史学家高度重视。

康熙皇帝御制诗文集中，书信所占分量不大。其中《御制诗文一集》中仅有两卷，涉及对象为孝庄文皇后和孝惠章皇后二人。其中致孝庄文皇后书信二十封，致孝惠章皇后书信二十三封，主要为康熙皇帝第二次东巡盛京和后来巡幸塞外期间所作。《御制诗文二集》中则不到一卷，收录康熙皇帝亲征噶尔丹期间致孝惠章皇后书信八封。为了表彰孝道，其中一些书信在《清圣祖实录》中已被节略称引，但要详细了解康熙皇帝和祖母、嫡母之间的关系及二次东巡、早年北狩以及征讨噶尔丹的情况，御制诗文集所载书信仍有较高价值。

表、颂在康熙皇帝御制诗文集中数量更少。其中《御制诗文一集》收录表文三篇，《御制诗文二集》收录一篇，对象仍是康熙皇帝的祖母孝庄文皇后。颂文，《御制诗文一集》收录四篇，除《大德景福颂》是为祖母孝庄文皇后所写之外，其他三篇对象分别是努尔哈赤、皇太极和福临的陵寝福陵、昭陵、孝陵。《御制诗文二集》中有三篇，《御制诗文三集》中有一篇，《御制诗文四集》中有两篇。除祖母孝庄文皇后和嫡母孝惠章皇后外，还有天地神祇和前代帝王。这些文字大多由文臣捉刀代为，词藻虽极华丽，内容却十分空洞，不外歌功颂德。相对来说，在康熙皇帝御制诗文集中，这是价值颇低的一部分。

论、辩、说、解大体都是康熙皇帝的治学之作。收入御制诗文集的论辩之作共五卷，除《御制诗文一集》收录二卷外，其他集各为一卷。辩、说、解，除《御制诗文一集》略有所录外，其他各集或有或无。康熙皇帝早年在南书房师友指导下初学作文，为了导引他进入境界，这些词臣分别以修身、求学、理政为题，圈定几个题目，由康熙皇帝根据所学儒家经典加以发挥，这大概就是御制诗文集论的部分的由来。学成之后，康熙皇帝循此路子又时有所作，但因这些题目过于泛泛，几千年来，人们已经作过多遍，康熙皇帝作来作去，也无非是拾人牙慧，缺少新意。但对于他牢固掌握儒家经典中的一些基本思想，却不无作用。

康熙皇帝御制诗文集中，序跋、碑文所占分量颇多。其中序文七卷、跋文三卷、记二卷、碑文七卷。其内容涉及也颇为广泛，有康熙朝敕撰书籍的序文，有宗室王公、大臣去世后的御撰碑文，有巡幸各地的纪实之作，又有各地兴建寺庙的碑记，有康熙皇帝读书和品赏字画的跋文。对于研究康熙皇帝本人乃至一些专史，都有一定的价值。

和康熙皇帝御制诗文集中的其他部分相比较，杂著部分对于研究康熙皇帝的治学和思想有着较高的价值。以数量而言，这一部分共计三十三卷，仅次于敕谕部分，而高于诗词；以内容而言，也十分丰富。其中《御制诗文一集》收录的《讲筵绪论》二卷，记载了康熙皇帝早年热心学习儒家经典，联系实际、汲汲求治的情况;《御制诗文二集》收录的《阅史绪论》和《御制诗文三集》收录的《古文评论》,则是康熙皇帝成年后自觉吸取历史经验教训的真实记录。从中可以看出,康熙皇帝曾广泛阅读春秋三传、《国语》《战国策》《史记》《汉书》《后汉书》《三国志》《资治通鉴》等各种历史著作,还通晓宋、元、明时期的历史;《御制诗文四集》收录的《康熙几暇格物编》则记载了康熙皇帝关心和爱好自然科学的情况,是研究康熙皇帝与自然科学的可贵史料。除此之外,值得注意的是《御制诗文二集》中还收录了康熙皇帝自著的完整的历史著作《亲征漠北纪略》,概要记载了康熙三十五年

(1696)康熙皇帝率师北征噶尔丹的全部过程。康熙皇帝以当事人撰写当代史,表明了康熙皇帝对历史著作的重视,也为后人深入研究这一事件提供了可贵的资料。还值得注意的是,《御制诗文四集》杂著卷中收录了康熙皇帝晚年所作的《七询》一文。在该文中,康熙皇帝设以近侍之臣、文学之臣、介胄之臣、释家之流、道家之流、医术之臣、岩阿一老,与自号体元主人的康熙皇帝互相问答,以文学体裁表达了自己晚年的志向。如近侍之臣劝他溺于声色,及时行乐;文学之臣劝他大举修书,以光文治;介胄之臣劝他扬威绝域,开疆拓土;释家之流劝他大建寺庙,广行佛事;道家之流劝他无为而治,炼丹养生;医术之臣劝他注重保健,服用补品。对此,康熙皇帝都概予拒绝,而独对农民化身的岩阿一老所提出的让百姓各安其业、吃饱穿暖、共享太平之福极表赞同。在该文末他表示,自己一生"殷忧劳世,习与性成,学于古训,不敢荒宁,前途之计,后世之寄,畴勤畴恤,繄余是视,

兢兢业业，不知老之将至"[72]，表现了一个杰出的地主阶级政治家的宽阔胸怀和生命不息、奋斗不止的决心。尽管该文体裁出于摹仿，但作为一个政治家，其一生所作各类文章中文学之作甚少，就此而言，这篇文章仍有一定的价值。

康熙皇帝御制诗文集中还收入了赋体文字十八篇。康熙皇帝早年在南书房词臣的熏陶下，兴趣广泛，喜欢文学，楚辞、汉赋经常浏览，因而时有赋体作品问世。据统计康熙皇帝所作十八篇赋中，康熙二十四年（1685）以前占十篇。后来由于政务繁忙，治学主要方向转为与政治关系密切的历史，赋作渐少。作为一种文学体裁，赋体盛于两汉，魏晋以后逐渐衰落，不受文人重视，兼以康熙皇帝所作各赋水平也不算高，因而并未引起人们注意，在文学史上更没有什么价值。虽然如此，也应看到，作为出身少数民族的政治家，康熙皇帝于政事之余还兼及文学，并以各种体裁从事文学创作，就此而言，也是十分难能可贵的。

1 《清圣祖御制诗文三集》卷二十二《广群芳谱序》。
2 《清圣祖御制诗文一集》卷三十一。
3 《清圣祖御制诗文一集》卷三十九。
4 《清圣祖御制诗文二集》卷四十《跋虞世南墨迹后》。
5 《清圣祖御制诗文二集》卷四十《跋颜真卿墨迹后》。
6 《清圣祖御制诗文二集》卷四十《跋黄庭坚墨迹后》。
7 《清圣祖御制诗文二集》卷四十《跋米芾墨迹后》。
8 《清圣祖御制诗文二集》卷四十《跋赵孟頫墨迹后》。
9 《清圣祖御制诗文二集》卷四十《跋赵孟頫墨迹后》。
10 《清圣祖御制诗文二集》卷四十《跋董其昌墨迹后》。
11 《清圣祖御制诗文一集》卷三十一。
12 《清圣祖御制诗文一集》卷三十二。
13 《清圣祖御制诗文一集》卷三十三。
14 《清圣祖御制诗文一集》卷三十三。
15 《清圣祖御制诗文一集》卷三十三。
16 《清圣祖御制诗文三集》卷四十九。
17 《清圣祖御制诗文四集》卷三十四。
18 《清圣祖御制诗文一集》卷三十七。
19 《清圣祖御制诗文一集》卷三十七。

20《清圣祖御制诗文三集》卷四十九。

21《清圣祖御制诗文四集》卷三十四。

22《清圣祖御制诗文四集》卷三十二。

23《清圣祖御制诗文四集》卷三十二。

24《清圣祖御制诗文四集》卷三十六。

25《清圣祖御制诗文一集》卷三十三。

26《清圣祖御制诗文一集》卷三十一。

27《清圣祖御制诗文一集》卷三十三。

28《清圣祖御制诗文一集》卷三十六。

29《清圣祖御制诗文一集》卷三十九。

30《清圣祖御制诗文二集》卷四十三。

31《清圣祖御制诗文一集》卷四十。

32《清圣祖御制诗文一集》卷三十六。

33《清圣祖御制诗文一集》卷三十七。

34《清圣祖御制诗文一集》卷三十九。

35《清圣祖御制诗文一集》卷三十一。

36《清圣祖御制诗文二集》卷四十三。

37《清圣祖御制诗文二集》卷四十五。

38《清圣祖御制诗文二集》卷四十五。

39《清圣祖御制诗文二集》卷四十五。

40《清圣祖御制诗文二集》卷四十五。

41《清圣祖御制诗文二集》卷四十五。

42《清圣祖御制诗文二集》卷四十五。

43《清圣祖御制诗文二集》卷四十九。

44《清圣祖御制诗文四集》卷三十四。

45《清圣祖御制诗文四集》卷三十六。

46《清圣祖御制诗文一集》卷三十五。

47《清圣祖御制诗文一集》卷三十九。

48《清圣祖御制诗文一集》卷三十六。

49《清圣祖御制诗文一集》卷三十六。

50《清圣祖御制诗文一集》卷三十九。

51《清圣祖御制诗文一集》卷四十。

52《清圣祖御制诗文二集》卷四十三。

53《清圣祖御制诗文二集》卷四十三。

54《清圣祖御制诗文一集》卷四十。

55《清圣祖御制诗文三集》卷四十九。

56《清圣祖御制诗文三集》卷四十七。

57《清圣祖御制诗文三集》卷四十七。

58《清圣祖御制诗文二集》卷四十六。

59《清圣祖御制诗文二集》卷四十六。

60《清圣祖御制诗文二集》卷四十六。

61《清圣祖御制诗文二集》卷四十八。

62《清圣祖御制诗文二集》卷四十九。

63《清圣祖御制诗文二集》卷四十九。

64《清圣祖御制诗文四集》卷三十二。

65《清圣祖御制诗文四集》卷三十三。

66《清圣祖御制诗文四集》卷三十五。

67《清圣祖御制诗文四集》卷三十五。

68《清圣祖御制诗文四集》卷三十六。

69《清圣祖御制诗文四集》卷三十六。

70《清圣祖御制诗文四集》卷三十六。

71《清圣祖御制诗文四集》卷三十六。

72《清圣祖御制诗文四集》卷二十五《杂著·七询》。

第十四章　作风

　　一个伟大或杰出的历史人物，往往具有一些优良的作风或特有的性格，康熙皇帝也不例外。大致说来，他的作风与性格主要包括以下几个方面：一是好学深思，二是勤政务实，三是崇尚节俭，四是仁慈宽厚。这些性格和作风促成了他的事业的成功，同时也为他的成就增加了一层夺目的色彩。因其中康熙皇帝好学已在《发愤》一章予以介绍，故此章仅对康熙皇帝勤政务实、崇尚节俭和仁慈宽厚略作论述如下。

一、勤政务实

　　在康熙皇帝的诸多优良作风中，一个突出的方面是勤政务实。按理说作为一个一国之君，且不说关心百姓生活，就是从巩固自己的统治出发，也应照此去做。然而恰恰是这两点，在中国古代众多的帝王中，除少数创业帝王外，多数帝王都很难完全做到。他们不是贪恋女色或玩物丧志，就是崇尚浮夸，讲究祥瑞，迷恋上尊号、炼丹修仙做佛事等。至于明朝后期的几个皇帝，更是一蟹不如一蟹，"常处深宫，不与臣下相见，而惟与宦竖相处，既不读书，亦不勤政，所以上下之情壅滞不通，民间疾苦竟罔周知"[1]，而且还自欺欺人，粉饰太平，制造升平气象，致使国务处理一塌糊涂。正是利用明末最高统治者的这些严重缺陷，清朝两代开国皇帝崛起东北，以弱克强，挥师入关，取而代之，建立了一个新的王朝。"殷鉴不远，在夏后之世。"明末帝王怠于政事和崇尚虚夸而至亡国的历史教训为清初统治者树立了一个反面典型。因此早在康熙皇帝亲政之初，他的祖母孝庄文皇后即告诫他说："人主居四海臣民之上，所关甚巨；然代天理物，端在躬行，致治兴化，必先修己。"[2]对此，康熙皇帝牢记不忘。

清除鳌拜集团之后，康熙皇帝有了施展政治抱负的机会，独自挑起了管理国家事务的重担。当时由于四辅政大臣多年擅权，遗留问题极多，各种重要事务急需处理，可谓百废待兴。康熙皇帝十分清醒地意识到国家治理能否走上正轨，主要在于国君是否勤政。于是康熙皇帝以全副精力投入到各种国务活动之中，除御门听政外，批阅奏章，四处巡幸，略无闲暇。据他自称："每年春时，为雨水田禾，时刻不忘，留心究问，直至秋成，始稍释念。至于冬日，内地常恐雪少，口外又恐雪大。"[3]其中最值得称道的是他的御门听政。康熙皇帝御门听政始于康熙六年（1667）七月亲政之日，自此之后，每日辨色而起，未明求衣，逐日视朝，一直坚持几十年之久。因为康熙皇帝视朝过早，各级官员为了不迟到，必须于"三四鼓趋赴朝会"[4]，因而平定三藩之后，一个低级官吏、大理寺司务赵时楫代表广大官员上书康熙皇帝，指出："自古人君，从未尝每日亲御听政，即定期视朝，亦未有甚早者。"[5]为此，他建议视朝时间改在辰时；视朝时只令"满、汉正左轮流"，"其余无事官员及闲散衙门官员停其每日上朝，照旧一月三次上朝"[6]。考虑到广大官员的实际困难，康熙皇帝将御门听政时间推迟到辰时，朝见官员也相应减少到有关官员，但他自己却仍然坚持御门听政。后来出于对康熙皇帝身体的爱护和关心，曾先后有许多大臣上疏，要求康熙皇帝不必逐日御门听政。如康熙二十三年（1684）五月御史卫执蒲上书康熙皇帝，奏请"御门听政，或以五日，或以二三日为期"[7]。康熙二十九年（1690）十月户科给事中何金蔺上书康熙皇帝，"请定御门之期，或三日，或五日"，"日烦临御，臣谊难安"[8]。康熙三十二年（1693）十二月大学士等人又奏请"每日奏章交送内阁，皇上隔三四日御门一次，听理引见人员与绿头牌启奏诸事"[9]。对广大臣工的一番美意，康熙皇帝表示感谢，但考虑到自己身为帝王，应该"先人而忧，后人而乐"，"政治之道，务在精勤，励始图终，勿宜有间"，而不予接受[10]。

由于长期御门听政，形成了固定的生活和工作规律，如不御门听政，他就觉得不安。如康熙三十二年（1693）他说："朕听政三十余年，已成常规，不日日御门，即觉不安。若隔三四日，恐渐至倦怠，不能始终如一矣。"[11]即使是生病期间，他也坚持御门听政，偶因病重，不能临御乾清门听政，他也因为"与诸大臣悬隔，思之如有所失"，而谕令臣下进奏乾清宫[12]。他还表示，"朕三十年来，每晨听政，面见诸臣，咨询得失，习以为常，今若行更改，非励精求治初终罔间之道；且与诸臣接见稍疏，朕衷亦深眷念"[13]。康熙三十四年（1695）冬在他生病期间，大学士伊桑阿等人奏请"暂停御乾清门听政"时，他又表示："朕每日听政，从无间断，闲坐宫中，反觉怀抱不适；尔诸大臣面奏政事，朕意甚快，体中亦佳。今灼艾视前已愈，国政紧要，朕仍照常御门听理。或遇大风甚寒之日，自另有旨。"[14]

逐日听政的同时，康熙皇帝还极为注意提高听政的效率和质量，极力避免形式主义。在他看来，听政主要内容是君臣共同处理国家事务，因而视朝时十分重视臣下的意见，多次表示他自己"从来不惮改过，惟善是从，即如乾清门听政时，虽朕意已定之事，但视何人之言为是，朕即择而行之"[15]。因此，他要求奏事官员"各抒胸臆，直言无隐，但求事当于理，互相商酌，即小有得失，亦复何伤，朕焉有因议事而加罪者乎"[16]？对于一些官员"不以所见直陈，一切附会，迎合朕意"则加以批评[17]。即使在休息时间，他也时时将"天下大事经营筹划于胸中"[18]，以便御门听政时能正确处理。

御门听政之外，阅览处理各地各衙门所上章奏也是一个重要的政务活动。一般情况下每日章奏不下百十来本，政务繁忙时，有时多至三四百本，即使政务较为清闲时，也有二三十本或五六十本。这些章奏例由内阁大学士先行览讫，并票拟初步处理意见，呈送康熙皇帝，由他最后决定。对此康熙皇帝不是不负责任地不看章奏内容便在内阁所拟票签上打勾画圈，而是将所有章奏通通详加阅览，不遗一字，"见有错字，必行改正；其翻译不堪者，亦改削之"[19]。同时还对内阁票拟详加审核，以定可否。即使在病中，也坚持不辍。如康熙二十九年（1690）二月，康熙皇帝身体违和，移居瀛台养病，仍令"部院各衙门章奏，俱交内阁转奏"[20]。当年十月康熙皇帝患病期间，依旧"日理章奏，未尝废事"[21]。有时外出巡幸，批阅章奏便成为他处理政务的主要方式。一般情况下他下令京中章奏三日一达御前，有时还下令两日一送。奏章一到，"随即听览，未尝一有稽留"[22]。如递本人员迟延时日，还要严加处分。如康熙二十三年（1684）春，康熙皇帝视察畿甸，因当时"户、刑二部启奏之事最为繁冗，皆钱粮、刑名所关，若一时不加详阅，恐有遗误"，因而下令改变前此三日一送旧例而为两日一送。当年十月康熙皇帝东巡曲阜途中，京中章奏至时未至，康熙皇帝异常焦急，深夜不眠，坐待奏章，并且下令："今日奏章，不拘时刻，一到，尔等即行呈进，朕宵兴省览。"[23]直等到四更时分奏章始到，康熙皇帝立刻摊开批阅，直到天亮方才处理完毕。康熙四十年（1701）六月康熙皇帝巡幸塞外，因为京中本章未能按时抵达御前，他特别指示派人调查原因，予以处理。每次巡幸回京后，为了处理在外巡幸期间积攒起来的待理政务，康熙皇帝更是繁忙异常。他说："朕历年夏月避暑，九月回銮，所积四月内口外不能办理之事，日夜料理，必在岁内完结。至次年开印，又复速为办理，无致壅积。"[24]

康熙五十六年（1717）冬，康熙皇帝老境来临，大病七十多天，两脚浮肿，右手不能写字，为了批答章奏，仍坚持用左手批阅而不假手于人。多年勤政，使他饱尝了帝王生活的甘苦艰辛。康熙五十八年（1719）四月，他特地为此向大学士、九卿、詹事、科道官员尽掏肺腑。他说：

　　我自亲政以来，一切重要事务都是亲自动手处理，从来不敢偷懒。少壮时期精力充沛，并不觉得劳苦；而今老境来临，精神渐减，办起事来便觉得十分疲惫不堪，批答奏章手也发颤。如想还像当年那样办事精详，则力所不及；如果草率处理，心中又非常不安。从来读书人议论历代帝王，多加指责他们的过失，批评他们安享富贵，耽于逸乐。我多年披阅史籍，对历代帝王为人行事也颇留心，觉得做一个国君极为不易。不说别人，即以我而言，在位六十年昼夜勤政，即使铁打的身子，也要拖垮，何况血肉之躯！现在在朝供职的年老大臣，年岁大约和我不相上下，在衙门办事，不过一两个时辰，就可回家安息；有病还可以告假，有的人还无病装病，他的同僚和属员绝不会强迫他继续上班。往年考试武进士，左都御史赵申乔竟然在考场上打瞌睡，侍卫们几次把他唤醒。有我在场，尚且如此，在自己衙门办公，就更不用说了。现在天下大小事务都是由我一人处理，无可推诿，如果把重要事务交人办理，则断然不可。因此我昼夜劳累，须发皆白。虽然如此，也不敢偷懒，从早至晚，没有一点空闲，真是强打精神，硬加支撑啊！我如此勤政，你们臣下却没有一个人肯为我实心效力，不但如此，说不定还有不肖之徒，见我年老，精力不够，乘机徇私舞弊，这都是你们应该十分留心的。见我百般勤劳，你们只不过在口头上要我安静休养，再不然就是搬弄一些颂圣套语，什么"励精图治""健行不息""圣不自圣，安愈求安"。这些话如果对不读书的君主来说，也许他们爱听；我多年读书，明白事理，这些粉饰之词，六十年来听得耳朵上都起了茧子。所以我劝你们还是多办实事，少说废话，才对国家治理有所裨益。[25]

由于长期勤政，康熙皇帝养成了反对虚夸、讲究务实的作风，对于各地上陈祥瑞，他向不热心，从来不曾将其宣付史馆。对于不事生产的僧道，康熙皇帝早年即极为鄙薄，认为都是游手好闲之徒。他还认为秦始皇、汉武帝迷信方术，梁武帝、唐宪宗佞佛都是愚蠢的行为。后来他对僧道的看法虽然有所变化，但也是敬而远之，从未加以提倡。因此他在位期间，佛道势力始终没能得到发展，更未能影响中枢决策。他尤其反对臣子们多次提出的无益实政的为他庆寿典、上尊号等建议，他在位前期，凡逢他本人寿诞，一般都下令停止朝贺，更不搞什么筵宴。三藩叛乱、噶尔丹叛乱平定之后，群臣想给他上尊号，他也都推给了他的祖母孝庄文皇后和嫡母孝惠章皇后。康熙四十二年（1703）康熙皇帝五十寿辰届期，臣子们又想搞庆典、上尊号，还要恭进鞍马、缎匹等物，康熙皇帝一概拒绝。他说：如果在京官员如此，地方督抚也一定会效法，后果不堪设想。后来群臣恭进万寿无疆围屏，他也只收下颂辞，而将围屏退还。同时还颁发长篇谕旨，指出自己御极四十多年来，"亲历饥馑者不知其几，南北用兵者不知其几，人心向背者不知其几，天变地震者不知其几"，居安思危，自己不应"以名誉称尚为尚"，而当"以海内富庶为心"[26]。康熙五十一年（1712）十月，礼部诸臣以次年恭逢康熙皇帝六旬万寿，特地会同大学士、九卿、詹事、科道等官员议上庆典章程。康熙皇帝览奏后，又情辞恳切地对上奏的群臣说了一番话：我自即位以来，一心盼望天下太平，在历史上留一个好名声。几十年来我夙夜勤劳，以致须发皆白，心血耗尽，克服了数不清的困难。自古帝王在位时间都极为短暂，享年不永，人们往往说成是别的原因，其实这是不了解历代帝王一生何等辛勤啊！我的才能和德行本来极其普通，只是赖有祖宗庇荫，才得以在位五十余年，年寿也将及六十。现在为国事更加忧劳，精力愈益不支，只害怕长此下去，不能始终如一，使得一生勤劳付之东流，因而兢兢业业，并没有祈求六十大寿的想法。你们的奏章，我觉得都是不讲实际的虚言套语。我十分希望做臣下的能够清廉自持，做儿子的能够孝敬父母，兄弟之间也互相友爱，人人都读正经书籍，各自尽心于自己的职责，国家太平，人民幸福，盗贼宁息，这就是对我六十寿辰的最大贺礼了。此外一切仪式，我并不喜欢[27]。后来只是由于群臣瞒着康熙皇帝，先期召请直省官员、绅士、耆宿入京庆贺，造成既成事实，盛意难却，为了答谢士民好意，康熙皇帝才举办了一次大型宴会，招待向他祝嘏的耆老，但他内心对这种活动却不以为然。此外对于臣下"陈奏国家之事辄用称颂套语"，康熙皇帝也十分反感，并多次提出批评，认为这样做"于朕躬并无裨益"，要求以后"当尽删除称颂套语，将有益于朕躬之处速为指陈，使事务不致壅积，可以知诸臣之实心报效，而朕之病体亦得调护矣"[28]。这种勤政务实的作风，不但使得康熙皇帝的成就超过了中国历史上的多数帝王，而且也对雍正以后清朝各代帝王产生了重要影响，对于清朝统治的巩固和中国历史的发展也起到了重要作用。

二、崇尚节俭

康熙皇帝一生崇尚节俭。之所以如此，就社会环境而言，当时正值大乱之后，民生凋敝，广大劳动人民以赋税形式向统治者提供的财富数量有限，使得包括最高统治者在内的各级贵族官吏没有条件任情挥霍。就康熙皇帝个人而言，早年寄养宫外，未曾受到宫中颇为奢靡生活的熏陶和影响；成人后又比较系统地接受了儒家经典中有关节俭的教育，从而在思想上牢固地树立起节俭是一种美德、奢侈腐化不只有损君德，且易招致祸乱的观念。因而在实际执掌政权半个多世纪的时间里，他一直极力克制自己的享乐欲望，个人生活十分朴素，宫中用度一省再省。在他的影响下，各级贵族官吏也不敢过分靡费，在社会上普遍形成了节俭的风尚，使得社会财富较多地用于扩大再生产，这对康熙朝政治的健康发展和社会经济的繁荣起到了重要的作用。

康熙皇帝受过系统的儒家传统教育，儒家经典中有关节俭的论述，他极为赞成。他认为"私欲弘多，则德义鲜少；德义不行，则迩者早离距违，甚言奢之不可不戒也"[29]，因而终其一生，生活朴素，对个人要求十分严格。对此，法国传教士白晋在所著《康熙皇帝》一书中作了详细的记载。该书说：

> 从康熙皇帝可以任意地支配无数的财宝来看，由于他的国家辽阔而富饶，他无疑是当今世界上最富有的君主。但是，康熙皇帝个人的生活用度绝不是奢侈豪华的。因此可以认为，他严格地遵守着国家的基本法。王公贵族

自不必说，即使皇帝本人，不是以公共利益破格花费的款项，也是国法所不容许的。在中国，由于寄食于宫廷的官吏和御膳房的人员极多，皇室费用不能不远远地大于欧洲豪华奢侈的宫廷。然而，康熙皇帝本人的生活是简单而朴素的。这在帝王中是没有先例的。实际上，像康熙皇帝这样闻名天下的皇帝，吃的应该是山珍海味，用的应该是适应中国风俗的金银器皿。可是康熙皇帝满足于最普通的食物，绝不追求特殊的美味；而且他吃得很少，从饮食上未看到他有丝毫铺张的情况。

皇城范围很大，仿佛是一座美丽的城市。建筑物上铺着金黄色的琉璃瓦，看上去相当壮观。从建筑物的宏伟以及其他方面，马上就可以看出这是闻名天下的大皇帝居住的地方。如从建筑物的内部和房间，特别是皇帝的内室来看，装饰着两三张壁画，用金属镶嵌的饰物和相当粗糙的彩色织锦。这种织锦在中国是很普通的，所以用不着节约。除此之外，其他装饰几乎就是内室的整洁了。

康熙皇帝在距北京二里远的地方建立了一座离宫。他很喜欢这个离宫，一年有一半以上时间都在这里度过。他让人在这座离宫内挖了两个大池塘和两三条水沟。除此之外，在这里再也看不到像康熙皇帝这样有财势的君主应有的豪华迹象了。这个离宫布置得确实是整洁而朴素。无论从建筑上看，还是从占地面积来看，这座离宫远不如巴黎近郊的几个王公的别墅。

从日常的服饰和日用品方面，也可以看出康熙皇帝喜欢朴素的美德。其大致情况如下：冬天，他穿的是用两三张黑貂皮和普通貂皮缝制的皮袍，这种皮袍在宫廷中也是极为普通的。此外就是用非常粗糙的丝织品缝制的御衣，这种丝织品在中国也是极其一般的，只是穷苦人不穿而已。

在阴雨连绵的日子里，他常常穿一件羊皮呢绒外套，这种外套在中国被认为是一般的服装。在夏季，有时看到他穿着用苎麻布做的上衣，苎麻布是老百姓家中常用的东西。除了举行仪式的日子外，从他的装束上能够看到惟一奢华的东西，就是在夏天他的帽檐上镶着一颗大珍珠。这是满族人的习惯风俗。

在不适于骑马的季节，康熙皇帝在皇城内外乘坐一种用人抬的椅子。这种椅子实际上是一种木制的轿，粗糙的木材上面涂着颜色，有些地方镶嵌着铜板，并装饰着两三处胶和金粉木雕。骑马外出时，几乎也是同样的朴素，御用马具只不过是一副漂亮的镀金铁马镫和一根金黄色的丝缰绳。

除康熙皇帝之外，亚洲的君主们在所到之处，都喜欢炫耀自己的豪华和奢侈。这种情形在康熙皇帝周围是看不到的。我们觉得这是因为康熙皇帝确信一个帝王的伟大不在于有华丽的外表，而在于有高尚的品德。……然而，康熙皇帝却过着朴素的生活。就其衣着来看，丝毫没有奢侈浪费的感觉。这并非由于他爱财和吝啬。他自己虽然力求节俭，但对用于国家的经费却特别慷慨，只要是有利于国家、造福于人民的事业，即使支出数百万两的巨款，他也从不吝惜。

　　除此之外，不少文献也都记载了康熙皇帝自奉俭约的情况。如据法国传教士张诚记载，在北征噶尔丹期间，为了节约军粮，康熙皇帝曾下令军队每天只吃一顿饭，并且自己带头执行。另据《清圣祖实录》记载，一直到了康熙皇帝晚年，他还拒绝太医要他服用补药的建议，宁愿甘于粗茶淡饭，并为此赋诗明志。这一方面是出于养生的需要，同时也说明他长期养成的节俭习惯不易更改。该诗云：

　　　　淡泊生津液，清虚乐有余。

　　　　鬓霜惭薄德，神惫恐高誉。

　　　　苦好山林趣，深耽性道书。

　　　　山翁多荟蕈，粗食并园蔬。[30]

　　对于自己个人的生活，康熙皇帝十分节俭；对于宫中的日常用度，他也大力予以裁减。他曾说："朕于宫中费用，从来力崇俭约，期以有余，沛恩百姓。若非撙节于平时，安能常行蠲赈之事耶？"[31]如康熙二十四年（1685）十月他下令减少宫中的酥油乳酒供应[32]。康熙二十九年（1690）春，他又因天旱，下令减省宫人及所用器物，并命查核前明宫中所用具奏。大学士等经过查核，回奏道：前明宫中每年用金花银共九十六万九千四百余两，现在都已充作军饷。又查前明光禄寺每年送交宫中所用各项钱粮二十四万余两，现在每年只用三万余两；明朝宫中每年用去木柴二千七百八十六万余斤，现在每年只用六七百万斤；明朝宫中每年要用红螺炭一千二百零八万斤，现在每年只用一百余万斤。明朝各宫林帐、舆轿、花毯等项每年共用银二万八千二百余两，现在一概不用；明朝宫殿楼亭共七百八十六处，我朝数目则不及其十分之一。前明建造宫殿，其九层基址以及所有墙垣俱用临清砖，木料俱用楠木。现在紫禁城内只是在万不得已时始行修造房屋；修建时，不但基址不用一块临清砖，即使所有墙垣，也都是寻常砖料；所用木材，只是一般松木。又按照《三礼》规定，天子应有六宫、三夫人、九嫔、二十七世妇、八十一御妻。照此推算，使用宫女当有数千人之多。唐太宗是唐朝一个有名的贤君，历史记载他即位后一次遣发宫人达到三千人。以此估计，其他皇帝所用宫女当皆不下数千人。现在除慈宁宫、宁寿宫外，乾清宫妃嫔以下，使令老妪、洒扫宫女以上，总共算起来，只有一百三十四人。不仅三代以下无有，即使三代以上，也没有像这样的[33]。

为限制宫中消费，他还经常过问宫中开支情况。如康熙三十九年（1700）九月，他即因工部报销当月宫中杂项修理所用银钱三四万两而对其予以批评，并下令以后凡有修理之处，主持官员"俱奏请派出，每月支出钱粮，分晰细数，造册具奏"[34]。在他的干预下，宫中每月用度由明朝末年的一万余两骤降至五六百两，即使加上一应赏赐等物，"亦不过千金"[35]。同时每次外出巡幸，他也先期下令，一应需用之物，皆由内府自行备办，不许地方官借端生事，科派百姓。发觉有的督抚为其修造行宫，"并建造御书碑亭等项名色"，即令拆毁[36]。此外对于国家非生产性的开支，他也多次下令削减或加以禁止。如此前光禄寺一年用银一百万两，工部一年用银二百万两，至康熙四十五年（1706）时，康熙皇帝分别将其压缩到十万两和二三十万两[37]。此前理藩院"每年赐供应外藩宾客用银八十万两"，经过康熙皇帝下令裁减浮费，至康熙四十九年（1710），"一年止需银八万两"[38]。此前户、工两部每年"所用钱粮其数过多"，康熙皇帝曾下令"十日一奏闻"，至康熙四十九年（1710）所用已经极少。对于官吏之间的互相馈赠和不事生产、"聚集徒众以千百计"的寺僧，他也严加指斥。在他的影响下，各级贵族的奢靡之风有所节制。康熙三十九年（1700）康熙皇帝说："朕听政以来，一应服食俱从节俭，诸王大臣亦皆效法，不用金银器皿、金镫等物，此时较从前，十分之内已减九分矣。"[39]原先"葬祭多焚化皮衣，今其风已息"[40]。正是由于康熙皇帝崇尚节俭的性格以及他所推行的厉行节俭政策，至康熙四十年（1701）前后国库存银达到五千万两，达到清初以来的最高峰，对社会经济的发展和初步繁荣起到了重要的推动作用。

三、仁慈宽厚

作为一个杰出的封建君主，康熙皇帝的另一个性格特点是仁慈宽厚。康熙皇帝幼时便失去生身之母，父亲顺治皇帝又很长时间都不知道自己的这个孩子，未曾像常人一样得到足够的父母亲情之爱，只是在祖母孝庄文皇后和嫡母孝惠章皇后的精心抚育下才得以成人。作为一个孤儿，康熙皇帝认为祖母和嫡母对自己无微不至的关怀和照顾，不只是理所应该，也是一种超逾常格的赐予，自己不但应该终生不忘，还应该加倍地予以补偿。因而，从幼年时起，他即深深地爱着自己的祖母和嫡母。正是幼年时期的这种独特的经历，形成了康熙皇帝最初的仁爱之心。

康熙皇帝成人之后，处理政务的实际需要和儒家经典的长期熏陶，使得这种最初的仁爱之心得到进一步发展，进而形成了仁慈宽厚的性格。明、清之际是一个动荡混乱的时代。如从清太祖努尔哈赤以七大恨告天起兵伐明开始，至三藩叛乱平定为止，前后约有六十多年。长达半个多世纪的时间，不只阶级矛盾和民族矛盾都异常尖锐，大规模的战争连绵不绝，而且统治集团内部矛盾也十分激烈，并先后酿成一次又一次互相残杀的惨剧。如早在清朝政权兴起之初，努尔哈赤即先后杀死自己的弟弟舒尔哈齐和长子褚英。努尔哈赤刚刚去世，皇太极还未继位，就和诸贝勒联合起来，逼令继母乌喇纳拉氏殉葬，尔后又杀死自己的姐姐莽古济格格和弟弟德格类一族。多尔衮擅权时期，死于非命的宗室更多，粗略估计，自肃亲王豪格以下不下十人。顺治皇帝亲政之后，又有阿济格等不少宗室成了刀下之鬼。康熙皇帝即位之初，四辅政大臣为更换圈地之争彼此反目，辅政大臣苏克萨哈、户部尚书苏纳海以下许多大臣也身首异处。与此同时，各个阶层之间的人际关系也空前紧张。如果听任这种状态长期继续下去，势必不利于清朝统治的巩固。因而在这个时代出生的康熙皇帝由衷地盼望着"天下乂安"局面的出现。为此康熙皇帝如饥似渴地学习儒家经典，学习历史知识，意在从中学到传统治国理论，吸取历史经验教训。通过学习，康熙皇帝认识到，"政治之本在宽仁"，"物刚则折，弦急则绝，政苛则国危，法峻则民乱。反是者，有安而无危，有治而无乱"。因此他总结道："古之帝王以宽得之多矣，未闻之以宽失也。"[41]在这种思想的指导下，无论在统治集团内部，还是对普通百姓，康熙皇帝都采取了颇为宽仁的政策。在皇室内部，除了清除鳌拜集团时偶有杀戮外，终其一生未曾屠戮一人。对自己的几个兄弟也十分友爱，不只平常赐宴、赐诗史不绝书，而且生病、去世时还亲临视疾或祭奠、撰写碑文。

对于八旗，因为是自己巩固政权的依靠力量，康熙皇帝加意爱护。三藩叛乱期间，不少八旗将士战死疆场，康熙十七年（1678）三月，康熙皇帝巡视京畿，发现因京郊地价涌贵，八旗亡故军士"葬地窄狭，坟墓累累，亦有竟无茔地者"[42]，这使康熙皇帝甚觉恻悯，并要求有关机构予以解决。

不久他又再次指示，拨给出征死亡将士葬地，"必平原高燥之处方可"；又要与道路相近，以便亲人祭扫；所拨地亩，不得取之"官员秩卑、小民贫之者"，以免影响其生计，而应于内务府及诸王大臣溢额地亩中拨出。随经大学士等议定，满、蒙八旗每佐领给地十五亩，汉军每佐领七亩半，以为葬地[43]。三藩叛乱平定后，根据八旗户口日繁、生计艰难的现实，他又先后下令拨出巨额帑银代偿债务，此外还多次予以赈济。

对于各级官吏，康熙皇帝亦极为重视。鉴于古来大臣"多不能保其初终"，康熙皇帝"立志待大臣如手足，不论满、汉、蒙古，非大奸大恶、法不可容者，皆务全保之"[44]，"常以家人父子之谊相待臣僚"[45]，其中廉洁有声者，还格外予以褒扬。巡幸所至，凡是现任、致仕、革黜在籍官吏，皆予以接见，并各赐御书匾额、诗词和白金貂裘，以示关怀。如逢战争胜利或令节生辰，还邀集在京官员举行宴会。宴会中，君臣共赋诗章；宴会结束，又各赐内厩名马、御书以及缯绮等物。康熙三十九年（1700）时他还特别另设官卷，用以解决各级官员最关心的子弟科举入仕问题。对各级官员的身体健康，康熙皇帝也十分关心，早在康熙十二年（1673）时他即下令，大臣有疾，不必奏闻，即可延御医前往调治；对一些年老有疾的官员，他还亲赐药物，希望他们早日痊愈。老年之时，想起"宿学老臣，辞世者辞世，告退者告退，每每伤心痛哭"[46]。对近身侍从人员，康熙皇帝也十分宽厚，其中效力年久者，还录用其子孙；即使犯了过失，只要不是有心之过，即曲为宽免，从未笞责一人。如康熙十八年（1679）三月内廷茶膳房遗失不少御用金银器皿，康熙皇帝得知后，经查询，并非有意之过，遂下令免于赔偿，只令"广储司如数补造"[47]。康熙四十三年（1704）八月初二日，康熙皇帝外出，中午用饭时发觉"膳房所备，止有肉肴，竟忘携带饭食"[48]。随从护驾的诸皇子都要求处罚有关失职人员，康熙皇帝却以其为无心之过，下令宽宥。因而终他一生，他和近身侍从人员关系十分融洽，有的太监和老侍卫还得到他赐予的诗章，彼此之间结下了深厚的友谊。

　　对于普通百姓，康熙皇帝更是十分关心。清除鳌拜集团之初，康熙皇帝即命侍从永停圈地，革除了入关以来一个最严重的扰民败政。同时对因遭灾而流离失所的穷苦百姓，康熙皇帝也存恤备致。康熙十六年（1677）秋，康熙皇帝于视察仁孝皇后地宫时巡幸塞外，发现一人僵卧路旁，询问后，得知此人名叫王四海，为人佣工，返家途中因腹中饥饿，"卧不能起"。康熙皇帝立即命侍从给他热粥喝，待他苏醒后，又将他携至驻地，送回原籍[49]。康熙十八年（1679）冬，京畿饥民乏食，流集京师，因当时正值三藩叛乱期间，国家财政困难，拿不出更多的钱粮赈济灾民，康熙皇帝遂下令京师五城各设粥厂，全活在京饥民无数。次年四月，原先颁布的赈济期限已满，有关官员请以赈余银米资遣饥民还乡。康熙皇帝考虑到麦收尚未届期，如此时资遣回乡，仍将流离失所，因而又复下令展赈两月，以俟麦收；又考虑到天气渐热，疾疫流行，命太医院及五城医生前往诊视[50]。但因天气亢旱，春麦尽皆枯槁，麦收无望，康熙皇帝又派户部侍郎萨穆哈前往直隶各地赈济在乡饥民，直接至秋收，"勿令灾黎有失生理"[51]。对于在京饥民，也依例再次展赈三月，并"遣太医院医生

三十员，分治五城抱病饥民"[52]。康熙十九年（1680）三月康熙皇帝听说直隶宣化一带因为饥荒，"贫民乏食，鬻卖妻子以求自活"，十分焦急，立即派遣户部郎中明额礼"驰驿速往，会同地方官赈济"[53]。因为灾荒年月，饥民无食，扒抢之事时有发生，不少穷民触犯法律，系身缧绁。为此康熙皇帝对于刑狱处理慎而又慎，至康熙二十二年（1683）时，全国秋决之犯"尚不及四十人"[54]。对于在押人犯，也屡命御医"给予药物，疗治有疾之人"，并对治病不积极的官员严加批评。三藩叛乱平定后，国家经济形势好转，康熙皇帝开始以更多的财力投入到蠲赈中，在其后的几十年里，不但地方性的蠲赈史不绝书，而且从康熙三十年代以后，蠲赈规模越来越大，涉及地区也越来越广，并进而发展成为康熙五十年（1711）时全国性的蠲免。有时康熙皇帝甚至还将仁爱之心施于牲畜。康熙二十二年（1683）底，礼部大臣向他奏请来年元旦筵宴事宜。康熙皇帝即指出：过去元旦赐宴，"布设满洲筵席，甚

为繁琐，每以一时宴会，多杀牲畜，朕心不忍"⁵⁵，谕令以后元旦赐宴，应改满席为汉席。康熙皇帝仁慈宽厚的性格以及由此而推行的政策，对于康熙皇帝统治的巩固和清朝政治的发展产生了重要的影响。就积极方面而言，它使最高统治集团长期处于稳定状态，避免了因为统治集团内部分裂而触发的社会动乱再度发生，同时也在一定程度上缓和了原来颇为尖锐的民族矛盾和阶级矛盾，对康熙前期社会经济的发展起到了一定的推动作用。就消极方面而言，在整顿吏治问题上，显得过于宽容；在家庭关系和建储问题上，也过于寡断。这也在一定程度上影响了康熙后期政局的安定和清朝统治的巩固。

1《清圣祖实录》卷二百五十四。

2《清圣祖实录》卷四十一。

3《清圣祖实录》卷二百九十四。

4《清圣祖实录》卷一百零四。

5《清圣祖实录》卷一百零四。

6《清圣祖实录》卷一百零四。

7《清圣祖实录》卷一百一十五。

8《清圣祖实录》卷一百四十九。

9《清圣祖实录》卷一百六十一。

10《清圣祖实录》卷一百四十一、卷一百四十九。

11《清圣祖实录》卷一百六十一。

12《清圣祖实录》卷一百四十九。

13《清圣祖实录》卷一百四十九。

14《清圣祖实录》卷一百六十九。

15《清圣祖实录》卷一百一十。

16《清圣祖实录》卷一百一十。

17《清圣祖实录》卷一百一十。

18《清圣祖实录》卷一百一十七。

19《清圣祖实录》卷二百三十一。

20《清圣祖实录》卷一百四十四。

21《清圣祖实录》卷一百四十九。

22《清圣祖实录》卷一百一十七。

23《清圣祖实录》卷一百一十七。

24《清圣祖实录》卷二百七十七。

25《清圣祖实录》卷二百八十四。

26《清圣祖实录》卷二百一十一。

27《清圣祖实录》卷二百五十一。

28《清圣祖实录》卷二百七十七。

29《清圣祖御制诗文一集》卷十八《勤俭论》。

30《清圣祖御制诗文二集》卷三十六。

31《清圣祖实录》卷一百六十七。

32《清圣祖实录》卷一百二十二

33《清圣祖实录》卷一百四十四。

34《清圣祖实录》卷二百零一。

35《清圣祖实录》卷二百零一。

36《清圣祖实录》卷二百一十八、卷二百四十四。

37《清圣祖实录》卷二百二十七。

38《清圣祖实录》卷二百四十二。

39《清圣祖实录》卷二百零一。

40《清圣祖实录》卷一百零一。

41《清圣祖御制诗文一集》卷十七《宽严论》。

42《清圣祖实录》卷七十二。

43《清圣祖实录》卷七十三。

44《清圣祖实录》卷二百四十六。

45《清圣祖实录》卷七十三。

46《清圣祖实录》卷二百四十六。

47《清圣祖实录》卷八十。

48《清圣祖实录》卷二百一十七。

49《清圣祖实录》卷六十九。

50《清圣祖实录》卷八十九。

51《清圣祖实录》卷八十九。

52《清圣祖实录》卷九十。

53《清圣祖实录》卷八十八。

54《清圣祖实录》卷一百一十三。

55《清圣祖实录》卷一百一十三。

第十五章　地位

　　康熙时期，是中国封建社会发展的一个重要历史时期。经过长期的社会动乱，人民普遍盼望太平，渴望过上安定生活。康熙皇帝顺应广大人民的这一正当愿望，充分发挥了自己的聪明才智，以其坚韧不拔的努力，圆满地完成了历史赋予他的使命，从而跻身于中国历史上最为优秀的帝王之列。因而这个临御天下六十多年的一代英主，对于中国社会的发展做出过重要的贡献，在清朝历史上也占有着突出的地位。大致说来，他对当时历史发展的作用主要有以下几个方面。

　　第一是清除权臣，扭转错误的治国方向。康熙初年，清朝中央政权由四辅政大臣代为摄理。四辅政大臣执政之初，于顺治败政多所匡正，同时作为一个临时性的政体形式，对于清朝最高权力的承前继后也不无作用。但这些辅政大臣都出身于上三旗满洲，此前未膺全局之任，识见狭隘，辅政期间，考虑和处理问题大多带有极深的民族偏见和派别私利，因而在政务处理中做出了不少错误的决断，对汉族士人、地主阶级和广大人民都普遍地采取高压政策，致使这一时期满、汉民族矛盾不但没有缓和，反而在有些方面更加尖锐。与此同时，为了派别私利，辅政大臣之间还互相攻讦混斗，不但导致了满族统治集团的分裂，也构成了对皇权的严重威胁。如果不加以纠正，势必严重危害清朝统治。在此历史关头，康熙皇帝经过周密部署，一举剪除鳌拜集团，将最高权力收归己手。历史上，太阿倒持、皇权旁落的现象曾多次发生，不少帝王机谋算尽，夺回权力，但由于他们的目的只是夺取权力，因而权力虽然转移，国家政治却并无起色。与前代这些帝王不同的是，康熙皇帝并不以夺权为止，而是利用权力改变辅政大臣执行的错误政策，从而扭转了数年来错误的治国方向。因而这一历史事件不但在当时起到了挽狂澜于既倒的重要作用，而且对于此后清朝政局的健康发展、推动社会进步也具有着重要的意义。

第二是平定三藩叛乱，恢复安定政局。康熙皇帝亲政之初，三藩割据南方。这一局面的形成固然有其历史的必然性与合理性，但至康熙时期，三藩尚各拥重兵，以致枝大于本、干大于茎，从而构成对清朝中央政权极大的威胁，也破坏了安定的政治局面。为了改变这种不正常的局面，康熙皇帝抓住时机，坚持撤藩。尔后，在三藩发动叛乱时，尽管对手人多势众，气焰嚣张，康熙皇帝也毫不迟疑地调动军队，大张挞伐。在此同时他还讲究策略，抓住重点，区别对待，对叛乱势力进行分化瓦解，各个击破，从而扭转了一个时期颇为被动的形势，取得了平叛战争的最后胜利，结束了中国内地半个多世纪以来的动乱局面。历史上藩镇割据并不鲜见。由于在位帝王无能，藩镇割据或与该朝相终始，致使国家长期分裂；或者鲁莽灭裂地进行讨伐，以致一败涂地，使得藩镇反奴为主，易姓换代。平定三藩战争的胜利，不但使历史上的这些悲剧未能重演，同时也开创了长期安定的政治局面，为经济、文化事业的发展创造了一个良好的客观环境。因而对于清朝经济、文化的发展和全盛时期的到来，康熙皇帝进行的平定三藩之役具有重要的意义和作用。

第三是重视边疆开发，维护国家统一。平定三藩叛乱后，康熙皇帝并未陶醉在胜利之中，而是将眼光转向了边疆。其中台湾孤悬海外，地理位置险要，久为西方殖民者所觊觎，兼之当时郑氏政权又奉明正朔，与清朝政权为敌，故而康熙皇帝从战略高度出发，进行了统一台湾的军事活动，并于统一台湾之后设县管理。这不但消除了清朝政权存在和发展的一个隐患，而且挫败了西方殖民者从东南沿海侵犯中国的罪恶阴谋，对于安靖海疆、巩固国家统一有着十分重要的意义。对于地土广袤的西藏、新疆和蒙古等大片领土及当地建立的少数民族地方政权，康熙皇帝既不像前代一些帝王那样穷兵黩武，毫无道理地发动战争，以致对内加重人民负担，对外破坏少数民族地区的经济发展，也不像一些前代帝王，在少数民族地方政权兴兵内犯之际屈辱求和，以搜刮人民血汗输贡对方来保持儿皇帝的宝座，而是从实际出发，承认少数民族地方政权，允许少数民族有自决的权利。但是，如果少数民族地方政权兴兵内犯，或者不服从中央政府的命令，侵犯其他少数民族地方政权，康熙皇帝也绝不允许。因而，在准噶尔贵族噶尔丹向喀尔喀蒙古和清朝中央政府领地发动进攻时，他毅然命将出师，加以讨伐。康熙五十年代，准噶尔政权头目策妄阿拉布坦出兵侵犯西藏，此时康熙皇帝虽然重病在床，但为了维护边疆的安靖和国家的统一，仍然再度出兵进行征讨。这些战争扩大了中央政权直接控制的领土，加强了中央政权对少数民族地方政权的控制，促进了国内各民族的互相融和和经济文化的交流，对于巩固国家的统一和促进近代中华民族的最后形成起到了重要的作用。

第四是坚持独立，抗击外敌入侵。清朝初年，西方殖民主义国家进一步加紧东侵，有的向中国东南沿海发动侵略，沙俄政权则向我国东北地区发动了大规模的武装侵略，强占土地，建立据点，杀戮人民，抢劫财物。凡此种种，都严重侵犯了我国主权。为了制止侵略行径，康熙皇帝极力争取和平谈判解决双方争端，但也不害怕战争。因此在谈判中和战场上都获得了胜利，从而与俄国政府在大致平等的基础上签订了《尼布楚条约》，划定了中俄东段边界。通过这些有理、有利、有节的斗争，捍卫了国家的独立，使得中华民族避免了成为殖民主义侵略势力的首批牺牲品的命运，为后来中华民族抗击外敌入侵也赢得了时间。就此而言，在捍卫民族独立、抗击外敌入侵方面，康熙皇帝也做出了重要的贡献。

第五是提倡满、汉一体，极力缓和民族矛盾。康熙初年，清朝入关虽已经二十多年，但由于汉族人民对清朝军事征服过程中的残酷屠杀创痛至深，兼以随后而来的民族高压政策，满、汉民族矛盾仍然相当尖锐。不少汉族士人在武装反抗斗争失败后义不事清，或远走海外，奔走呼号，继续从事抗清活动；或隐遁山林，著书立说，总结明亡的历史教训。与此同时，广大汉族人民的各种零星反抗斗争也仍在继续。对此，四辅政大臣执政时期，曾经变本加厉地推行镇压政策，在继续军事镇压武装反抗的同时，还先后制造庄廷鑨《明史》案、江南奏销案、通海案，对广大汉族士人、地主进行残酷打击。这种简单的高压政策显然不利于民族矛盾的缓和，也不利于清朝统治的巩固。康熙皇帝亲掌政权后，立即审时度势，改变政策。对于已仕的汉族官吏极表倚重，甚至在满、汉官员发生矛盾时，也不问民族出身，只据事理曲直加以处理。对于义不事清的汉族士人，则先后通过荐举山林隐逸、开博学鸿词科等措施极意加以招徕，授以显职；实在不能招致的，只要他们不在政治上进行反清活动，也不予勉强，并加以保护，甚至还待之以礼。此外还先后下令永停圈地，修改逃人法，实行更名田，承认并保护广大汉族地主和劳动人民正当的物质利益。除剃发、易衣冠外，对于汉族人民的其他习俗均表尊重。另一方面，他本人还努力学习汉族先进文化，并号召满洲贵族、官员一起学习，以改变自己和满族在广大汉族人民心目中的形象。所有这些，固然是出于理政的需要，同时也是为了取悦汉族人民，征服人心。通过这些政策的实施，康熙时期，汉族人民的地位有所提高，满、汉民族融和的步调不断加快，满、汉民族矛盾也大大缓和。历史上，在少数民族政权入主中原时期，是否注意处理民族关系，往往直接影响着国家的安危并决定着统治时间的长短。一些少数民族政权如元朝政权在这些方面并不自觉，因而统一全国后，存在不过几十年。而清朝却统治全国达二百六十八年之久，成为自秦朝之后在时间上仅次于汉、唐、宋、明等汉族王朝而高踞其他少数民族政权之首的一个少数民族所建立的王朝。

对此，作为入关后的第二代君主，康熙皇帝所采取的处理民族关系的各种政策起到了不可忽视的重要作用。

第六是轻徭薄赋，缓和阶级矛盾。作为一个杰出的封建地主阶级政治家，康熙皇帝十分重视总结历史经验，汲取历史教训。貌似强大的明朝政权亡于一旦，给他以极其深刻的警示。为了避免重蹈亡明覆辙，康熙皇帝在位期间，先后采取各种措施减轻人民负担，将封建国家对人民的剥削控制在一定范围内。其中最值得称道的是在多次蠲免赈济的基础上普免天下钱粮和下令"滋生人丁，永不加赋"，都为亘古所未有。同时他也比较注意整顿吏治，兴廉惩贪，禁止加派私征，限制各级官吏对广大劳动人民的额外剥削。在个人生活上，他极力抑制自己的享受欲望，以免加重人民负担。所有这些，不但保护了生产力，而且由于受惠面遍及各个阶级阶层，也大大缓和了封建国家和广大劳动人民之间的矛盾，增加了全国各族人民尤其是广大汉族人民对中央政权的向心力。三代以后，多数王朝都因对广大人民残酷剥削而至变乱甚至亡国，而清朝又是以少数民族入主中原，在入关统一过程中还曾对广大人民的反清斗争予以残酷镇压，同时还推行剃发、圈地、投充、逃人法、易衣冠等反动政策，应该说，较之历史上的其他王朝，广大人民遭受的压迫更为深重。但到了康熙时期，人民反抗斗争却相对处于低潮，这不能不归因于康熙皇帝的上述政策所产生的重要的弥补作用。就此而言，在汲取历史经验教训、缓和阶级矛盾方面，康熙皇帝取得了成功。

第七是发展生产，促进经济繁荣。衡量一个政权或统治者对于历史发展起了进步作用还是落后作用，一个重要的尺度是看其推进了经济发展还是破坏了经济发展。康熙初年，由于长期战争的破坏及入关后清朝统治者推行的落后政策，土地荒芜，人口锐减，经济凋敝。面对这种残破局面，康熙皇帝亲政后，先后采取各种措施，恢复和发展生产。其中永停圈地和实行更名田，调动了广大人民的生产积极性；奖励垦荒、兴修水利扩大了耕作面积，提高了农作物产量；重视工商，发展海外贸易也开拓了人民的求生之源。尤为值得称道的是，他还拨出巨帑，大力修治黄河，大大减轻了黄河为患的程度，保护了黄河下游地区经济的发展。所有这些，都在不同程度上促进了生产的发展。在他的努力下，康熙后期，全国耕地面积超过了明朝，人口也增至一亿以上，人民生活相对改善，国家收入逐年增加，国库存银常年维持在五千万两左右，出现了自从张居正改革以后百年来少有的好局面，清朝统治也进入了它的全盛时期。在历代封建帝王中，多数人都是生在深宫、长于保姆之手，对发展生产向来漠不关心，能够听其自然发展、不予破坏已属不错，如果在位期间做出几件有利生产发展的好事，则更被史臣诩为明主。而康熙皇帝一生冬忧风雪，夏忧雨旸，采取各种措施促进生产发展。和历史上的那些君主相比，实属凤毛麟角。

第八是重视文教，致力于发展民族文化。在努力恢复和发展经济的同时，康熙皇帝还非常重视文化事业的发展。平定三藩叛乱之后，鉴于各地社学名存实亡，他大力提倡兴办义学，致力于文化知识的普及。同时先后为全国各地有名书院书匾赐额，大力提倡兴办书院，促进学术文化的发展，以致不长时间，全国新建和修复、重建前代书院近千处，不但在数量上较之此前建立书院最多的南宋和明朝嘉靖年间成倍增长，而且在分布区域上也超过元朝。对于八旗子弟学习汉族先进文化，他也奖掖有加，不遗余力，从而加快了满、汉民族融和的步伐，大大提高了八旗子弟的文化素养，并涌现出像纳兰性德这样著名的诗人。为了总结和弘扬两千多年来的古代文化发展成就，他还先后组织编纂了《康熙字典》《渊鉴类函》《佩文韵府》《骈字类编》《子史精华》《古今图书集成》等著名典籍，大大丰富了我国古代文化宝库，不但对当时文化事业的繁荣有着重要的促进作用，而且对于此后文化事业的发展也产生了深远的影响。此外，还值得称道的是他对自然科学也极表重视和关心。他在位期间，中国自然科学发展迅速，中西自然科学差距也有所缩小。历史上，为了标榜稽古右文，政府兴办学校、帝王组织修书并不少见，但将其普及庶民、广至边疆者已属寥寥；重视并亲自研究自然科学者，更是绝无仅有。因此可以说，康熙皇帝的文化成就无论在深、广两个方面，都大大超出了他的同行先辈。

康熙皇帝虽然对于中国社会的进步做出了重要的贡献，但由于他所生活的时代是封建社会后期，他所代表的阶级是没落、反动的地主阶级，他所出身的民族在当时又是带有较多落后习俗的满族，兼以其他个人原因，他的一些思想、政策和行动也对社会发展产生过一些不可忽视的消极影响甚至反动作用。对此略加归纳，约有以下几个方面。

第一是坚持双重压迫，镇压人民反抗。由于康熙皇帝出身满族，政治上又是地主阶级利益的集中代表者，因而在处理民族关系和阶级关系时，既坚持民族压迫，又坚持阶级压迫。就民族关系而言，尽管他反复声称满、汉一体，不分畛域，但整个康熙年间，满族始终居于统治民族地位。对于清朝入关后推行的一些民族压迫败政，如圈地、逃人法、投充等，他虽然采取了一些补救措施，但并未从根本上加以否定。至于最为汉族人民所反对的剃发、易衣冠，则更是顽固坚持。作为一个少数民族统治者，他的民族神经细胞还特别敏感，谁如不慎涉及明清鼎革、易姓换代，他就不惜撕下宽仁的面纱而大开杀戒。在处理阶级关系时，确实，他曾以封建国家代表者的身份采取过一些措施缓和矛盾，但他的政治立场始终站在地主阶级一边，因而对于人民的武装反抗，如台湾朱一贵起义，尽管他明明知道这是由于贪官污吏暴征苛敛激变所致，但仍然出动军队武力镇压。所有这些，都对社会发展和进步产生了十分不利的影响。

第二是崇尚宽容，导致吏治腐败。在历代帝王中，康熙皇帝以宽仁而著名。他所制定、执行的政策，在处理统治阶级内部关系时，确实获得了一些成功，保持了政局的长期安定。但对于各级贵族官吏过分宽容，对广大劳动人民来说却不啻是一场灾难。康熙前期，康熙皇帝以表彰清官为主，兴廉惩贪，吏治相对清明；但至康熙后期，贪污大案一桩接着一桩，一般亲民官吏也如狼似虎，加征耗银，侵吞公帑，不一而足，生产虽有发展，人民生活依然困苦。对此，康熙皇帝概以宽容为怀，睁一只眼闭一只眼，使得吏治迅速腐败。据康熙皇帝自称，他之所以崇尚宽容，是充分吸收了历史教训后总结出来的一条经验。他说："古之帝王以宽得之多矣，未闻以宽失也。"[1]显然，这是不合史实的偏颇之见。正是这些偏颇之见，一定程度上影响了他的治绩，对于社会发展也产生了一些不利的影响。

第三是尊奉程朱，强化思想统治。西汉中期以后，儒家思想即被封建统治阶级确定为正统思想。由于当时处于封建社会上升阶段，兼以儒家经典的作者和传授者都是封建统治阶级在野派的思想家，因而其中阐发的思想，既对封建统治的合理性加以充分肯定，又对暴君污吏时有指责之辞。因此这些经典对于封建统治阶级统治人民、约束自己有着普遍的指导意义，对于封建社会前期社会的发展起了很大的积极作用。宋朝以后，由于封建社会内部的矛盾运动，封建社会进入自己的后期阶段。这时，作为儒家学说的变种，程朱理学代之而兴。其主要特点是：从积极方面说，扬弃了早期儒家学说中的神学迷信色彩；从消极方面而言，取消了封建统治集团自我约束的内容，而是强调"存天理""灭人欲"，以使广大劳动人民俯首帖耳，永远做封建统治者的顺民。这种学说的出现使得处于风雨飘摇中的封建统治者如获至宝，立即奉为正统思想，历经南宋、元、明，统治思想界达三四百年。由于学术的不断发展，兼之人民反抗斗争的冲击，明朝中叶以后，程朱理学遭到人们的普遍唾弃，市场越来越小。尔后明、清鼎革，程朱理学又失去后台支持，更加没落。而其他各家思想却如雨后春笋，纷纷破土而出，一时间思想界出现了颇为活跃的局面。对此，康熙皇帝不是予以支持，而是从巩固统治的立场出发，重新提倡并大力表彰程朱理学，从而使一度颇为活跃的思想界再度沉寂下来。这种做法严重地桎梏了人民的思想，阻碍了当时社会的进步，对此后中国思想文化的发展也产生了十分不利的影响。

第四是因循保守，社会进步缓慢。康熙皇帝早年在日讲诸臣的指导下，发愤学习儒家经典和各种历史著作。通过学习，康熙皇帝颇为全面系统地掌握了传统治国理论，在治绩上也大大超出了他的同行前辈，但也使他不自觉地陷入了儒家思想的窠臼而不能自拔。在他早年，主要表现为盲目摹古，盲目仿汉。凡是见之于儒家经典以及汉族王朝曾经施行者，只要有可能，不管是否有用，也不管自己是否理解，概加效法。在继嗣问题上如公开建储，在科举考试上如恢复八股取士，在习俗上如丁忧守制、恢复土葬、允许汉族女人缠足等，这种邯郸学步式的学习方法不但使得一些落后的制度和习俗长期未予革除，同时也使满族比较先进的制度和习俗不合适地被废弃。到了晚年，康熙皇帝又一变盲目摹古仿汉而为因循保守，在政事处理中，明明发现一些问题亟待改革，却以事无先例而不予办理。即如耗羡征收，地方弊端甚多，而康熙皇帝却以此前各朝皆无明文规定而听之任之。又如公开建储，在实践中，他也感到问题严重并有秘密建储之念，但却格于前无先例，推来推去，迟迟不加改定，以致留下严重的后遗症。虽然就总体来看，这些并不是他思想的主要方向，但也应该承认，对于康熙朝政治的发展，这些思想也确实发生过一些不利的影响。

康熙皇帝生活的时代虽然是中国封建社会的后期，但在他出生前不久发生的满族入据中原的历史事变却为中国封建社会的发展注入了新的活力，从而使得中国封建社会又出现了一个新的向上发展的时期。时势造英雄，封建社会新的发展使得出身爱新觉罗氏家族的康熙皇帝成为一个能够对历史发展做出重要贡献的历史人物；但是，对当时中国社会发展做出这些重要贡献的是康熙皇帝而不是别的帝王，这又说明，康熙皇帝的这些成就是和他的个人努力密不可分的。因此，对于这个通过个人努力圆满完成时代使命的历史人物，应该给予充分的肯定，而不应该以他身上有某些阶级、民族局限性过多地加以指责，也不应该超出当时中国社会的现实，对他提出不切实际的过高要求。完全可以说，康熙皇帝是一个对中国古代社会发展做出过重要贡献的杰出的地主阶级政治家，在中国古代帝王群中也是十分优秀的一员。

1 《清圣祖御制诗文一集》卷十七《宽严论》。

附　录

一、康熙皇帝年表

顺治十一年（1654）　一岁

◎三月，十八日，生于北京紫禁城景仁宫。姓爱新觉罗，名玄烨。曾祖努尔哈赤，创建后金，死谥太祖武皇帝，后改谥太祖高皇帝。祖父皇太极，统一东北及漠南蒙古诸部，改国号清，死谥太宗文皇帝。父福临，六岁即位，随由摄政王多尔衮奉迎入关，定都北京，统一全国，死谥世祖章皇帝。是年，其父福临十七岁，玄烨为其第三子。母佟佳氏，时为妃，年十五岁，玄烨即位后尊为慈和皇太后，死谥孝康章皇后。

◎六月，册立蒙古科尔沁镇国公绰尔济女博尔济吉特氏为皇后。

◎九月，申严隐匿逃人之罪，窝主正法，家产入官，两邻枷责流徙。

◎十二月，郑成功陷漳州，围泉州。命郑亲王世子济度为定远大将军，征讨郑成功。命固山额真明安达礼率师征讨俄罗斯侵略军。

顺治十二年（1655） 二岁

◎正月，修乾清宫。定布政使、知府、知州钱粮完欠例。《资政要览》书成，御制序文。《劝善要言》成，自为序。

◎二月，封皇弟博穆博果尔为和硕襄亲王。

◎三月，设日讲官。

◎四月，开馆纂修太祖、太宗《圣训》。

◎五月，以大学士图海兼刑部尚书。和硕郑亲王济尔哈朗死。俄罗斯遣使至京。

◎六月，命名宫禁为紫禁城，后山为景山，西华门外台为瀛台。封故和硕承泽亲王硕塞子博果铎为和硕庄亲王。命内十三衙门立铁牌，限制内监干政。

◎七月，命各直省绘进舆图。

◎八月，钦天监监正汤若望考满，加通政使司通政使衔，赐二品顶戴。

◎九月，颁御制《资政要览》《范行恒言》《劝善要言》《儆心录》于异姓公以下、三品以上文官。

◎十二月，颁满文《大清律》。

顺治十三年（1656） 三岁

◎正月，谕修《通鉴全书》《孝经衍义》。

◎二月，定部院满官三年考满、六年京察例。大学士冯铨致仕。

◎闰五月，乾清宫、坤宁宫、交泰殿及景仁、永寿、承乾、翊坤、钟粹、储秀宫建成。

◎六月，初宽逃人株连。谕科道及在京满、汉各官奏折俱先送内院，今后皆照部例，径诣宫门陈奏。其外省所送题

本及在京各官本章，仍照旧送通政使司转送内院。申严
海禁。

◎七月，和硕襄亲王博穆博果尔卒。郑成功部将黄梧以海
澄降清，旋封其海澄公。始御乾清宫。

◎八月，郑成功围福州，清军击却之。减八旗科举中式名
额。复定直省征收钱粮考成则例。改定武官品级。

◎九月，册立内大臣鄂硕之女、贤妃董鄂氏为皇贵妃。

◎十月，定满官京察则例。设登闻鼓于右长安门外。

◎十一月，禁无为、白莲、闻香等邪教。

◎十二月，定州、县官蒙隐田地处分例。定满洲、蒙古恩
荫例。停元旦祭堂子。以册封皇贵妃加上皇太后徽号。

顺治十四年（1657） 四岁

◎正月，谕修房山金朝各陵。停八旗乡试、会试。封皇贵
妃父鄂硕为三等伯。临幸钦天监正天主教士汤若望宅第。

◎二月，宽隐匿逃人罪。

◎三月，诏直省学臣购求遗书。

◎四月，流放郑芝龙于宁古塔。定督垦荒地劝垦则例。

◎六月，建金太祖、世宗陵碑。

◎八月，郑成功进克台州。从偏沅巡抚袁廓宇请，修复衡
阳石鼓书院。赏八旗贫丁。

◎九月，初御经筵。京师地震。

◎十月，以开日讲祭告先师孔子于弘德殿。皇第四子生，
皇贵妃董鄂氏所生，顺治皇帝特加宠爱。修《赋役全书》。
修孔子庙。以顺天乡试舞弊案，斩考官李振邺、张我朴等。

◎十一月，皇五子常宁生。明桂王大将孙可望降清，封
义王。

◎十二月，定户部钱粮考成则例。定兵部马价考成则例。

复命洪承畴经略五省，同罗托等攻取贵州。命吴三桂自四川、赵布泰自广西、罗托自湖南取贵州。

顺治十五年（1658） 五岁

◎正月，以多罗信郡王多尼为安远靖寇大将军，率师征云南。皇四子殇，追封和硕荣亲王。

◎二月，调兵征俄罗斯入侵者。严讯内监交通外廷官员。

◎三月，追封科尔沁巴图鲁王满珠习礼之女为悼妃。

◎四月，更定科场条例。

◎五月，禁吏部书役作弊，改定拣选官员之法。更定逃人事例。

◎六月，定官员加级功过相抵例。吴三桂败李定国部将刘正国，克遵义。郑成功攻温州，连下平阳、瑞安。

◎七月，宁古塔昂邦章京沙尔虎达大败俄国侵略军于黑龙江。改定官制，划一满、汉官员品级。内三院改称内阁，设殿阁大学士。设翰林院及掌院学士官，增各道御史三十人。更定乡试、会试取中额数，减其半。

◎九月，发内帑五万两赏上三旗官校。

◎十一月，定宫中女官员额品级。以江南乡试舞弊案，斩考官方犹、钱开宗等。

◎是年，玄烨于早朝时随从站班。

顺治十六年（1659） 六岁

◎正月，大计天下官员。赏蒙古诸王之贫乏者。信郡王多尼等攻克云南省城，李定国、白文选奉桂王奔永昌。沙尔虎达病故，以其子巴海继任昂邦章京，驻宁古塔。

◎三月，郑成功攻浙江，清军击却之。命吴三桂镇云南，尚可喜镇广东，耿继茂镇四川。定内阁、翰林院职掌。南明桂王退入缅甸。

◎闰三月，更定在京各衙门官衔品级。定官员犯贪赃杖流之例。

◎五月，再申朋党、门户之禁。

◎六月，郑成功攻克镇江、瓜洲。

◎七月，郑成功进攻江宁。

◎八月，清军败郑成功于江宁，郑成功退攻崇明，又败，率军退出海。

◎九月，尊兴京祖陵为永陵。

◎十月，授公主等以封号。洪承畴以疾解经略任。补定逃人事例。

◎十一月，以此前阿附睿亲王多尔衮，削已故巽亲王满达海、端重亲王博洛王爵，其子降为多罗贝勒。顺治皇帝亲祭明思陵，追谥崇祯帝为庄烈愍皇帝，遣官祭明诸陵，增陵户，加修葺，禁樵采。皇六子奇授生。

◎十二月，定世职承袭例。命耿继茂移镇广西。

◎本年，玄烨偕兄福全、弟常宁向皇父顺治皇帝问安。顺治皇帝问各人志向，福全答："愿为贤王。"玄烨答："待长而效法皇父，黾勉尽力。"

顺治十七年（1660） 七岁

◎正月，严申结社订盟之禁。

◎二月，以翻译之《三国志》（《三国演义》）颁赐诸王以下、甲喇章京以上官。

◎三月，定京官给假例。定平南、靖南二藩兵制。定八旗汉字官名。定王、贝勒、贝子、公妻女封号，更定公侯伯以下、章京以上盔缨制。定院、监、司、局、馆各所属官职。

◎四月，皇七子隆禧生。定迟报灾情处分例。

◎五月，俄罗斯使臣至京。安远靖寇大将军、信郡王多尼班师回京。

◎六月，命于景运门内建造值房，以翰林官分班值宿，备不时召见顾问。

◎七月，编降兵为忠勇、义勇等十营，隶属吴三桂，以降将马宝等统之。命耿继茂移驻福建。宁古塔总管巴海败俄罗斯入侵者于黑龙江下游。裁各省巡按，停巡方御史。以罗托为安南将军，率师征讨郑成功。

◎八月，以内大臣爱星阿为定西将军，会同吴三桂，擒桂王，征李定国。皇贵妃董鄂氏死，辍朝五日，追封其为端敬皇后。准吴三桂相机歼剿水西土司。

◎十月，大觉禅师僧玉林琇劝阻顺治皇帝削发为僧。

◎十一月，复御史巡方。

◎十二月，改定世职承袭例。皇八子永干生。增设平西王属下副都统六员。

顺治十八年（1661） 八岁

◎正月，初七日，顺治皇帝福临去世。次日，颁遗诏于天下。初九日，玄烨即位，以索尼、苏克萨哈、遏必隆、鳌拜四大臣辅政。改明年为康熙元年。上大行皇帝尊谥为"体天隆运英睿钦文大德弘功至仁纯孝章皇帝"，庙号世祖。谕禁各省拖欠钱粮。

◎二月，奉移大行皇帝梓宫至景山寿皇殿。诛有罪内监吴良辅，罢内官，裁十三衙门。

◎三月，定直隶各省巡抚以下、州县以上征催钱粮未完分数处分例。谕禁绅缙抗粮。恢复理藩院。郑成功率师入台湾，驱逐荷兰殖民者。清朝政府下令迁福建沿海居民近百万于内地。

◎四月，定外藩蒙古世职俸禄例，视在内世职俸禄之半。将顺治皇帝遗体火化。允准大学士洪承畴致仕。

◎五月，定六部满洲、蒙古、汉军郎中、员外郎员数，谕工部建立朝房。

◎六月，清理江苏绅缙逋赋，江南奏销案起。谕礼部加上太祖、太宗尊谥。罢内阁、翰林院，复设"内三院"。江宁巡抚朱国治捕获传播大乘教之端应国。

◎七月，任命内三院大学士人选。

◎闰七月，工科给事中王曰高疏请举行经筵大典。

◎八月，命直隶各省各设总督一员驻扎省城。铸康熙通宝。下令广东沿海立界移民。

◎九月，定满、汉官员守丧制度。

◎十月，山东于七率民起义，旋遭镇压。诛降将郑芝龙及其子。

◎十一月，四川川北道杨素蕴疏劾平西王吴三桂题补方面官，不论内外远近，一例坐缺定衔，有碍国体。

◎十二月，谕停康熙元年加派。纂修玉牒成。平西王吴三桂、定西将军爱星阿率师入缅，缅人执桂王朱由榔以献。明将白文选降清。

康熙元年（1662） 九岁

◎正月，裁各旗所设议政大臣二员。

◎二月，甄别各省督抚。

◎三月，以滇南平，告庙祭陵，赦天下。定推升官员，以闽、粤、滇投诚官分用一半，现任俸满年久并候缺官分用一半。遣官安辑浙江、广东、福建投诚官员。

◎四月，吴三桂处死桂王朱由榔及其子。

◎五月，郑成功死于台湾，其子郑经袭南明延平郡王爵。辅臣停京察大计，改行三年考满。

◎六月，明将李定国死。

◎八月，加上祖母、嫡母、生母尊号。

◎九月，孝陵兴土动工。

◎十月，定西将军爱星阿平定云南凯旋。

◎十一月，南明鲁王死于台湾。

◎十二月，命吴三桂总管云南、贵州两省。

◎是年，天下户丁一千九百二十万有奇，征银二千五百七十六万两。

康熙二年（1663） 十岁

◎正月，派员赴各省，清查欺隐人丁、地亩。

◎二月，生母慈和皇太后佟佳氏死。

◎三月，荷兰船至福建闽安，请助以水师讨台湾并求贸易，许之。以辅臣鳌拜之子那摩佛为领侍卫内大臣。

◎四月，奉移世祖章皇帝宝宫安葬孝陵。

◎五月，移山东海岛居民于内地。上慈和皇太后尊谥为"孝康慈和庄懿恭惠崇文育圣皇后"。

◎六月，李定国之子李嗣兴率余部降清。

◎八月，乡试、会试停用八股文，改用策论、表判。恢复八旗翻译乡试。郑经部下郑缵绪率部降清。以都统穆里玛为靖西将军，率师往讨郧襄山中之郝摇旗、刘体纯、李来亨等。

◎十月，清兵会合荷兰水师舰船攻占厦门、金门，郑经走台湾。

◎十一月，诏免外国贡使土物税。改造福陵、昭陵地宫成，安奉太祖、太宗宝宫。

◎十二月，李来亨、郝摇旗等西山十三家抗清斗争失败。

康熙三年（1664） 十一岁

◎正月，以八旗二万六千余名壮丁地亩不堪，分给新圈地十三万二千余垧，准令迁移。刊刻清字《通鉴》告成。

◎三月，刷印《四书大全》《五经》等书，颁发各省，以备士子科举之用。

◎四月，辅政大臣鳌拜以与内大臣费扬古有隙，矫旨诛之并及其二子，籍其家。

◎五月，申禁州县私派。

◎六月，禁民间私市马匹。诏免顺治元年至十五年各省逋赋，银二千七百万两，米七百万石。

◎闰六月，以助剿郑经有功，颁赐荷兰国王缎匹、银两。普裁各省军队。

◎七月，南明兵部尚书张煌言被俘不屈，死于杭州。以施琅为靖海将军，筹攻台湾。

◎九月，以八旗庄田遭水旱蝗灾，赈给米粟二百一十三万斛。

康熙四年（1665） 十二岁

◎正月，谕令修订逃人法，以使逃人可获，奸棍不得肆恶，人民不受诈害。令各省税课照定额征收，停溢额加级纪录之例。停行考满，定自次年始行京察，每六年将内外官员考察一次。

◎二月，以星变诏臣工上言阙失。御史董文骥疏言大臣更易先皇帝制度，非是，宜一切复旧。

◎三月，京师地震。禁州县预征隔年税粮。谕责平南藩下兵丁扰民。以杨光先指责汤若望制历谬误，将汤若望等革职下狱。太常寺少卿钱綎请开日讲。致仕经略大学士洪承畴卒，予祭葬，谥"文襄"。

◎五月，平西王吴三桂平定水西土司，裁兵五千四百余名。

◎七月，禁止民人私采人参。

◎八月，以修撰《明史》，缺天启四年、七年实录及崇祯朝事迹，令内外各衙门查送有关旧档。令各省清查僧道、尼姑有无度牒及寺庙住持人数。

◎九月，康熙皇帝大婚，册立内大臣噶布喇之女赫舍里氏为皇后。上太皇太后、皇太后徽号，加恩中外。

◎十月，郑经部将左都督朱英自澎湖来降。

◎十二月，禁督抚收受州县馈送。传令各省隐姓埋名之朱氏子孙俱令回籍，各安生理。

◎是年，降旨"民间地土，不许再圈"。俄罗斯南下侵占喀尔喀蒙古楚库柏兴，东向占领雅克萨。

康熙五年（1666） 十三岁

◎正月，辅臣鳌拜唆使八旗以地土不堪呈请更换。户部尚书苏纳海疏请驳回，鳌拜欲构成其罪。命议政王大臣、九卿、科道会议以闻。旋议以八旗都统、户部满汉尚书亲往踏勘具奏。

◎二月，钦天监监正杨光先以本年十二月中气不应，诏求明历法者。

◎四月，辅臣鳌拜等以镶黄旗地尤不堪，称旨将镶黄旗从右翼之末移回左翼之首，拨给顺义、密云、怀柔、平谷四县新圈民地及正白旗蓟州、遵化之地。

◎五月，厄鲁特僧格台吉遣使进贡。以孔有德之婿孙延龄为广西将军，统领定南旧部，驻桂林。

◎八月，刑科给事中张惟赤疏请亲政。

◎九月，内秘书院大学士范文程卒，予祭葬，谥"文肃"。

◎十月，令云、贵两省武职悉听平西王吴三桂题补。

◎十一月，直隶、山东、河南总督朱昌祚、直隶巡抚王登
联先后上疏，力陈圈换土地致旗民交困，亟请停止。辅臣
称旨，逮系户部尚书苏纳海。

◎十二月，辅臣鳌拜矫旨处死大学士户部尚书苏纳海、直
隶总督朱昌祚、巡抚王登联，三人家产亦被籍没。

◎是年，遣使赴尼布楚与俄方谈判，未达成协议而返。

康熙六年（1667） 十四岁

◎正月，封世祖第二子福全为和硕裕亲王。

◎二月，谕于本年内行京察、大计、军政大典。

◎四月，江南之民沈天甫以撰逆诗弃市。定凡以"通
海""逆书""于七党""逃人"诬陷人者皆反坐。加索尼一
等公。

◎五月，停吴三桂总理滇、黔事务，令云、贵两省文官皆
由吏部题授。

◎六月，内弘文院侍读熊赐履上疏指陈时事利病。一等公
索尼卒，予祭葬，谥"文忠"。

◎七月，康熙皇帝亲政，自此始，每日御门听政。辅政大
臣鳌拜滥施淫威，擅杀另一辅政大臣苏克萨哈及其子侄。
诏谕纂修《世祖实录》。赐辅臣遏必隆、鳌拜加一等公。河
决桃源，命速行修筑。

◎九月，复命满洲、蒙古、汉军与汉人同场一例考试。

◎十一月，加上太皇太后、皇太后徽号。

康熙七年（1668） 十五岁

◎正月，建孝陵神功圣德碑。加鳌拜、遏必隆太师。

◎二月，命各省起送精通天文之人来京考试，于钦天监任
用。遣侍郎绰克托、达哈塔赴蒙古，与四十九旗及边外喀

尔喀会盟。

◎三月，谕禁京中官员干预地方事务，苛索财物。

◎四月，裁各省书吏三千八百四十九名，存留二万六千五百八十六名。

◎五月，京师地震。定所属百姓困苦流离者，该督抚革职治罪。

◎六月，以一等侍卫索额图为吏部右侍郎。允平南王尚可喜遣子尚之信入侍。

◎七月，命乡试、会试复以八股文取士。

◎九月，内秘书院侍读学士熊赐履请设起居注官员，并请开经筵日讲。

◎十月，命查故明废藩田房，悉行变价，照民地征粮。定八旗武职人员居丧三月，释服治事，私居仍持服三年。

◎十一月，谕广东安插迁民。令四川督抚招集流民回籍。

◎十二月，南怀仁劾奏钦天监副吴明烜所造康熙八年历法有误，康熙八年闰十二月应是康熙九年正月，又有一年两春分、两秋分各种差误，令议政王、贝勒、大臣、九卿、科道会同确议具奏，并下令实地测验。

康熙八年（1669） 十六岁

◎正月，简化因灾蠲免钱粮手续，停造地亩花名细册。修乾清宫、太和殿，康熙皇帝移御武英殿。

◎二月，经测验，南怀仁所言吴明烜所造历日误差属实，革钦天监正杨光先职。

◎三月，定提督总兵官缺由九卿、科道会推，皇帝批准补授。实行"更名田"，将故明废藩田产免其变价，给予原种之人耕种，照常征粮。无人承种余田招民开垦。授南怀仁钦天监监副。

◎四月，幸太学，释奠孔子。给事中刘如汉请举经筵日讲。

◎五月，将辅臣鳌拜革职拘禁，并诛其死党穆里玛、塞本得、班布尔善等。革遏必隆太师一等公。

◎六月，下令改造观象台仪器。诏令恢复辅臣苏克萨哈官位及其世职。永禁满兵圈占民间房地，已占者，仍还诸民。命官民务须抚恤训养家人，勿得仍行逼责致死。

◎七月，恢复大学士苏纳海、总督朱昌祚、巡抚王登联原官，并予谥。定满洲、蒙古、汉军乡试、会试名额。裁直隶、山东、河南总督缺。

◎八月，诸王、贝勒之长史及闲散议政大臣俱着停其议政。予汤若望等人昭雪，但禁止在各省设立天主教堂传教。以索额图为大学士。

◎九月，复核各省督抚功过，革职、休致、降级共九名；甄别京官，革职、降级、休致共八十三员。以原任刑部尚书明珠为都察院左都御史。

◎十月，严禁地方官指称御用，私派民间。修复去秋冲坏之卢沟桥，御制碑文纪其事。

◎十一月，太和殿、乾清宫成，御太和殿受贺，入居乾清宫。遣沙拉岱等往尼布楚与俄罗斯交涉停止边衅、归还逃人等事。

康熙九年（1670） 十七岁

◎正月，予宋儒程颢、程颐后裔五经博士。起遏必隆公爵，宿卫内廷。诏令明藩田赋视民田输纳。

◎二月，以江苏桃源等县连年水灾，特蠲康熙六、七两年未完漕米一万六千余石。诏令尚阳堡、宁古塔流徙人犯，值十月至正月俱停发。

◎三月，殿试天下贡士，试题提及澄清吏治，修浚黄河、运河。命划一满、汉官员品级。赐八旗贫丁木棉、丝布等物。增满洲甲兵饷银、禄米。

◎四月，嗣后副将以下、守备以上缺出，除近海、沿边外，禁止督抚、提镇坐名题补。归仁堤决堤，淮扬等处田地被淹，人民流离，遣官赈济。

◎五月，命各部院将太祖、太宗、世祖时定例及现行事宜查明送内院，纂修会典。

◎八月，划一文武官员殉难及阵亡优恤之例，俱照例录用子弟一人并加赠祭葬银两。改内三院为内阁，复设翰林院。八旗佐领下，如非亲族、非特赐佐领及功臣之佐领，令属下人勿穿孝。

◎九月，诏令遇蠲免田赋，田主亦应照蠲免分数，免佃户之田租。于八旗官学每旗选取十名，交钦天监分科学习，有精通者，可补博士缺。禁止地方及在京部院官搜刮兵民及属员、层层馈送，违者，授受之人，一并从严治罪。

◎十月，颁圣谕十六条。改内三院，复中和殿、保和殿、文华殿大学士。谕礼部举行经筵。是年，中俄双方在北京会谈边界问题。

康熙十年（1671） 十八岁

◎正月，遣官赈蒙古苏尼特部、四子部雪灾饥民。封世祖第五子常宁为和硕恭亲王。大计天下官员。因满洲官员已悉谙汉语，从此，内而部院、外而各省将军衙门不再用通事。

◎二月，命编纂《孝经衍义》。任命吏部尚书黄机等十六人为经筵讲官。首御经筵。

◎三月，诰诚年幼诸王读书、习骑射，切勿恃贵纵恣。以翰林院掌院学士折库纳、熊赐履等十人充日讲官。达赖喇嘛遣使表贡方物，赏赉如例。

◎四月，命纂修《太祖圣训》《太宗圣训》。诏宗室闲散人员及幼孤者，量予养赡，著为令。首开日讲。截留漕粮六万石并各地仓米四万石，赈济淮、扬饥民。诏令疏浚长江海口。考察八旗官员。

◎五月，令嗣后官员奏事，不许以风闻浮词擅行入告。永禁将犯罪官员锁禁锁拿。

◎六月，以马匹、牛羊赈恤苏尼特等八旗灾民。靖南王耿继茂卒，其子耿精忠袭爵，仍镇守福建。

◎七月，令各省学道举送文行兼优者入国子监肄业。

◎八月，设立起居注官，命日讲官兼充。添设汉日讲官二员及主事四员。

◎九月，以寰宇一统，东巡盛京，告祭祖陵。

◎十月，东巡途中，召见宁古塔将军巴海，谕以新附瓦尔喀、虎尔哈宜善抚之。郑经总兵柯乔栋来降。桃源再次决口，赈八旗灾民米一百六十四万石。

◎十一月，东巡还京。平南王尚可喜以疾疏请其子尚之信回粤暂管军务。

◎十二月，弛民间养马及以马驾车之禁。放宽垦荒起科年限。

康熙十一年（1672） 十九岁

◎正月，准厄鲁特噶尔丹遣使入贡。奉太皇太后往赤城汤泉，谕内阁国家政事间日驰奏。

◎二月，皇长子胤禔生。

◎三月，暹罗遣使进贡。五年军政届期，命各省提督、总兵官俱照康熙六年例自陈。在内武职一体遵行。

◎四月，命侍卫吴丹等巡视河工，绘图进呈。

◎五月，先后豁免安徽、山东部分州县虚报开垦并抛荒、水冲、沙压田地额赋。《世祖章皇帝实录》告成，行庆贺礼。

◎六月，河决清水潭，高邮、兴化等州县再次被灾，照常赈济。命更定《赋役全书》。

◎闰七月，免云南用兵以来各项加征。

◎八月，南怀仁与杨燝南因历法事互相攻讦，命会同参验定是非。各省逃人事宜，除宁古塔仍由该将军审理外，均移交就近督抚审理。

◎九月，免湖南各属康熙七、八、九三年捏报垦荒钱粮。

◎十二月，和硕裕亲王福全疏辞议政，允之。

◎是年，定开垦荒地六年起科。本年日讲《论语》凡三十一次。

康熙十二年（1673） 二十岁

◎正月，大阅八旗军于南苑。遣郎中苏尔泰往阅河工。

◎二月，赐御用帽、裘袍、带于吴三桂、尚可喜。改隔日进讲为每日进讲。《大学衍义》刊成，遍赐诸王、文武大臣及八旗官学各一部。

◎三月，以河工派夫贻累地方，改用河库钱粮雇觅夫役。平南王尚可喜请归老辽东，以其子尚之信嗣封镇粤。不许，令其撤藩还驻辽东。自此，撤藩事起。

◎四月，考察在京满、汉各官。命翰林院掌院学士傅达礼照汉文《字汇》，编满文字书。

◎五月，命在内部院、在外督抚，将易结之事理应速结，不必俟限满方才具题。

◎六月，厄鲁特鄂齐尔图车臣汗遣使进贡，赏赉如例。于瀛台赐诸王、贝勒、满汉大学士、学士及部院、翰林、科道等宴，并登舟游园。禁八旗包衣佐领下奴仆随主殉葬。

◎七月，平西王吴三桂、靖南王耿精忠先后疏请撤藩，皆许之。命重修《太宗实录》。

◎八月，试汉科道官于保和殿，不称职者罢之。遣侍郎折尔肯、学士傅达礼往云南，尚书梁清标往广东，侍郎陈一炳往福建，经理撤藩。令加意爱养旗下奴仆，勿得逼责致死。以后投诚官兵，不再移驻别省，免其背井离乡。

◎十月，清水潭石堤复决，动库银四万两买米赈济。

◎十一月，诏民间垦荒田亩，以十年起科。本月二十一日，平西王吴三桂杀云南巡抚朱国治反，称"天下都招讨兵马大元帅"，以明年为周元年。

◎十二月，吴三桂反讯至京，命前锋统领硕岱率劲旅守荆州。召梁清标、陈一炳还，停撤其他二藩。命加孙延龄为抚蛮将军，线国安为都统，镇广西。命西安将军瓦尔喀进军四川。京师之民杨起隆诈称朱三太子，图起事，事发觉，捕数百人。命顺承郡王勒尔锦为宁南靖寇大将军，讨吴三桂。执吴三桂子额驸吴应熊下狱。命副都统马哈达率师驻兖州，扩尔坤驻太原，备调遣。诏削吴三桂爵，宣示中外。命都统赫叶为安西将军，会合瓦尔喀守汉中。以倭内为奉天将军。吴三桂陷辰州、沅州。

◎是年日讲《论语》《大学》《中庸》凡一百六十次。

康熙十三年（1674）二十一岁

◎正月，封世祖第七子隆禧为纯亲王。宁南靖寇大将军顺承郡王勒尔锦率师赴荆州。以京师需用驼马，凡蒙古驼马进张家口和杀虎口进行贸易者，至九月前免税课。总兵吴之茂叛于四川，巡抚罗森、提督郑蛟麟降之。以席卜臣为镇西将军，守西安。

◎二月，钦天监新造仪象成，加钦天监副南怀仁太常寺卿衔。京师八旗相继到达荆州。吴三桂兵继续北上，湖南常德、澧州、长沙、岳州相继陷。调镇南将军尼雅翰率师守武昌，以刑部尚书莫洛管兵部事，加武英殿大学士衔，经略陕西。广西将军孙延龄据广西叛变。一等公遏必隆卒，谥"恪僖"。

◎三月，命整饬驿站。以额驸华善为安南将军，镇京口。耿精忠据福建附吴三桂叛，囚福建总督范承谟。命三品以上官员保举才堪任用之汉人，交往军前，与汉军人员一体并用。命舒恕等率师赴江西。襄阳总兵杨来嘉叛变于谷城。

◎四月，尚可喜上表输忠，请以其子尚之孝袭平南王爵，从之。杀吴三桂子额驸吴应熊于京师。以阿密达为扬威将军，驻江宁，旋令改赴江西。以赖塔为平南将军，领兵驻杭州。定南将军希尔根率师赴江西。以根特为平寇将军，赴广西讨孙延龄。潮州总兵刘进忠叛变，河北总兵蔡禄谋叛，命阿密达袭诛之。诏削耿精忠爵。以调兵遣将分防情形寄示平南王尚可喜。

◎五月，皇二子胤礽生，其生母皇后赫舍里氏即日死于坤宁宫。以蒙古兵驻防兖州，并陆续征调内蒙古四十九旗参战。浙江平阳兵叛，命赖塔进兵讨之。

◎六月，以耿精忠受恩三世，非素蓄逆谋首倡叛乱者比，特降敕招抚。命多罗贝勒尚善为安远靖寇大将军，率师往攻岳州，贝子准达赴荆州。命康亲王杰书为奉命大将军，率兵赴浙江，统领诸路军，攻耿精忠。以贝勒董鄂为定西大将军，率兵赴陕西，抵御吴三桂军。是月，温州总兵祖弘勋及浙江黄岩、太平诸营相继叛变。

◎七月，尚之孝辞袭平南王之爵，令尚可喜照旧管事。赖塔败耿精忠军于浙江金华。耿精忠进犯江西。以巡抚董卫国为江西总督，抵御叛军东西夹攻。尚可喜收复程乡、平远、镇平各县。

◎八月，命固山贝子准达率军增援荆州，清军于浙江、江西大败耿军。命南怀仁铸造火炮，以充军用。海澄公黄梧卒，其子黄芳度袭爵，守漳州。清军收复广西梧州。

◎九月，恢复日讲。耿精忠军西攻江西，清军击走之。尚可喜派兵入闽。命简亲王喇布为扬威大将军，率师赴江西。广西提督马雄叛变。命安亲王岳乐为定远平寇大将军，率师赴广东。

◎十月，吴军围陕西宁羌，欲断进川大军后路。令陕西经略莫洛率兵救援。提高尚可喜权力，督抚、提镇以下听节制，文武官员听其选补，招抚调兵听其便宜行事。

◎十一月，以吴军截断粮道，命进川大军后撤川北、陕西。清军收复江西南康、饶州，攻取岳州。诏谕兵部：凡大军所至，除持械拒敌者诛戮外，其余概从宽免；凡为叛军所掳难民子女，许民间认领。清军再败耿精忠军于浙江金华、台州、衢州；败吴军于江西袁州。宁古塔将军巴海率墨尔折勒氏新满洲佐领四十人入觐。

◎十二月，提督王辅臣叛于宁羌州，经略莫洛死。康熙帝议亲征，诸王大臣以京师根本重地、太皇太后年高，力谏乃止。征盛京、蒙古兵分诣军前。应尚可喜疏请，遣将军尼雅翰率所部兵赴粤协守。耿军犯浙江天台、金华，清军击败之。遣王辅臣子赍谕至陕，招抚王辅臣。

◎是年日讲《大学》《中庸》《孟子》凡三十一次。

康熙十四年（1675） 二十二岁

◎正月，令安亲王岳乐至南昌，即出兵攻取长沙，断贼饷道，夹攻岳州。进封尚可喜为平南亲王，即令其子尚之孝袭封，并给尚之孝大将军印。王辅臣上疏，委罪经略莫洛，康熙皇帝再降长敕招抚。清军兴安兵变，杀总兵王怀忠，康熙皇帝降敕赦罪招抚，事乃定。

◎二月，令董鄂、阿密达统兵速复秦州、平凉，命提督张勇率总兵孙思克配合夹攻。派兵驻守太原。浙江清军克复处州、仙居，进兵黄岩。

◎三月，谕安亲王岳乐进取长沙。授甘肃提督张勇为靖逆将军，率孙思克、王进宝、陈福取兰州，配合董鄂，夹攻王辅臣。蒙古察哈尔亲王布尔尼起兵反清，命信郡王鄂札为抚远大将军，大学士图海为副将军，率师讨平之。以熊赐履为武英殿大学士。

◎四月，以张勇、王进宝斩王辅臣劝降使者并出首其劝降书信，封张勇为靖逆侯，封王进宝为一等阿思哈尼哈番。敕谕西藏达赖喇嘛，驳其"裂土罢兵"之说。宣府左翼四旗兵哗变，颁谕招抚。授佟国纲为安北将军，镇宣府。

◎五月，令江宁将军额楚速平广信，配合康亲王杰书夹攻仙霞，进军福建，安亲王岳乐仍留江西。将归附及俘获之察哈尔人解京，隶八旗满洲蒙古佐领下披甲，老弱赏给受伤官兵。命贝勒察尼挂靖寇将军印，统襄阳诸处官兵，灭南漳、谷城贼冠。

◎闰五月，鄂札、图海等平定布尔尼之乱后凯旋。专委张勇节制地方文武，底定陕西。吴三桂欲攻荆州。命安亲王岳乐进军湖南，以牵制吴军。以耿精忠复陷饶州，命安亲王速回南昌固守，居中调度，收复饶州。孙思克收复秦州。

◎六月，清将毕力克图收复吴堡，绥德、延安、兰州、巩昌之敌相继投降。命将军舒恕援广东，命振武将军佛尼勒开栈道援汉中。江西官军攻石峡，失利，副都统雅赖战死。以军兴，停湖广、陕西乡试。

◎七月，释放耿精忠弟耿昭忠、耿聚忠及族人，所有官职悉令如故。督兵进攻平凉府,再降敕招抚据守平凉之王辅臣。命大将军贝勒董鄂团结张勇,协力作战。再次增兵荆州。

◎八月,董鄂、毕力克图、阿密达会攻王辅臣。遣额驸耿聚忠赍敕招抚耿精忠。傅喇塔收复黄岩。

◎九月,诣昌平明陵,谕礼部饬守陵人户敬谨防护,并责成地方官不时稽查。命安亲王岳乐进兵湖南,简亲王喇布进驻江西。将布尔尼余部散附各处者收集,安插锦州、义州等地,务令得所。

◎十月,康亲王兵复太平、乐清诸县。谒孝陵。清军与王辅臣叛军战于固原,不利,副将太必图阵亡。督董鄂速攻平凉。傅喇塔收复温州。

◎十一月,分和硕恭亲王常宁于正蓝旗,和硕纯亲王隆禧于镶白旗,各给佐领。贝勒察尼收复兴山。复设詹事府衙门。叛将马雄纠集吴三桂兵进犯高州,连陷廉州。命简亲王喇布自江西援广东。郑经攻陷漳州,海澄公黄芳度阵亡。

◎十二月,命董鄂截平凉西北通固原之要路,断贼饷道。令勒尔锦及尚善两大将军配合安亲王夹攻长沙。立皇子胤礽为皇太子,布告天下。以勒尔锦师久无功,降旨切责。宁夏兵变,陕西提督陈福死之。

◎是年,日讲《孟子》《通鉴纲目》凡四十八次。

康熙十五年(1676) 二十三岁

◎正月,以王进宝为陕西提督,驻秦州。以建储恭上太皇太后、皇太后徽号。升天津总兵官赵良栋为宁夏提督。命索额图、熊赐履、梁清标等详定逃人律例,颁行天下。

◎二月,令湖南前线将领,凡恢复城池后,勿妄杀掠,以辑人心,以绥地方。广东清军受敌夹攻,谕令江西援军倍道速进。命大学士图海为抚远大将军，统辖全秦，自贝勒董鄂以下，悉听节制。鄂尔多斯蒙古入边侵掠，以理藩院郎中额业图晓谕其王、贝勒严禁，并令整理甲胄，以俟调遣。谕令康亲王杰书相机速进兵福建。以吉安被围，命简亲王喇布等速议恢复，以通粤路。安亲王岳乐收复萍乡、醴陵，命荆、岳大军配合安亲王进攻长沙。尚之信受吴三桂"招讨大将军"伪号，于二月二十一日倡兵作乱，总督、巡抚俱投降。

◎三月，赠海澄公黄芳度郡王，赐谥"忠勇"。王进宝、佛尼勒大败吴之茂于北山。谕康亲王杰书速攻福建，谕贝勒尚善速攻岳州。以军兴，暂停康熙十六年大计。

◎四月，命简亲王喇布防御萍乡，以保安亲王进军后路。闻广东尚之信附吴叛乱，增兵江南、江西。

◎五月，谕各省绿旗官兵立功，即行议叙。俄罗斯使团抵京，中俄双方谈判俄军入侵中国、通商贸易、归还中国逃人等问题。抚远大将军图海败王辅臣于平凉。

◎六月，王辅臣降，复其原官，加太子太保，擢靖逆将军，立功赎罪。以功封图海三等公，张勇晋一等侯，西北形势大定。耿继善弃建昌。谕康亲王杰书率军速进。

◎七月，俄罗斯使臣返国，谕以遣还逃人，方许贸易。大学士熊赐履票拟失误，并诿过于人，将其革职。振武将军孙思克、提督张勇、王进宝等于秦州大败吴之茂。

◎八月，诏谕定远平寇大将军安亲王岳乐于新归附地方善抚百姓，并招徕被迫胁从叛变之兵将。将军赖塔大败耿精忠部将马九玉于衢州。

◎九月，赖塔再败马九玉于常山，进攻仙霞关，收复浦城、建宁。遣原广西提督马雄之子赴广西招抚马雄。张勇收复阶州。耿精忠杀害前福建总督范承谟。命康亲王杰书晓谕

耿精忠速降。命穆占为征南将军，统率陕西、河南满汉诸
军赴湖广前线。

◎十月，耿精忠遣子献伪印乞降，康亲王杰书入福州。上
命恢复耿精忠原爵，从征海寇自效。以时方用武，停旗下
子弟考试生员、举人、进士。命阅视河工工部尚书冀如锡
等人，务为一劳永逸之计。

◎十一月，郑经进攻福州，都统喇哈达击败之。清军围
长沙。

◎十二月，尚之信遣使诣简亲王喇布军前乞降，上疏奏闻，
许之。吴三桂部将吴世琮杀孙延龄，占据桂林。诏令裁撤
耿精忠左、右两镇兵。

◎是年，日讲《孟子》《通鉴纲目》凡二十次。

康熙十六年（1677） 二十四岁

◎正月，将军额楚攻吉安失利，命户部侍郎班迪驰勘军况。
立法严惩设方术诱卖子女。

◎二月，康亲王杰书败郑经于兴化、泉州，郑经弃漳州遁，
海澄收复。皇三子胤祉生。以王光裕无治河之才，革河道
总督职，升安徽巡抚靳辅为河道总督。穆占率兵进抵长沙，
吴三桂撤吉安援军。命勒尔锦乘机渡江，或分兵尚善，攻
取岳州。以董鄂贻误军机，削多罗贝勒爵，罢议政。

◎三月，令督捕理事官招抚孔四贞。康亲王杰书克泉州。
以四方渐定，宜振兴文教，令翰林官有长于辞赋及书法佳
者，缮写进呈。原任总兵刘进忠、苗之秀诣康亲王军前
投降，命随大军剿贼。撤换吉安军前参赞大臣等，收复吉
安。以在籍编修李光地不肯从逆，授额外侍讲学士。吴三
桂纠聚贼众死守长沙，因令勒尔锦勒兵临江，令图海守汉
中，喇布镇守吉安，莽依图进占韶州，额楚驻袁州，舒恕

防赣州。

◎四月，谕图海进兵四川。吴三桂退据衡州，谕各路军队分布防御，加强侦察，不时奏闻。制《大德景福颂》，书于锦屏，上于太皇太后。

◎五月，莽依图师至南安，严自明以城降，遂克南雄，入韶州。厄鲁特噶尔丹台吉攻灭青海和硕特部，杀其台吉鄂齐尔图汗，以所获弓矢等物来献，却之不受。尚之信降，命复其爵，随大军讨贼。特擢谪戍知府傅弘烈为广西巡抚，并加授抚蛮灭寇将军，与莽依图规取广西。

◎六月，吴三桂所属高雷总兵官祖泽清降，高州、雷州、廉州悉定。特颁敕谕，招抚吴三桂所属文武官员、官民人等。

◎七月，河道总督靳辅条列治河八条奏上，以军务方殷，令再行确议具奏。与大学士论前代朋党之弊，谕臣工痛戒。郑经部将刘国轩自惠州犯东莞，尚之信大败之。

◎八月，明宗人朱统锠起兵陷贵溪、泸溪。令安亲王岳乐遣猓猓总兵官陆道清回云南，宣布宽大德意，晓谕土司。命穆占与简亲王喇布协力攻取衡州、永州。册立妃钮祜禄氏为皇后。谕各衙门办事，严立完结限期。

◎九月，命宗室、公温齐，提督周卜世赴湖广协剿。命额驸华善率师充实简亲王军，科尔科代接江宁。郑经监军侍郎陈俞侯自海上降清。吴三桂大将胡国柱、马宝寇韶州，将军莽依图、额楚夹击破之。

◎十月，达赖喇嘛遣使请安谢恩。谕莽依图、穆占作速分援傅弘烈规复广西。傅弘烈败吴世琮于昭平，收复浔州。福建按察使吴兴祚剿灭朱统锠。厄鲁特、喀尔喀交兵，令传谕双方，仍前和好。始设南书房，命侍讲学士张英、中书高士奇入值。

◎十一月，吴三桂部将韩大任陷万安，护军统领哈克山击败之。谕南书房入值之张英、高士奇勿得干预外事。官兵收复茶陵、攸县。

◎十二月，郑经兵犯泉州、钦州，清军击败之。命安亲王岳乐速分兵进取郴州、永州，直逼衡州。日讲《四书解义》刊行，康熙皇帝亲制序文。命尚之信同贝勒额楚由乐昌进取宜章、柳州、永州等地。

◎是年，日讲《孟子》《通鉴纲目》凡八十二次。

康熙十七年（1678） 二十五岁

◎正月，康亲王杰书遣知府张仲举往招郑经，无降意。靳辅遵旨再议治河事宜，命动正项钱粮如议治理。诏举博学鸿儒，将亲试题用，于是大学士李霨等荐曹溶等七十七人。谕责大将军、王、贝勒等坐失事机、抢夺焚掠不法之事，许督抚指参。韩大任诣康亲王军前投诚。

◎二月，傅弘烈疏言吴三桂兵犯广西，诏额楚、勒贝守梧州。命尚之信归还广东兵变时掳掠男妇子女，并命广西照此办理。谕凡非用兵之地，督抚无得保举题补。皇后钮祜禄氏死。莽依图、傅弘烈以攻平乐不克引罪，谕调广东尚之信兵往援之。

◎三月，湖广官兵大败杨来嘉，收复房县。命征南将军穆占与简亲王共同商酌，选良将精兵会剿湖南逆贼。谕各省动用钱粮，需预先申详，否则令其赔补，督抚受罚。郑经兵犯石门，黄芳世击败之。谕尚善攻取岳州。祖泽清复叛。

◎闰三月，闻广西孙延龄、马雄死，命麻勒吉招抚其余部。巡视畿甸。郑经盘踞厦门诸处。令申严海禁，将界外百姓迁移内地，免本年赋役。穆占分兵把守茶陵诸处，进兵郴州、耒阳。命理藩院郎中拉笃祜赴凉州打探噶尔丹消息，不时以报。吴三桂部将林兴珠自湘潭来降，优封侯爵，授建义将军。以宁古塔将军巴海等保守沿疆，招抚新满洲，实心任事而授予世职，以资奖励。

◎四月，郑经部将蔡寅攻陷平和，进逼潮州。祖泽清进犯电白，尚之信、额楚击之，祖泽清逃遁。清军收复郴州、桂阳、兴宁、宜章各地。谕投诚甲兵有父母妻子仍在滇中者，许归滇完聚。谕清查内务府地亩及诸王大臣园地溢额者，拨给安葬八旗出征死亡兵丁。

◎五月，海澄公黄芳世卒于军，以其弟黄芳泰袭爵。以姚启圣为福建总督，吴兴祚为福建巡抚，杨捷为福建水陆提督。厄鲁特部济农为噶尔丹所逼，入边，张勇逐出之。

◎六月，尚善遣林兴珠败吴三桂舟师于君山。吴三桂犯永兴，都统宜理布、哈克山战殁，谕各路兵作速救援。吴三桂又犯郴州，副都统硕岱与战不利，退保永兴。郑经部将刘国轩陷海澄、长泰、同安、惠安，围泉州。谕增兵福建。谕出征官兵有负债者，官为偿还；战殁及被创者，恤其家。

◎七月，从福建总督姚启圣之请，添募绿旗军队一万八千人，以援泉州。召翰林院学士陈廷敬、侍读学士叶方蔼入值南书房。吴三桂称帝于衡阳，立国号"周"。黄河决口于砀山、萧县。

◎八月，安远靖寇大将军多罗贝勒尚善卒于军，命多罗贝勒察尼赴岳州，代统其众。以御制诗集赐讲官陈廷敬、叶方蔼、王士正、张英、高士奇同观。吴三桂死，永兴围解。吴三桂之孙吴世璠嗣立，命前线将帅各统大兵分路进剿。钦天监治理历法，南怀仁进上康熙永年历。令该监官生肄习，永远遵行。

◎九月，谕贝勒察尼围取岳州。福建清军克复惠安，解泉州之围。以平南王尚之信为奋威大将军，与简亲王喇布、将军穆占等进兵广西。

◎十月，河道总督靳辅奏进治河之术，下部议行。将军鄂内败吴应麒于石口。皇四子胤禛生，母乌雅氏，时为德嫔，康熙二十年进德妃，胤禛即位后尊为皇太后。

◎十一月，遣吴三桂原属人员，量加职衔，发往各路军前，赍敕招抚。令察尼等水陆并进，速克岳州。

◎十二月，额楚、傅弘烈与吴世琮战于藤县，不利，退守梧州。命尚之信径赴梧州。

◎是年，日讲《尚书》凡四十九次。

康熙十八年（1679） 二十六岁

◎正月，以山东、河南上年雨泽愆期，秋收歉薄，遣官赈济两省饥民。贝勒察尼督水师围岳州，贼将吴应麒弃城遁走，清军克复岳州。郑经部将刘国轩进犯长乐，总督姚启圣督兵击败之。清军攻克湘阴，南下长沙。长沙吴军弃城遁，克复长沙。

◎二月，傅弘烈战吴世琮于梧州，大破之。抚远大将军公图海来京陛见，遣礼部侍郎额星格出城迎劳。湖南清军连下湘潭、澧州、衡州，各地吴军纷纷溃逃。诏数江西绅民从逆之罪，仍免其逋赋。命调江浙战舰各百艘至福建，并增兵二万，以收复厦门、金门二岛。顺承郡王勒尔锦督兵过江，叛将洪福率舟师降。谕禁奴仆背主投营、挟制家主、勒取卖身契及子女财物。清军连克常德、慈利、石门等地。

◎三月，试内外诸臣所荐博学鸿儒一百五十三人于体仁阁。嗣取一等二十人、二等三十人，令纂修《明史》。将军穆占进击吴国贵于永州，败之，收复永州、道州、永明。命不俟荷兰舟师，即行进剿厦门、金门二岛。

◎四月，以镇国公苏努为总裁官，纂修玉牒。调岳州水师总兵官万正色为福建水师提督。以逆贼胡国柱、郭壮图、吴国贵、吴应麒互相猜疑，谕各地统帅分路遣人，指名招抚。莽依图进击吴世琮于浔州，败走之。再颁敕谕，招抚云南文武官吏、官民人等。免江南各省康熙十二年以前旧欠钱粮；康熙十三年以后所欠钱粮，分年带征。谕斥勒尔锦进兵迟缓，令其还驻荆州，以察尼统兵师向云贵。

◎五月，郑经部将刘国轩进犯江东桥，平南将军赖塔大败之。

◎六月，谕各省督抚选吏教民积储备荒。令广东督抚、提镇拨兵防御诸处海口，以杜绝潜资寇粮。谕湖北、湖南、广西三路并进。令图海恢复汉中，以平蜀地。遣刑部侍郎宜昌阿至湖广，商议撤兵。议定七千六百余名蒙古兵立撤，一千二百余名乌喇宁古塔兵缓撤。

◎七月，河道总督靳辅疏报淮扬坝工成，涸出田地，招民垦种。以户部郎中布詹赴浙江巡海。靖逆将军张勇上疏，言噶尔丹将侵犯吐鲁番，渐次内移。和硕纯亲王隆禧死。清军在广西击败吴世琮，解南宁之围。命莽依图取路进剿，直抵滇中。京师地震，诏发内帑十万赈恤，并下令修省。从闽督姚启圣之请，将被贼所掳难民查出，给还本家。

◎八月，提督赵国祚、将军林兴珠大破吴国贵于武冈，吴国贵死，收复武冈州。九卿等遵旨议复吏科掌印给事中李宗孔察吏安民六条，命依议严饬通行。

◎九月，厄鲁特噶尔丹台吉遣使进贡请安。命简亲王喇布进驻桂林，会同莽依图平定广西未靖之地。两广总督金光祖执叛镇祖泽清送京，及其子祖良梗俱磔诛之。

◎十月，批准户部等衙门所议钱法十二条，许官府督民采铜及黑白铅。诏将军张勇、王进宝、提督赵良栋、孙思克取四川。分别降敕，招抚吴应麒、胡国柱、夏国相、王屏藩、马宝、郭壮图。河道总督靳辅请于骆马湖旁另开运河，以便挽运，廷议不从。蠲除江西荒废地亩额赋。禁浙江驻军以樵采为名，任意砍伐民人桑麻竹木。

◎十一月，命安亲王率部分满兵返京，授贝子彰泰为定远平寇大将军，与穆占商榷而行。王进宝等收复汉中，贼首王屏藩走广元。谕速进兵四川，赵良栋收复略阳，进克阳平关。

◎十二月，命湖广总督蔡毓荣为绥远将军，总辖各省调拨官兵及全省绿旗兵马。图海疏报陕甘全境恢复。皇五子胤祺生。太和殿火灾，颁诏自省。安亲王岳乐疏报擒获伪太子朱慈灿，命押解至京。授赵良栋勇略将军，令与奋威将军王进宝分两路进攻四川。

◎是年，日讲《尚书》凡三十二次。

康熙十九年（1680） 二十七岁

◎正月，赵良栋收复龙安府，进至绵竹，伪巡抚张文等迎降，遂入成都。诏以赵良栋为云贵总督，加兵部尚书衔，仍兼将军事。王进宝攻克朝天关，收复广元，王屏藩缢死，生擒吴之茂。命将军吴丹、鄂克济哈与赵良栋同进云贵，王进宝守四川。

◎二月，令顺承郡王勒尔锦自湖北溯江而上，规取重庆。皇六子胤祚生。佛尼勒攻克顺庆府并连下川西各州县。谕赈济京师流离饥民。谕广西各将随莽依图等进兵云南。以修撰《明史》，征求遗献，谕将前明科臣李清、绍兴府名儒黄宗羲、监生姜宸英、贡生万言等移送至京。大阅于南苑。福建总督姚启圣等督兵攻取海坛、海澄、厦门、金门等地，郑经败走台湾。马承荫复叛，诱执广西巡抚傅弘烈。

◎三月，将军吴丹克复重庆。以大理寺卿伊辟为云南巡抚。平南王尚之信属下护卫告其谋叛，命刑部侍郎宜昌阿等以巡海为名赴广东，秘密擒拿尚之信。安亲王岳乐自湖广凯旋，康熙皇帝亲率诸王、文武大臣至卢沟桥迎劳。玉牒修成。清军攻取福建沿海岛屿，克复湄州、南日、平海、崇武诸岛。察尼疏报攻取辰州，广西、湖南大致平定。命派人招抚云贵。

◎四月，以学士张英等供奉内廷，日备顾问，下部优叙，高士奇、励杜讷均授翰林。命南书房翰林每日晚讲《资治通鉴》。经康亲王杰书诱导，耿精忠奏请陛见，康熙皇帝立准其来京。颁行《尚书讲义》。

◎五月，命地方督抚坐名题补之例概行停止，仍由吏部照例铨补。命甘肃巡抚自巩昌移治兰州。从优议叙日讲起居注官。谕各路统帅，克复城池后注意察访吴三桂与达赖喇嘛相通书札，随得随缴。赖塔败海寇于潮州。山海关设关收税，以佐军饷。

◎六月，命宜昌阿将尚之信押解至京质审。马承荫兵败复降，柳州平。命将其解京，所部官兵汰其党羽，分隶各营。

◎七月，严禁过往官兵借端勒索，多派伕船，折价入己。以勒尔锦未赴重庆，半途而回，令其携大将军敕印率部还京。停捐纳官考选科道。

◎八月，福建裁水陆军二万五千人，令暂停进兵台湾、澎湖。厄鲁特噶尔丹遣使进贡，赏赉如例。镇南将军莽依图卒于军，以都统勒贝代统其众，率师进讨。以尚之信叛后复降，心怀两端，赐死，并诛其死党，家口护还北京。

◎闰八月，令各路兵马于本月进攻云贵，并命各将帅善抚绿旗军士。伪将胡国柱兵犯四川，令严议具奏。蔡毓荣与彰泰分别于十二、十八两日自沅州启行，进取贵州。命广西、四川亦如期速行剿贼。

◎九月，吴世璠遣其将夏国柱、马宝潜寇四川，谭弘复叛
应之，连陷泸州、永宁，夔州民变。命将军吴丹、噶尔汉、
提督范达理、徐治都分路讨之；命其他两路速进云南，以
牵制寇蜀之贼；以赖塔为大将军，调广西兵马进兵云南。
吴丹克复泸州。陕西汉中查获伪充朱三太子之杨起隆，解
京处死。

◎十月，仁怀失守，以吴丹拥兵不救，解其将军任，以鄂
克济哈领其军。谭弘陷涪州。康亲王杰书率师凯旋，康熙
皇帝率诸王、文武大臣至卢沟桥迎劳。噶尔汉收复巫山、
夔州。彰泰、穆占败吴世璠于镇远，其他诸府相继而定。
王大臣议师行玩误之王、贝勒、大臣罪。得旨：勒尔锦革
爵、籍没、羁禁，尚善、察尼均革去贝勒，兰布革去镇国
公，珠满革去都统。

◎十一月，命旗下从征仆人，得功牌二次者许令出户。彰
泰进复平越，克贵阳，吴世璠、吴应麒等夜遁，安顺、石
阡、都匀三府皆下。赐诸王、贝勒、贝子、公、内大臣、
都统等满文《日讲书经解义》。

◎十二月，赐汉大学士、九卿、詹事、国子监祭酒等官汉
文《日讲书经解义》各一部。命贝子彰泰速率兵进定云南。
达赖喇嘛遣使进贡。四川叛贼谭弘死，万县等地悉收复。

◎是年，日讲《尚书》《易经》《资治通鉴》凡一百四十次。

康熙二十年（1681） 二十八岁

◎正月，赖塔军自广西西隆州进入滇境，谕贝子彰泰速进
兵云南。严禁光棍指称通事，霸占外藩贸易。伪贵州提督
李本琛降，械送京师。谕增日讲官员。郑经死，次子郑克
塽继立。令乘机攻取澎湖、台湾。

◎二月，召见直隶巡抚于成龙，褒其为"当今清官第一"，并赐白银千两、御乘马一匹、御制诗一章。闽督姚启圣请开边界，俾沿海人民复业，从之。严禁地方官为议叙虚报田粮、摊派民间。皇八子胤禩生。革除三藩苛派、藩庄诸败政。发帑金二十万两赈济山西饥民。赖塔、彰泰两路大军先后抵云南省城，初战大胜，掘壕围之。

◎三月，葬仁孝皇后、孝昭皇后于昌瑞山地宫。令佛尼勒、赵良栋等蹑追胡国柱、马宝、夏国相等，防其归援云南。土官陆道清以永宁降。

◎四月，以逆贼遁回云南，命佛尼勒、赵良栋等进军云南。

◎五月，河道总督靳辅以修理黄河三年限满，水犹未归故道，自请处分，令革职戴罪督修。发京仓米二十万石运往宣府、大同，赈济蒙古灾民。谕曾陷贼中之州、县官不得选取科道官。

◎六月，停捐纳、岁贡等非正途出身及京官三品以上、地方总督、巡抚子弟考选科道官。

◎七月，诏四川民田为官弁所占者察还于民。都统希福于楚雄大败伪将军马宝。以尚之信所属人员编为十五佐领，拨入上三旗。赵良栋属将李芳述击败伪将胡国柱，收复建昌。命图海率王辅臣来京陛见。赐宴瀛台，大学士以下、员外郎以上皆与焉，各赐彩缎表里。以施琅为福建水师提督，规取台湾。

◎八月，禁理藩院官员需索蒙古各部。以吴世璠指日可灭，撤广西、四川、汉中部分满兵回京。

◎九月，康熙皇帝巡幸畿甸。故平南王尚可喜丧至通州，遣官致祭。谕修治浑河，以安民生。复运丁工食银十五万两。应耿昭忠请，编耿氏家口为五佐领，归入汉军正黄旗。

◎十月，厄鲁特噶尔丹遣使进贡，赏赉如例。抚远大将军、大学士图海还朝，康熙皇帝召见于乾清门，嘉劳之。令耿精忠、尚之信属下官员撤还京师，量行安插。二十八日，吴世璠自杀，余部降，清军入昆明，云南平。

◎十一月，诏从贼诸人，除显抗王师者外，余俱削官放还。禁各地官员借巡幸办差苛扰百姓。命定远平寇大将军固山贝子彰泰、勇略将军云贵总督赵良栋来京陛见。

◎十二月，设满洲将军驻荆州，汉军将军驻汉中。群臣请上尊号，不许。大学士图海卒。加上太皇太后、皇太后徽号，颁发恩诏，赐宗室，赉外藩，予封赠，广解额，举隐逸，旌节孝，恤孤独，罪非常赦不原者悉赦除之。以于成龙为江南、江西总督。

◎是年，日讲《易经》《资治通鉴》凡五十一次。

康熙二十一年（1682） 二十九岁

◎正月，宴内阁大学士以下官员九十三员，用柏梁体赋诗。调蔡毓荣为云贵总督。分发吴三桂骸骨于各省，耿精忠等分别凌迟或枭斩。议行军政大典。

◎二月，以云南底定、海宇荡平，告祭盛京三陵。蒙古王、贝勒等请上尊号，不许。斩朱方旦。

◎三月，谒盛京三陵。大赦当地死罪以下人犯，通行蠲免奉天、锦州二府本年钱粮。宁古塔将军巴海来朝。东巡吉林，望祭长白山。

◎四月，以造炮精坚，加南怀仁工部侍郎衔。谕闽督姚启圣、水师提督施琅相机进兵台湾。

◎五月，康熙皇帝返京。诏宁古塔地方苦寒，流人改发辽阳。御书"清慎勤"三大字，颁发各省督抚。免吉林贡鹰，减省徭役。普裁各省浮额绿旗官兵。遣户部尚书伊桑阿等往江南勘阅河工。姚启圣、施琅率师进取台湾，旋以风大返航。

◎六月，增《明史》监修总裁官及总裁官。

◎七月，命刑部尚书魏象枢、吏部侍郎扩尔坤巡视畿辅，豪强虐民者拘执以闻。谕各省劝谕民间讲求积贮并定奖惩之法。以三逆荡平，遣使宣谕蒙古各部。

◎八月，谕内阁学士参知政事。议修太祖、太宗、世祖《圣训》。以沙俄侵扰黑龙江，命大理寺卿明爱等前往侦察。厄鲁特噶尔丹遣使进贡，赏赉如例。土司田舜年请开矿采铜，以恐其扰民而予以禁止。命撤福建满兵还京师。

◎九月，诏每日御朝听政，春夏以辰初，秋冬以辰正。以兴建太和殿，分遣人往江南、江西、浙江、福建、广东、广西、湖广、四川采办楠木，后知采楠木苦累百姓，谕令停止，以塞外松木代之。《太宗实录》告成。

◎十月，专委福建水师提督施琅相机攻取台湾。定南平寇大将军贝子彰泰、征南大将军都统赖塔自云南凯旋，率在京王公大臣至卢沟桥郊劳。重修《太祖高皇帝实录》《三朝圣训》及纂修《平定三逆方略》。

◎十一月，定驻防旗人犯罪，处分将军、副都统及该管官吏。仍令靳辅戴罪督修河工，准动正项钱粮，勿许借端科派。

◎十二月，考察天下军政。谕宁古塔地方修理战船。以达海始作有圈点满文大有裨于文治而录用其孙陈布录为刑部郎中。副都统郎谈自黑龙江还，上呈俄罗斯犯边事状。命宁古塔将军巴海、副都统萨布素率师防之。建木城于黑龙江、呼玛尔，分军屯田。本年，五世达赖喇嘛去世，第巴桑结嘉措秘不发丧，仍盗用其名行事。

◎是年，日讲《易经》《资治通鉴》凡四十二次。

康熙二十二年（1683） 三十岁

◎正月，上元节，赐廷臣宴，并各赐驯马、内帑。

◎二月，为防止日值起居注官作弊，令全体起居注官公同校阅日值记载。大计天下官员。巡幸五台山，皇太子胤礽随驾。

◎三月，筹建自盛京至黑龙江水陆联运线。以索额图骄纵，革其议政大臣、太子太傅、内大臣等职。厄鲁特噶尔丹遣使入贡，赏赉如例。谕增西安、汉中八旗驻防军队。

◎四月，命提镇诸臣以次入觐。命宁古塔将军巴海回驻乌喇，萨布素、瓦礼祜驻额苏里备边。

◎五月，设汉军火器营。调整福州、杭州、京口、广州、西安等地驻防八旗兵力。台湾郑克塽请称臣纳贡而不剃发登岸，谕驳之，并令姚启圣、施琅等速进兵。

◎六月，黄河决口全部堵住，靳辅治河初见成效。奉太皇太后出古北口避暑，命皇太子胤礽、皇长子胤禔、皇三子胤祉随驾。

◎闰六月，施琅攻取澎湖。谕饬刑官勘狱勿淹系。

◎七月，回京。谕于僧、道不可过于优宠。台湾郑克塽遣使赍降表至施琅军前，命颁敕招抚。晓谕俄罗斯撤兵回国，交还逃人，并进兵黑龙江。

◎八月，议恤八旗贫丁。施琅至台湾，郑克塽等剃发受诏，缴印投降。皇九子胤禟生。询问《明史》纂修进度，命务宜从公论断。

◎九月，谕宁古塔将军殷图时加操练，以修武备。以平定台湾功，加授施琅靖海将军，封靖海侯。奉太皇太后巡幸五台。限厄鲁特噶尔丹进贡人数不得过二百人。定旗下家人在外倚势害民惩罚家主例。

◎十月，皇十子胤䄉生。谕纂修《平定台湾方略》。以萨布

873

附录

素为新设黑龙江将军。诏沿海迁民归复田里。遣吏部侍郎杜臻等往勘广东、福建、浙江、江南海界。

◎十一月，限以噶尔拜瀚海为内外蒙古之界，谕喀尔喀蒙古不得越此向内地游牧。准云贵土司子弟二十人与郡邑一体应试。谕修纂《明史》当据实秉公，传信后世。授俄罗斯降人官职。以平定台湾祭告孝陵，皇太子胤礽随驾。

◎十二月，云南土司陆道清以三藩之叛时附逆处斩。以尚之孝、尚之隆家下壮丁分五佐领，隶镶黄旗汉军旗下。御制《日讲易经解义》序文，刊刻成书，颁示天下。

◎是年，日讲《易经》《资治通鉴》凡八十一次。

康熙二十三年（1684） 三十一岁

◎正月，命整肃朝会礼仪。俄罗斯盘踞雅克萨、尼布楚二城，饬断其贸易，萨布素以兵临之。规定嗣后部院官员因病因事缺席，均需注册，以凭考核勤惰。

◎二月，谕禁翰林院掌院学士收取庶吉士重礼。巡幸畿甸，命皇太子随驾。谕部院衙门章奏由三日一送改二日一送。

◎三月，整饬州、县官吏。州、县官办事违限三月者，降三级调用；违限四月者，革职。以福建投诚伪郑经部将刘国轩为天津总兵官。谕清查各省钱粮。至八旗演武场，阅看各旗骑射。谕赈济河南饥民。

◎四月，设台湾府、县官，隶福建行省。准浙江沿海百姓出海贸易、捕鱼。谕凡一事经关两部者，俱会同入奏。江西、江南总督于成龙（山西永宁人，字北溪）卒，予祭葬，赐谥"清端"。

◎五月，纂修《大清会典》。会廷臣察举清廉官，九卿举格尔古德、苏赫、范承勋、赵崙、崔华、张鹏翮、陆陇其。出古北口避暑。严禁圈占民田。

◎六月，议定海外贸易收税则例。以汤斌为江苏巡抚。

◎七月，宁古塔将军请延至明年四月进攻雅克萨，谕责其拖延。

◎八月，大学士李霨卒，谥"文勤"。甘肃提督靖逆侯张勇卒，谥"襄壮"。整饬八旗，满洲八旗将领庸劣者罢黜，汉军、蒙古八旗将领出缺，命以满洲官员补授。

◎九月，谕令闽粤开海贸易，许富商大贾出海经商，征商税以充闽粤军饷。以钱贵银贱，令鼓铸轻钱，并许产铜、铅之地听民开采。为巡视河工、体察民情、周知吏治，首次南巡。

◎十月，登泰山，祀东岳。至桃源，临阅黄河北岸诸险工。指示河臣改草坝，另设二闸，以分水势。以台湾收归版图，停直隶、山东、江南、浙江、福建、广东各省先定海禁处分之例。

875

◎十一月，至江宁，遣使祭明太祖陵。赐江宁知府于成龙（汉军镶红旗人，字振甲）手卷一轴，表彰其清廉。令吏部尚书伊桑阿等往视海口。临阅高家堰堤工。至清口，复阅黄河南岸诸险工。至曲阜，诣先师庙，瞻孔子像，至孔子墓前酹酒，书"万世师表"额。谕禁出使官员需索地方。

◎十二月，定各省督学官员不拘定例，但必品行素优、才学兼长者进士出身之官员补授。命公瓦山视师黑龙江，备防俄罗斯。赐公郑克塽、伯刘国轩、冯锡范田宅，隶汉军。

◎是年，日讲《易经》《资治通鉴》凡八十四次。

康熙二十四年（1685） 三十二岁

◎正月，命彭春赴黑龙江督察军务，命林兴珠率福建藤牌兵从之。以班达尔善、佟宝、马喇参与军事，定于四月间收复雅克萨。召试翰、詹诸臣于保和殿，康熙皇帝亲定名次，不称者改官。命蒙古科尔沁十旗所贡牛羊送黑龙江军前。

◎二月，巡幸畿甸。再赐天津总兵官刘国轩第宅。

◎三月，应左副都御史张可前之请，颁御书"万世师表"匾额于各省府、州、县学。重修《赋役全书》。考试满洲官员翻译。

◎四月，授宋儒周敦颐后裔五经博士世职。谕准满、汉人民出洋贸易。令凡民间开垦之田亩，永不许圈占。蠲免直隶八府上年未完之地丁钱粮六十万两，并蠲免本年直隶部分府、州、县地丁正赋三分之一，约合银五十万两。副都统马喇以所俘俄罗斯人上献，命遣返。诏医官博采医林载籍，纂成一书。设内务府官学。

◎五月，皇十一子胤禌生。诏厄鲁特济农向化而来，宜加爱养，予之田宅。谕修《政治典训》。考试汉军官员于太和门。彭春等攻雅克萨城，大败俄军并克复该城。

◎六月，巡幸塞外，命皇太子胤礽、皇长子胤褆随驾。恢复各省儒学廪生饩粮三分之一。令汉军官员考试曳白之八百人解职，令其读书，俟学习之后考试补用。

◎七月，设吉林、黑龙江驿路，凡十九驿。谕赈济蒙古蒿齐忒部饥民。颁发"四书"、《易经》《书经》讲义于白鹿洞书院。

◎八月，谕免宿迁缺额粮地、续报旷土虚粮，缺额丁银亦暂停征收。

◎九月，闻太皇太后违和，星夜回銮。因汉举人、进士壅滞，不得铨选，令汉军官员停补在京汉缺，汉军旗分内应补之缺额由汉举人、进士补入。谕编《平定罗刹方略》。九卿会议讨论广东、云南秋审人犯，谕以别项人犯尚可宽恕，贪官之罪断不可宽。筑墨尔根城，令将军萨布素及副都统一员率兵驻扎。

◎十月，都察院左都御史陈廷敬疏言，督抚保举州、县官，须令实填无加派火耗、实心奉行上谕十六条字样，从之。裁减蒙古各部进贡数额，只令岁贡羊一只、酒一瓶。河道总督靳辅、按察使于成龙至京，与九卿、詹事、科道详议河工事务。

◎十一月，以山东巡抚穆尔赛贪酷已极，拟绞监候。免河南、湖北本年未完地丁钱粮及明年钱粮之一半。大阅于卢沟桥。

◎十二月，靳辅、于成龙就治河方略互相论难。皇十二子胤祹生。以多罗贝勒察尼为奉天将军。刻印颁赐《古文渊鉴》。

◎是年，日讲《诗经》凡四十二次。是年停止京察，至雍正皇帝即位后始行恢复。

康熙二十五年（1686） 三十三岁

◎正月，令副都统马喇督理黑龙江屯田。俄罗斯再次盘踞雅克萨，命萨布素率师逐之。

◎二月，大计天下官员。引见直隶各省朝觐官员。减广东海关征收洋船额税十之二。以原任安徽按察使、管理下河事务于成龙为直隶巡抚。纂修《幸鲁盛典》。文华殿成。停四川采办楠木。

◎三月，谕直隶巡抚于成龙于直隶旗下各庄人户不守法度者执法严治，不得瞻徇顾忌。准广西土司子弟于就近府、州、县学读书。命纂修《一统志》。为宋儒二程、张载、邵雍、朱熹专祠御书匾额。以江宁巡抚汤斌为礼部尚书管詹事府事。

◎四月，命尚书阿喇尼等往喀尔喀七旗莅盟。命郎谈、班达尔善、马喇赴黑龙江参赞军务。诏各省征求遗书，停直隶办解狐皮。令直隶顺天、永宁、保定、河间四府旗庄屯丁编查保甲，与民户同。

◎闰四月，严禁在四川土司地区贩卖军器。谕停日讲。谕征求遗书惟以经学史乘，实有关系修齐治平、助成德化者方为有用，其他异端邪说，概不准收录。谕武职人员亦当于营伍宣讲上谕十六条。

◎五月，从礼部尚书汤斌之请，敕各省严禁淫祠滥祀。

◎六月，谕兴工疏浚海口，发内帑二十万两。荷兰遣使入贡，赏赉如例。撤汉中满洲驻防兵丁。

◎七月，以工部右侍郎孙在丰督修河工。准荷兰贡船自福建进陆。通过荷兰使臣致书俄罗斯，令其撤出驻守雅克萨、尼布楚军队，提议分立疆界，不得任意越过。巡幸塞外，以皇太子、皇长子、皇三子、皇四子随驾。定侍读、庶子以下各官学问不及者，以同知、运判外转。

◎八月，回京。以索额图为领侍卫内大臣。谕萨布素围雅克萨城，遏其援师。命副都统博定率军二百人增援并参与军事。诏天下学宫崇祀先儒。诏增孔林地十一顷。喀尔喀左右两翼汗遵旨会盟设誓，重归和好。

◎九月，普免直隶四府及四川、贵州、湖南、福建通赋及康熙二十六年地丁钱粮。定厄鲁特噶尔丹等四大台吉来京互市，其余小台吉于张家口互市。俄罗斯遣使至京，请解雅克萨之围，令萨布素等撤雅克萨围兵，近战舰立营。

◎十月，送《太祖高皇帝实录》《圣训》至皇史宬尊藏。皇十三子胤祥生。

◎十一月，御书"学达性天"四字匾额，颁发宋儒周敦颐、张载、二程、邵雍、朱熹祠堂及白鹿洞书院、长沙岳麓书院，并颁日讲解义、经史诸书。

◎十二月，召靳辅来京，面询治河事宜。以兵部右侍郎蔡毓荣在云贵总督任上贪酷异常，又隐占吴逆财产、人口而鞭一百，枷号三月，籍没。

◎是年，日讲《诗经》二次。总计自康熙十年开始日讲，至本年闰四月初六日停止日讲，十五年间，日讲凡八百九十六次。

康熙二十六年（1687） 三十四岁

◎正月，遣医官往治雅克萨军士疾，有疾之俄罗斯士兵，愿就医者并医之。喀尔喀土谢图汗、车臣汗及七旗济农、台吉等合疏请上尊号，不准。

◎二月，于卢沟桥大阅军容。命八旗都统、副都统、五旗护军统领于内城更番入值。禁淫词小说。禁内地各省之民私出边口。喀尔喀车臣汗故，以其长子伊尔登阿喇布坦袭爵。

◎三月，停天下贡生廷试。谕大学士等详议政务阙失。

◎四月，谕用人标准，必才德兼备。加直隶巡抚于成龙太子少保，以为廉能称职者劝。谕纂修《明史》各官，当参看前明实录，并谕《明史》成日，应将实录并存，令后世有所考证。罢科道侍班。

◎五月，召陈廷敬、汤斌、徐乾学等十二人各试以文。于京师建周公、孔子、孟子庙，并各为其撰御制碑文。

◎六月，厄鲁特噶尔丹大举进攻喀尔喀。

◎七月，俄罗斯遣使议和，命萨布素撤兵。谕禁八旗祭葬、筵宴铺张逾分。

◎八月，巡幸塞外，以皇太子、皇长子、皇三子、皇四子、皇五子、皇七子、皇八子随驾。

◎九月，还京。以礼部尚书汤斌为工部尚书。厄鲁特噶尔丹分南北两路进攻喀尔喀，谕各自罢兵。

◎十月，巡幸畿甸，以皇太子随驾。赐直隶巡抚于成龙御用马一匹、白银千两。谕禁各省提镇于军政之年敛取兵丁，馈送兵部。谕黑龙江屯粮积谷，以备俄罗斯来侵。谕禁汉军居丧演戏饮酒。工部尚书汤斌卒。

◎十一月，考察天下军政。太皇太后违和，诣慈宁宫侍疾。蠲免江苏、陕西明年钱粮及本年未完钱粮六百万两。大赦在狱囚犯。

◎十二月，太皇太后崩于慈宁宫，年七十五岁，上尊谥"孝庄仁宣诚宪恭懿翊天启圣文皇后"。

康熙二十七年（1688） 三十五岁

◎正月，皇十四子胤禵生。康熙皇帝于乾清门外幕次居丧。二十七日除服，听政如常。

◎二月，大学士勒德洪、明珠、余国柱有罪免职，其余廷臣亦罢黜有差，严斥在朝诸臣互相结党徇庇。更定宗室王公袭爵办法。再修玉牒。禁大臣向宗室王公下跪。南怀仁卒，谥"勤敏"。

◎三月，以山西巡抚马齐为都察院左都御史。以河工在事诸臣互相攻讦，董讷、熊一潇、靳辅、慕天颜、孙在丰皆革职。令内大臣索额图等与俄罗斯议约定界。喀尔喀车臣汗伊尔登阿喇布坦卒，遣官致祭。

◎四月，送太皇太后梓宫奉安遵化暂安奉殿。其后起陵，是为昭西陵。以厄鲁特噶尔丹侵犯喀尔喀，遣使谕噶尔丹。命侍郎成其范、徐廷玺查阅河工。

◎五月，遣内大臣索额图等赴色楞额地方与俄使议国界，后因中途受阻，返回。严禁夫死妻殉，殉死者不再旌表。

◎六月，湖广督标裁兵夏逢龙纠众作乱，踞武昌，巡抚柯永升、布政使叶映榴死之。命都统瓦岱为振武将军，率师往讨。厄鲁特噶尔丹侵掠额尔德尼召，哲布尊丹巴、土谢图汗逃遁。谕发兵防边。

◎七月，喀尔喀哲布尊丹巴呼图克图遣使告急。巡幸塞外，以皇长子、皇三子随驾。武昌夏逢龙之乱平定。

◎八月，兵部尚书张玉书等查阅河工，多用靳辅旧议。噶尔丹再败喀尔喀土谢图汗。

◎九月，调八旗精兵戍守北方边界，以防噶尔丹入侵。喀尔喀土谢图汗、哲布尊丹巴呼图克图以其众二万余人入边求抚，运米赈济。

◎十月，上大行太皇太后尊谥。严禁绿旗将领克扣兵饷，以防兵变。

◎十一月，谕喀尔喀、厄鲁特蒙古讲和修好。

◎十二月，建福陵、昭陵圣德神功碑，御制碑文。

康熙二十八年（1689） 三十六岁

◎正月，第二次南巡，视察河工，观览民情，周知吏治。三月返京。至山东，谕蠲免该省来年地丁钱粮。谕达赖喇嘛遣使厄鲁特，令噶尔丹罢兵休战。阅视中河，免江南全省积欠地丁钱粮二百二十余万两。

◎二月，大计天下官员。至会稽，祭大禹陵。诏增加江浙学额，赉军士，恢复因公降谪官。以张鹏翮为浙江巡抚。增设武昌、荆州、常德、岳州水师。至江宁，祭明孝陵。赐江宁、京口驻防老年男妇白金。阅视观星台。

◎三月，赏江宁、镇江、杭州驻防兵丁一月钱粮。阅高家堰，指授治河方略。安亲王岳乐卒，亲临其第奠酒。命八旗科举先试骑射。以靳辅治河劳绩昭然，复其河道总督原官。增设八旗火器营。

◎闰三月，江、浙、闽、广四省海关在大洋兴贩商船遵照则例，征收税课。湖南丈量地亩。

◎四月，御制孔子赞序及颜回、曾子、思子、孟子四赞，颁于各省学宫。以天时亢旱，命百官详陈政事得失。遣理藩院尚书阿喇尼等往谕噶尔丹罢兵。令民人自首开垦地亩，俱自出首之年起科，该管官亦免议处。以俄罗斯遣使费要多罗等至尼布楚地方请议分界事宜，复遣领侍卫内大臣索额图等前往。赈济喀尔喀土谢图汗属下饥民。

◎五月，以天时亢旱，命停止一应修葺工程。以郭琇为左都御史。颁行《孝经衍义》。以噶尔丹再次进攻喀尔喀，命归化城屯兵备边。

◎六月，扩充江南、浙江生员入学额数。以佟宝为宁古塔将军。

◎七月，册立贵妃佟佳氏为皇后，次日死，谥"孝懿皇后"。中俄签订《尼布楚条约》。

◎八月，巡幸外边，以皇长子、皇三子、皇四子随驾。分遣官员赈济塞外饥民。

◎九月，赈济直隶饥民并免本年未征及明年全省地丁钱粮。以左都御史郭琇参劾高士奇等植党营私，令高士奇、王鸿绪、陈元龙等休致回籍。

◎十月，增设喀尔喀两翼札萨克，招集流亡，编置旗队。左都御史郭琇以致书本省巡抚请托被降级调用。葬孝懿皇后于遵化。理藩院尚书阿喇尼自厄鲁特归京。

◎十一月，以湖北亢旱为灾，蠲免各属钱粮有差。厄鲁特额林臣台吉率属来归，诏予安插。

◎十二月，免云南历年积欠地丁钱粮。内大臣索额图疏报与俄罗斯立约，定尼布楚为界，立碑界上，以满、汉、俄、拉丁、蒙古五体文书碑。赈济直隶饥民。

康熙二十九年（1690） 三十七岁

◎正月，谕各省督抚讲求积贮备荒。以天时亢旱，谕省减宫人及所用器物。再次赈济喀尔喀土谢图汗属下饥民。遣使至喀尔喀，侦察噶尔丹情形。

◎二月，谕纂修《明史》宜考核精详，不可疏漏。赈济八旗贫户。令理藩院尚书阿喇尼、都察院左都御史马齐参与议政。

◎三月，谕修三朝国史。命都统额赫纳、护军统领马赖等率师征厄鲁特噶尔丹。

◎四月，以厄鲁特策妄阿拉布坦与噶尔丹交兵，各颁敕书，询问其故。准喀尔喀蒙古购买军器以备噶尔丹。《大清会典》告成。

◎五月，命九卿保举行取州县堪为科道者。喀尔喀札萨克图汗之子额尔克阿海巴郎率众来投。以噶尔丹进兵喀尔喀，速调兵往御，并谕俄罗斯，勿得与其联结。

◎六月，大学士徐元文免官。噶尔丹追喀尔喀侵入边，命内大臣苏尔达赴科尔沁征蒙古师备御。命康亲王杰书等率师驻归化。谕亲征噶尔丹。清军与噶尔丹战于乌尔会河，不利。

◎七月，噶尔丹入犯乌珠穆沁，命裕亲王福全为抚远大将军，皇长子胤禔为副，出古北口。恭亲王常宁为安远大将军，简亲王喇布、信郡王鄂札副之，出喜峰口。内大臣佟国纲、索额图、明珠、彭春等俱参与军事，阿密达、阿拉尼俱会于军前。升直隶巡抚于成龙为都察院左都御史。御驾亲征，发自京师，旋以疾回京。定直隶各省蠲免钱粮，七分蠲免业户，三分蠲免佃种之民。

◎八月，抚远大将军裕亲王福全大败噶尔丹于乌兰布通。噶尔丹遣使请和，福全未即进师，严旨切责。以皇长子与裕亲王福全不协，撤其回京。噶尔丹以誓书来献。

◎九月，内大臣、都统、公、舅舅佟国纲于往剿厄鲁特中阵亡，丧还，命皇长子、皇四子往迎灵榇。弛民间养马之禁。

◎十月，谕裕亲王福全撤兵回京。

◎十一月，以丁忧在籍之熊赐履为礼部尚书。达赖喇嘛请上尊号，不许，并却其所进之贡。裕亲王福全等至京听勘，福全、常宁罢议政，将士仍叙功。

◎十二月，以故一等公佟国纲之子鄂伦岱袭爵。

康熙三十年（1691）　三十八岁

◎正月，封阿禄科尔沁贝勒楚依为郡王，以与厄鲁特力战受伤被执不屈而脱归。其十二旗阵亡台吉，俱赠一等台吉，赐号达尔汉，子孙承袭。噶尔丹复掠喀尔喀，命都统瓦岱为定北将军，驻张家口；都统郎谈为安北将军，驻大同。川陕总督会同西安将军驻兵宁夏备之。命在籍勇略将军赵良栋参预军事。以左都御史马齐为兵部尚书。

◎二月，为加强京师治安，命步军统领管领巡捕三营，兼辖五城督捕，以统一事权。厄鲁特策妄阿拉布坦遣使上奏与噶尔丹交恶情形，厚赐而遣之。谕户部为满洲八旗甲兵偿还所有债务，汉军八旗每佐领各给银五千两。

◎三月，翻译《通鉴纲目》告成，御制序文。谕于四月对外藩蒙古进行会阅。

◎四月，左都御史徐乾学以致私书于山东巡抚钱钰革职。以喀尔喀数十万人内附，率皇长子、皇三子亲出塞外抚绥。

◎五月，驻跸多伦诺尔，喀尔喀各部来朝。先是，喀尔喀土谢图汗听从哲布尊丹巴唆使，杀其同族札萨克图汗得克得黑墨尔根阿海，内乱迭兴，为厄鲁特所乘。至是，遣大臣巡按其事，土谢图汗、哲布尊丹巴具疏请罪，赦之，并以札萨克图汗之弟策妄扎布袭汗爵，封亲王，为七旗之长，各予赏赐，并将喀尔喀与内蒙古同例编旗。史称"多伦会盟"。群臣请上尊号，不许。

◎六月，以多伦会盟敕谕达赖喇嘛。

◎七月，西安将军尼雅翰奉诏督兵迁巴图尔额尔克济农于察哈尔，济农遁去，尼雅翰追之不及，按问论死。命总督葛思泰追讨之。

◎闰七月，巡幸塞外，以皇长子、皇三子、皇四子、皇五子、皇七子、皇八子随驾。

◎九月，蠲免河南康熙三十一年地丁钱粮，并停征漕粮。命李光地、靳辅等查阅河道。

◎十月，遣学士布喀前赴陕西查勘灾情并予以赈济。

◎十一月，授喀尔喀札萨克图汗之子克色克为辅国公。谕责廷臣党同伐异，互相倾轧。以来年正月朔日食，谕元旦行礼、筵宴，俱着停止。

◎十二月，谕以次年为始，轮蠲湖广、江西、浙江、江苏、安徽、山东漕粮一年。移旗庄壮丁赴古北口外达尔河垦田。谕督抚、提镇保举武职堪任用及曾立功者，在内八旗旗员，令都统等举之。

康熙三十一年（1692） 三十九岁

◎正月，差阅河工毕，李光地、靳辅自河工还，以治河事宜并图册进呈。大计天下官员。

◎二月，以陕西旱灾，饥民流徙，再发山西帑银、襄阳粮米赈之。巡幸畿甸。

◎三月，遣内大臣阿尔迪、理藩院尚书班迪赴边外设立蒙古驿站。以靳辅衰病，命顺天府丞徐廷玺协理河工。谕直隶巡抚郭世隆动用正项钱粮修治浑河。允许天主教传教。

◎四月，再拨户部帑银一百万两赈济陕西饥民，兼备军需。于瀛台召臣下观看御种良稻。令于东北白都讷地方修造木城，开垦田地。

◎五月，因山西丰收，遣官采买余粮，以积贮备荒。定喀尔喀蒙古为三部，土谢图为北路，车臣为东路，札萨克图为西路，属部各按其分地划为左右翼，各给印信。

◎六月，以宋荦为江苏巡抚。蒙古科尔沁进献锡伯、卦尔察、打虎尔一万余丁，给银酬之。

◎七月，巡幸塞外。

◎九月，清朝差往厄鲁特策妄阿拉布坦之处员外郎马迪等人于哈密附近尽被噶尔丹杀害。噶尔丹遣使进贡。颁敕谕责其杀害使臣马迪之罪。于玉泉山大阅八旗营兵。

◎十月，免来年陕西各州、县地丁钱粮及前此所有积欠。以熊赐履为吏部尚书。

◎十一月，命熊赐履勘察淮扬滨河涸田、考察天下军政。

◎十二月，河道总督靳辅病故，以于成龙为河道总督。因西安饥荒，谕自襄阳运米二十万石平粜。召科尔沁蒙古王沙津入京，面授机宜，使诱噶尔丹。

康熙三十二年（1693） 四十岁

◎正月，以噶尔丹欲就食哈密，遣兵备之。

◎二月，发帑金，招商贩米至西安，以平市价。遣内大臣坡尔盆等往督归化城三路屯田。诏修南河周桥堤工。策妄阿拉布坦遣使入贡，报告使臣马迪被害及噶尔丹密事，以彩缎赉之。谕宗室互相亲睦。巡幸畿甸。

◎三月，谕户部详议各省解送物料当解与不当解者。

◎四月，喀尔喀台吉车凌扎布自俄罗斯来归，赍之袍服，

赐克鲁伦游牧。命检核直省解送物料共九十九项，减去
四十项免解。

◎五月，命内大臣费扬古为安北将军，驻归化城。御书
"万世师表"匾额于国学。以戕害员外郎马迪事，降敕诘问
噶尔丹，噶尔丹遣使辩解。

◎六月，御书"学达性天"匾额于江南徽州紫阳书院。以
八旗学习制艺者日多，而中式之额太少，增加其乡试、会
试录取额数。

◎八月，普免广西、四川、云南、贵州四省明年地丁钱粮。
巡幸塞外。

◎九月，以两江夏旱，谕免江苏、安徽今年漕粮三分之一。

◎十月，以阙里圣庙落成，命皇三子、皇四子前往致祭并
亲制碑文。大阅八旗于玉泉山麓。

◎十一月，免直隶顺天、河间、保定、永平四府明年地丁
钱银。皇十五子胤禑生。

◎十二月，西藏第巴以达赖喇嘛名义上疏为自己乞求金印
和封号。普赏八旗兵丁一月钱粮。

康熙三十三年（1694） 四十一岁

◎正月，盛京歉收，命户部尚书马齐驰往，以仓谷支给兵
丁，海运山东仓谷赈济民食。以河道总督于成龙妄行陈奏，
排陷前任总河靳辅，将其革职留任。俄罗斯察罕汗遣使进
贡，赏赉如例。

◎二月，巡幸畿甸。敕修通州至西沽两岸堤工。

◎三月，礼部尚书沙穆哈因议皇太子祀奉先殿仪注不敬
免官。

◎四月，编审外藩蒙古四十九旗人丁共二十二万六千七百
余人。命近畿各省督抚督民扑蝗。禁止无执照商船通行，

暗带外国人、偷买违禁物者严加治罪。赐西藏第巴金印，印文曰"掌瓦赤喇呾喇达赖喇嘛教弘宣佛法王布忒达阿白迪之印"。封第巴为土伯特国王。

◎五月，噶尔丹遣三千余人以进贡为名阑入内地，命止于归化城。以工科给事中彭鹏劾兵部右侍郎李光地母故，贪恋禄位，不请终制，命其解任，不准回籍，在京守制。命翰林院、詹事府、国子监日轮四员入值南书房。谕编《渊鉴类函》。巡幸畿甸，阅视河堤。

◎闰五月，谕将噶尔丹奸细正法示众。以《理学真伪论》为题，试翰林官于丰泽园。以太监钱文才殴死民人，谕令处以绞监候，秋后处决。

◎六月，两江总督傅喇塔卒，以其居官清廉，从优赐恤。

◎七月，谕召徐乾学、徐秉义、王鸿绪、高士奇来京修书。巡幸边塞。

◎八月，喀尔喀哲布尊丹巴呼图克图来朝，赐衣帽蟒缎等物。

◎九月，增加八旗入学名额。以陕西巡抚布喀贻误边疆重事、罔惜军民乏食、私行挪用赈灾粮食而处以斩监候，秋后处决。

◎十月，谕禁各地官员迎送奉旨遣往各省大臣官员。于玉泉山大阅八旗军容。

◎十一月，温僖贵妃钮祜禄氏卒。革阿灵阿都统职及所袭一等公爵。

康熙三十四年（1695）　四十二岁

◎正月，大计天下官员。

◎二月，太和殿兴工。

◎三月，增加盛京八城取进生员额数。

◎四月，山西平阳地震，以户部尚书马齐驰驿前往办赈，并停征本年地丁钱粮。遣使册立班禅呼图克图。

◎五月，以坐观地震、不行赈济革山西巡抚噶尔图职。命在京八旗分地各造屋二千间，以居八旗无房兵丁七千余家。巡幸畿甸，阅新堤及海口运道。

◎六月，册封皇太子妃石氏。皇十六子胤禄生。诏谕世职凡获罪革职者，不准其子孙承袭，令同父昆弟袭之；无同父昆弟者，则削其职。

◎七月，谕禁各省督抚、提镇陛见进贡川马。

◎八月，巡幸塞外。命宗室公苏努、都统阿席坦、护巴领兵备噶尔丹。密谕科尔沁土谢图亲王沙津计诱噶尔丹入侵，以便聚而歼之。

◎九月，令八旗都统以下、参领以上，于各旗聚议如何剿除噶尔丹。以水灾，谕免直隶顺天、保定、河间、永平来年地丁银米并派员赈济。诏减云南省屯田地丁钱粮。

◎十月，为防噶尔丹侵袭，令喀尔喀诸部在汛界内游牧。遣内大臣索额图、明珠往外藩蒙古察看噶尔丹进兵消息。

◎十一月，命大军分三路征剿噶尔丹。传谕蒙古四十九旗各备兵马，以俟征调。大阅于南苑，宣布军纪。

◎十二月，以出兵征噶尔丹，颁布军纪十六条。以山西平阳再次地震，颁诏天下，免山西、陕西、江南、浙江、江西、湖广、广东、福建等省逋赋。

康熙三十五年（1696） 四十三岁

◎正月，部署亲征噶尔丹。

◎二月，命中路大军于二月三十日自京师起程，西路大军于二月十八日自归化起程，四月下旬，两路大军会于土喇。策妄阿拉布坦遣使进贡，谕以近日征剿噶尔丹。谕此次出征期间，各部院衙门本章停其驰奏，凡事俱着皇太子听理；若重大紧要事，着诸大臣会同议定，启奏皇太子。令出征后，部院大臣分三班值宿禁城内。率中路大军起行，亲征噶尔丹。

◎四月，索额图、佟国维劝康熙皇帝还京，不许。至塔尔奇拉，谕列环营。前哨报噶尔丹在克鲁伦，命蒙古兵先行据河。

◎五月，侦知噶尔丹所在，康熙皇帝率前锋先发，诸军张两翼而进。噶尔丹闻御驾亲征，弃其庐帐，宵遁昭莫多，为西路抚远大将军伯费扬古所败，噶尔丹以数骑遁走。班师回京。喀尔喀妻子老幼齐集行宫，叩谢再造之恩。至京途中，每日蒙古王、贝勒、贝子、台吉等来行宫外庆贺、朝谒，贡献驼马牛羊不可数计。驾行时，男妇老幼拜跪路旁，迎献酒浆、酥酪，沿途环拥，欢声遍野。

◎六月，师还京。谕青海蒙古以噶尔丹败逃及达赖喇嘛已死多年，第巴桑结嘉措匿之，假借其言，诓诱噶尔丹作乱之故，以荡平噶尔丹，王以下文武各官行庆贺礼。

◎七月，命纂修《平定朔漠方略》。增加全国各省乡试解额。以平定朔漠勒石太学。

◎八月，遣主事保住赍敕往谕达赖喇嘛、达赖汗、班禅、第巴及策妄阿拉布坦。揭露第巴桑结嘉措盗用达赖喇嘛之名，纵容噶尔丹侵犯喀尔喀及对抗朝廷罪行。

◎九月，以厄鲁特降人一千五百人编入上三旗。巡幸塞北。副都统祖良璧败噶尔丹部下丹济拉于翁金。

◎十月，以噶尔丹穷蹙无依，康熙皇帝率师前往归化，再次征讨。

◎十一月，康熙皇帝率军渡黄河。噶尔丹遣使乞降。副都统阿南达擒获噶尔丹派赴青海和西藏的使者、亲侄、随从家属及其亲子多人。谕限噶尔丹于七十日内来降。又调动西北各部，遏其西窜之路，随后班师。

◎十二月，还京。谕免甘肃全省及陕西榆林府所属地方明年地丁钱粮。

康熙三十六年（1697） 四十四岁

◎正月，谕征调军队，三次亲征噶尔丹。

◎二月，康熙皇帝亲征噶尔丹。以山西巡抚倭伦居官清廉，赐御用貂服。

◎三月，皇十七子胤礼生。厄鲁特多尔济率众来降。勇略将军赵良栋病故，遣皇长子胤禔赐奠。至宁夏，命查去年昭莫多、翁金阵亡兵丁，遣官祭奠。遣官祭贺兰山、阅兵，命侍卫以御用之物均赐战士。

◎闰三月，康亲王杰书病故，谥曰"良"。再遣使招降噶尔丹。噶尔丹以众叛亲离，穷蹙无路，于阿察阿穆塔台地方服毒自杀。

◎四月，驻跸狼居胥山。抚远大将军费扬古疏报噶尔丹死讯。噶尔丹之女钟齐海率残余部众降。率文武官员行拜天礼，敕诸路班师。

◎五月，还京师，谕以外寇荡平，惟以安定地方、抚循百姓为急务。礼部请上尊号，不许。

◎六月，礼部请于师行所过名山摩崖纪功，从之。

◎七月，停八旗都统、副都统员缺于本旗选授之例，改于左右翼内不论旗分补授。遣官赍外藩四十九旗。巡幸塞外。

◎八月，赐蒙古王公台吉银币。

◎九月，厄鲁特丹济拉率众来降。谕内务府总管海喇孙，膳房人花喇、额楚等人私在皇太子处行走，甚属悖乱，分别将其处死或圈禁。

◎十月，令八旗宗室子弟与满洲诸生一体应试。免山西明年地丁钱粮。太监刘进朝以外出讹诈论死。第巴立仓央嘉措为六世达赖喇嘛，举行坐床仪式。康熙皇帝授六世达赖喇嘛以印信、封文。

◎十一月，青海扎什巴图尔台吉、土谢图汗戴青、那木扎尔额尔德尼台吉、盆楚克台吉等来朝，分别封为亲王、贝勒、贝子。诏谕直省报灾并报灾害分数。

◎十二月，考察天下军政。大阅军容于玉泉山。

康熙三十七年（1698） 四十五岁

◎正月，厄鲁特策妄阿拉布坦遣使入贡。巡幸山西五台山，命皇长子往祭金太祖、金世宗陵。

◎二月，免山西去年逋赋并开仓赈济饥民。大计天下官员。以山东连岁荒歉，遣官赈济。以山东巡抚李炜匿灾不报，将其革职。

◎三月，封皇长子胤禔为多罗直郡王，皇三子胤祉为多罗诚郡王，皇四子胤禛、皇五子胤祺、皇七子胤祐、皇八子胤禩俱为多罗贝勒。直隶巡抚于成龙上奏偕西洋人安多等履勘浑河，帮修挑浚，绘图呈进。遣内阁学士伊道等人往谕策妄阿拉布坦。以各省米价腾贵，禁造烧酒。以投诚厄鲁特人等分隶八旗。

◎四月，减广东海关税额。巡幸漕河。

◎五月，命裁上林苑衙门。

◎六月，从云南巡抚石文晟奏，三藩属人奉旨免缉者，准其垦田、应试。

◎七月，命吏部选州、县官引见。修治浑河初期工竣，赐名永定河。湖南茶陵州因私派繁重，民情汹汹，原吴三桂部属黄明、陈丹书、吴旦先等人乘机起事，谕令湖广、贵州、广西三省围剿，不久即定。奉皇太后取道塞北，东巡谒陵。

◎八月，策妄阿拉布坦遣使献噶尔丹骸骨。

◎九月，黑龙江将军萨布素、宁古塔将军沙纳海朝见于行在。

◎十月，谒永陵及盛京二陵。遣官祭功臣墓。免奉天今年米豆。户部尚书马齐、理藩院尚书班迪与蒙古四十九旗及边外喀尔喀会盟。

◎十一月，还京。以外藩蒙古生计窘迫，盗窃公行，遣八旗官员前往教导。令各省举人三科不中，准其拣选知县。免江苏、安徽部分州、县明年地丁银米。

◎十二月，命徐廷玺协理河务，命尚书马齐、侍郎喻成龙、常绶视察河工。谕察闲散宗室、材力干济、精于骑射及贫无生计者，各予登用并为其筹划生计。诏官民妻女缘事牵连，勿拘讯，著为令。诏八旗察访孝子节妇。

康熙三十八年（1699） 四十六岁

◎正月，谕以黄、淮泛滥，需亲临河工，下令再度南巡。

◎二月，奉皇太后南巡。

◎三月，阅视高家堰、归仁堤、烂泥浅等处河工。以河身高出地面，以致泛滥，谕治河以疏浚河身为要。谕截漕粮十万石，发高邮、宝应等十二州、县平粜。阅视黄河堤。诏免江苏、安徽、浙江通欠地丁钱粮。

◎四月，回銮，次苏州，诏免盐课，关税加增银两，增加江、浙三省学额。亲祭明孝陵，御书"治隆唐宋"匾额。升贵州按察使彭鹏为广西巡抚。渡黄河，御小舟，阅视新埽。

◎五月，舟次仲家闸，御书"圣门之哲"额，悬先贤子路祠。免山东历年逋赋。还京。

◎六月，起郭琇为湖广总督。

◎七月，禁各省经制额兵虚冒钱粮。河决淮、扬。

◎闰七月，敏妃张雅氏卒。巡幸塞外。

◎八月，直隶巡抚李光地奏请疏浚滹沱河、漳河。

◎九月，以诚郡王胤祉母丧未满百日剃发而交宗人府收禁议罪，并革其郡王爵，授为贝勒。谕查访明代后裔，以奉祭祀。

◎十月，巡视永定河堤工。谕直隶巡抚李光地等试行束河身坚筑堤岸，以水力冲刷河底使之加深办法。

◎十一月，以顺天乡试弊端严重，对正副考官李蟠、姜宸英严加议处。以水灾，免淮、扬地方明年地丁额赋。以各部院所设蒙古司官并无所办之事，俱着解任，候补理藩院员缺。免明年湖南全省地丁钱粮。

康熙三十九年（1700） 四十七岁

◎正月，巡视永定河工。

◎二月，因淮、扬等处频年水灾，命截漕二十万石备赈。

◎三月，谕差往蒙古官员不可以内地之法治之，当顺其性情以渐导。免江南水灾地区康熙三十八年地丁钱粮。河道总督于成龙病故，赐祭葬，谥"襄勤"，以江西总督张鹏翮为河道总督。

◎四月，御制台省箴，以儆言事诸臣。巡视永定河堤工，命八旗兵丁协助开河。

◎五月，裁各省闲冗官三百三十五员。湖广总督郭琇奏楚省陋弊八款，诏谕实力革除。

◎六月，河道总督张鹏翮报修浚海口工成，河流畅遂。停宗室科举。谕科举考试以大臣子弟另编字号。

◎七月，厄鲁特台吉策妄阿拉布坦遣兵至青海。定翰林院编修、检讨、庶吉士月给银三两例，学道缺出，较俸选派。故振武将军孙思克卒，予祭葬，谥"襄武"。以各省丰收，谕重积贮。巡幸塞外。

◎九月，停今年秋决。诏张鹏翮专理河工。

◎十月，皇太后六十万寿，御制《万寿无疆赋》，亲书围屏进献。许科道官风闻言事。巡阅永定河。命本年行取科道未补官者，作为额外御史，随班议事。

◎十一月，差户部右侍郎温达查视陕甘驿站。定科场官卷取士例。巡幸边外。四川打箭炉土蛮作乱，遣侍郎满丕偕提督唐希顺讨之。

◎十二月，赐外藩王以下至官兵白金。云南布政使张霖以出身盐商被参革职。唐希顺等败土蛮于打箭炉。

康熙四十年（1701） 四十八岁

◎正月，谕直隶巡抚李光地动用正项钱粮，于今春速修永定河工。

◎二月，巡幸畿甸。黑龙江将军萨布素以捏报兵丁数目、浮支仓谷革职。大计天下官员。

◎三月，河道总督张鹏翮请将上谕治河事宜编集成书，不许。命郎中马尔汉等往喀尔喀，教养诸蒙古。

◎四月，巡视永定河、子牙河。《幸鲁盛典》告成。

◎五月，毁西山碧云寺后前明太监魏忠贤墓。直隶巡抚李光地奏报，永定河工程告竣。巡幸塞外。

◎六月，普赐喀尔喀台吉马匹。以丁丑日京中章奏迟至，谕查明原因。授宋儒邵雍后裔五经博士。

◎七月，甘肃旱灾，谕总督席尔达会同巡抚停征被灾百姓钱粮，并议赈恤。

◎八月，皇十八子胤祄生。北巡至索约尔济山。赐喀尔喀汗、王、台吉等银帛布匹。

◎九月，策妄阿拉布坦将噶尔丹之女钟齐海解至京师，命其与噶尔丹之子色腾巴尔珠尔同居。正黄旗领侍卫内大臣索额图以年老乞休，允之。

◎十月，免甘肃、江苏明年地丁钱粮。诏总督郭琇、张鹏翮、桑额、华显，巡抚李光地、彭鹏、徐潮各举贤能。以故多罗平郡王讷尔福之子讷尔苏袭封多罗平郡王。扩大议政大臣范围。

◎十一月，大阅八旗军容于南苑。

◎十二月，河道总督张鹏翮奏河工大致完成，请康熙皇帝明春南巡视察。

康熙四十一年（1702） 四十九岁

◎正月，诏修国子监。命喇嘛达布巴色尔济、郎中舒图前往打箭炉监督贸易。巡幸五台山。

◎二月，广东连山瑶民近两万人受清军招抚。巡视子牙河。

◎三月，遣使至边外与蒙古会盟。

◎四月，封和硕裕亲王福全长子保泰为世子。

◎五月，定发配犯人先遣回籍，再与妻同发配所。流犯死配所，妻子许还乡里。传大学士、九卿、翰林、詹事、科道官一百四十余员至保和殿，颁赐御书。户部存帑达五千万两。

◎六月，御制训饬士子文，颁发直省，勒石学宫。奉皇太后避暑塞外。

◎闰六月，打箭炉瞻对土司头人率众归顺，缴明代印信，各授五品安抚使，换给印信，仍令管辖原地。增加浙江乡试中额。

◎七月，山东积谷一百七十余万石，从巡抚王国昌之请，每年于春夏青黄不接之时存七粜三，秋后买补还仓。增加湖广乡试中额。

◎八月，增加顺天乡试中额。

◎九月，因视察黄河工程再度南巡。

◎十月，次德州，以皇太子胤礽有疾，召索额图侍奉，康熙皇帝回銮，还京。

◎十一月，诏免陕西、安徽明年地丁钱粮。命修大禹陵。

◎十二月，廷臣以明年五旬万寿，请上尊号，不许。考察天下军政。厄鲁特丹津阿拉布坦来朝，厚加赐赉，封为郡王，赐地游牧。

康熙四十二年（1703） 五十岁

◎正月，诸王大臣以康熙皇帝五十寿辰，进献礼物，坚辞不受。仅抄留庆祝万寿无疆屏文。南巡阅视河工。

◎二月，运漕米四万石赈济济宁、泰安饥民。视察宿迁河工。至苏、杭、江宁。

◎三月，视察高家堰、翟家坝堤工。还京。以五十寿诞，颁诏大赦天下，赐军民年七十以上者免一子徭役，八十、九十以上者分赐绢帛、米肉。停二十岁以上宗室给拖沙喇哈番俸之例，改为照披甲例给予银米。

◎四月，大学士熊赐履休致。以李光地为吏部尚书，仍管直隶巡抚事。革湖广总督郭琇职，以喻成龙为湖广总督。以五旬万寿，于恩诏中下令以数百万金为旗丁偿逋、赎地，筹划生计，谕八旗子弟不得仍如前游荡饮博。

◎五月，和硕裕亲王福全有疾，康熙皇帝连往临视。内大臣索额图以结党获罪，拘禁宗人府。其同党之同族子孙在部院者俱查明革退。巡幸塞外。

◎六月，和硕恭亲王常宁死，命诸皇子经纪其丧。和硕裕亲王福全死，康熙皇帝星夜返京。

◎七月，亲临裕亲王丧次。令皇子俱穿孝。巡幸塞外。

◎八月，以山东官员不知教民摒节备荒，停其升转。

◎九月，予原任礼部侍郎高士奇、刑部右侍郎励杜讷祭葬。

◎十月，免山东康熙四十三年地丁钱粮。西巡山西、河南、陕西。免山西康熙四十二年以前未完钱粮。以裕亲王福全之子保泰为和硕裕亲王。

◎十一月，遣官祭女娲陵。渡黄河，过潼关，至西安。遣官祭周文王、周武王。免陕西、甘肃康熙四十二年以前积欠银米。大阅于西安。赐陕西盩厔征士李颙"操志清洁"匾额。命皇三子胤祉往阅三门底柱。

◎十二月，至河南。次修武，视察怀庆营，见军伍不整，逮总兵官王应统入京论死。封常宁之子海善为贝勒。

◎是年，《全唐诗》编成。

康熙四十三年（1704） 五十一岁

◎正月，于南苑大阅八旗军容，以八旗汉军皆乐于外任，谕令其有一家俱外任者，酌改京员。

◎二月，大计天下官员。京师米贵，谕每月发通仓米三万石于五城平粜。

◎三月，资送山东饥民回籍。

◎四月，阅视永定河堤、子牙河。命侍卫拉锡等人视察河源。

◎五月，以工部满洲官员舞弊案发，谕责各部院满洲尚书、侍郎等。

◎六月，巡幸塞外。谕统一各省斗斛。禁各处开采铅锡矿。

◎七月，广东巡抚彭鹏卒，予祭葬。

◎八月，内阁学士兼礼部侍郎徐秉义以老乞休，允之。

◎九月，禁督抚于各省州、县官破格滥调，违例处分。刑部右侍郎常绥招抚海寇二百余人，谕各予安插。侍卫拉锡视察河源，自星宿海还，绘图以进。

◎十月，疏浚天津杨村旧河。诏免顺天、河间二府及山东、浙江二省明年地丁钱粮。命各省巡抚疏浚汾河、渭河、贾鲁河。视察永定河。

◎十一月，谕明年春间青黄不接之时发京仓米平粜。原任工部郎中费仰皞以贪婪弃市。定吏部行取知县例，停督抚保荐。湖北巡抚刘殿衡以所刷印御书并藏书楼图呈览，康熙皇帝斥其靡费，并严禁借修建而侵帑累民。诫修《明史》馆臣核公论，明是非，以成信史。

◎十二月，准湖广各府、州、县熟苗生童与汉人一体应试。天津总兵官蓝理请于沿海屯田，从之。赐大臣官员《御制诗集》各一部。以河工告成，河道总督张鹏翮以下各加级有差。

康熙四十四年（1705） 五十二岁

◎正月，《古文渊鉴》告成，颁赐廷臣以及官学。

◎二月，南巡阅河。

◎三月，至扬州，谕河道总督张鹏翮治河善后方略。命选江、浙举贡生监善书者入京修书。普赐扈驾、迎驾官员银两。

◎四月，至杭州阅射，诏赦安徽、江苏、浙江、福建死罪减一等。御书"至德无名"匾额悬吴泰伯祠，并书季札、董仲舒、焦光、周敦颐、范仲淹、苏轼、欧阳修、胡安国、米芾、宗泽、陆秀夫各匾额悬其祠。祭明太祖陵。赐江宁八旗兵丁两月饷银。驻江宁。

◎闰四月，阅高家堰堤工。御书"经术造士"匾额悬胡安国书院。渡黄河。还京。

◎五月，以翰林院检讨年羹尧为四川乡试正考官。谕嗣后蠲免钱粮，旧欠亦不得征收。巡幸塞外。

◎六月，命行取知县非再任者不得考选科道。停广东开矿。

◎七月，黄河决口于清水沟、韩庄，命河臣察居民田舍以闻。拉藏汗杀第巴桑结嘉措，向清廷报告仓央嘉措系假达赖喇嘛。

◎八月，免八旗借支兵饷银七十万两。革湖广总督喻成龙职。自博洛和屯启行，阅塞外各处孳生马牛羊群及蒙古生业。

◎九月，还京。准湖广各土司中之读书能文者注入民籍，一体考试。

◎十一月，命蒙古公丹济拉备兵西陲，察视策妄阿拉布坦。以李光地为文渊阁大学士，宋荦任吏部尚书，调赵弘燮为直隶巡抚。诏免湖广明年额赋及以前逋赋。至此，自康熙元年以来，所免钱粮数目达九千多万，其中仅康熙四十二年以来即达一千六百余万。新修国子监告成，御书"彝伦堂"匾额。从福建学政沈涵之请，为杨时祠书额"程氏正宗"，为罗从彦祠书额"奥学清节"，为李侗祠书额"静中气象"，为胡安国祠书额"霜松雪柏"，为蔡元定祠书额"紫阳羽翼"，为蔡沈祠书额"学阐图畴"，为真德秀祠书额"力名正学"。巡幸近塞。

◎十二月，亲临和硕裕亲王福全葬。以领侍卫内大臣阿灵阿兼理藩院尚书。以宗人府借放本银六万两所生利息接济贫穷宗室。以犬房头领隆科多带领属人妄行而革副都统、銮仪使、犬房头领职，在一等侍卫里行走。

◎是年，罗马教廷派多罗使华，礼仪之争起。

康熙四十五年（1706） 五十三岁

◎正月，命孙渣齐、徐潮督理疏浚淮扬引河。顺天乡试考官户部右侍郎汪霦、副考官赞善、姚士蘽以取士不公革职。

◎二月，巡幸畿甸。至静海，视察子牙河。

◎三月，允准天津总兵官蓝理之请，于天津试开水田。以原任太仆寺卿施世纶为顺天府府尹。以满洲取中进士比例大于汉人，指斥失于公允。诏直省建育婴堂。

◎四月，减八旗进士额数。陈梦雷编纂《古今图书汇编》初稿书成。

◎五月，免直隶、山东历年积欠遗赋银一百七十七万余两，粮一万一千余石。巡幸塞外。

◎六月，诏修功臣传。命凡部、寺咨取钱粮非由奏请者，户部月汇其数以闻。

◎七月，皇二十子胤祎生。

◎八月，高家堰车逻坝、漳河河堤告成。

◎十月，以杭州、江宁、西安驻防满洲闲居日久，怠于武事，令每年各选二十四人，随至热河行围。免山西、陕西、甘肃、江苏、安徽、浙江、江西、湖北、湖南、福建、广东康熙四十三年以前积欠地丁银二百一十二万余两，粮十万五千余石。

◎十一月，豁免八旗借贷银三百九十五万余两。巡幸塞外。

◎十二月，拉藏汗执献伪达赖喇嘛，至西宁口外病故，命抛其尸骸。

康熙四十六年（1707） 五十四岁

◎正月，六次南巡，阅视河工。

◎二月，大计天下官员。至清口，阅视溜淮套。以河道所经，直民庐舍、坟墓悉当毁坏，下令罢其役。

◎三月，抵达江宁，谒明孝陵。赐江宁驻防兵丁一月钱粮。以江苏按察使张伯行居官清廉，擢福建巡抚。

◎四月，至杭州、苏州、扬州。

◎五月，次山阳，示河臣方略。还京。以治河之功，追加已故河道总督靳辅太子太保，仍给世职拜他喇布勒哈番（即原世职牛录章京，汉文称为骑都尉）。

◎六月，巡幸塞外。

◎七月，自喀拉河屯启行，巡幸诸蒙古部落。

◎九月，阅视察哈尔、巴尔虎兵丁射。

◎十月，以江南旱灾，命截漕粮赈济，并免康熙四十三年前江苏民欠漕项银六十八万余两、米三十一万余石。

◎十一月，以江南、浙江旱灾，免康熙四十七年两省人丁征银六十九万余两，免征同年江苏、浙江、安徽重灾州、县田亩银三百九十三万余两、粮四十八万余石。幸皇四子多罗贝勒胤禛花园进宴。至皇三子胤祉花园进宴。诏江、浙诸郡县兴修水利，以备涝旱。

◎十二月，赏八旗护军校、前锋、护军等银两。考察天下军政。赐亲王以次内大臣、侍卫白金。

康熙四十七年（1708） 五十五岁

◎正月，浙江大岚山张念一、朱三等行劫慈溪、上虞、嵊县，官兵扑平之。以正白旗护军统领觉罗孟俄洛为奉天将军。以江南米贵，截湖广、江西漕米四十万石留于江南平粜。

◎二月，禁米出洋。巡幸畿甸。

◎闰三月，谕旗下民间严禁擅用鸟枪。吏部尚书宋荦以年老致仕。

◎四月，调户部尚书徐潮为吏部尚书。山东拿获改名王老先生的朱三太子，解往浙江。内大臣明珠亡故。

◎五月，巡幸塞外。

◎六月，令各地方官将民间现存之鸟枪限期缴官入库；如有必用鸟枪之处，先呈明地方官，只许长一尺五寸，并刻地方、姓名，违者治罪。同时严禁私卖硝磺。以翰林院侍讲学士年羹尧为广东乡试正考官。谕将朱三、张念一等人解京正法。以江南久雨米贵，而湖广、江西禁米出境，谕各督抚开禁，听商人贩卖，以平江南米价。《清文鉴》编成，御制序文。

◎七月，谕刑部：凡犯人从流徙地方逃回而未犯新罪者，照原定例完结；如犯新罪，不论罪之轻重，即行正法。《平定朔漠方略》书成，御制序文。

◎八月，回銮，视皇十八子胤祄疾。谕责诸子挞辱大臣侍卫。

◎九月，驻跸布尔哈苏台。召诸王大臣侍卫文武官员等齐集行宫，宣示皇太子胤礽罪状，命拘执之，送京囚禁。还京。遣官告祭天地、太庙、社稷，废黜皇太子胤礽，幽禁上驷院。命贝勒胤禩署内务府总管事。谕斥皇长子胤禔"不谙君臣大义"，"洵为乱臣贼子"。斥皇八子胤禩"到处妄博虚名"，"是又出一皇太子矣"。并谕诸皇子："如有钻营谋为皇太子者，即国之贼。"

◎十月，谕诸皇子及廷臣："今立皇太子之事，朕心已有成算，但不告知诸大臣，亦不令众人知。到彼时，尔等只遵朕旨而行。"削贝勒胤禩爵。免明年江、浙两省地丁钱粮七百三十二万余两。

◎十一月，削直郡王胤禔爵。致仕大学士张英卒，予祭葬，谥"文端"。副都御史劳之辨奏保废太子，夺职杖之。召集廷臣议建储贰，阿灵阿、鄂伦岱、揆叙、王鸿绪及诸大臣以皇八子胤禩请，康熙皇帝不许。释废太子胤礽。王大臣请复立胤礽为皇太子。以黑龙江右翼副都统宗室发度为黑龙江将军。复胤禩贝勒爵。

◎十二月，镇国公普奇以罪革退。

康熙四十八年（1709） 五十六岁

◎正月，召集廷臣追查倡议胤禩为太子者。命侍郎赫寿驻藏。初，拉藏汗与青海争立达赖喇嘛，不决，特命大臣往监临之。

◎二月，巡幸畿甸，以胤礽及诸皇子随驾扈从。升侍讲学士年羹尧为内阁学士兼礼部侍郎。以宗室杨福为黑龙江将军，觉罗孟俄洛为宁古塔将军。以建储事严斥舅舅佟国维。

◎三月，复胤礽皇太子，遣官告祭天地、宗庙、社稷，诏告天下。谕封诸皇子，命宗人府察例具奏。

◎四月，移禁皇长子胤禔于公所，遣官率兵监守。巡幸塞外，命皇太子胤礽及诸皇子随驾扈从。

◎五月，驻跸热河。

◎七月，以户部左侍郎噶礼为江南、江西总督。九月，以内阁学士年羹尧为四川巡抚。以散秩大臣公鄂伦岱为领侍卫内大臣。

◎十月，册封皇三子多罗贝勒胤祉为和硕诚亲王，皇四子多罗贝勒胤禛为和硕雍亲王，皇五子多罗贝勒胤祺为和硕恒亲王，皇七子多罗贝勒胤祐为多罗淳郡王，皇十子胤䄉为多罗敦郡王，皇九子胤禟、皇十二子胤祹、皇十四子胤禵俱为固山贝子。诏免被灾之江苏淮扬徐、山东兖州、河南归德明年地丁额赋九十五万两。致仕大学士熊赐履卒，谥"文端"。

◎十一月，以当时内库贮银五千余万两，虽去年蠲免钱粮达八百余万，而库贮仍不见少，谕令各省酌量截留解部银两，以备地方急需。以户口日繁、田不加增，为使百姓普享太平，谕免康熙五十年全国地丁钱粮。以福建巡抚张伯行调补江苏巡抚。

◎十二月，以历科进士候选者积至六百余人，谕令其中有愿就教职者，以教授用。命原任大学士马齐管理与俄罗斯贸易事。升顺天府府尹施世纶为都察院左副都御史，仍兼理顺天府事。

康熙四十九年（1710） 五十七岁

◎正月，以皇太后七旬大庆，于皇太后宫进宴，康熙皇帝近前进爵并舞蟒式舞。禁八旗兵丁先期典卖所支米石。谕修满、蒙合璧《清文鉴》。

◎二月，巡幸五台山。大计天下官员。

◎三月，还京。谕编纂《康熙字典》。敕封波克塔胡必尔汗为六世达赖喇嘛。免浙江杭州、湖州二府漕米九万二千余石。

◎四月，调萧永藻为吏部尚书，王掞为兵部尚书。

◎五月，巡幸塞外。谕各省灭蝗。谕责"天下兵丁额数缺少，而空名食粮者甚多"。

◎六月，命诸皇子恭迎皇太后至热河避暑。

◎七月，户部亏空草豆案发。堂司官受贿者达六十四人。

◎八月，以福建漳州、泉州二府旱灾，令运江、浙漕粮三十万石赈之，并免本年未完额赋。

◎九月，奉皇太后还京。清查户部买办草豆受贿贪污案。自康熙三十四年至四十八年，户部官员一百一十二人侵蚀银六十四万两。命革户部尚书希福纳职，以穆和伦为户部尚书。

◎十月，谕自明年始，三年之中，普免天下钱粮一周。以左副都御史兼管顺天府府尹事施世纶为户部右侍郎。谕免江南亏空钱粮五十余万两。天津新开水田一百五十顷，命拨给情愿耕种之民。

◎十一月，谕蠲免钱粮，业主免七分，佃户免三分，永著为例。以施世纶为仓场侍郎。

◎十二月，升偏沅巡抚赵申乔为都察院左都御史。

◎是年，全国人丁二千三百三十一万有奇，田地六百六十三万余顷，征银二千九百二十余万两。首免直隶、奉天、浙江、福建、广东、广西、四川、云南、贵州九省明年地丁额赋九百五十六万余两。

康熙五十年（1711） 五十八岁

◎正月，皇二十一子胤禧生。巡视通州河堤。

◎三月，谕大学士等"治天下之道，以宽为本"。诸王、大臣以万寿节请上尊号，自平滇以来，至是凡四请，康熙皇帝终不许。谕准诸王、大臣之请，于本年寿日行朝贺礼。

◎四月，增加各省乡试中额。以四川巡抚年羹尧奉旨剿抚生番，并不亲往，而将其革职留任。奉皇太后巡幸塞外。

◎五月，大学士张玉书亡故，谥"文贞"。免江苏无着银十万两有奇。

◎六月，差户部左侍郎张世爵等前往福建招安泉州无食饥民为寇者。

◎七月，皇四子和硕雍亲王胤禛赴热河请安。行围，命诸皇子随驾。

◎八月，清高宗弘历出生。授先贤子游后裔世袭五经博士。

◎九月，福建陆路提督蓝理被革职。奉皇太后还京。

◎十月，免明年台湾应征稻谷。颁诏轮免山西、河南、陕西、甘肃、湖北、湖南六省明年地丁钱粮及历年积欠一千零十五万余两。都察院左都御史赵申乔疏参翰林院编修戴名世恃才放荡，私刻文集，语多狂悖，下部严审。步兵统领托合齐以病乞假，命一等侍卫行走隆科多署步兵统领事。诏举孝义。都统鄂缮、尚书耿额、齐世武等人以与皇太子胤礽结党被革职锁拿。赏赐八旗步兵银两。

◎十一月，命张鹏翮审讯江南乡试舞弊案。实授隆科多步兵统领。

◎十二月，禁创建增修寺庙。皇二十二子胤祜生。

康熙五十一年（1712） 五十九岁

◎正月，将原已行于地方将军、督抚、提镇之奏折制度，普遍推行于领侍卫内大臣、大学士、都统、尚书、副都统、侍郎、学士、副都御史等，令于"请安折内附陈密奏"。斥托合齐等人"构集党羽"。巡幸畿甸，以皇太子及诸皇子随驾。

◎二月，诏宋儒朱熹配享孔庙，升于大成殿十哲之次。江苏巡抚张伯行与总督噶礼互讦，令俱解任，交张鹏翮、赫寿查审。命卓异武职官员亦照卓异文职官员例引见。下令今后征收钱粮，皆以现有人丁为准，以后滋生人丁，永不加赋。

◎三月，增加云南、贵州、广西三省进士各一名。

◎四月，临幸皇三子胤祉园进宴。以托合齐结党事再斥皇太子胤礽。大学士陈廷敬病故，谥"文贞"。以明年六旬万寿，从臣民之请，特开恩科乡、会试。奉皇太后避暑塞外。

◎五月，命有司稽查山东流民至蒙古种地者。遣侍读学士殷扎纳、内阁侍读图理琛出使旅居俄罗斯之土尔扈特部。

◎六月，湖南镇箪红苗吴老化率五十二寨三千余人内附。命户部尚书穆和伦、工部尚书张廷枢再审江南督抚互讦案。皇四子胤禛赴热河请安。江宁织造曹寅病故，以其子曹颙继任。

◎七月，临幸皇四子胤禛园进宴。

◎九月，以先贤言偃裔孙世袭五经博士。镇箪红苗八十三寨二千余人受招内附。还京。令将皇太子胤礽拘执看守。

◎十月，御笔朱书谕诸王、贝勒、大臣等，再废皇太子。谕免江苏、安徽、山东、江西四省明年地丁钱粮及历年积欠一千二百三十四万余两。统计三年总免全国地亩人丁新征旧欠共银三千二百零六万余两。穆和伦等复按江南督抚互讦案上，命革噶礼职，张伯行复任。以揆叙为都察院左都御史，赫寿为江西、江南总督。命禁锢废皇太子胤礽于咸安宫。

◎十一月，因废皇太子胤礽，遣官告祭天地、太庙、社稷。群臣以康熙皇帝六旬万寿请上尊号，不许。赐亲王、诸皇子、侍卫等白金。因废皇太子胤礽，颁诏天下。

◎十二月，定嗣后藩、臬缺出，督抚不许坐名题补，听吏部通行开列。考察天下军政。

康熙五十二年（1713） 六十岁

◎正月，议处江南和福建科场舞弊案，将贿通关节之副考官、同考官立斩，主考官革职。封班禅呼图克图为班禅额尔德尼。

◎二月，赵申乔疏言皇太子为国本，应行册立。康熙帝以建储大事未可轻定，宣谕廷臣，以原疏还之。巡幸畿甸。大计天下官员。编修戴名世以《南山集》案被弃市。进士方苞以为其作序干连，免死入旗。

◎三月，以外省老人进京祝嘏者甚多，谕太医院注意看治。皇三子恭请康熙皇帝临幸府园进宴。万寿节，朝慈宁宫，御太和殿受贺。颁诏覃恩，锡高年，举隐逸，旌孝义，蠲逋负，鳏寡孤独无告者官府养之，罪非殊死者皆赦除。宴直隶各省汉大臣、官员、士庶人等年九十以上者三十三人，八十以上者五百三十八人，七十以上者一千八百二十三人，六十五以上者一千八百四十六人于畅春园正门前，各赐白金。宴八旗官员、兵丁、闲散人员于畅春园，视食授饮、视饮赐金如前。是日，九十以上者七人，八十以上者一百九十二人，七十以上者一千三百九十四人，六十五以上者一千零十二人。

◎四月，遣官告祭山川、古陵、阙里。赏赐各省绿旗兵丁。

◎五月，谕大学士等，已开之矿不必强禁，恐生事端。奉皇太后避暑塞外。遣官至喀尔喀等处，给赏蒙古老人。

◎闰五月，赐热河居住耆老白金。

◎六月，命皇三子胤祉修辑律吕、算法诸书。幸皇三子园进宴。

◎七月，命宗人府查明太祖以来革退宗室、觉罗等子孙，分别记入黄档、红档，授以红带、紫带，一并载入玉牒。

◎八月，蒙古鄂尔多斯王松阿拉布请于察罕托灰游牧，不许，命游牧以黄河为界。

◎九月，奉皇太后还宫。以江、浙漕米十五万石分运广东、福建备赈。于盛京、锦州设水师营，防守海洋。

◎十月，转户部尚书张鹏翮为吏部尚书，升都察院左都御史赵申乔为户部尚书。

◎十一月，福建、广东、甘肃部分地区遭灾，蠲免明年应征额赋。皇二十三子胤祁生。

◎十二月，从步兵统领隆科多之请，于畅春园增设马步兵防守。追给额亦都、费扬古、鳌拜等世职，令其后人承袭。

康熙五十三年（1714） 六十一岁

◎正月，巡幸畿甸。从宁古塔将军孟俄洛请，编三姓、珲春之雅拉人为六佐领，设官管辖。

◎二月，诏停今年秋审人犯。矜疑人犯，审理具奏，配流以下，减等发落。还京。

◎三月，遣官赈济甘肃灾民。幸皇三子园进宴。前户部尚书王鸿绪进《明史列传》二百八十卷，交明史馆。

◎四月，严禁刻印贩卖小说淫词。以原任江西、江南总督噶礼之母叩阍控告噶礼忤逆不孝，令其自尽。奉皇太后避暑塞外。

◎五月，幸皇三子园进宴。图理琛一行进入土尔扈特境内，阿玉奇汗以下僧俗人民予以热烈欢迎。

◎六月，图理琛向土尔扈特汗阿玉奇宣读敕谕，逗留半月，起程返国。

◎七月，以江南亢旱，浙江米贵，河南歉收，命截漕粮三十万石，分运三省平粜。幸皇四子园进宴。

◎九月，奉皇太后还京。命各省督抚、提镇严禁水路汛兵借端勒索贩粮船只。湖广总督额伦特疏言，奉命查勘湖南荒田，各州、县荒田共四万六千一百顷，各属士民皆愿开垦，请于六年后照下则例起科，从之。

◎十月，九卿等议差往甘肃查勘灾情之工部右侍郎条奏安插失业穷民六款，从之。严科场制度。命大学士、南书房翰林考定乐章。

◎十一月，免甘肃被灾州、县、卫所明年地丁钱粮，银九万七千余两，粮二十三万九千余石，草二百五十三万余束。谕户部截漕米三十余万石，于江南、浙江备赈。《律历渊源》书成。巡幸塞外。严斥皇八子胤禩，认为"此人之险，实百倍于二阿哥"。

◎十二月，以总督仓场侍郎施世纶为云南巡抚。从左都御史揆叙之请，严禁小报。定各省解钱粮、物料到部及时兑收批回之制，以免库官胥吏拖延勒索。定追赔赃银例。

康熙五十四年（1715） 六十二岁

◎正月，停五经中式例，以贝勒胤禩行止卑污，停食俸米。

◎二月，巡幸畿甸。令畿辅农村多立义学。以施世纶为漕运总督。

◎三月，以蒙古吴拉忒等部十四旗雪灾，命尚书穆和伦往赈，教之捕鱼为食。以赵弘燮为直隶总督，任巡抚事。幸皇三子园进宴。图理琛使团自土尔扈特部经俄罗斯还京。往返四年。回京后，就途中见闻著《异域录》一书。经朝廷同意，俄国修士及神职人员七人同至北京，主持在北京东正教徒宗教活动。禁臣下颂圣之语，谕凡事皆宜务实。赐内廷行走举人梅瑴成一体殿试。

◎四月，策妄阿拉布坦以兵二千攻哈密，游击潘至善击败之。命尚书富宁安、将军席柱率军援剿，谕喀尔喀等备兵。奉皇太后避暑塞外。

◎五月，遣使颁敕策妄阿拉布坦，责其入犯内地之罪。令其准许各部各回原处，并放回拉藏汗之子，否则，"朕必亲征，或令王大臣等领兵直抵尔巢穴"。遣内阁侍读图理琛出使俄罗斯，谕其备边，以防策妄阿拉布坦入侵。

◎六月，命都统图思海等赴湖滩河朔运粮。富宁安、席柱疏报进兵方略。得旨，明年进兵。幸皇三子园进宴。甘肃兰州等处旱灾，以仓粮散赈，并免未完额赋。

◎七月，以领侍卫内大臣、公傅尔丹办理西北屯田。幸皇

911

四子园进宴。

◎九月，和托辉特公博贝招抚乌梁海。

◎十月，奉皇太后还京。以直隶顺天、保定、河间、永平、宣化五府水灾，免明年地丁钱粮银八十五万两、米一十一万石。

◎十一月，以子母炮系八旗火器，规定各省绿旗不准铸造。以结交贝勒胤禩，革翰林何焯职。

◎十二月，调偏沅巡抚陈璸为福建巡抚。以张伯行为总督仓场侍郎。

康熙五十五年（1716） 六十三岁

◎正月，策妄阿拉布坦遣大策零敦多卜率兵一万人，驱逐侵入额尔齐斯河地区之俄罗斯军队。

◎二月，因兵粮不继，谕"今岁停止进兵"。除哈密一线留足汛守之兵，余皆撤回。谕于巴里坤、科布多进行屯田。大计天下官员。巡幸畿甸。从御史董之燧言，各省征收钱粮，有丁从地起者，其法最善，因定以后民间买卖地亩，其丁随地输课。

◎三月，幸皇三子园进宴。定明春进剿策妄阿拉布坦，以护军统领延布往代将军席柱。

◎闰三月，谕发京仓米二十万石赈济顺天、永平饥民。

◎四月，奉皇太后避暑塞外。

◎五月，复以马齐为武英殿大学士，穆和伦为户部尚书。以京师米贵，发仓米平粜。预发八旗兵粮。皇二十四子胤祕生。幸皇三子园进宴。台湾生番四千七百余口内附，谕地方官加意抚恤。

◎六月，从尚书富宁安疏言，各处民人欲往口外及哈密等处贸易者一百四十余起，皆令地方官给以出口印票前往。

◎七月，幸皇四子园进宴。从富宁安疏言，命巡抚绰奇踏勘嘉峪关至肃州一带可垦地亩，招民垦种，并由甘肃、陕西文武官捐输耕种，俟有收获，人民渐集，即设立卫所，以固边防。

◎九月，奉皇太后还京。以皇八子胤禩患病，谕皇四子、皇十四子往视。

◎十月，诏刑部积岁缓决长期系狱人犯，分别减释之。复皇八子胤禩俸银禄米。以西陲用兵，免山西、陕西、甘肃四十八州、县明年地丁钱粮及历年积欠。免山西、陕西绿旗兵丁所借帑银四万八千两。始令大臣皆奏密折。谕海防为今日之要务，预言"西洋等国，千百年后，中国恐受其累"。

◎十一月，谕明年暂停进剿策妄阿拉布坦，加意耕种，将粮饷、马匹预备整齐，后年再行进兵。领侍卫内大臣、理藩院尚书阿灵阿病故，予祭葬。盗犯韩七等偷掘明陵，谕严缉务获，到日即处斩。策妄阿拉布坦遣兵偷袭西藏。

◎十二月，以翰林院侍讲学士张廷玉为内阁学士兼礼部侍郎。诏免顺天、永平两府三十五州、县明年地丁钱粮及历年积欠。册封青海已故亲王札什巴图尔之子罗卜藏丹津为亲王。

◎是年，《康熙字典》纂成。

康熙五十六年（1717） 六十四岁

◎正月，议定禁海政策及具体办法。

◎二月，巡幸畿甸。左都御史揆叙卒，谥"文端"。赐来朝随围青海亲王罗卜藏丹津等袍服。

◎三月，幸皇三子园进宴。严斥起居注官陈璋泄露起居注内容。部署征剿策妄阿拉布坦，巴里坤一路，以富宁安为靖逆将军;阿尔泰一路,以傅尔丹为振武将军,以祁里德为协理将军。各率兵前往,俱于七月前进兵。都统穆赛率兵驻三路适中地,以备应援。巡视河西务河堤。

◎四月,发通州仓米分贮直隶州、县备赈。令各省再行严禁天主教。奉皇太后巡幸塞外。

◎五月,九卿议王、贝勒差人出外,查如无勘合,即行参究。

◎六月,幸皇三子园进宴。靖逆将军富宁安率兵自巴里坤出发,袭击策妄阿拉布坦。同时,阿尔泰一路亦发兵进袭。

◎七月,四川巡抚年羹尧因馈送冒充皇三子使者之逃人孟光祖礼物,革职留任。令理藩院尚书赫寿致书拉藏汗,劝其警惕策妄阿拉布坦侵犯,更勿助其侵扰青海。幸皇四子园进宴。富宁安奏报七月十日至乌鲁木齐,践其田禾、掳其属人而还。河南宜阳县因知县借口军需,科派预征明年钱粮,激起民变。

◎八月,以策妄阿拉布坦发兵西藏,有袭扰青海之意,令于西宁、松潘、噶斯等处备兵并及时侦探敌情。增拨八旗兵驻守成都、西安。

◎九月,河南巡抚李锡以贪虐激起民变,革职。

◎十月,命户部侍郎梁世勋、盛京兵部侍郎海寿督理巴里坤屯田。奉皇太后自热河返京。皇太后病。以身体虚弱,由大臣代祭天坛。

◎十一月,以皇十二子胤祹署理内务府总管事。于乾清宫东暖阁召诸皇子及满汉大学士、九卿、詹事、科道等谕以身后大事。免八旗借支银一百九十六万八千余两。并定自明年正月始,发给兵丁全分银两。前大学士王掞密奏请立皇太子,御史陈嘉猷等八人亦上疏请立皇太子。康熙皇帝谕以“天下之事,岂可分理”。免直隶、安徽、江苏、浙江、江西、湖广、西安、甘肃二十八处带征地丁屯卫银二百三十九万八千余两。安徽、江苏所属带征漕项银四十九万五千余两，米麦豆一百一十四万六千余石，免征各半。

◎十二月，皇太后病故，康熙皇帝居丧。谥"孝惠章皇后"。

◎是年，策妄阿拉布坦遣策零敦多卜率兵六千攻陷拉萨，占领布达拉宫，杀拉藏汗。

康熙五十七年（1718） 六十五岁

◎正月，以疾至汤泉疗养。翰林院检讨朱天保请复立胤礽为皇太子。大学士、九卿请立皇太子。令"于未立皇太子之前，预定太子仪仗"。赐防边军士衣二万袭。

◎二月，为加固海疆，令于闽浙、广东沿海增高炮台，添造营房，派拨弁兵，分防巡守，加强船只管理。以策妄阿拉布坦入侵西藏，拉藏汗乞师，命侍卫色楞会同青海兵往援。九卿、科道表请建储，以丧期，不准所奏。考察天下军政。朱天保正法。

◎三月，停胤祹署理内务府总管事务。裁起居注衙门。浙江巡抚朱轼请修海宁石塘，从之。

◎四月，葬孝惠章皇后于孝东陵。巡幸热河。

◎五月，总督额伦特疏报，拉藏汗被陷身亡，二子被杀，达赖、班禅均遭拘禁。谕加强台湾、澎湖防务，修城垣，筑炮台，拨官兵，造营房。开封始设八旗驻防。

◎六月，原任大学士李光地卒，谥"文贞"。幸皇三子园进宴。侍卫色楞率兵二千起程入藏。

◎七月，废太子胤礽妃卒，命翰林院撰拟祭文。打箭炉外墨里喇嘛内附。总督额伦特督兵入藏。修《省方盛典》。

◎八月，索伦水灾，遣官赈之。镶蓝旗逃棍孟光祖伏诛。成都始设八旗驻防。

◎闰八月，免陕西、甘肃所属除米豆草束外康熙五十八年应征地丁银一百八十八万三千余两，并历年欠银四万余两。

◎九月，命都统阿尔纳、总兵李耀率师赴噶斯口、柴达木驻防。还京。额伦特、色楞所率清军被准噶尔军包围于喀喇乌苏，全军覆没。

◎十月，命皇十四子胤禵为抚远大将军，视师青海。以年羹尧为四川总督。命翰林、科道轮班入值。命胤禵出兵，用正黄旗旗纛。以各旗旗务废弛，命皇七子胤祐、皇十子胤䄉、皇十二子胤祹分管正蓝、正黄、正白满、蒙、汉三旗军务，以便各旗各相效法，发愤勤事。

◎十一月，福建巡抚陈瑸卒，赠礼部尚书，谥"清端"。

◎十二月，抚远大将军胤禵率军自京起程，赴西宁前线。

康熙五十八年（1719） 六十六岁

◎正月，以京仓贮米甚多，谕截漕粮四十三万石，分贮苏州、镇江、江宁、淮安、安庆等地，以备平粜或散赈之需。

◎二月，巡幸畿甸。《皇舆全览图》告成。颁赐廷臣。大计天下官员。

◎三月，幸皇三子园进宴。

◎四月，命抚远大将军胤禵率师驻西宁。幸皇四子园进宴。巡幸塞外。

◎五月，幸皇三子园进宴。

◎六月，副将岳钟琪进驻里塘、巴塘。

◎八月，振威将军傅尔丹奏于鄂尔斋图二处筑城设站，从之。

◎九月，谕西宁现有新胡必尔罕实即达赖后身，令大将军遣官带兵前往西藏安禅。

◎十月，谕编纂《正音韵图》。

◎十一月，以乡试士子多至一万二千人，增加江西解额至九十九人。

◎十二月，命截湖广漕粮十万石留于本省备荒。免陕西、甘肃六十六州、县明年额征银米。

康熙五十九年（1720） 六十七岁

◎正月，谕令进兵安藏。以御极六十周年，群臣请行庆贺礼，不许。命抚远大将军胤禵移驻穆鲁斯乌苏，管理进藏军务粮饷。以都统延信为平逆将军，率兵进藏。

◎二月，巡幸畿甸。任命护军统领噶尔弼为定西将军，率四川、云南兵进藏。册封新胡必尔罕为六世达赖喇嘛，命官兵自青海送之入藏。

◎三月，幸皇四子园进宴。命靖逆将军富宁安进驻乌鲁木齐，散秩大臣阿喇纳进驻吐鲁番，征西将军祁里德自布娄尔、傅尔丹自布拉罕同时进击准噶尔。

◎四月，巡幸塞外。进藏大军起程。

◎五月，升内阁学士张廷玉为刑部左侍郎。因天旱求言。

◎六月，封皇二子胤礽之女为郡主，婿为和硕额驸。幸皇三子园进宴。陕西大饥，令督抚开当地常平仓赈济，并调河南仓谷运陕西备用。赈济怀来、保安地震灾民。

◎七月，以各省钱粮亏空甚多，令各省督抚具题定议。皇四子胤禛赴热河请安。各路清军深入准噶尔，连败敌军。

◎八月，定西将军噶尔弼率副将岳钟琪自拉里进兵，克复西藏，执附贼喇嘛百余人，抚谕唐古特、土伯特，西藏平。

◎九月，平逆将军延信自达木地方起程，护送达赖喇嘛进入拉萨，举行坐床典礼。拉藏汗所立达赖喇嘛被送往北京。

◎十月，还京。谕免康熙六十年陕西、甘肃两省应征地丁钱粮一百八十八万三千余两。预发当地驻防兵丁半年俸饷。户部尚书赵申乔病故。以陕甘歉收，诏拨户部帑银五十万两，支动常平仓谷一百三十六万余石，分三路进行赈济。诏抚远大将军胤禵会议明年师期。

◎十一月，以隆科多为理藩院尚书，仍兼步兵统领。

◎十二月，以总督仓场侍郎张伯行为户部右侍郎，仍兼管仓场事务。诸王、文武大臣请行在位六十年庆贺礼，不许。授先贤卜商后裔世袭五经博士。封和硕诚亲王胤祉之子弘晟、和硕恒亲王胤祺之子弘昇俱为世子。

◎是年，罗马教廷特使加乐使华。清廷颁令全面禁教。

康熙六十年（1721） 六十八岁

◎正月，以御极六十年，命皇四子胤禛、皇十二子胤祹、世子弘晟往祭永陵、福陵、昭陵。

◎二月，以御极六十年大庆，遣官告祭天地、太庙、社稷，谒东陵。允准四川总督年羹尧进京陛见。从抚远大将军胤禵之请，命公策妄诺尔布驻防西藏。封第巴阿尔布巴、康济鼐为贝子，第巴隆布奈为辅国公。

◎三月，万寿节，群臣请上尊号，再拒之。幸皇三子园进宴。监察御史陶彝等十二人疏请建储。先是，大学士王掞密疏复储，至是，并切责之。将十二御史及王掞之子王奕清皆发往西陲军前效力。以西藏驻兵三千，兵力单薄，且仅绿旗，再派满兵五百、绿旗五百戍守该地。

◎四月，巡幸塞外。诏谕厘定历代帝王庙崇祀祀典。以京师米贵，命发京通仓米平粜。命定西将军噶尔弼率军驻防西藏。台湾朱一贵起义。

◎五月，命抚远大将军胤禵移师甘州，并谕明年进击策妄阿拉布坦。直隶、山东、河南、山西、陕西旱灾，命发各省常平仓谷赈济。以年羹尧为四川、陕西总督。

◎六月，提督施世骠率师前往台湾，镇压朱一贵起义。以宗室延信"平定藏地，不辱宗支"，封其为辅国公。应吐鲁番回民之请，派兵驻扎吐鲁番。

◎闰六月，幸皇三子园进宴。

◎七月，因各省赴广东经商者居住日久，生殖日蕃。经礼部议准，照两浙河东例，遇岁科二试，将商家子弟考取二十名入学。福建水师提督施世骠疏报，六月十六日，率师抵台湾省鹿耳门，二十二日，克复台湾府治，擒朱一贵。幸皇四子园进宴。令将朱一贵押解至京，正法示众。

◎八月，黄河决口于武陟。

◎九月，令朱轼于山西试办社仓。增兵戍守吐鲁番。策妄阿拉布坦进犯吐鲁番，阿喇纳击退之。还京。命副都御史牛钮等堵黄河决口，引沁水入运河。御制平定西藏碑文，建碑于招地。

◎十月，置巡察台湾御史。抚远大将军胤禵以明年大举进兵，请来京恭请训旨，允之。以平郡王讷尔苏代统其众。

◎十一月，以陈鹏年署河道总督。抚远大将军胤禵至南苑陛见。

◎十二月，命截留浙省漕粮于杭州各府备赈。

康熙六十一年（1722） 六十九岁

◎正月初七、初十两日，先后召八旗文武大臣、汉文武大臣及致仕、斥退人员年六十五以上者共一千零二十人宴于乾清宫前，为千叟宴。巡幸畿甸。

◎二月，大计天下官员。协理将军阿喇纳、将军祁里德各陈进兵方略。台湾起义首领朱一贵在京被杀。

◎三月，两幸皇四子园进宴。

◎四月，巡幸塞外。命抚远大将军胤禵复往军前。以督抚、提镇题补官员甚多，侵犯朝廷用人大权，定除台湾、广西、云南等边远省份外，其余概行停止。福州将军黄秉钺因科派兵丁引起哗变。黄秉钺革职，斩为首兵丁。

◎五月，漕运总督施世纶病故。幸皇三子园进宴。

◎六月，以盛京连岁丰稔，弛海禁。暹罗米贱，听入内地，免其税。命直隶截漕粮二十万石，分贮天津、霸州备赈。直隶总督赵弘燮病故，谥"肃敏"。

◎七月，议叙随从定西将军噶尔弼入藏人员。增兵吐鲁番，保护西域屯田。幸皇四子园进宴。命色尔图入藏统四川防兵。以翰林院掌院学士蔡珽为四川巡抚。

◎八月，停今年决囚。

◎九月，禁陕西督抚请以加耗来弥补亏空。还京。

◎十月，派皇四子胤禛带领弘昇、延信、孙渣齐、隆科多清理京师通州西南中三仓。以兵部右侍郎查弼纳为江南、江西总督。幸南苑行围。大学士、九卿、詹事、科道以来年恭逢七旬万寿，请行庆贺，不许。

◎十一月初七日，康熙皇帝患病，自南苑回驻畅春园。以贝子胤祹为镶黄旗满洲都统，辅国公吴尔占为镶白旗满洲都统。命皇四子胤禛恭代十五日南郊大祀。其间，皇四子五次遣使问安。十三日，病重。召皇四子于斋所。南郊祀典，以公吴尔占恭代。召见皇三子、皇七子、皇八子、皇九子、皇十子、皇十二子、皇十三子并理藩院尚书隆科多至御榻前，谕令皇四子胤禛继位。同日戌刻，崩于寝宫，年六十九岁。二十四日，上尊谥"合天弘运文武睿哲恭俭宽裕孝敬诚信功德大成仁皇帝"，庙号"圣祖"。雍正元年九月，葬于景陵。

二、康熙皇帝诸母表

序号	姓氏封号	生年	出嫁年份	出　身	卒年	年龄	备　考
1	废皇后博尔济吉特氏		1651	科尔沁卓礼克图亲王吴克善女			顺治十年，废为静妃，改居侧宫
2	孝惠章皇后博尔济吉特氏	1641	1654	科尔沁镇国公、后封贝勒绰尔济女	1717	77	顺治十一年立为皇后，康熙皇帝即位尊为皇太后，累加徽号
3	孝康章皇后佟佳氏	1640		赠少保都统一等承恩公佟图赖女	1663	24	顺治十一年生玄烨，时为妃。玄烨即位，尊为慈和皇太后
4	赠孝献端敬皇后董鄂氏		1656	一等子内大臣鄂硕女	1660		顺治十三年册为贤妃，晋皇贵妃。翌年生皇四子赠荣亲王
5	恭靖妃浩齐特博尔济吉特氏			鄂尔特尼郡王博罗特女	1689		康熙十二年尊为皇考恭靖妃
6	淑惠妃科尔沁博尔济吉特氏			孝惠章皇后之妹	1713		康熙十二年尊为皇考淑惠妃
7	端顺妃阿霸垓博尔济吉特氏			一等台吉布达希女	1709		康熙十二年尊封皇考端顺妃

序号	姓氏封号	生年	出嫁年份	出身	卒年	年龄	备考
8	宁悫妃董鄂氏			长史喀济海女	1694		顺治十年生皇二子裕亲王福全，康熙十二年尊封皇考宁悫妃
9	赠贞妃董鄂氏			轻车都尉巴度女	1661		顺治十八年殉世祖，追封皇考贞妃
10	赠恪妃石氏			吏部左侍郎石申女	1667		康熙间追封为皇考恪妃
11	赠悼妃博尔济吉特氏			科尔沁达尔汉亲王满珠习礼女，孝惠章皇后之姑	1658		追封悼妃
12	庶妃穆克图氏			云骑尉伍喀女			顺治十七年生皇八子永干
13	庶妃巴氏						顺治八年生皇长子钮钮，十年生皇三女，十一年生皇五女
14	庶妃陈氏						顺治九年生皇长女，十四年生皇五子恭亲王常宁
15	庶妃唐氏						顺治十六年生皇六子奇授
16	庶妃钮氏						顺治十七年生皇七子纯靖亲王隆禧

序号	姓氏封号	生年	出嫁年份	出　身	卒年	年龄	备　考
17	庶妃杨氏						顺治十年生皇二女和硕恭悫长公主
18	庶妃乌苏氏						顺治十一年生皇四女
19	庶妃纳喇氏						顺治十四年生皇六女

三、康熙皇帝兄弟表

序号	名字	生年	关系	生母	封　号	卒年	年龄	备　考
1	钮钮	1651	兄	庶妃巴氏		1652	2	世祖第一子
2	福全	1653	兄	宁悫妃董鄂氏	康熙六年封裕亲王	1703	51	世祖第二子
3	赠荣亲王	1657	弟	赠孝献皇后董鄂氏		1658	2	世祖第四子
4	常宁	1657	弟	庶妃陈氏	康熙十年封恭亲王	1703	47	世祖第五子
5	奇授	1659	弟	庶妃唐氏		1665	7	世祖第六子
6	隆禧	1660	弟	庶妃钮氏	康熙十三年封纯亲王	1679	20	世祖第七子
7	永干	1660	弟	庶妃穆克图氏		1667	8	世祖第八子

四、康熙皇帝姊妹表

序号	书号	生年	关系	生母	卒年	年龄	备考
1	长姊（无封号）	1652	姊	庶妃陈氏	1653	2	世祖第一女
2	二姊和硕恭悫长公主	1653	姊	庶妃杨氏	1685	33	康熙六年下嫁辅臣鳌拜从子讷尔都。世祖第二女
3	三姊（无封号）	1653	姊	庶妃巴氏	1658	6	世祖第三女
4	长妹（无封号）	1654	妹	庶妃乌苏氏	1661	8	世祖第四女
5	二妹（无封号）	1654	妹	庶妃巴氏	1660	7	世祖第五女
6	三妹（无封号）	1657	妹	庶妃纳喇氏	1661	5	世祖第六女
7	和硕和顺公主	1648	姊	世祖兄承泽亲王硕塞第二女，抚养宫中	1691	44	顺治十七年，下嫁平南王尚可喜第七子尚之隆
8	固伦端敏公主	1653	姊	世祖从兄简亲王济度女，抚养宫中	1729	77	康熙九年，下嫁科尔沁达尔汉亲王满珠习礼之孙班第
9	和硕柔嘉公主	1652	姊	世祖从兄安亲王岳乐第二女，抚养宫中	1673	22	康熙二年，下嫁靖南王耿精忠之弟耿聚忠

五、康熙皇帝后妃表

序号	封号姓氏	生年	来归年份	卒年	年龄	所生子女	备　考
1	孝诚仁皇后赫舍里氏	1653	1665	1674	22	承祜、太子胤礽	康熙四年九月立为皇后。葬景陵
2	孝昭仁皇后钮祜禄氏			1678			初为妃，康熙十六年八月立为皇后。葬景陵
3	孝懿仁皇后佟佳氏			1689		皇八女	康熙十六年为贵妃，二十年晋皇贵妃，二十八年立为皇后。葬景陵
4	孝恭仁皇后乌雅氏	1660		1723	64	皇四子、皇六子、皇七女、皇九女、皇十二女、皇十四子	康熙十八年册为德嫔，二十年晋德妃。胤禛即位，上徽号仁寿皇太后。葬景陵
5	悫惠皇贵妃佟佳氏	1668		1743	76		康熙三十九年册为贵妃，雍正二年晋尊皇考皇贵妃。乾隆元年晋尊皇祖寿祺皇太妃。葬景陵园寝

926

序号	封号姓氏	生年	来归年份	卒年	年龄	所生子女	备考
6	惇怡皇贵妃瓜尔佳氏	1683		1768	86	皇十八女	康熙三十九年册为和嫔，五十七年晋和妃，雍正二年晋尊为皇考贵妃，乾隆元年晋尊为皇祖温惠贵太妃，八年再尊为温惠皇贵太妃。葬景陵园寝
7	赠敬敏皇贵妃章佳氏			1699		皇十三子、皇十三女、皇十五女	初封为妃，卒谥敏妃，雍正元年追晋为皇考敬敏皇贵妃。祔葬景陵
8	温僖贵妃钮祜禄氏			1694		皇十子、皇十一女	康熙二十年册为贵妃
9	顺懿密妃王氏			1744		皇十五子、皇十六子、皇十八子	康熙五十七年册为密嫔，雍正二年晋尊皇考密妃，乾隆元年晋尊皇祖顺懿密太妃
10	纯裕勤妃陈氏			1753		皇十七子	康熙五十七年册为勤嫔，雍正四年晋尊皇考勤妃，乾隆元年晋尊皇祖纯裕勤太妃
11	惠妃纳喇氏			1732		皇子承庆、皇长子	康熙十六年册为惠嫔，二十年晋惠妃

序号	封号姓氏	生年	来归年份	卒年	年龄	所生子女	备　考
12	宜妃郭啰罗氏			1733		皇五子、皇九子、皇十一子	康熙十六年册为宜嫔，二十年晋宜妃
13	荣妃马佳氏			1727		皇子承瑞、皇子赛音察浑、皇三女、皇子长华、皇子长生、皇三子	康熙十六年册为荣嫔，二十年晋荣妃
14	宜妃博尔济吉特氏			1736			康熙五十七年册为宜妃
15	成妃戴佳氏			1740		皇七子	康熙五十七年册为成妃
16	良妃卫氏			1711		皇八子	康熙三十九年册为良嫔，后晋良妃
17	定妃万琉哈氏	1671		1757	87	皇十二子	康熙五十七年册为定嫔，雍正二年晋尊皇考定妃
18	赠平妃赫舍里氏			1696		皇子胤禨	追封平妃
19	赠慧妃博尔济吉特氏			1670			追封慧妃
20	安嫔李氏						康熙十六年册为安嫔
21	敬嫔王佳氏						康熙十六年册为敬嫔

928

序号	封号姓氏	生年	来归年份	卒年	年龄	所生子女	备 考
22	端嫔董氏					皇二女	康熙十六年册为端嫔
23	僖嫔赫舍里氏			1702			康熙十六年册为僖嫔
24	通嫔纳喇氏			1744		皇子万黼、胤禶、皇十女	初赐号贵人，雍正二年晋尊皇考通嫔
25	襄嫔高氏			1746		皇十九子、皇十九女、皇二十子	初为庶妃，康熙六十一年晋尊皇考贵人，乾隆元年晋尊为皇祖襄嫔
26	谨嫔色尔图氏			1739		皇二十二子	初为庶妃，康熙六十一年晋尊皇考贵人，乾隆元年晋尊皇祖谨嫔
27	静嫔石氏			1758		皇二十三子	初为庶妃，康熙六十一年晋尊皇考贵人，乾隆元年晋尊皇祖静嫔
28	熙嫔陈氏			1737		皇二十一子	初为庶妃，康熙六十一年晋尊皇考贵人，乾隆元年晋尊皇祖熙嫔
29	赠穆嫔陈氏			雍正中		皇二十四子	初为庶妃，康熙六十一年晋尊皇考贵人，乾隆元年晋尊为皇祖穆嫔

序号	封号姓氏	生年	来归年份	卒年	年龄	所生子女	备考
30	贵人兆佳氏					皇五女	
31	贵人郭啰罗氏					皇六女、皇子胤禑	
32	贵人袁氏					皇十四女	
33	贵人纳喇氏						
34	贵人陈氏					皇子胤䄔	
35	贵人纳喇氏						
36	贵人易氏			1728			
37	庶妃钮祜禄氏					皇二十女	
38	庶妃张氏					皇长女、皇四女	
39	庶妃王氏					皇十六女	
40	庶妃刘氏					皇十七女	
41	布贵人						
42	伊贵人						
43	兰贵人						
44	马贵人						
45	文贵人						
46	尹贵人						
47	新贵人						

序号	封号姓氏	生年	来归年份	卒年	年龄	所生子女	备　考
48	常贵人						
49	勒贵人						
50	妙答应						
51	秀答应						
52	庆答应						
53	灵答应						
54	春答应						
55	晓答应						
56	治答应						
57	牛答应						
58	双答应						
59	贵答应						
60	瑞常在						
61	常常在						
62	尹常在						
63	禄常在						
64	徐常在						
65	石常在						
66	寿常在						
67	色常在						

六、康熙皇帝皇子表

序号	皇子名字	出生年	生母	封爵	卒年	年龄
1	承瑞	1667	荣妃马佳氏		1670	4
2	承祐	1669	孝诚仁皇后赫舍里氏		1672	4
3	承庆	1670	惠妃纳喇氏		1671	2
4	赛音察浑	1671	荣妃马佳氏		1674	4
5	皇长子胤禔	1672	惠妃纳喇氏	康熙三十七年封直郡王，四十七年削爵拘禁	1734	63
6	废太子赠理密亲王胤礽	1674	孝诚仁皇后赫舍里氏	康熙十四年立为皇太子，四十七年以罪废，四十八年复立为皇太子，五十一年再废	1724	51
7	长华	1674	荣妃马佳氏		1674	1
8	长生	1675	荣妃马佳氏		1677	3
9	万黼	1675	通嫔纳喇氏		1679	5
10	皇三子胤祉	1677	荣妃马佳氏	康熙三十七年封诚郡王，次年降贝勒，四十八年晋诚亲王。雍正六年降诚郡王，八年复诚亲王，旋削爵拘禁至死	1732	56

序号	皇子名字	出生年	生　母	封　爵	卒年	年龄
11	皇四子胤禛	1678	孝恭仁皇后乌雅氏，时为德嫔	康熙三十七年封贝勒，四十八年晋雍亲王，六十一年即帝位，在位十三年，是为清世宗	1735	58
12	胤禶	1679	通嫔纳喇氏		1680	2
13	皇五子胤祺	1679	宜嫔郭啰罗氏	康熙三十七年封贝勒，四十八年晋恒亲王	1732	54
14	皇六子胤祚	1680	孝恭仁皇后乌雅氏，时为德嫔		1685	6
15	皇七子胤祐	1680	成妃戴佳氏	康熙三十七年封贝勒，四十八年晋淳郡王，雍正元年晋淳亲王	1730	51
16	皇八子胤禩	1681	良妃卫氏	康熙三十七年封贝勒，四十七年削爵，旋赐还贝勒爵，六十一年，雍正即位，封廉亲王，四年圈禁	1726	46
17	皇九子胤禟	1683	宜妃郭啰罗氏	康熙四十八年封贝子，雍正三年削爵，除宗籍逮系	1726	44

序号	皇子名字	出生年	生母	封爵	卒年	年龄
18	皇十子胤䄉	1683	僖贵妃钮祜禄氏	康熙四十八年封敦郡王，雍正二年以罪拘禁。乾隆即位释出，乾隆二年封辅国公	1741	59
19	胤禶	1683	贵人郭啰罗氏		1685	3
20	皇十一子胤禌	1685	宜妃郭啰罗氏		1696	12
21	皇十二子胤祹	1685	定妃万琉哈氏	康熙四十八年封贝子，雍正即位，晋履郡王。雍正二年降贝子，二年，降镇国公，八年再晋履郡王，十三年晋履亲王	1763	79
22	皇十三子胤祥	1686	敬敏皇贵妃张雅氏	雍正即位，封怡亲王	1730	45
23	皇十四子胤禵	1688	孝恭仁皇后乌雅氏，时为德妃	康熙四十八年封贝子，雍正元年晋郡王，三年降贝子，四年削爵拘禁。乾隆即位，释出，乾隆十二年封贝勒，十三年晋恂郡王	1755	68
24	胤禨	1691	平妃赫舍里氏		1691	1
25	皇十五子胤禑	1693	顺懿密妃王氏	雍正四年封贝勒，八年晋愉郡王	1731	39

序号	皇子名字	出生年	生母	封爵	卒年	年龄
26	皇十六子胤禄	1695	顺懿密妃王氏	雍正元年袭封庄亲王	1767	73
27	皇十七子胤礼	1697	纯裕勤妃陈氏	雍正元年封果郡王，六年晋果亲王	1738	42
28	皇十八子胤祄	1701	顺懿密妃王氏		1708	8
29	皇十九子胤禝	1702	襄嫔高氏		1704	3
30	皇二十子胤祎	1706	襄嫔高氏	雍正四年封贝子，八年晋贝勒，十二年降辅国公，十三年仍晋贝勒	1755	50
31	皇二十一子胤禧	1711	熙嫔陈氏	雍正八年封贝子，晋贝勒。乾隆即位，晋慎郡王	1758	48
32	皇二十二子胤祜	1711	谨嫔色尔图氏	雍正八年封贝子，十二年晋贝勒	1743	33
33	皇二十三子胤祁	1713	静嫔石氏	雍正八年封镇国公，晋贝勒，以事降贝子。乾隆四十二年降镇国公，四十五年晋贝子，四十七年晋贝勒，四十九年加郡王	1785	73
34	胤禐	1713	贵人陈氏		1713	1
35	皇二十四子胤祕	1716	穆嫔陈氏	雍正十一年封諴亲王	1773	58

七、康熙皇帝皇女表

序号	皇女名号	生年	生母	卒年	年龄	备考
1	皇长女	1668	庶妃张氏	1671	4	
2	皇二女	1671	庶妃董氏（端嫔）	1673	3	
3	皇三女固伦荣宪公主	1673	荣妃马佳氏	1728	56	康熙三十年赐号和硕荣宪公主，下嫁巴林博尔济吉特氏额驸色布腾之孙乌尔衮。四十八年晋封固伦荣宪公主
4	皇四女	1674	庶妃张氏	1678	5	
5	皇五女和硕端静公主	1674	贵人兆佳氏	1710	37	康熙三十一年封今位号，下嫁乌梁罕氏喀喇沁杜棱郡王札什之子噶尔臧
6	皇六女固伦恪靖公主	1679	贵人郭啰罗氏	1735	57	康熙三十六年封和硕公主，下嫁博尔济吉特氏喀尔喀郡王敦多布多尔济。四十五年，封和硕恪靖公主；雍正元年，晋固伦公主
7	皇七女	1682	德妃乌雅氏，即孝恭仁皇后	1682	1	

序号	皇女名号	生年	生母	卒年	年龄	备考
8	皇八女	1683	皇贵妃佟氏，即孝懿仁皇后	1683	1	
9	皇九女晋赠固伦温宪公主	1683	德妃乌雅氏，即孝恭仁皇后	1702	20	康熙三十九年封和硕温宪公主，下嫁佟国维之孙舜安颜。雍正元年追晋固伦公主
10	皇十女晋赠固伦纯悫公主	1685	通嫔纳喇氏	1710	26	康熙四十五年下嫁博尔济吉特氏喀尔喀台吉策棱，封和硕纯悫公主。雍正十年，追晋固伦公主
11	皇十一女	1685	温僖贵妃钮祜禄氏	1686	2	
12	皇十二女	1686	德妃乌雅氏，即孝恭仁皇后	1697	12	
13	皇十三女和硕温恪公主	1687	敬敏皇贵妃张雅氏	1709	23	康熙四十五年封今位号，下嫁博尔济吉特氏翁牛特杜棱郡王仓津
14	皇十四女和硕悫靖公主	1689	贵人袁氏	1736	48	康熙四十五年封今位号，下嫁振武将军孙思克之子散秩大臣一等男孙承运
15	皇十五女和硕敦恪公主	1691	敬敏皇贵妃张雅氏	1709	19	康熙四十七年，下嫁科尔沁博尔济吉特氏台吉多尔济

序号	皇女名号	生年	生　母	卒年	年龄	备　考
16	皇十六女	1695	庶妃王氏	1707	13	
17	皇十七女	1698	庶妃刘氏	1700	3	
18	皇十八女	1701	和嫔瓜尔佳氏，即惇怡皇贵妃	1701	1	
19	皇十九女	1703	襄嫔高氏	1705	3	
20	皇二十女	1708	庶妃钮祜禄氏	1709	2	
21	固伦纯禧公主	1671	康熙皇帝之弟恭亲王常宁庶妃晋氏生，抚养宫中	1741	71	康熙二十九年封和硕纯禧公主，下嫁科尔沁博尔济吉特氏头等台吉班第

八、主要参考文献

（一）编年类

《清世祖实录》，中华书局1985年影印本。

《康熙起居注》，中华书局1984年版。

《清圣祖实录》，中华书局1985年影印本。

朝鲜《李朝实录》，日本学习院东洋文化研究所1967年刊本。

吴晗：《朝鲜李朝实录中的中国史料》，中华书局1980年版。

蒋良骐：《东华录》，中华书局1980年点校本。

王先谦：《东华录》，台北大通书局1984年版。

李文海主编：《清史编年》第一卷（顺治朝），中国人民大学出版社1985年版。

（二）纪传类

王锺翰点校：《清史列传》，中华书局1987年版。

清国史馆：《满汉名臣传》，黑龙江人民出版社1991年版。

李元度：《国朝先正事略》，岳麓书社1991年版。

钱仪吉：《碑传集》，上海书店1988年影印本。

李桓：《国朝耆献类征》，江苏广陵古籍刻印社1990年影印本。

白晋：《康熙皇帝》，黑龙江人民出版社1981年版。

佚名：《四王合传》，荆驼逸史本。

赵尔巽等：《清史稿》，中华书局1977年版。

（三）纪事本末类

《皇朝开国方略》，台北成文出版社1968年版。

勒德洪等：《平定三逆方略》，台北大通书局1987年版。

佚名：《平滇始末》，甲戌丛编本。

孙旭：《平吴录》，甲戌丛编本。

佚名：《平定罗刹方略》，中华书局1984年版。

熊赐履等：《平定朔漠方略》，台北成文出版社1970年版。

赵翼：《皇朝武功纪盛》，丛书集成本。

魏源：《圣武记》，中华书局1984年版。

祁韵士:《皇朝藩部要略》,台北成文出版社1968年版。

张穆:《蒙古游牧记》,山西人民出版社1991年版。

(四)政书类

张廷玉等:《清朝文献通考》,商务印书馆"十通本"。

刘墉等:《清朝通典》,商务印书馆"十通本"。

张廷玉等:《八旗通志》,东北师范大学出版社1985年版。

福隆安等:《乾隆会典》,上海古籍出版社1987年版。

昆冈等:光绪《大清会典事例》,中华书局1991年版。

魏源等:《皇朝经世文编》,中华书局1992年影印本。

(五)档案类

《明清史料》(甲—癸编),商务印书馆1930—1975年版。

《明清史料》(戊—癸编),中华书局1987年版。

中国第一历史档案馆:《康熙朝汉文朱批奏折汇编》,档案出版社1985年版。

中国第一历史档案馆:《康熙朝满文朱批奏折全译》,中国社会科学出版社1996年版。

《李煦奏折》,中华书局1976年版。

陈垣识:《康熙与罗马使节关系文书影印本》,故宫博物院1932年版。

厦门大学台湾研究所等:《康熙统一台湾档案史料选辑》,福建人民出版社1983年版。

厦门大学台湾研究所等:《郑成功档案史料选辑》,福建人民出版社1985年版。

故宫博物院文献馆:《文献丛编》,故宫印刷所1930—1942

年版。

中国历史第一档案馆：《清代中俄关系档案史料选编》，中华书局1979、1981年版。

中国社会科学院历史研究所清史研究室：《清史资料》第一——六辑，中华书局1980—1985年。

（六）文集类

《清圣祖御制诗文集》，清刻本。

熊赐履：《经义斋集》，康熙二十九年刊本。

靳辅：《靳文襄公奏疏》，近代中国史料丛刊，台北文海出版社。

顾炎武：《日知录》，上海古籍出版社1984年版。

顾亭林：《顾亭林诗文集》，中华书局1983年版。

刘健：《庭闻录》，上海书店1985年版。

钮琇：《觚剩》，上海古籍出版社1986年版。

海外闲人：《榕城纪闻》，中华书局1980年刊印《清史资料》第一辑。

钱泳：《履园丛话》，中华书局1991年版。

昭梿：《啸亭杂录》，中华书局1980年版。

小横香室主人：《清朝野史大观》，中华书局1921年排印本。

徐珂：《清稗类钞》，中华书局1984—1986年版。

李栖凤：《元功垂范》，广东中山图书馆1957年油印本。

刘献廷：《广阳杂记》，中华书局1985年版。

杜春胜、林信笃：《华夷变态》，东京东洋文库1958年版。

赵翼：《廿二史札记》，中华书局1984年版。

江日升：《台湾外记》，福建人民出版社1983年版。

邵廷采：《东南纪事》，台湾文献丛刊第九六种1961年版。

邵廷采:《思复堂文集》,浙江古籍出版社1987年版。

施琅:《靖海纪事》,福建人民出版社1983年版。

方苞:《方望溪先生全集》,中国书店1991年版。

全祖望:《鲒埼亭集》,上海商务印书馆1937年版。

江藩:《国朝宋学渊源记》,中华书局1983年版。

李光地:《榕村全集》,《四库全书》本。

杜臻:《粤闽巡视纪略》,康熙间刊本。

杨椿:《孟邻堂文钞》,嘉庆二十三年刻本。

蓝鼎元:《鹿洲初集》,厦门大学出版社1995年版。

王士禛:《居易录》,台北新兴出版社1977年版。

姜宸英:《海防总论》,台北艺文印书馆1967年版。

图理琛:《异域录》,《丛书集成初编》本。

苏联科学院远东研究所等:《十七世纪俄中关系》,商务印书馆1975年版。

《甲申传信录》,上海书店1982年版。

佚名:《牧斋遗事》,《丛书集成续编》本。

钱谦益:《有学集》,影印清康熙三年本。

徐枋:《居易堂集》,《四部丛刊三编》本。

吕留良:《吕晚村先生文集》,书目文献出版社2002年版。

孙静庵:《明遗民传》,北京大学1936年影印本。

归庄:《归庄集》,上海古籍出版社1984年版。

王应奎:《柳南随笔》,中华书局1983年版。

李富孙:《鹤征录》,四库未收书辑刊,北京出版社。

黄宗羲:《南雷文定》,《四部丛刊》本。

陆世仪:《思辨录辑要》,江苏广陵古籍刻印社1987年影印本。

史惇:《恸余杂记》,中华书局1959年版。

蒲松龄:《聊斋志异》,上海古籍出版社1962年版。

（七）地方志类

[康熙]《台湾府志》，中华书局1985年版。

[康熙]《南海县志》，台北成文出版社1974年版。

[雍正]《广东通志》，上海古籍出版社1990年版。

[光绪]《畿辅通志》，上海古籍出版社1991年版。

[光绪]《安徽通志》，台北成文出版社1985年版。

[嘉庆]《四川通志》，巴蜀书社1984年版。

[康熙]（十四年）《安庆府志》，台北成文出版社1985年版。

[康熙]（六十年）《安庆府志》，台北成文出版社1985年版。

连横：《台湾通史》，商务印书馆1983年版。

（八）丛书、类书类

陈梦雷等：《古今图书集成》，中华书局1985年版。

金毓绂：《辽海丛书》，辽沈书社1984年版。

（九）今人论著

孟森：《明清史论著集刊》，中华书局1984年版。

袁森坡：《康雍乾经营与开发北疆》，中国社会科学出版社1991年版。

戴逸：《简明清史》，人民出版社1980—1984年版。

（十）目录类

《四库全书总目提要》，中华书局1983年版。

再版后记

本书系集体创作的成果。在编写过程中，各位作者都付出了心血和汗水，谨将各位作者名字及所写章节开列于下：

白新良：第一章，第三章，第六章第三、第五节，第九章，第十章第一、第二节（与李立合著）、第三、第四节，第十一章，第十二章，第十三章，第十四章，第十五章，附录及全书定稿。

王薇：第二章。

孙卫国：第四章，第六章第四、第七节。

王国恒：第五章第一、第三节。

杨丽英：第五章第二、第四节。

何孝荣：第六章第四、第六、第八节，第七章，第八章第二、第三、第四节。

姜胜利：第六章第一节，第八章第一节。

李立：第十章第一、第二节（与白新良合著）。

另外，需要特别指出，在本书再版过程中，中华书局责任编辑杜艳茹女史也付出了艰辛的劳动，从审查书稿、核改错讹到排版装帧，无不浸透着她的心血。值此书稿即将面世之际，我谨代表编写组同仁向她致以深深的谢意。

白新良

2023年4月于天津南开大学寓所